海关高等教育教材
HAIGUAN GAODENG JIAOYU JIAOCAI

KUAIJIXUE
XITI YU ANLI

会计学习题与案例

王文华◎主编
潘裕文◎副主编

中国海关出版社

图书在版编目(CIP)数据

会计学习题与案例/王文华主编. —北京：中国海关出版社，2009. 11
(海关高等教育教材)
ISBN 978-7-80165-691-9

Ⅰ. ①会… Ⅱ. ①王… Ⅲ. ①会计学—高等学校—教学参考资料
Ⅳ. ①F230

中国版本图书馆 CIP 数据核字(2009)第 203681 号

会计学习题与案例
KUAIJIXUE XITI YU ANLI

作　　者：王文华、潘裕文等
责任编辑：黄华莉
出版发行：中国海关出版社
社　　址：北京市朝阳区东四环南路甲 1 号　　邮政编码：100023
网　　址：www. hgcbs. com. cn
编 辑 部：01065194242-7531(电话)　　01065194231(传真)
发 行 部：01065194242-7540/42/44/45(电话)　　01065194233(传真)
社办书店：01065195616/5127(电话/传真)　　01065194262/63(邮购电话)
　　　　　北京市建国门内大街 6 号海关总署东配楼一层
印　　刷：北京市白帆印务有限公司　　经　　销：新华书店
开　　本：787mm × 1092mm　1/16
印　　张：26. 5　　字　　数：650 千字
版　　次：2009 年 11 月第 1 版
印　　次：2009 年 11 月第 1 次印刷
书　　号：ISBN 978-7-80165-691-9
定　　价：58. 00 元

主　　编： 王文华

副 主 编： 潘裕文

编写人员： 王文华　潘裕文　樊江娜　王　佩
陈苏明　陈可喜　刘瑞丹

序 XU

我国古代海关的起源，一般认为是西周，至今已有三千多年的历史。其名称几经变迁，经历过关、塞、关楼、津、市、市舶司、月港督饷馆、钞关、户关、工关、榷关、常关等，直到清代康熙二十四年（1685 年），中国历史上才第一次出现了正式的、以海关命名的进出境关口。1840 年鸦片战争以后，中国沦为半殖民地半封建国家，丧失了关税自主权和海关行政管理权。为收回海关主权，培养我国自己的海关人才，清政府于 1908 年在北京创办了税务学堂，开创了我国海关高等教育的先河。1913 年，北洋政府教育部批准改名为税务专门学校。在四十余年的办学中，该校为中国海关培养了二千余名专业人才。

新中国的海关专业教育起步于 1953 年，以上海海关学校的设立为标志。1980 年经国务院批准，上海海关学校升格为上海海关专科学校。1996 年更名为上海海关高等专科学校。2007 年 3 月，教育部批准在上海海关高等专科学校的基础上设立上海海关学院。上海海关学院作为全国唯一系列设置海关类课程和专业的本科院校，承担着传播海关专业知识、培养海关专门人才、进行海关学术研究、开展海关国际交流与合作的重任。

上海海关学院的发展，事关人才培养重任，事关国家的海关大业，需要我们冷静思考，科学规划，抓住机遇，真抓实干，在新的起点上以新的办学思路、新的办学举措、新的办学业绩来适应海关和社会经济贸易发展的变化。为此，学院确立了走专业化、精品化、特色化的发展之路，分别设置了分属管理学、经济学、法学和文学等学科门类的若干个本科和专科专业。为实现立足海关、服务社会、面向国际，把学院建设成为教育、培训协调发展，具有鲜明海关特色的高等学府的办学目标，学院将坚持党和国家的教育方针，遵循教育教学规律，科学界定办学定位，努力发挥办学优势，逐步形成办学特色，不断提高教育培训质量，全面提升学院的综合实力和办学水平，真正将上海海关学院办成名副其实的海关人才培养基地。

在海关总署的领导和全国海关的支持下，升本后的上海海关学院在严格按照教育教学规律组织教学工作，夯实教学管理的基础工作，切实加强教学监控，狠抓人才培养质量的同时，积极探索构建以海关学为核心的学科群，探讨海关学基础理论，明确海关学的研究对象，建立包括海关管理学、海关法学、关税学等在内的二级学科理论体系，努力使中国海关拥有与自身地位相匹配的学科地位。为满足迅速发展的海关高等教育的实际需要，学院根据教学需要和学院实际，着手组织编写了这套“海关高等教育教材”（以下简称教材）。该套教材涵盖了海关法律、关税、商品归类、海关估价、海关稽查、海关管理、海关统计、风险管理、海关专业英语和海关公文写作等诸多内容，具有涉及海关专业诸多领域、专业性强、偏重原理、强调理论和实践相结合等特点。该套教材不仅能满足海关高等教育的需要，同时也是对海关实践的理论总结，对丰富和发展海关学科专业，构建以海关学为核心的学科群具有重要的意义。

对新升本的上海海关学院而言，一方面教学的实际对教材的需要极为迫切，另一方面也深知编写高水平教材之不易。教材的编写过程是一个需要我们不断深入研究和反复论证的过程，同时也是一个需要我们勇于创新、迎难而上的过程。令人欣喜的是，海关总署“将上海海关学院办成名副其实的海关人才培养基地”的宏伟目标和“倾全国海关之力办好上海海关学院”的坚定态度，以及中国海关事业的繁荣和发展，为海关理论研究和海关高等教育的发展提供了源源不断的动力和良好的学术氛围，同时也强化了我们对海关事业的责任感。我们相信，本着科学、务实的精神编写的这套教材，不仅能够为学院的教学提供适用的教材，而且也将为海关学科建设和人才培养作出积极的贡献。

肖建国

2009年1月

前言 QIANYAN

《会计学》是高校经济、管理类专业必修的课程。通过《会计学》的学习，让学生掌握会计的基本原理和基本方法，了解会计信息的加工过程，理解各项会计要素、会计指标的经济涵义，并能够熟练地运用各项会计政策和阅读会计报表。

《会计学》是一门技术性很强的学科，具有很强的操作性。为了帮助学生更好地掌握各章的内容，提高解决问题和分析问题的能力，我们编著了这本《会计学习题与案例》，作为《会计学》的辅导教材。

本辅导教材分为两部分：上篇“会计学习题与答案”和下篇“会计学案例及分析”。

上篇的设计突出“三基”的基本训练，以帮助学生理解和掌握会计核算的基本理论、基本方法和基本技能。习题的题型多样、内容丰富、覆盖面大，有单项选择题、多项选择题、判断题、名词解释、思考题及业务题等，具有较强的应用性和实用性。答案则是通过对练习题的解答或演练，引导学生全面地掌握会计学的基本内容和基本方法，并检验学习效果，以提高学生的实际操作能力。

下篇旨在促使学生理论联系实际，激发学生的兴趣。书中设计的各个案例均取材于国内真实的企业经营和会计活动，直接面对我国企业会计实务发生的各种问题。通过对案例的思考、分析和讨论，可以帮助学生运用所学的会计知识和核算方法，分析和解决企业面临的实际会计问题，以提高学生的专业思维能力、判断能力和分析能力。

本书既可作为高校经济、管理类本科专业的会计学辅导教材，也可作为企业各类经济管理人员的学习用书。

参加本书撰写的有王文华、潘裕文、樊江娜、王佩、陈苏明、陈可喜及刘瑞丹。由王文华、潘裕文总纂、定稿。

对书中的不妥之处，恳请广大读者批评指正。

作者

2009 年 9 月

上篇　会计学习题与答案

下篇　会计学案例及分析

上篇

会计学习题与答案

KUAIJIXUE XITI YU DAAN

第一章 总论

习 题

一、单项选择题

1. 会计在经济管理中所具有的基本职能是（　　）。

A. 记账和算账　　B. 记账和报账　　C. 算账和查账　　D. 反应和监督

2. 会计的主要计量单位是（　　）。

A. 劳动计量　　B. 实物计量　　C. 工时计量　　D. 货币计量

3. 财务会计某些原则和会计程序得以顺利建立的条件是（　　）。

A. 会计主体假设　　B. 持续经营假设　　C. 会计分期假设　　D. 货币计量假设

4. 解决同一会计主体在不同会计期间的同一指标纵向可比问题的原则是（　　）。

A. 一致性　　B. 一贯性　　C. 相关性　　D. 可比性

5. 按现行制度规定，企业在确认计量各会计期间收入与费用时应遵循的原则是(　　)。

A. 重要性原则　　B. 历史成本原则

C. 权责发生制原则　　D. 划分收益性支出和资本性支出原则

6. 反映企业经营成果的会计要素是（　　）。

A. 资产　　B. 收入　　C. 负债　　D. 所有者权益

7. 在会计方法体系中最基础的方法是（　　）。

A. 会计核算　　B. 会计检查　　C. 会计分析　　D. 会计控制

8. 会计核算应该遵循（　　）的要求，合理地预计各项资产可能发生的损失。

A. 相关性　　B. 可比性　　C. 重要性　　D. 谨慎性

9. 收入是企业在（　　）中形成的、会导致所有者权益增加、与所有者投入资本无关的经济利益的总流入。

A. 销售活动　　B. 日常活动　　C. 劳务活动　　D. 业务活动

10. 根据客观性原则要求，会计核算应当以（　　）的经济业务为依据，如实反映财务状况、经营成果和现金流量。

A. 实际发生　　B. 以前发生　　C. 已经发生　　D. 未来发生

11. 所有者权益是指企业资产扣除负债后由所有者享有的（　　）。

A. 所有者权益　　B. 股东权益　　C. 权益　　D. 剩余权益

12. 收入、费用的确认和计量是依据（　　）这一基本假设的。

A. 会计主体　　B. 持续经营　　C. 会计期间　　D. 货币计量

13. （　　）是指资产按照购置时支付的现金和现金等价物的金额计量。

A. 历史成本　　B. 重置成本　　C. 可变现净值　　D. 完全成本

14. 可以在 1 年或超过 1 年的一个营业周期内变现或者耗用的资产称为（　　）。

A. 流动资产　　B. 固定资产　　C. 无形资产　　D. 其他长期资产

15. 企业会计确认、计量和报告的基础是（　　）。

A. 收付实现制　　B. 权责发生制　　C. 定期盘存制　　D. 永续盘存制

16. 按应收账款的一定比例计提坏账准备是贯彻（　　）原则要求的。

A. 历史成本　　B. 客观性　　C. 谨慎性　　D. 重要性

17.（　　）假设确定了会计核算的对象和空间范围。

A. 会计主体　　B. 货币计量　　C. 持续经营　　D. 会计分期

18. 企业拥有或者控制的没有实物形态的可辨认的非货币性资产称为（　　）。

A. 无形资产　　B. 流动资产　　C. 固定资产　　D. 其他长期资产

19. 企业在对会计要素进行计量时，一般应采用（　　）进行计量。

A. 现值　　B. 历史成本　　C. 可变现净值　　D. 充值成本

20. 导致会计分期假设的基本前提是（　　）。

A. 会计分期　　B. 会计主体　　C. 持续经营　　D. 货币计量

21. 企业对融资租入固定资产，在租赁期满前，计提折旧和大修理费用，体现了（　　）原则。

A. 谨慎性　　B. 重要性　　C. 可靠性　　D. 实质重于形式

22. 某厂今年 3 月销售 A 产品一批，货款计 10 000 元，下月才能收回；3 月份销售 B 产品一批，货款 45 000 元已收讫；3 月份收回上月赊销给大达公司的 A 产品 15 000 元。按照权责发生制核算，该厂今年 3 月份的收入应为（　　）。

A. 60 000 元　　B. 45 000 元　　C. 55 000 元　　D. 70 000 元

23. 下列哪项不属于企业的收入（　　）。

A. 销售商品所得收入　　B. 提供劳务所得收入

C. 为第三方客户代收的款项　　D. 让渡资产使用权所得收入

24. 2007 年 8 月 15 日采用赊销方式销售产品 80 000 元，11 月 20 日收到货款存入银行。按权责发生制核算时，该项收入应属于（　　）。

A. 2007 年 8 月　　B. 2007 年 9 月　　C. 2007 年 10 月　　D. 2007 年 11 月

25. 某企业 1 月份发生下列支出：（1）支付本年度保险费 7 200 元；（2）支付去年第 4 季度借款利息 9 600 元；（3）支付本年度报刊订阅费 5 400 元，按照权责发生制原则，该企业 1 月份应负担的费用为（　　）。

A. 22 200 元　　B. 4 250 元　　C. 12 600 元　　D. 1 050 元

二、多项选择题

1. 会计反映职能的特点是（　　）。

A. 具有完整性、连续性和系统性　　B. 具有可验证性

C. 反映已经发生的经济活动状况　　D. 主要以货币计量

2. 会计主体可以是（　　）。

A. 进行独立核算的经营活动单位　　B. 有几个企业通过控股关系组成的企业集团

C. 具有法人资格的企业　　D. 非法人资格的企业

3. 会计要素是（　　）。

A. 对会计对象进行的基本分类　　B. 构成会计报表的基本框架

C. 复式记账的理论依据　　D. 设置会计科目的基本依据

4. 发生费用可能引起（　　）。

A. 资产减少，负债增加　　B. 资产减少，费用增加

C. 负债增加，费用减少　　D. 利润减少，费用增加

5. 下列属于会计核算方法的是（　　）。

A. 复式记账　　B. 会计检查　　C. 登记账簿　　D. 编制报表

6. 按权责发生制的要求，下列收入和费用应归属本期的是（　　）。

A. 对方暂欠的本期销售收入　　B. 尚未付款的本月借款利息

C. 摊销前期已付款的报刊费　　D. 预付明年的保险费

7. 会计核算的基本前提条件是（　　）。

A. 会计主体　　B. 持续经营　　C. 会计分期　　D. 货币计量

8. 流动负债是指将在 1 年或一个营业周期内偿还的债务，包括（　　）。

A. 短期借款　　B. 长期应付款　　C. 应付票据　　D. 预提费用

9. 下列（　　）会计方法体现了谨慎性的要求。

A. 存货计价的成本与市价孰低法　　B. 应收账款备抵法

C. 固定资产的加速折旧法　　D. 固定资产的直线折旧法

10. 财务会计报告的使用者包括（　　）。

A. 政府及有关部门　　B. 投资者　　C. 债权人　　D. 社会公众

11. 按照权责发生制，为划分费用的受益期间，设置了（　　）账户。

A. 预提费用　　B. 待摊费用　　C. 管理费用　　D. 财务费用

12. 会计期间划分为（　　）。

A. 月度　　B. 季度　　C. 半年度　　D. 年度

13. 下列各项中属于会计计量属性的是（　　）。

A. 现值　　B. 历史成本　　C. 可变现净值　　D. 重置成本

14. 下列属于会计核算方法的是（　　）。

A. 复式记账法　　B. 设置会计科目

C. 填制和审核会计凭证　　D. 编制会计报表

15. 企业所有者权益的来源有（　　）。

A. 所有者投入的资本　　B. 直接计入所有者权益的利得和损失

C. 留存收益　　D. 直接计入当期损益的利得和损失

16. 资产类会计要素的特征是（　　）资源。

A. 企业拥有或控制的　　B. 由过去的交易和事项形成的

C. 预期能给企业带来经济利益的　　D. 预期在未来发生的交易或事项

17. 反映会计主体经营成果的会计要素是（　　）。

A. 资产　　B. 负债　　C. 费用　　D. 收入

18. 反映会计主体财务状况的会计要素是（　　）。
A. 资产　　B. 负债　　C. 收入　　D. 费用

19. 同时具有下列（　　）特征的有形资产应确认为固定资产。
A. 为生产商品、提供劳务、出租或经营管理而持有的
B. 使用寿命超过一个会计年度的有形资产
C. 没有实物形态的
D. 使用寿命在一个会计年度以内的无形资产

20. 下列可以作为一个会计主体进行核算的是（　　）。
A. 股份公司　　B. 独资企业　　C. 合伙企业　　D. 企业的销售部门

21. 下列各项中，属于我国会计核算一般原则的有（　　）。
A. 可靠性　　B. 实质重于形式　　C. 持续经营
D. 重要性　　E. 权责发生制

22. 企业的收入具体表现为一定期间（　　）。
A. 库存现金的流入　　B. 银行存款的流入　　C. 企业其他资产的增加
D. 企业负债的增加　　E. 企业负债的减少

23. 企业的费用具体表现为一定期间（　　）。
A. 库存现金的流出　　B. 企业其他资产的减少　　C. 企业负债的增加
D. 银行存款的流出　　E. 企业负债的减少

24. 会计机构内部应建立稽核制度。出纳人员不得兼任（　　）工作。
A. 稽核　　B. 固定资产账目登记　　C. 会计档案保管
D. 收入、支出账目登记　　E. 债权、债务账目登记

25. 会计规章包括（　　）。
A.《会计法》　　B.《会计基础工作规范》　　C.《企业会计准则》
D.《会计档案管理办法》　　E.《企业会计制度》

三、判断题

1. 会计是经济管理的重要组成部分，是随着生产发展的经济管理需要而产生与发展的。（　　）

2. 权责发生制是企业会计确认、计量和报告的基础。（　　）

3. 我国会计法规定：会计核算以人民币为记账本位币。（　　）

4. 历史成本是会计的基本计量属性。（　　）

5. 企业进行会计核算时，应遵循客观原则的要求，不得多计资产和收益，少计负债或费用，要预计可能发生的费用和损失。（　　）

6. 会计主体就是法人主体。（　　）

7. 会计主体确认了会计核算的对象和空间范围。（　　）

8. 会计期间是在持续经营假设的基础上，人为划分的会计期间。（　　）

9. 企业会计确认、计量和报告应该以持续经营为前提。（　　）

10. 实质重于形式的要求是指企业应当按照交易或事项的经济实质进行会计的确认、

计量和报告，不应仅以交易或事项的法律形式为依据。 ( )

11. 现行的一切会计准则和会计方法都是建立在会计主体等四项基本假设之上的。 ( )

12. 直接计入所有者权益的利得和损失，也可以计入当期损益。 ( )

13. 利润金额等于收入减去费用加上直接计入当期利润的利得减去直接计入当期利润的损失。 ( )

14. 资产是预期会给企业带来经济利益的经济资源。不能给企业带来未来经济利益的资源不能确认为资产。 ( )

15. 权责发生制以款项的实际收付作为标准，不考虑收入和费用的归属期，因此，会计期末不需进行账项调整。 ( )

16. 所有者权益是指企业资产扣除负债后由所有者享有的剩余权益。 ( )

17. 收入只有在经济利益很可能流入从而导致企业资产增加或负债减少，而且经济利益的流入额能够可靠计量时才能加以确认。 ( )

18. 费用是指企业在日常活动中发生的，会导致企业所有者权益减少的，与向所有者分配利润无关的经济利益的总流出。 ( )

19. 企业预期在未来发生的交易或事项能够形成资产。 ( )

20. 会计期末企业按照应收账款的一定比例计提坏账准备，体现了谨慎性的原则。 ( )

21. 可比性原则就是说企业会计处理方法前后各期应当一致，不能更改。 ( )

22. 负债在多数情况下要现金进行偿还，有些情况下也可以用商品或其他资产，或者通过提供劳务的方式进行偿还。 ( )

23. 与所有者权益相比，债权人无权参与企业的生产经营、管理和收益分配，而所有者权益则相反。 ( )

24. 会计人员对于弄虚作假、营私舞弊、欺骗上级等违法乱纪行为，应拒绝执行并向本单位领导人或上级机关、财政部门报告。 ( )

25. 预收账款和预付账款均属于负债。 ( )

四、名词解释

1. 会计
2. 会计核算
3. 会计职能
4. 会计假设
5. 会计主体
6. 持续经营
7. 会计分期
8. 货币计量
9. 权责发生制
10. 会计要素

11. 收入
12. 费用
13. 资产
14. 所有者权益
15. 利润
16. 负债
17. 集中性核算
18. 非集中性核算
19. 会计记录
20. 会计确认

五、思考题

1. 什么是会计？为什么说会计既是一种管理活动，又是一个信息系统？
2. 为什么说会计是随着生产和经济的发展而发展的？
3. 什么是会计的基本职能？会计的基本职能有哪些？
4. 什么是会计目标？它与会计职能有什么关系？
5. 会计假设有哪几项？它们之间有什么关系？
6. 为什么说以货币计量作为基本形式是会计的主要特点？
7. 会计信息质量要求包括哪几项？各自的作用是什么？
8. 什么是会计要素？具体包括哪些？
9. 会计六大要素的内容特征是什么？它们之间的关系如何？
10. 反映财务状况的会计要素有哪几项？
11. 反映经营成果的会计要素有哪几项？
12. 为什么要对会计信息质量提出要求？
13. 会计核算的一般方法有哪些？它们之间有什么关系？
14. 会计核算的专门方法有哪些？它们之间有什么关系？
15. 为什么说会计核算的基本前提是会计的理论基础？
16. 会计核算的基本前提与会计确认、计量原则的关系是什么？
17. 会计确认、计量、记录、报告的涵义是什么？为什么说它们是会计核算的基本程序？
18. 会计人员有哪些职责和权限？
19. 为什么要有会计的一般准则？它包括哪几项？各自的作用是什么？
20. 我国会计准则体系有几个层次？
21. 什么是会计循环？会计循环各步骤的主要内容是什么？

六、业务题

(一)

【资料】某企业200×年7月份发生的经济业务如下:

1. 销售产品5 000元,货款存入银行;
2. 销售产品10 000元,货款尚未收到;
3. 付7~12月份的租金3 000元;
4. 收到上月份应收的销货款8 000元;
5. 收到购货单位预付货款4 000元,下月交货;
6. 本月应付水电费400元,下月支付。

【要求】分别按照权责发生制和收付实现制计算该企业的收入和费用,将下表填写完整。

业务号	权责发生制		收付实现制	
	收入	费用	收入	费用
1				
2				
3				
4				
5				
6				

(二)

【资料】某企业200×年发生如下经济业务:

1. 销售产品70 000元,其中30 000元已收到存入银行,40 000元尚未收到;
2. 收到现金800元,系上月提供的劳务收入;
3. 用现金支付本月份的水电费900元;
4. 本月应计劳务收入1 900元;
5. 用银行存款预付下年度房租18 000元;
6. 用银行存款支付上月借款利息500元;
7. 预收销售货款26 000元,已通过银行收妥入账;
8. 本月负担年初已支付的保险费500元;
9. 上月预收货款的产品本月实现销售收入18 000元;
10. 本月负担下月支付的修理费1 200元。

【要求】1. 按收付实现制原则计算12月份的收入、费用。

2. 按权责发生制原则计算12月份的收入、费用。

答 案

一、单项选择题

1. D 2. D 3. B 4. B 5. C 6. B 7. A 8. D 9. B 10. A 11. D
12. C 13. A 14. A 15. B 16. C 17. A 18. A 19. B 20. C 21. D 22. C
23. C 24. A 25. D

二、多项选择题

1. ABCD 2. ABCD 3. ABD 4. ABCD 5. ACD 6. ABC 7. ABCD
8. ACD 9. ABC 10. ABCD 11. AB 12. ABCD 13. ABCD 14. ABCD
15. ABC 16. ABC 17. CD 18. AB 19. AB 20. ABC 21. ABD
22. ABCE 23. ABCD 24. ACDE 25. BDE

三、判断题

1. √ 2. √ 3. √ 4. √ 5. × 6. × 7. √ 8. √ 9. √ 10. √
11. √ 12. × 13. √ 14. √ 15. × 16. √ 17. √ 18. √ 19. × 20. √
21. × 22. √ 23. √ 24. √ 25. ×

四、名词解释

1. 会计：会计是以货币作为主要计量单位，运用一系列专门的方法，对经济活动进行全面、系统、综合的反应和监督，提供有用的信息，并在此基础上对经济活动进行分析、预测和控制的一种管理活动。
2. 会计核算：会计核算是会计工作的基础，指对会计主体已经发生或已经完成的经济活动进行的核算。
3. 会计职能：会计在经济活动中具有的职能。
4. 会计假设：会计假设是会计核算的基本前提，指对会计资料的收集、整理和报告等所作的合乎逻辑的推理。
5. 会计主体：指假设会计所核算的是一个特定的企业或单位的经济活动。
6. 持续经营：指把企业看做永久存在的实体，其经营活动是无限期地持续下去的。
7. 会计分期：指将企业连续不断的生产经营活动人为地划分为若干个相等的时间阶段。
8. 货币计量：要求对所有会计核算对象采用同一种货币作为统一的尺度予以计量，并把企业的经营活动和财务状况的数据转化为按统一货币单位反映的会计信息。
9. 权责发生制：指收入和费用的确认应该以收入和费用实际发生及影响作为确认计量的标准。
10. 会计要素：对会计对象进行的基本分类，是会计对象的具体化。
11. 收入：企业在日常活动中形成的，会导致所有者权益增加的、与所有者投入资本无关的经济利益的总流入。

12. 费用：指企业在日常活动中发生的、会导致所有者权益减少的、与向所有者分配利润无关的经济利益的总流出。
13. 资产：指企业过去的交易或者事项形成的、由企业拥有或者控制的、预期会给企业带来经济利益的资源。
14. 所有者权益：指企业资产扣除负债后由所有者享有的剩余权。
15. 利润：指企业在一定会计期间的经营成果。
16. 负债：指企业过去的交易或者事项形成的预期会导致经济利益流出企业的现时义务。
17. 集中性核算：指在实行独立核算的单位里，其记账工作主要集中在会计部门进行。
18. 非集中性核算：指其他部门和车间在会计部门的指导下，分别登记与其业务有关的明细分类账，而会计部门则登记总分类账和一部分明细分类账，编制会计报表，并进行其他会计工作。
19. 会计记录：指将经会计确认与计量的经济业务，按照复式记账的要求，登记在预先设置的会计账簿的过程。
20. 会计确认：指按照一定标准，辨认哪些经济业务或会计事项应属于会计核算的范围，应列作哪一个会计要素，并于何时进行记录和报告的过程。

五、思考题

答案略。

六、业务题

（一）

业务号	权责发生制		收付实现制	
	收入	费用	收入	费用
1	5 000		5 000	
2	10 000			
3		3 000		3 000
4			8 000	
5			4 000	
6		400		

（二）

1. 收付实现制：收入 = 30 000 + 800 + 26 000 = 56 800（元）
   费用 = 900 + 18 000 + 500 = 19 400（元）
2. 权责发生制：收入 = 70 000 + 1 900 + 18 000 = 89 900（元）
   费用 = 900 + 500 + 1 200 = 2 600（元）

第二章 账户与复式记账

习 题

一、单项选择题

1. 账户是按规定的（ ）在账簿中对各项经济业务进行分类、系统、连续记录的形式。

A. 会计要素　B. 会计科目　C. 会计凭证　D. 会计对象

2. 会计科目是（ ）的名称。

A. 会计要素　B. 会计报表　C. 会计对象　D. 账户

3. 会计恒等式反映了（ ）之间的基本数量关系，是设置会计科目、复式记账和编制会计报表的理论依据。

A. 会计要素　B. 会计报表　C. 会计对象　D. 会计科目

4. 下列（ ）账户是所有者权益类账户。

A. 原材料　B. 生产成本　C. 产成品　D. 本年利润

5. （ ）是对会计要素的具体分类，是会计核算的具体项目。

A. 会计科目　B. 会计要素　C. 会计对象　D. 账户

6. 下列属于资产类的账户的是（ ）。

A. 营业收入　B. 应付账款　C. 应收账款　D. 财务费用

7. 一笔经济业务同时引起资产总额和负债总额的增加，这笔经济业务是（ ）。

A. 用现金购置的办公用品　B. 接受投资者投入的现金

C. 用银行存款偿还短期借款　D. 向银行借款存入银行账户

8. 下列业务中，资产与所有者权益同时增加的是（ ）。

A. 用现金购买办公用品　B. 将盈余公积转增资本

C. 接受投资者投入的专利权　D. 向银行借款存入银行存款户

9. 下列引起资产内部有增有减的经济业务是（ ）。

A. 用银行存款购置办公用品　B. 用银行存款支付水电费

C. 赊销商品　D. 用资本公积转增资本

10. 能引起资产总额和负债总额同时减少的经济业务是（ ）。

A. 用银行存款购买设备　B. 接受投资者投入的设备

C. 赊购原材料　D. 用现金支付账款

11. 企业发生的经济业务仅涉及资产要素时，会引起该要素中的某些项目发生（ ）变动。

A. 不增不减　B. 有增有减　C. 同增　D. 同减

12. 无论企业的经济业务引起资产和权益发生怎样的变化，企业在任何时日的资产总额一定等于（ ）。

A. 权益总额　B. 资金总额　C. 负债总额　D. 资本总额

13. 某公司年初全部负债为25 000元，年末为19 000元，资产总额年末比年初增加11 000元。计算该年度所有者权益增加（ ）元。

A. 17 000　　B. 6 000　　C. 11 000　　D. 25 000

14. 某企业月初总资产为300万元，当月发生两笔经济业务：(1) 购买固定资产20万元，价款未付；(2) 用银行存款归还短期借款30万元。月末企业的权益总额为（ ）。

A. 290万元　　B. 350万元　　C. 250万元　　D. 310万元

15. 下列（ ）账户属于明细分类科目。

A. 钢材　　B. 原材料　　C. 库存现金　　D. 应付账款

16. 下列反映投入资本的会计科目是（ ）。

A. 实收资本　　B. 本年利润　　C. 盈余公积　　D. 利润分配

17. 根据账户的基本结构，账户哪一方记增加，哪一方记减少取决于（ ）。

A. 账户的结构　　B. 账户的名称

C. 会计人员的判断　　D. 账户所反映的经济内容性质

18. 某企业的所有者权益是其总资产的1/5，债权人权益为20 000元，所有者权益是（ ）。

A. 5 000元　　B. 25 000元　　C. 4 000元　　D. 10 000元

19. 每个账户中的各项金额的关系可以表示为（ ）。

A. 当期期末余额 = 当期期初余额

B. 左方发生额的合计数 = 右方发生额的合计数

C. 期初余额 = 期末余额 − 本期减少额 + 本期增加额

D. 本期增加数 = 期末余额 + 本期减少数 − 期初余额

20. 资产类会计科目按照资产的（ ）分为流动资产的会计科目和非流动资产的会计科目。

A. 流动性　　B. 重要性　　C. 一贯性　　D. 一致性

21. "库存商品"账户期初余额为1 000元，本期借方发生额为7 000元，本期贷方发生额为6 500元，该账户的期末余额为（ ）元。

A. 1 500　　B. 500　　C. 8 000　　D. 7 500

22. "应收账款"账户的期初余额为5 500元，本期借方发生额为1 500元，本期贷方发生额为6 000元，该账户的期末余额为（ ）。

A. 借方余额1 000元　　B. 贷方余额1 000元

C. 贷方余额10 000元　　D. 借方余额2 000元

23. "应付账款"账户期初贷方余额为5 000元，本期借方发生额为3 000元，本期贷方发生额为2 000元，该账户期末余额应是（ ）。

A. 借方余额6 000元　　B. 贷方余额6 000元

C. 借方余额4 000元　　D. 贷方余额4 000元

24. 下列错误中能够通过试算平衡查找的有（ ）。

A. 重记经济业务　　B. 漏记经济业务　　C. 借贷方向相反　　D. 借贷金额不等

25. 采购员预借差旅费，所引起的会计要素变化是（ ）。

A. 资产和负债同时增加　　B. 资产和负债同时减少
C. 资产中一个项目减少，一个项目增加　　D. 负债中一个项目减少，一个项目增加

二、多项选择题

1. 下列哪些经济业务的发生会影响资产总金额的变动（　　）。
A. 购进货物价款 12 000 元未付　　B. 收到应收款 36 000 元存入银行
C. 以银行存款支付应付款 10 000 元　　D. 以银行存款对外投资 100 000 元
2. 会计科目是（　　）。
A. 对会计要素进行分类核算的项目　　B. 设置账户、进行账务处理的依据
C. 会计报表的名称　　D. 账户的名称
3. 账户按提供指标的详细程度分为（　　）。
A. 成本费用类账户　B. 损益类账户　C. 总分类账户　D. 明细分类账户
4. 会计科目按经济内容分为（　　）。
A. 资产类　B. 负债类　C. 所有者权益类　D. 损益类
5. 下列经济业务中属于资产和权益同时减少的有（　　）。
A. 购买材料，材料已入库，货款未付　　B. 从银行提取现金
C. 用银行存款归还前欠货款　　D. 以现金支付职工工资
6. 在借贷记账法下，借方记录的内容是（　　）。
A. 资产的增加　B. 资产的减少　C. 权益的增加　D. 成本费用的增加
7. 对于损益类账户，下列说法正确的有（　　）。
A. 借方登记收入的增加　　B. 借方登记费用的增减
C. 期末没有余额　　D. 如果余额在借方，表示费用的增加
8. 企业的所有者权益类账户包括（　　）。
A. 实收资本　B. 资本公积　C. 盈余公积　D. 未分配利润
9. 企业长期负债类账户包括（　　）。
A. 长期借款　B. 应付债券　C. 长期应付款　D. 应付账款
10. 属于流动资产性质的账户有（　　）。
A. 库存现金　B. 待摊费用　C. 原材料　D. 应收票据
11. 属于流动负债性质的账户有（　　）。
A. 短期借款　B. 预提费用　C. 应交税费　D. 应付债券
12. 能同时引起资产和负债发生增减变动的经济业务有（　　）。
A. 以银行存款缴纳税费　　B. 向银行借款存入银行账户
C. 将库存现金存入银行　　D. 将盈余公积转增资本
13. 只涉及会计等式一边增减变动的经济业务是（　　）。
A. 以银行存款购置设备　　B. 用盈余公积转增资本
C. 购进材料款未付　　D. 接受现金投资
14. 在借贷记账法下，账户的贷方一般登记（　　）。
A. 资产的增加和负债的减少　　B. 收入的增加和费用的减少

C. 资产的减少和负债的增加　　D. 所有者权益的增加

15. 反映成本类的账户有（　　）。

A. 生产成本　　B. 制造费用　　C. 营业成本　　D. 管理费用

16. 下列经济业务需编制复合会计分录的是（　　）。

A. 购进材料 10 000 元，以银行存款支付 8 000 元，余款未付

B. 以银行存款购置设备

C. 职工报销差旅费 1 200 元，原预借 1 000 元，退还职工 200 元

D. 销售商品 25 000 元，收到现金 5 000 元，余款尚未收到

17. 在借贷记账法下，会计期末应进行（　　）方面的试算平衡。

A. 全部账户的借方余额合计数与贷方余额合计数

B. 全部账户的期初余额合计数与期末余额合计数

C. 全部账户的借方发生额合计数与贷方发生额合计数

D. 每项经济业务的借方金额与贷方金额

18. 收回职工交回的差旅费现金 300 元，涉及的会计科目有（　　）。

A. 其他应收款　　B. 库存现金　　C. 应付账款　　D. 管理费用

19. 以下各项中通过试算平衡无法发现的错误是（　　）。

A. 借贷方向正确但金额少写　　B. 漏记或重记某项经济业务

C. 借贷记账方向彼此颠倒　　D. 借贷方向正确但是记错账户

20. 下列经济业务中，不影响所有者权益总额的是（　　）。

A. 以银行存款支付保险费用　　B. 将资本公积转增资本金

C. 向银行借款偿还应付账款　　D. 将盈余公积转增资本金

21. 借贷记账法的基本内容包括（　　）。

A. 记账符号　　B. 账户结构　　C. 记账规则　　D. 账户名称

22. 会计等式可以用公式表示为（　　）。

A. 资产 = 权益

B. 资产 = 债权人权益 + 所有者权益

C. 资产 = 负债 + 权益

D. 资产 = 负债 + 所有者权益

E. 资产 = 负债 + 所有者权益 + （收入 - 费用）

23. 在借贷记账法下，期末结账后，一般有余额的是（　　）。

A. 资产类账户　　B. 负债类账户　　C. 收入类账户

D. 费用类账户　　E. 所有者权益类账户

三、判断题

1. 权益就是企业所有者对企业资产的要求权。（　　）

2. “资产 = 权益”这一会计等式是会计工作中设置账户、进行复式记账和编制会计分录的理论依据。（　　）

3. 任何会计事项的发生都不会影响会计等式两边的金额。（　　）

4. 会计科目可以连续、系统地记录和反映某项经济内容的增减变化情况和最终结果。（　）

5. 会计账户的基本结构分为两部分——左方和右方，其中左方登记增加额，右方登记减少额。（　）

6. 在设置会计科目时，应该符合国家统一的会计制度的规定。（　）

7. 会计科目和账户都是对会计对象具体内容的科学分类，两者口径一致，性质相同。（　）

8. 总分类账户、二级科目和明细分类科目共同对某类会计要素的有关项目进行详细程度不同的分类核算，它们之间的关系是后者统驭前者，前者从属于后者。（　）

9. 任何一个明细分类科目都对应着一个所属总分类科目，任何一个总分类科目也同样对应着相应的明细分类科目。（　）

10. 会计核算中所有的总分类账户都要设置明细分类账户。（　）

11. 会计分录是标明某项经济业务应借、应贷账户的名称及金额的一种记录。（　）

12. 目前，在世界各国普遍采用的记账方法是收付记账法。（　）

13. 简单会计分录是一个借方和一个贷方的会计分录。（　）

14. 复合会计分录是涉及两个以上账户的会计分录。（　）

15. 费用类账户和资产类账户都是借方记增加，贷方记减少，这两类账户的结构完全一致。（　）

16. 通常，各类账户的期末余额和记录增加额的一方在同一方向。（　）

17. 资产和权益是相互联系、相互依存的，从数量上看，有一定的资产，就必然有对应这些资产的权益。（　）

18. 资产、负债和所有者权益的平衡关系是反映企业资金运动的静态，如果考虑收入、费用等动态要素，则资产与权益总额的平衡关系必然受到破坏。（　）

19. 所有者权益类账户期末均有余额。（　）

20. 复合会计分录是由简单会计分录组成的。（　）

21. 借贷记账法要求，如果在一个账户中记借方，则在另外一个或几个账户中必然记贷方。（　）

22. 在借贷记账法下，收入和费用类账户期末一般无余额。（　）

23. 成本类账户和费用类账户的结构是相同的，即借方登记增加数，贷方登记减少数，期末余额为零。（　）

24. 任何一笔会计分录，都必须同时具备应记账户、记账方向和记账金额三项基本内容。（　）

四、名词解释

1. 会计等式
2. 会计科目
3. 会计账户
4. 复式记账

5. 会计分录
6. 对应账户
7. 账户对应关系
8. 会计等式
9. 账户结构
10. 账户余额
11. 本期发生额
12. 借贷记账法
13. 试算平衡
14. 记账方法
15. 固定分类账户
16. 共同性账户
17. 总分类科目
18. 明细分类科目
19. 登账
20. 复合会计分录

五、思考题

1. 会计等式有哪两种表达方式?
2. 简述会计等式的涵义及其存在的意义。
3. 简述会计恒等式的基本原理。
4. 经济业务发生后，是否会破坏会计等式的平衡关系，为什么?
5. 经济业务发生后，引起会计要素的增减变化有哪几种类型?
6. 会计科目和会计账户有何区别和联系?
7. 简述账户的基本结构和基本内容。
8. 简述总分类账户和明细分类账户的联系与区别。
9. 设置会计科目应遵循什么原则?
10. 会计科目应该如何分类?
11. 会计科目分类的意义是什么?
12. 什么是复式记账法?
13. 复式记账法有什么优点?
14. 什么是借贷记账法?
15. 借贷记账法有何特点?
16. 什么是试算平衡?
17. 在借贷记账法下，如何进行试算平衡?
18. 期初余额、本期借方发生额、本期贷方发生额和期末余额之间的关系如何?
19. 如何理解借贷记账法下“借”和“贷”两字的涵义?
20. 试算平衡是否可以检查出账户记录中的所有错误，为什么?

六、业务题

(一)

【资料】兴华公司200×年1月的有关资料如下表所示：

单位：元

账户名称	期初余额	本期借方发生额	本期贷方发生额	期末余额
库存现金	500	2 000	1 500	(　　)
银行存款	120 000	(　　)	80 000	70 000
应收账款	35 000	20 000	(　　)	18 000
原材料	(　　)	60 000	80 000	190 000
固定资产	500 000	50 000	(　　)	550 000
短期借款	315 000	(　　)	5 000	20 000
应付账款	28 000	8 000	(　　)	32 000
其他应付款	3 000	2 000		(　　)
实收资本	480 000	(　　)	20 000	500 000

【要求】根据有关账户结构的要求，将上表补充完整。

(二)

【资料】兴华公司“应收账款”和“应付账款”两个账户的资料如下所示：

会计科目：应收账款　　　　单位：元

200×年		凭证号数	摘要	借方	贷方	借或贷	余额
月	日						
1	1	（略）	期初余额			借	15 000
	3		（略）			借	6 000
	6					借	9 000
	8			6 600		借	
	10				4 800	借	
	13				3 900	借	

会计科目：应付账款

单位：元

200×年		凭证号数	摘要	借方	贷方	借或贷	余额
月	日						
1	1	（略）	期初余额			贷	9 700
	3		（略）	500		贷	
	6					贷	12 200
	8					贷	11 540
	10			1 780		贷	
	13				800	贷	

【要求】将上述两个账户补充完整。

（三）

【资料】某企业200×年3月31日的资产、负债及所有者权益情况如下表所示：

单位：元

1. 库存现金	1 000
2. 存在银行的款项	150 000
3. 应收大丰公司货款	5 000
4. 应收光明公司货款	10 000
5. 库存生产用原材料	50 000
6. 库存燃料	10 000
7. 未完工产品	35 000
8. 库存完工产品	80 000
9. 房屋	170 000
10. 机器设备	150 000
11. 运输车辆	80 000
12. 银行借入长期借款	100 000
13. 应付兴华工厂货款	5 000
14. 未交的税金	6 000
15. 国家投入资本	480 000
16. 盈余形成的公积金	150 000

【要求】确定以上各项所属的会计科目，并将相同项目金额加总，采用教材中的格式编制同年4月1日的财务状况表。

（四）

【资料】某企业200×年4月份发生以下经济业务：

1. 投资人以价值50 000元的一台新机器作为对企业的投资；
2. 以银行存款50 000元偿还银行长期借款；
3. 收回大丰公司所欠货款5 000元，存入银行；
4. 从银行提取现金3 000元；
5. 从兴华工厂购入材料一批6 000元，货款用银行存款支付；
6. 向银行借入短期借款100 000元，其中5 000元用以支付前欠兴华工厂的货款；
7. 用现金1 000元暂付职工差旅费；
8. 将现金1 000元存入银行。

【要求】分析经济业务的发生会引起哪些会计要素发生增减变动？涉及哪些会计科目？并将增减变动的结果采用教材中的格式进行列示。

（五）

【资料】习题（四）第1至第8项经济业务。

【要求】用借贷记账法编制会计分录。

（六）

【资料】习题（三）所编表中数据资料和习题（五）编制的会计分录。

【要求】1. 根据习题（三）所编表中数据开设总分类账户，并登记期初余额。

2. 根据习题（五）的会计分录登记有关总分类账户，并结算出各总分类账户的本期发生额和期末余额。
3. 根据教材中的格式编制试算平衡表。

（七）

【资料】兴华公司200×年7月份发生如下经济业务：

1. 将现金1 000元存入银行；
2. 购入材料8 000元，料以入库，货款已付；
3. 收到投资人投入的价值100 000元的生产设备，已投入使用；
4. 以银行存款缴纳应交税费5 000元；
5. 以银行存款7 000元归还短期借款；
6. 向银行借入短期借款80 000元，存入银行存款户；
7. 职工李明预借差旅费2 000元，以现金支付；
8. 以银行存款9 000元购置一台机器设备；
9. 收到购货单位所欠货款7 000元，存入银行；
10. 开出支票偿还货款10 000元。

【要求】编制以上经济业务的会计分录。

（八）

【资料】兴华公司200×年10月份的有关账户记录如下所示：

银行存款

借方		贷方	
期初余额	5 000	（1）	600
		（2）	500
		（4）	1 000

其他应收款

借方		贷方	
期初余额	2 000		
（3）	400		

库存现金

借方		贷方	
期初余额	500	（3）	400
（2）	500		

库存商品

借方		贷方	
期初余额	1 500		
（1）	600		

应付账款

借方		贷方	
（4）	1 000	期初余额	3 500

固定资产

借方		贷方	
期初余额	50 000		
（5）	12 000		

资本公积

借方		贷方	
（6）	8 000	期初余额	10 000

实收资本

借方		贷方	
		期初余额	100 000
		(5)	12 000
		(6)	8 000

【要求】根据上述账户记录，补编会计分录，并说明每一笔经济业务的内容。

(九)

【资料】某企业200×年9月份发生如下经济业务:

1. 从银行提取现金1 000元;
2. 购入材料一批，货款30 000元已用银行存款支付，材料也已验收入库;
3. 购入生产用设备一台，货款80 000元已用银行存款支付;
4. 以现金1 000元给付王某暂借差旅费;
5. 收回其他公司所欠货款30 000元，存入银行;
6. 预收某单位货款100 000元，存入银行;
7. 以银行存款20 000元偿还银行短期借款;
8. 以银行存款50 000元偿付前欠某单位的货款。

【要求】根据发生的各项经济业务编制会计分录。

(十)

【资料】1. 某企业200×年9月1日有关账户的期初余额如下所示:

库存现金

借方		贷方	
期初余额	100		

短期借款

借方		贷方	
		期初余额	20 000

银行存款

借方		贷方	
期初余额	223 000		

应付账款

		期初余额	70 000

原材料

期初余额	150 000		

预收账款

		期初余额	0

应收账款

期初余额	56 900		

实收资本

		期初余额	1 000 000

其他应收账款

期初余额	0		

固定资产

期初余额	660 000		

2. 习题（九）的资料及所作会计分录。

【要求】1. 将习题（九）的会计分录登记有关总分类账户，并结算出各总分类账户的本期发生额和期末余额。

2. 编制试算平衡表。

（十一）

【资料】光明工厂200×年4月30日资产和权益项目如下表所示：

单位：元

项目	资产		权益		金额
	名称	金额	名称	金额	
1. 厂房					77 000
2. 机器与设备					100 000
3. 运输汽车					25 000
4. 动力设备					18 000
5. 生产用库存钢材					60 000
6. 生产用库存外购零件					12 000
7. 库存燃料、油料					12 000
8. 未完工产品					36 000
9. 库存完工产品					54 000
10. 出纳人员保管的现金					300
11. 存入银行的款项					30 000
12. 应收海明工厂的货款					20 000
13. 暂付职工差旅费					700
14. 某企业投入的资金					220 000
15. 国家投入的资金					180 000
16. 银行借款（3 年期）					15 000
17. 应付红光工厂材料款					25 000
18. 欠交的税款					5 000

【要求】1. 分析说明上表各项目的名称，将金额分别填入相应的空格内；
2. 计算资产总额和权益总额，检查是否平衡。

（十二）

【资料】兴华工厂 1 月份资料如下表所示：

资料	项目名称		
	资产	负债	所有者权益
1. 投资者投入的资金 70 万元			
2. 购入专利权 10 万元			
3. 销售部门用汽车一部 40 万元			
4. 购入的设备 90 万元			
5. 应向前进工厂收回的销货款 30 万元			
6. 应付给花冠公司的购货款 20 万元			
7. 库存材料 10 万元			
8. 准备销售的产成品 16 万元			
9. 国家投入的资金 80 万元			
10. 车间正在加工的产品 4 万元			
11. 应支付的工资 10 万元			
12. 向银行借入贷款 20 万元			
合　计			

【要求】1. 分析每一具体项目属于哪一会计要素，将金额填入所属会计要素栏内。
2. 观察三个会计要素的数量关系。

（十三）

【资料】 某工厂1月初有关会计要素的结存情况如下表所示：

单位：元

资料		项目名称		
		资产	负债	所有者权益
1. 企业拥有的实收资本	300 000			
2. 企业提留的盈余公积	16 000			
3. 企业库存材料价值	80 000			
4. 企业购入的专利权价值	28 000			
5. 企业库存现金	4 000			
6. 企业向银行借入的短期借款	120 000			
7. 企业在银行的存款	168 000			
8. 应向外单位收取的货款	60 000			
9. 企业的汽车价值	100 000			
10. 库存的A产品价值	20 000			
11. 企业在外单位的长期投资	80 000			
12. 企业的长期借款	100 000			
13. 未上交的税款	24 000			
14. 应付给供应单位的购货款	40 000			
15. 车间用设备	60 000			
合　计				

【要求】1. 分析每一具体项目属于哪一会计要素，并将余额填入相应栏内。
2. 将三个要素的余额加总，并观察其平衡关系。

（十四）

【资料】万达工厂部分资产、负债和所有者权益的资料如下所示：

资料内容	资产	负债	所有者权益
1. 生产用的计量器具			
2. 职工欠企业的款项			
3. 生产用机器设备			
4. 存放产品的成品仓库			
5. 管理部门的办公楼			
6. 应付给供应单位的购料款			
7. 库存的原材料			
8. 采购员预借的差旅费			
9. 运输部门的运货卡车			
10. 向银行借入的借款			
11. 存放在仓库中的完工产品			
12. 生产车间未完工的产品			
13. 国家投入的资本			
14. 联营单位投入的资本			
15. 购货单位未付的货款			
16. 生产车间用的房屋			
17. 采购员预借的差旅费			
18. 应付给职工的工资			
19. 尚未分配的利润			
20. 应缴未缴的税金			

【要求】 根据上述资料内容，分清资产、负债、所有者权益，用标记“√”填入有关空格内。

（十五）

【资料】 万利达公司200×年1月31日的资产、负债、所有者权益状况如下表所示：

项目		资产	权益	
			负债	所有者权益
1. 生产车间厂房	60 000 元			
2. 生产车间用的各种机器设备	120 000 元			
3. 运输卡车	32 000 元			
4. 正在装配中的在产品	48 000 元			
5. 已完工入库的产成品	20 000 元			
6. 制造产品用的库存钢材及其他材料	40 000 元			
7. 购入钢材的未付款项	10 000 元			
8. 尚未缴纳的税金	4 000 元			
9. 采购员预借的差旅费	80 元			
10. 国家投入的资本	240 000 元			
11. 本月实现的利润	28 000 元			
12. 管理部门使用的电子计算机	16 000 元			
13. 从银行借入的短期借款	20 000 元			
14. 库存的机器设备用润滑油	120 元			
15. 投资者投入的资本	86 000 元			
16. 存在银行的款项	53 200 元			
17. 外商投入的资本	16 000 元			
18. 财会部门库存现金	200 元			
19. 库存生产用煤	400 元			
20. 仓库用房屋	12 000 元			
21. 应付的货款	14 000 元			
22. 企业提存的应付福利费	8 000 元			
23. 存在建设银行的款项	24 000 元			
合　计				

【要求】根据上述项目内容，区分资产、负债、所有者权益，并分别计算资产、负债所有者权益金额合计数。

（十六）

【资料】某企业资料如下表所示：

序号	项目	资产	负债	所有者权益
1	企业仓库储存的材料			
2	财会部门存放的现金			
3	国家的投资款项			
4	生产车间正在加工的产品			
5	企业拥有的专利权			
6	企业的厂房及机器设备			
7	企业向银行借入的1年期的借款			
8	应收回的预借职工差旅费			
9	企业在银行的存款			
10	企业存放在仓库的完工产品			
11	企业应付采购材料款			
12	企业利润中提取的公积金			
13	企业应付职工的工资			
14	企业应向国家上交的税金			

【要求】分析上述项目的内容应在哪些账户反映，写出账户的名称。

（十七）

【资料】万方公司200×年3月份各账户有关资料如下表所示：

单位：元

账户名称	期初余额		本期发生额		期末余额	
	借方	贷方	借方	贷方	借方	贷方
现　金	3 000	—	500	（　）	2 000	—
银行存款	40 000	—	（　）	31 500	（　）	—
原材料	25 000	—	11 000	（　）	20 000	—
应收账款	（　）	—	（　）	42 000	4 000	—
固定资产	（　）	—	12 000	11 250	50 000	—
实收资本	—	75 000	—	（　）	—	90 000
资本公积	—	20 000	（　）	5 000	—	15 000
短期借款	—	25 000	（　）	—	—	7 500
应付账款	—	40 000	42 500	（　）	—	1 500
合　计	（　）	（　）	（　）	（　）	（　）	（　）

【要求】根据下列资料，计算出有关账户的期初余额、本期发生额及期末余额，检查是否平衡。

（十八）

【资料】泰康公司 200 × 年 2 月份部分账户资料如下表所示：

单位：元

账户名称	期初余额		本期发生额		期末余额	
	借方	贷方	借方	贷方	借方	贷方
现　金	1 125		1 875	（　）	2 400	
银行存款	（　）		75 000	82 500	7 500	
应收账款	12 750		（　）	42 250	30 500	
库存商品	（　）		37 500	56 250	（　）	
固定资产	262 500		37 500	（　）	250 000	
应付账款		49 500	（　）	18 750		（　）
应交税金		22 875	（　）	3 150		24 150
实收资本		（　）	—	—		255 000
主营业务收入		—	（　）	90 000		—
本年利润		—	78 750	（　）		11 250
管理费用	—		78 750	（　）	—	
合　计	（　）	（　）	（　）	（　）	（　）	（　）

【要求】将计算的结果填入括号内。

（十九）

【资料】200 × 年 2 月份兴达公司有关账户数字如下所示：

单位：元

账户名称	期初余额	借方本期发生额	贷方本期发生额	借或贷	期末余额
固定资产	400 000	320 000	（　）		530 000
银行存款	（　）	50 000	60 000		10 000
库存商品	300 000	350 000	160 000		（　）
短期借款	150 000	—	150 000		（　）
应付工资	0	102 000	（　）		0
应付账款	70 000	20 000	80 000		（　）
管理费用	—	150 000	150 000		（　）

【要求】1. 在上表金额栏的括号中填入正确数字。

2. 在“借或贷”栏中表明余额的借贷方向。

(二十)

【资料】中华工厂拥有的资产、负债及所有者权益资料如下:

1. 各种原材料65 000元;
2. 机器设备140 000元;
3. 国家投资流动资产100 000元;
4. 向银行借入的短期借款50 000元;
5. 库存现金500元;
6. 国家投资固定资产200 000元;
7. 在银行中的存款34 700元;
8. 仓库中已完工的产品45 000元;
9. 生产车间用的房屋60 000元;
10. 售出产品尚未收回的货款26 000元;
11. 购入材料尚未支付的料款21 200元。

【要求】根据上述项目的内容，区分资产、负债及所有者权益，将下表填写完整，并计算其合计数，再核对其是否符合会计等式。

业务号码	会计科目	资产金额	负债金额	所有者权益金额
1				
2				
3				
4				
5				
6				
7				
8				
9				
10				
11				
合　计				

答 案

一、单项选择题

1. B 2. D 3. A 4. D 5. A 6. C 7. D 8. C 9. A 10. D 11. B
12. A 13. A 14. A 15. A 16. A 17. D 18. A 19. D 20. A 21. A 22. A
23. D 24. D 25. C

二、多项选择题

1. AC 2. AB 3. CD 4. ABCD 5. CD 6. AD 7. BC 8. ABCD
9. ABC 10. ABCD 11. ABC 12. AB 13. AB 14. BCD 15. AB 16. ACD
17. AC 18. AB 19. ABCD 20. BD 21. ABC 22. ADE 23. ABE

三、判断题

1. × 2. √ 3. × 4. × 5. × 6. √ 7. √ 8. × 9. × 10. ×
11. √ 12. × 13. √ 14. √ 15. × 16. √ 17. √ 18. × 19. × 20. √
21. × 22. √ 23. × 24. √

四、名词解释

1. 会计等式：表明各会计要素之间基本关系的恒等式。
2. 会计科目：对会计要素进行分类核算的项目。
3. 会计账户：根据会计科目设置的，主要是分类反映和监督各项经济业务的发生情况，以及由此而引起的各个会计要素增减变化和结果。
4. 复式记账：指对发生的每项经济业务，都要以相等的金额，在相互联系的两个或两个以上账户中同时进行登记的一种记账方法。
5. 会计分录：指在经济业务发生后，用来确定账户名称、记账方向和金额的记录。
6. 对应账户：由一笔经济业务引起的几个具有相互依存关系的账户。
7. 账户对应关系：采用复式记账法，对每一笔经济业务必须在两个或两个以上的账户中相互联系地记录，这样两个或两个以上的账户之间就存在着一种相互依存的关系，即账户对应关系。
8. 会计等式：表明各会计要素之间基本关系的恒等式。
9. 账户结构：指账户的组成部分以及在账户内如何反映有关经济内容的增减变化及结余情况。
10. 账户余额：账户的两方金额栏，一方记录增加额，另一方记录减少额，增减相抵后的差额。

11. 本期发生额：指一定时期（如月份、季度或年度）内账户所登记增加或减少金额的合计。
12. 借贷记账法：指对发生的每项经济业务，都要以相等的金额，在相互联系的两个或两个以上账户中同时进行登记的一种记账方法。
13. 试算平衡：会计核算中检验账户记录是否正确的一种检验方法。
14. 记账方法：根据一定的记账原理，按照一定的记账规则，在账户中登记经济业务的一种专门方法。
15. 固定分类账户：指账户明确属于资产类或权益类。
16. 共同性账户：指账户具有双重性质，必须从其余额上作判断。
17. 总分类科目：对会计对象的不同经济内容作总括分类，是反映核算指标总括情况的科目。
18. 明细分类科目：对总分类科目所含经济内容作进一步分类，反映核算指标详细、具体情况的科目。
19. 登账：将所编会计分录的内容分门别类地登记入各有关账户。
20. 复合会计分录：一个账户的借方与多个账户的贷方相对应，或多个账户的借方与一个账户的贷方相对应。

五、思考题

答案略。

六、业务题

（一）

单位：元

账户名称	期初余额	本期借方发生额	本期贷方发生额	期末余额
库存现金	500	2 000	1 500	（1 000）
银行存款	120 000	（30 000）	80 000	70 000
应收账款	35 000	20 000	（37 000）	18 000
原材料	（210 000）	60 000	80 000	190 000
固定资产	500 000	50 000	（0）	550 000
短期借款	315 000	（300 000）	5 000	20 000
应付账款	28 000	8 000	（12 000）	32 000
其他应付款	3 000	2 000	—	（1 000）
实收资本	480 000	（0）	20 000	500 000

（二）

会计科目：应收账款　　单位：元

200×年		凭证号数	摘要	借方	贷方	借或贷	余额
月	日						
1	1	（略）	期初余额			借	15 000
	3		（略）		（9 000）	借	6 000
	6			（3 000）		借	9 000
	8			6 600		借	（15 600）
	10				4 800	借	（10 800）
	13				3 900	借	（ 6 900）

会计科目：应付账款　　单位：元

200×年		凭证号数	摘要	借方	贷方	借或贷	余额
月	日						
1	1	（略）	期初余额			贷	9 700
	3		（略）	500		贷	（9 200）
	6				（3 000）	贷	12 200
	8			（660）		贷	11 540
	10			1 780		贷	（9 760）
	13				800	贷	（10 560）

（三）

1 属于库存现金；
2 属于银行存款；
3、4 属于应收账款；
5、6 属于原材料；
7、8 属于库存商品；
9、10、11 属于固定资产；
12 属于长期借款；
13 属于应付账款；
14 属于应交税费；
15 属于实收资本；
16 属于盈余公积。

其中，1～11 属于资产类，总金额为 741 000 元，12、13、14 属于负债类，总金额为 111 000 元，15、16 属于所有者权益类，总金额为 630 000 元。

某企业4月1日财务状况表

单位：元

资产	金额	负债及所有者权益	金额
库存现金	1 000	长期借款	100 000
银行存款	150 000	应付账款	5 000
应收账款	15 000	应交税费	6 000
原材料	60 000	实收资本	480 000
库存商品	115 000	盈余公积	150 000
固定资产	400 000		
总　计	741 000	总　计	741 000

(四)

1. 资产与权益同增，涉及固定资产和实收资本科目；
2. 资产与权益同减，涉及长期借款和银行存款科目；
3. 资产一增一减，涉及银行存款和应收账款科目；
4. 资产一增一减，涉及库存现金和银行存款科目；
5. 资产一增一减，涉及原材料和银行存款科目；
6. 资产与权益同增，涉及应付账款、银行存款和短期借款科目；
7. 资产一增一减，涉及其他应收款和库存现金科目；
8. 资产一增一减，涉及银行存款和库存现金科目增减变动结果。

某企业资产权益变动情况表

单位：元

资产	增减前金额	增减金额	增减后金额	负债及所有者权益	增减前金额	增减金额	增减后金额
库存现金	1 000	(4) +3 000		短期借款	0	(6) +100 000	100 000
		(7) −1 000		长期借款	100 000	(2) −50 000	50 000
		(8) −1 000	2 000	应付账款	5 000	(6) −5 000	0
银行存款	150 000	(2) −50 000		应交税费	6 000		6 000
		(3) +5 000		实收资本	480 000	(1) +50 000	530 000
		(4) −3 000		盈余公积	150 000		150 000
		(5) −6 000					
		(6) +95 000					
		(8) +1 000	192 000				
应收账款	15 000	(3) −5 000	10 000				
其他应收款	0	(7) +1 000	1 000				
原材料	60 000	(5) +6 000	66 000				
库存商品	115 000		115 000				
固定资产	400 000	(1) +50000	450 000				
总　计	741 000	95 000	836 000	总　计	741 000	95 000	836 000

(五)

1. 借：固定资产　　50 000
　　贷：实收资本　　50 000
2. 借：长期借款　　50 000
　　贷：银行存款　　50 000
3. 借：银行存款　　5 000
　　贷：应收账款　　5 000
4. 借：库存现金　　3 000
　　贷：银行存款　　3 000
5. 借：原材料　　6 000
　　贷：银行存款　　6 000
6. 借：应付账款　　5 000
　　银行存款　　95 000
　　贷：短期借款　　100 000
7. 借：其他应收款　　1 000
　　贷：库存现金　　1 000
8. 借：银行存款　　1 000
　　贷：库存现金　　1 000

(六)

开设总分类账户，并登记期初余额、本期发生额和期末余额：

借方		库存现金	贷方
期初余额	1 000	(7)	1 000
(4)	3 000	(8)	1 000
本期发生额	3 000	本期发生额	2 000
期末余额	2 000		

借方		银行存款	贷方
期初余额	150 000		
(3)	5 000	(2)	50 000
(6)	95 000	(4)	3 000
(8)	1 000	(5)	6 000
本期发生额	101 000	本期发生额	59 000
期末余额	192 000		

借方　　　应收账款　　　贷方

期初余额	15 000	（3）	5 000
期末余额	10 000	本期发生额	5 000

借方　　　其他应收款　　　贷方

期初余额	0		
（7）	1 000		
本期发生额	1 000		
期末余额	1 000		

借方　　　原材料　　　贷方

期初余额	60 000		
（5）	6 000		
本期发生额	6 000		
期末余额	66 000		

借方　　　库存商品　　　贷方

期初余额	115 000		
期末余额	115 000		

借方　　　固定资产　　　贷方

期初余额	400 000		
（1）	50 000		
本期发生额	50 000		
期末余额	450 000		

借方	短期借款	贷方
	期初余额	0
	（6）	100 000
	本期发生额	100 000
	期末余额	100 000

借方	长期借款	贷方	
（2）	50 000	期初余额	100 000
本期发生额	50 000	期末余额	50 000

借方	应付账款	贷方	
（6）	5 000	期初余额	5 000
本期发生额	5 000	期末余额	0

借方	应交税费	贷方
	期初余额	6 000
	期末余额	6 000

借方	实收资本	贷方
	期初余额	480 000
	（1）	50 000
	本期发生额	50 000
	期末余额	530 000

借方	盈余公积	贷方
	期初余额	150 000
	期末余额	150 000

编制试算平衡表：

某企业试算平衡表

单位：元

账户名称	期初余额		本期发生额		期末余额	
	借方	贷方	借方	贷方	借方	贷方
库存现金	1 000		3 000	2 000	2 000	
银行存款	150 000		101 000	59 000	192 000	
应收账款	15 000			5 000	10 000	
其他应收款	0		1 000		1 000	
原材料	60 000		6 000		66 000	
库存商品	115 000				115 000	
固定资产	400 000		50 000		450 000	
短期借款		0		100 000		100 000
长期借款		100 000	50 000			50 000
应付账款		5 000	5 000			0
应交税费		6 000				6 000
实收资本		480 000		50 000		530 000
盈余公积		150 000				150 000
合　计	741 000	741 000	216 000	216 000	836 000	836 000

（七）

1. 借：银行存款　1 000
　　贷：库存现金　1 000
2. 借：原材料　8 000
　　贷：银行存款　8 000
3. 借：固定资产　100 000
　　贷：实收资本　100 000
4. 借：应交税费　5 000
　　贷：银行存款　5 000
5. 借：短期借款　7 000
　　贷：银行存款　7 000
6. 借：银行存款　80 000
　　贷：短期借款　80 000
7. 借：其他应收账款　2 000
　　贷：库存现金　2 000
8. 借：固定资产　9 000
　　贷：银行存款　9 000
9. 借：银行存款　7 000
　　贷：应收账款　7 000

10. 借：应付账款　　10 000
　　贷：银行存款　　10 000

（八）

补编会计分录如下，有关经济业务内容仅供参考。

1. 借：库存商品　　600
　　贷：银行存款　　600

兴华公司购入库存商品一批，价值600元，款项以银行存款支付。

2. 借：库存现金　　500
　　贷：银行存款　　500

从银行提取现金500元。

3. 借：其他应收款　　400
　　贷：库存现金　　400

预支采购员出差费400元。

4. 借：应付账款　　1 000
　　贷：银行存款　　1 000

用银行存款支付欠款1 000元。

5. 借：固定资产　　12 000
　　贷：实收资本　　12 000

公司接受投资人投入的价值12 000元的设备，已投入使用。

6. 借：资本公积　　8 000
　　贷：实收资本　　8 000

经批准，公司将资本公积8 000元转增资本。

（九）

1. 借：库存现金　　1 000
　　贷：银行存款　　1 000
2. 借：原材料　　30 000
　　贷：银行存款　　30 000
3. 借：固定资产　　80 000
　　贷：银行存款　　80 000
4. 借：其他应收款　　1 000
　　贷：库存现金　　1 000
5. 借：银行存款　　30 000
　　贷：应收账款　　30 000
6. 借：银行存款　　100 000
　　贷：预收账款　　100 000

7. 借：短期借款　　　　20 000
　　贷：银行存款　　　　20 000

8. 借：应付账款　　　　50 000
　　贷：银行存款　　　　50 000

（十）

1.

借方　　库存现金　　贷方

期初余额	100	（4）	1 000
（1）	1 000		
本期发生额	1 000	本期发生额	1 000
期末余额	100		

借方　　短期借款　　贷方

（7）	20 000	期初余额	20 000
本期发生额	20 000		
		期末余额	0

借方　　银行存款　　贷方

		（1）	1 000
期初余额	223 000	（2）	30 000
（5）	30 000	（3）	80 000
（6）	100 000	（7）	20 000
		（8）	50 000
本期发生额	130 000	本期发生额	181 000
期末余额	172 000		

借方　　应付账款　　贷方

（8）	50 000	期初余额	70 000
本期发生额	50 000		
		期末余额	20 000

借方	原材料		贷方
期初余额	150 000		
（2）	30 000		
本期发生额	30 000		
期末余额	180 000		

借方	预收账款		贷方
		期初余额	0
		（6）	100 000
		本期发生额	100 000
		期末余额	100 000

借方	应收账款		贷方
期初余额	56 900	（5）	30 000
		本期发生额	30 000
期末余额	26 900		

借方	实收资本		贷方
		期初余额	1 000 000
		期末余额	1 000 000

借方	其他应收账款		贷方
期初余额	0		
（4）	1 000		
本期发生额	1 000		
期末余额	1 000		

借方	固定资产		贷方
期初余额	660 000		
（3）	80 000		
本期发生额	80 000		
期末余额	740 000		

2.

某企业200×年9月30日试算平衡表

单位：元

账户名称	期初余额		本期发生额		期末余额	
	借方	贷方	借方	贷方	借方	贷方
库存现金	100		1 000	1 000	100	
银行存款	223 000		130 000	181 000	172 000	
应收账款	56 900			30 000	26 900	
其他应收款	0		1 000		1 000	
原材料	150 000		30 000		180 000	
固定资产	660 000		80 000		740 000	
短期借款		20 000	20 000			
应付账款		70 000	50 000			20 000
预收账款		0		100 000		100 000
实收资本		1 000 000				1 000 000
合　计	1 090 000	1 090 000	312 000	312 000	1 120 000	1 120 000

（十一）

单位：元

项目	资产		权益		金额
	名称	金额	名称	金额	
1. 厂房	固定资产	77000			77000
2. 机器与设备	固定资产	100000			100000
3. 运输汽车	固定资产	25000			25000
4. 动力设备	固定资产	18000			18000
5. 生产用库存钢材	原材料	60000			60000
6. 生产用库存外购零件	原材料	12000			12000
7. 库存燃料、油料	原材料	12000			12000
8. 未完工产品	生产成本	36000			36000
9. 库存完工产品	库存商品	54000			54000
10. 出纳人员保管的现金	库存现金	300			300
11. 存入银行的款项	银行存款	30000			30000
12. 应收海明工厂的货款	应收账款	20000			20000
13. 暂付职工差旅费	其他应收款	700			700
14. 某企业投入的资金			实收资本	220000	220000
15. 国家投入的资金			实收资本	180000	180000
16. 三年期银行借款			长期借款	15000	15000
17. 应付红光工厂材料款			应付账款	25000	25000
18. 欠交的税款			应交税金	5000	5000
合　计		445000		445000	—

（十二）

资料	项目名称		
	资产	负债	所有者权益
1. 投资者投入的资金 70 万元			70 万元
2. 购入专利权 10 万元	10 万元		
3. 销售部门用汽车一部 40 万元	40 万元		
4. 购入的设备 90 万元	90 万元		
5. 应向前进工厂收回的销货款 30 万元	30 万元		
6. 应付给花冠公司的购货款 20 万元		20 万元	
7. 库存材料 10 万元	10 万元		
8. 准备销售的产成品 16 万元	16 万元		
9. 国家投入的资金 80 万元			80 万元
10. 车间正在加工的产品 4 万元	4 万元		
11. 应支付的工资 10 万元		10 万元	
12. 向银行借入贷款 20 万元		20 万元	
合 计	200 万元	50 万元	150 万元

资产 200 万元 = 负债 50 万元 + 所有者权益 150 万元。

（十三）

单位：元

资料		项目名称		
		资产	负债	所有者权益
1. 企业拥有的实收资本	300 000			300 000
2. 企业提留的盈余公积	16 000			16 000
3. 企业库存材料价值	80 000	80 000		
4. 企业购入的专利权价值	28 000	28 000		
5. 企业库存现金	4 000	4 000		
6. 企业向银行借入的短期借款	120 000		120 000	
7. 企业在银行的存款	168 000	168 000		
8. 应向外单位收取的货款	60 000	60 000		
9. 企业的汽车价值	100 000	100 000		
10. 库存的 A 产品价值	20 000	20 000		
11. 企业在外单位的长期投资	80 000	80 000		
12. 企业的长期借款	100 000		100 000	
13. 未上交的税款	24 000		24 000	
14. 应付给供应单位的购货款	40 000		40 000	
15. 车间用设备	60 000	60 000		
合 计		600 000	284 000	316 000

（十四）

资料内容	资产	负债	所有者权益
1. 生产用的计量器具	√		
2. 职工欠企业的款项	√		
3. 生产用机器设备	√		
4. 存放产品的成品仓库	√		
5. 管理部门的办公楼	√		
6. 应付给供应单位的购料款		√	
7. 库存的原材料	√		
8. 采购员预借的差旅费	√		
9. 运输部门的运货卡车	√		
10. 向银行借入的借款		√	
11. 存放在仓库中的完工产品	√		
12. 生产车间未完工的产品	√		
13. 国家投入的资本			√
14. 联营单位投入的资本			√
15. 购货单位未付的货款	√		
16. 生产车间用的房屋	√		
17. 采购员预借的差旅费	√		
18. 应付给职工的工资		√	
19. 尚未分配的利润			√
20. 应缴未缴的税金		√	

（十五）

项目	资产	权益	
		负债	所有者权益
1. 生产车间厂房　60 000 元	60 000		
2. 生产车间用的各种机器设备　120 000 元	120 000		
3. 运输卡车　32 000 元	32 000		
4. 正在装配中的在产品　48 000 元	48 000		
5. 已完工的入库的产成品　20 000 元	20 000		
6. 制造产品用的库存钢材及其他材料　40 000 元	40 000		
7. 购入钢材的未付款项　10 000 元		10 000	
8. 尚未缴纳的税金　4 000 元		4 000	

续表

项目		资产	权益	
			负债	所有者权益
9. 采购员预借的差旅费	80 元	80		
10. 国家投入的资本	240 000 元			240 000
11. 本月实现的利润	28 000 元			28 000
12. 管理部门使用的电子计算机	16 000 元	16 000		
13. 从银行借入的短期借款	20 000 元		20 000	
14. 库存的机器设备用润滑油	120 元	120		
15. 投资者投入的资本	86 000 元			86 000
16. 存在银行的款项	53 200 元	53 200		
17. 外商投入的资本	16 000 元			16 000
18. 财会部门库存现金	200 元	200		
19. 库存生产用煤	400 元	400		
20. 仓库用房屋	12 000 元	12 000		
21. 应付的货款	14 000 元		14 000	
22. 企业提存的应付福利费	8 000 元		8 000	
23. 存在建设银行的款项	24 000 元	24 000		
合 计		426 000	56 000	370 000

（十六）

序号	项目	资产	负债	所有者权益
1	企业仓库储存的材料	原材料		
2	财务部门存放的现金	库存现金		
3	国家的投资款项			实收资本
4	生产车间正在加工的产品	生产成本		
5	企业拥有的专利权	无形资产		
6	企业的厂房及机器设备	固定资产		
7	企业向银行借入的 1 年期的借款		短期借款	
8	应收回的预借职工差旅费	其他应收款		
9	企业在银行的存款	银行存款		
10	企业存放在仓库的完工产品	库存商品		
11	企业应付采购材料款		应付账款	
12	企业利润中提取的公积金			盈余公积
13	企业应付职工的工资		应付工资	
14	企业应向国家上交的税金		应交税金	

（十七）

单位：元

账户名称	期初余额		本期发生额		期末余额	
	借方	贷方	借方	贷方	借方	贷方
库存现金	3 000	—	500	（1 500）	2 000	—
银行存款	40 000	—	（29 500）	31 500	（38 000）	—
原材料	25 000	—	11 000	（16 000）	20 000	—
应收账款	（42 750）	—	（3 250）	42 000	4 000	—
固定资产	（49 250）	—	12 000	11 250	50 000	—
实收资本	—	75 000	—	（15 000）	—	90 000
资本公积	—	20 000	（10 000）	5 000	—	15 000
短期借款	—	25 000	（17 500）	—	—	7 500
应付账款	—	40 000	42 500	（4 000）	—	1 500
合　计	（160 000）	（160 000）	（126 250）	（126 250）	（114 000）	（114 000）

（十八）

单位：元

账户名称	期初余额		本期发生额		期末余额	
	借方	贷方	借方	贷方	借方	贷方
库存现金	1 125		1 875	（600）	2 400	
银行存款	（15 000）		75 000	82 500	7 500	
应收账款	12 750		（60 000）	42 250	30 500	
库存商品	（18 750）		37 500	56 250	（0）	
固定资产	262 500		37 500	（50 000）	250 000	
应付账款		49 500	（48 250）	18 750		（20 000）
应交税金		5 625	（4 625）	3 150		4 150
实收资本		（255 000）	255 000			
主营业务收入			（90 000）	90 000		
本年利润			78 750	（90 000）		11 250
管理费用			78 750	（78 750）		
合　计	（310 125）	（310 125）	（512 250）	（512 250）	（290 400）	（290 400）

（十九）

单位：元

账户名称	期初余额	借方本期发生额	贷方本期发生额	借或贷	期末余额
固定资产	400 000	320 000	（190 000）	借	530 000
银行存款	（20 000）	50 000	60 000	借	10 000
库存商品	300 000	350 000	160 000	借	（490 000）
短期借款	150 000		150 000	贷	（300 000）
应付工资	0	102 000	（102 000）	平	0
应付账款	70 000	20 000	80 000	贷	（130 000）
管理费用		150 000	150 000	平	（0）

（二十）

单位：元

业务号码	会计科目	资产金额	负债金额	所有者权益金额
1	原材料	65 000		
2	固定资产	140 000		
3	实收资本	100 000		
4	短期借款		50 000	
5	库存现金	500		
6	实收资本			200 000
7	银行存款	34 700		
8	库存商品	45 000		
9	固定资产	60 000		
10	应收账款	26 000		
11	应付账款		21 200	
合　计		371 200	71 200	300 000

根据以上资料计算合计数：

资产 371 200 元 = 负债 71 200 元 + 所有者权益 300 000 元，其符合会计等式。

第三章　制造业主要经济业务的核算

习　题

一、单项选择题

1. 职工出差预借差旅费时，应借记（　　）账户。

A. 管理费用　　B. 库存现金　　C. 其他应收款　　D. 银行存款

2. 与“制造费用”账户不可能发生对应关系的账户是（　　）。

A. 管理费用　　B. 生产成本　　C. 应付职工薪酬　　D. 银行存款

3. 已经完成全部生产过程并已经验收入库，可供对外销售的产品即为（　　）。

A. 库存商品　　B. 已销产品　　C. 销售成本　　D. 生产成本

4. 丙企业销售商品一批，增值税专用发票上表明的价款为60万元，适用的增值税税率为17%，为购买方代垫运杂费2万元，款项尚未收到。该企业应确认的应收账款为（　　）万元。

A. 60　　B. 62　　C. 70.2　　D. 72.2

5. 企业如果收回代客户垫付的运费时，应贷记（　　）账户。

A. 库存现金　　B. 其他应收款　　C. 应收账款　　D. 银行存款

6. 下列各项中属于企业产品成本核算内容的是（　　）。

A. 用现金支付销售人员的工资　　B. 用银行存款支付短期借款利息

C. 用现金支付行政管理部门的办公费　　D. 生产车间厂房的自然磨损

7. “财务费用”账户期末应（　　）。

A. 有借方余额　　B. 有贷方余额

C. 同时有借方和贷方余额　　D. 没有余额

8. 下列费用中，不构成产品成本的是（　　）。

A. 直接人工费　　B. 直接材料费　　C. 制造费用　　D. 期间费用

9. “本年利润”账户内的贷方余额表示（　　）。

A. 纯利润额　　B. 利润分配额　　C. 未分配利润　　D. 亏损额

10. 年末结转后，“利润分配”账户的贷方余额表示（　　）。

A. 实现的利润总额　　B. 未分配利润　　C. 净利润额　　D. 利润分配总额

11. 净利润是企业利润总额扣除（　　）后的余额。

A. 所得税　　B. 盈余公积　　C. 公益金　　D. 股利

12. “利润分配”账户是（　　）。

A. 资产类账户　　B. 负债类账户　　C. 费用类账户　　D. 所有者权益类账户

13. 下列可以直接计入“生产成本”账户的费用是（　　）。

A. 厂长的工资　B. 车间工人的工资　C. 车间主任的工资　D. 销售人员的工资

14. 某企业购进甲材料 200 吨，每吨 85 元，乙材料 100 吨，每吨 50 元，购进两种材料共支付运费 420 元，运费按重量比例分配，甲材料的采购成本是（　　）。

A. 17 280 元　B. 17 000 元　C. 5 000 元　D. 5 140 元

15. 接受外单位投入的设备，设备原价 89 000 元，九成新，记入“实收资本”账户的金额应是（　　）。

A. 8 900 元　B. 71 200 元　C. 89 000 元　D. 80 100 元

16. 某企业期初的资产总额为 1 000 万元，本期发生如下的经济业务：用现金购置设备 8 万元，接受投资 10 万元，发放股利 50 万元，盈余公积转增资本 20 万元。某企业的期末资产总额为（　　）。

A. 960 万元　B. 1 018 万元　C. 1 068 万元　D. 1 088 万元

17. 下列项目中不属于产品直接生产费用的是（　　）。

A. 为生产产品耗用的原材料　B. 车间设备的维修费

C. 支付给生产工人的工资　D. 为生产工人计提的福利费

18. 不应该记入产品成本的费用是（　　）。

A. 制造费用　B. 直接材料费用　C. 直接人工费用　D. 管理费用

19. 下列账户期末结账后，可能余额的是（　　）。

A. 生产成本　B. 财务费用　C. 制造费用　D. 销售费用

20. 下列账户中同“主营业务收入”账户发生对应关系的账户是（　　）。

A. 主营业务成本　B. 本年利润　C. 营业税金及附加　D. 销售费用

21. 从外地采购的材料验收入库应记入（　　）账户的借方。

A. 原材料　B. 制造费用　C. 销售费用　D. 管理费用

22. 销售产品一批，货款尚未收回，应计入（　　）账户的贷方。

A. 主营业务收入　B. 应收账款　C. 主营业务成本　D. 库存商品

23. 制造费用的分配结果应体现（　　）的分配原则。

A. 受益大的产品多分摊　B. 受益小的产品多分摊

C. 平均分摊　D. 随意分摊

24. 产品生产成本的计算在（　　）账户中进行。

A. “生产成本”总分类账户　B. “生产成本”明细分类账户

C. “库存商品”总分类账户　D. “库存商品”明细分类账户

25. 短期借款利息核算不涉及的账户是（　　）。

A. 短期借款　B. 应付利息　C. 银行存款　D. 财务费用

二、多项选择题

1. 企业投资者对企业进行投资，可以采用的资产是（　　）。

A. 货币资金　B. 固定资产　C. 无形资产

D. 有价证券　E. 原材料

2. 关于资金筹集业务，下列说法中正确的是（　　）。
   A. 企业筹集资金的渠道，一是企业的所有者，二是企业的债权人
   B. 从企业所有者处筹集的资金形成企业的所有者权益
   C. 从企业的债权人处筹集的资金形成企业的负债
   D. 企业除了可以向银行借款筹集资金外，还可以发行有价证券筹资
3. 运杂费的分配标准有（　　）。
   A. 材料的数量　B. 材料的重量　C. 材料的体积
   D. 材料的买价金额　E. 材料的采购成本
4. 下列有关“材料采购”账户的正确说法是（　　）。
   A. 计算材料采购成本的账户　B. 资产类账户
   C. 借方是采购成本的归集　D. 贷方是入库材料实际成本的结转
5. 外购材料的采购成本应包含（　　）。
   A. 材料的买价　B. 运杂费　C. 途中的合理损耗　D. 采购机构的费用
6. 制造企业原材料供应过程中涉及的账户有（　　）。
   A. 应付账款　B. 材料采购　C. 原材料
   D. 银行存款　E. 应交税费——应交增值税
7. 下列应记入“制造费用”账户的有（　　）。
   A. 生产车间领用的原材料　B. 车间机器的维修费用
   C. 车间工人的工资　D. 行政管理部门的水电费
8. 期末结转损益类科目，可能贷记（　　）账户。
   A. 主营业务收入　B. 主营业务成本　C. 销售费用　D. 本年利润
9. “营业税金及附加”账户借方登记的内容有（　　）。
   A. 增值税　B. 所得税　C. 消费税
   D. 资源税　E. 城市维护建设税
10. 下列属于期间费用的是（　　）。
    A. 管理费用　B. 销售费用　C. 财务费用
    D. 直接工资　E. 直接材料
11. 下列账户应将本期发生额转入“本年利润”账户的是（　　）。
    A. 主营业务收入　B. 主营业务成本　C. 财务费用
    D. 销售费用　E. 管理费用
12. “生产成本”账户借方登记（　　）。
    A. 直接材料　B. 直接工资　C. 制造费用
    D. 管理人员的工资　E. 采购材料的运杂费
13. 为了正确计算产品的生产成本，一般应设置（　　）账户。
    A. 生产成本　B. 制造费用　C. 主营业务成本
    D. 管理费用　E. 财务费用
14. 企业在接受存货投资时，与存货相关账户产生对应关系的账户是（　　）。
    A. 实收资本　B. 资本公积　C. 应交税费　D. 盈余公积

15. 下列引起资产和所有者权益同时增加的经济业务有（　　）。
A. 收到国家投资存入银行　B. 提取盈余公积
C. 将资本公积转增资本金　D. 收到外商投入设备一台

16. 企业外购存货的成本一般可包括运杂费、装卸费和（　　）。
A. 买价　B. 保险费　C. 进口关税　D. 增值税

17. 下列各项费用，应通过“管理费用”科目核算的是（　　）。
A. 利息费　B. 诉讼费　C. 研究费用　D. 招待费

18. 企业销售商品时缴纳的下列各项税费，记入“营业税金及附加”科目的有（　　）。
A. 增值税　B. 消费税　C. 教育附加费　D. 城市维护建设税

19. 企业在销售产品或提供劳务时，可能贷记的账户包括（　　）。
A. 主营业务收入　B. 应交税费——应交增值税（销项税额）
C. 主营业务成本　D. 营业外收入

20. 下列项目中，属于营业外收入核算内容的是（　　）。
A. 罚没收入　B. 接收现金捐赠
C. 出售固定资产取得的净收益　D. 无法支付的应付账款

21. 计算分配制造费用的标准可以采用（　　）。
A. 机时比例　B. 工时比例　C. 生产工人工资比例　D. 用电比例

22. 利润总额是由（　　）三部分组成的。
A. 营业利润　B. 投资收益　C. 利得和损失　D. 所得税

23. 构成产品生产成本的费用有（　　）。
A. 直接材料费用　B. 直接人工费用　C. 制造费用　D. 管理费用

24. 利润分配的途径有（　　）。
A. 提取法定盈余公积　B. 提取法定公益金　C. 分配股利　D. 提取资本公积金

25. 生产费用按其计入产品成本的方式不同，分为（　　）。
A. 直接费用　B. 间接费用　C. 销售费用　D. 财务费用

三、判断题

1. 发生本单位职工因公借款时，会计分录应为借记“其他应收款”，贷记“库存现金”。（　　）

2. 企业的筹集资金业务包括接受外单位或个人的捐赠资产。（　　）

3. “管理费用”账户的借方发生额，应于期末采用一定的方法计入产品成本。（　　）

4. 外购材料的单位采购成本就是供货单位发票上的单价。（　　）

5. 制造费用是指企业各生产车间等生产单位为组织和管理生产而发生的各项间接费用。（　　）

6. 企业职工的薪酬应直接计入产品的成本。（　　）

7. 最基本的成本项目有三项：直接材料、直接人工和制造费用。（　　）

8. 企业购入原材料的采购成本中包括增值税进项税额。（　）

9. “管理费用”是用来核算生产和非生产管理部门发生的工资、福利费、折旧费等的账户。（　）

10. 按照基本生产车间管理工人工资比例计提的社会保险费，应借记“管理费用”科目。（　）

11. 企业销售一批产品实现收入，应贷记“库存商品”账户。（　）

12. “材料采购”账户用以核算企业库存的各种材料。（　）

13. “短期借款”账户属于负债类账户，贷方登记企业借入本金及利息调整，借方登记归还的借款本金，期末贷方余额，反映企业尚未偿还的借款。（　）

14. 生产车间领用原材料投入产品生产的会计分录为：借：制造费用，贷：原材料。（　）

15. 车间主任的工资、奖金和津贴等应记入“生产成本”账户的借方。（　）

16. 企业为销售A产品支付广告费2 000元，应记入“管理费用”账户。（　）

17. 外单位捐赠现金50 000元，应记入“实收资本”账户的贷方。（　）

18. 企业收到银行存款利息，应记入“财务费用”账户的贷方。（　）

19. 企业的制造费用应该按照一定的标准分配计入生产成本。（　）

20. 财务成果的汇总是通过设置“本年利润”账户来核算的。（　）

21. 结转所得税费用的分录为：借记“所得税费用”账户，贷记“本年利润”账户。（　）

22. 企业实现的利润，按规定依法缴纳所得税之后，一般按下列顺序进行分配：弥补以前年度的亏损，向投资者分配利润，提取公积金和公益金。（　）

23. 发生营业外支出，在相对应的会计期间，应当减少企业当期的营业利润。（　）

四、名词解释

1. 材料采购成本
2. 产品生产成本
3. 投入资本
4. 短期借款
5. 长期借款
6. 制造费用
7. 库存商品
8. 累计折旧
9. 成本项目
10. 产品销售成本
11. 主营业务成本
12. 主营业务收入
13. 应收账款
14. 管理费用

15. 销售费用
16. 财务费用
17. 期间费用
18. 营业税金及附加
19. 本年利润
20. 利润分配

五、思考题

1. 制造业经营活动的特点是什么？由哪几个环节构成？
2. 制造业各经营环节的核算内容是什么？
3. 简述企业资金筹集的来源。
4. 为什么要将材料进行分类？
5. 按不同的用途对材料进行分类，可以分为哪几类？
6. 对于材料采购业务的核算应设置哪些账户？
7. 材料采购业务中账户的结构和用途是怎样的？
8. 共同发生的采购费用如何在各种材料之间进行分配？
9. 简述材料采购成本的构成。如何计算材料的采购成本？
10. 生产成本和生产费用之间的关系如何？
11. 什么是直接费用和间接费用？
12. 为什么要区分直接费用和间接费用？如何区分？
13. 在产品的生产业务的核算中应设置哪些账户？
14. 产品生产业务核算账户的结构如何？有什么用途？
15. 通过企业生产业务核算，会计能实现哪些反应和监督功能？
16. 简述产品生产成本的构成和计算。
17. 在产品的销售业务中应设置哪些账户？
18. 产品销售业务核算账户的结构如何？
19. 什么是期间费用？包括哪几种？
20. 期间费用如何核算？

六、业务题

(一)

【资料】 某企业 200 × 年 9 月的有关收入和费用如下表所示：

项目	生产成本	费用	收入	会计科目
1. 甲产品的销售收入				
2. 生产甲产品的工人的薪酬				
3. 生产甲产品耗用的直接材料				
4. 获得政府补助				
5. 银行借款利息支出				
6. 技术转让费收入				
7. 企业管理人员的薪酬				
8. 生产车间机器的折旧费				
9. 出租房屋的租金收入				
10. 产品销售展览费				
11. 持有债券的利息收入				
12. 公益性捐赠支出				
13. 本期产品的销售税金				
14. 乙产品的销售收入				
15. 已销甲乙产品的生产成本				
16. 生产工人的薪酬				
17. 车间日常办公费用				
18. 厂部办公费				
19. 已售出材料的成本				

【要求】 1. 根据上述项目的内容，区分生产成本、费用和收入，并在合适的栏目内画○。

2. 在表格中写出上述各项目所适用的会计科目。

（二）

【资料】 某企业200×年7月份发生以下经济业务：

1. 接受甲公司投资70 000元存入银行；
2. 收到国家增拨的投资200 000元存入银行；
3. 收到乙公司投资，其中设备协议价80 000元交付使用，材料价值100 000元验收入库；
4. 从银行取得借款50 000元并存入银行账户中；
5. 收到丙公司投资的全新机器一台，发票上显示该设备买价300 000元，增值税51 000元，设备交付使用；
6. 将资本公积金20 000元转增资本；
7. 收到丁公司投入的生产线，原值600 000元，已计提折旧50 000元，双方协议作价为580 000元；

8. 用银行存款500 000元偿还到期的银行短期借款；

9. 经协商签订协议，兴华机械厂将某商标以190 000元向本企业作长期投资。

【要求】编制以上经济业务的会计分录。

（三）

【资料】某公司200×年10月份发生如下经济业务：

1. 收到A公司投资的现金100 000元，已经存入银行的存款户；
2. 向银行借入期限仅半年，利率为6%，金额为150 000元的短期借款；
3. B公司以一项专利权进行投资，双方的协议价为28 000元；
4. 方正公司以八成新的一台设备进行投资，设备原价为50 000元；
5. 归还期限为3个月，利率为5%，金额为50 000元的到期银行短期借款本金和利息；
6. 向银行借入500 000元的3年期长期借款，用于公司建造厂房。

【要求】根据上述经济业务编制会计分录。

（四）

【资料】兴华公司200×年6月份发生如下经济业务：

1. 向南风公司购入乙材料500千克，共计买价5 000元，增值税额850元，款未付；
2. 从银行提取现金300元；
3. 采购员陈宜暂借差旅费2 000元，以现金付讫；
4. 从利民公司购入甲材料1 000千克，计50 000元，增值税额8 500元，以银行存款付讫；
5. 以上甲乙两种材料验收入库，结转其采购成本；
6. 向中信公司购入丙材料50千克，货款250元，增值税额42.5元，以银行存款支付，材料当即验收入库；
7. 以银行存款偿还前欠南风公司的货款5 850元；
8. 采购员陈宜出差回来报销前预借的差旅费（预借2 000元），实际报销差旅费2 200元，以现金补付差额。

【要求】根据以上经济业务编制会计分录。

（五）

【资料】1. 先锋公司200×年10月份从外地永安公司购入下列材料，如下表所示：

品种	数量（千克）	单价（元/千克）	买价（元）
甲材料	4 000	29.5	118 000
乙材料	1 000	9.00	9 000

2. 为购买上述材料，共支付运杂费如下：

水、陆运输费　　2 500 元

装卸、搬运费　　　500 元

【要求】1. 以材料重量为标准，分配材料采购的采购费用。

2. 编制材料采购成本计算表。

（六）

【资料】某企业 200×年 10 月份购进甲、乙两种材料，有关资料如下表所示：

单位：元

材料名称	单位	单价	重量	买价	运杂费	增值税额
甲材料	千克	5	60 000	30 000		51 000
乙材料	千克	2	50 000	10 000		17 000
合　计				40 000	5 000	68 000

【要求】1. 按材料的重量分配运杂费，计算甲、乙材料的采购总成本和单位成本。

2. 按材料的买价分配运杂费，计算甲、乙材料的采购总成本和单位成本。

（七）

【资料】兴华公司 200×年 12 月份发生以下经济业务：

1. 向 F 公司购进甲材料 1 000 千克，每千克 55 元，乙材料 1 500 千克，每千克 68 元，货款未付；
2. 以现金 500 元支付上述甲、乙两种材料的运费，材料运费按甲、乙材料的重量分摊；
3. 购进丙材料 100 吨，单价 150 元，运杂费 300 元，货款及运费 15 300 元以银行存款支付；
4. 上述甲、乙材料验收入库，计算并结转甲、乙两种材料的采购成本；
5. 向 M 公司购进丁材料 800 千克，每千克 80 元，开出一张金额为 64 000 元，期限为 30 天并经银行承兑过的商业汇票承付货款，另以现金 200 元支付代垫运费；
6. 上述丙、丁材料验收入库，分别结转丙、丁材料的采购成本。

【要求】根据上述的经济业务编制会计分录。

（八）

【资料】兴华公司 200×年 3 月份发生以下经济业务：

1. 公司用银行存款购买办公用品 1 350 元，其中管理部门用 1 000 元，车间用 350 元；
2. 仓库发出材料共 40 000 元，其中用于甲产品生产 20 000 元，用于乙产品

15 000元，车间一般耗用 3 000 元，企业管理部门耗用 2 000 元；

3. 公司从银行提取现金 26 000 元，备发工资；
4. 公司以 26 000 元现金发放工资；
5. 计提本月固定资产折旧 400 元，其中车间 300 元，企业管理部门 100 元；
6. 公司以银行存款 800 元，支付车间生产用设备的日常维修；
7. 分配并接转应付工资 26 000 元，其中生产甲产品的工人工资 8 000 元，生产乙产品的工人的工资 12 000 元，车间管理人员工资 2 000 元，企业管理人员工资 4 000 元；
8. 公司以银行存款 5 000 元支付电费，其中生产甲产品的动力电为 2 000 元，生产乙产品的动力电为 1 500 元，车间照明用电 1 000 元，企业管理部门照明用电为 500 元；
9. 分配本月发生的制造费用；
10. 本月生产甲产品 200 件，成本 34 612 元，乙产品 100 件，成本 35 418 元，均全部完工，结转甲、乙产品的生产成本。

【要求】 根据以上经济业务，编制会计分录。

(九)

【资料】 兴华公司 200×年 7 月份发生如下经济业务：

1. 从银行存款中划转 43 000 元到员工的工资卡中，已发放当月的工资；
2. 以银行存款 48 000 元支付全年的财产保险费；
3. 计提车间机器设备修理费 400 元；
4. 月末，仓库送来材料发出汇总表情况如下：

材料名称 / 领用部门	甲种材料			乙种材料			丙种材料			合 计
	数量（吨）	单价（元）	金额（元）	数量（吨）	单价（元）	金额（元）	数量（吨）	单价（元）	金额（元）	金额（元）
A 产品	10	1 200	12 000	40	620	24 800	1.8	500	900	37 700
B 产品	20	1 200	24 000	20	620	12 400	2.4	500	1 200	37 600
车 间				5	620	3 100				3 100
行政管理							2	500	1 000	1 000
合 计	30		36 000	65		40 300	6.2		3 100	79 400

5. 月末，工资薪酬发放情况：A 产品生产工人工资 10 000 元，车间管理人员工资 2 500 元，B 产品生产工人工资 12 000 元，行政管理人员工资 13 500 元；
6. 摊销应由本月负担的报纸杂志费 1 600 元，其中，车间负担 600 元，行政管理部门负担 1 000 元；
7. 计提固定资产折旧费 5 200 元，其中，车间负担设备折旧费 3 500 元，行政部门负担折旧费 1 700 元；

8. 以存款支付水电费共 10 800 元，其中，车间负担水电费 7 500 元，行政管理部门负担水电费 3 300 元；
9. 王庆出差归来，报销差旅费 1 300 元，结清原借支款 1 000 元，另以现金补付王庆 300 元；
10. 摊销本月应由管理部门负担的财产保险费 4 000 元；
11. 将本月发生的制造费用按生产工人的工资比例分配计入 A、B 两种产品的成本；
12. A、B 两种产品全部生产完工验收入库（期初均无在产品），A 产品 100 件，B 产品投产 200 件。

【要求】1. 根据上述经济业务编制会计分录。
2. 开设并登记“制造费用”T 形账户。
3. 开设并登记“生产成本”明细账。

（十）

【资料】兴华公司 200×年 3 月份发生以下经济业务：
1. 向金华公司出售 A 产品 100 件，货款 80 000 元及增值税额 13 600 元尚未收到；
2. 以银行存款 1 200 元支付本月产品广告费；
3. 收到金华公司还来的货款 80 000 元，存入银行；
4. 向南山公司出售 B 产品 100 件，货款 60 000 元及增值税额 10 200 元当即收到，存入银行；
5. 以银行存款支付销售产品发生的包装、运杂费 800 元，结转本月出售产品的生产成本，其中，A 产品 52 000 元，B 产品 32 500 元；
6. 以银行存款交纳增值税 14 000 元；
7. 将本月主营业务收入、主营业务成本、销售费用转入“本年利润”账户；
8. 收到大发公司付来的罚款 2 000 元，作为营业外收入，存入银行；
9. 按规定结转实现利润的应交所得税 22 000 元；
10. 将本月所得税费用和营业外收入转入“本年利润”账户。

【要求】根据以上经济业务编制有关会计分录。

（十一）

【资料】某企业 200×年 12 月份发生如下经济业务：
1. 以现金购买管理部门用办公用品 800 元；
2. 业务员王丽报销差旅费 900 元，上个月出差时预借差旅费 1 200 元，余款退回现金；
3. 以银行存款支付债务重组损失 3 000 元（属于营业外支出）；
4. 计提本月的短期借款利息 900 元；
5. 管理部门领用原材料 400 元；

6. A公司急需一批甲材料，本企业转让给其一批甲材料，转让款为7 000元，款项已由银行收讫；
7. 以银行存款50 000元捐赠给希望工程；
8. 企业从联营体中分得利润1 200元，存入银行；
9. 开出转账支票支付银行借款利息11 020元，其中本月应承担的利息费用为1 020元；
10. 从银行提取现金15 000元，当天支付行政管理人员工资9 025元，剩余现金准备零星支用。

【要求】根据上述资料编制会计分录。

答　案

一、单项选择题

1. C　2. A　3. A　4. D　5. C　6. D　7. D　8. D　9. A　10. B　11. A
12. D　13. B　14. A　15. D　16. A　17. B　18. D　19. A　20. B　21. A　22. A
23. A　24. B　25. A

二、多项选择题

1. ABCDE　2. ABCD　3. ABCD　4. ABCD　5. ABC　6. ABCDE　7. ABC
8. BCD　9. CDE　10. ABC　11. ABCDE　12. ABC　13. AB　14. AB
15. AD　16. ABC　17. BCD　18. BCD　19. AB　20. ABCD　21. ABC
22. ABC　23. ABC　24. ABC　25. AB

三、判断题

1. √　2. ×　3. ×　4. ×　5. √　6. ×　7. √　8. ×　9. ×　10. ×
11. ×　12. ×　13. ×　14. ×　15. ×　16. ×　17. ×　18. √　19. √　20. √
21. ×　22. ×　23. ×

四、名词解释

1. 材料采购成本：企业采购材料过程中支付的材料价款及因采购材料而发生的采购费用。
2. 产品生产成本：在生产过程中，企业要耗费原材料、燃料、动力，要发生厂房、机器设备的折旧，要支付职工的工资，还要发生其他各项生产费用，这些费用对象化后，即构成产品生产成本。
3. 投入资本：投资者实际投入企业经营活动的各种财产物资。
4. 短期借款：企业在生产经营过程中，由于生产周转的需要，向银行或其他金融机构借入的、偿还期限在1年或超过1年的一个营业周期以内的各种借款。

5. 长期借款：企业向银行或其他金融机构借入的，偿还期限在1年或超过1年的一个营业周期以上的各种借款。
6. 制造费用：企业在车间范围内为生产产品或提供劳务而发生的、应计入产品生产成本的各项间接费用。
7. 库存商品：已经生产完成，并已经验收入库的可以出售的产成品。
8. 累计折旧：固定资产价值的损耗。
9. 成本项目：指从生产费用的具体用途出发，将直接生产费用和间接生产费用划分为若干项目。
10. 产品销售成本：企业销售产成品、自制半成品的成本，也即所销售的产品在生产阶段发生的费用。
11. 主营业务成本：企业已售产品（包括产成品、自制半成品和工业劳务等）的生产成本。
12. 主营业务收入：企业产品（包括产成品、自制半成品、工业性劳务等）销售所取得的收入。
13. 应收账款：企业因出售产品而形成的应收而未收的款项。
14. 管理费用：企业为组织和管理企业的生产经营活动所发生的费用。
15. 销售费用：企业在销售商品和材料、提供劳务的过程中发生的各种费用。
16. 财务费用：企业为筹集生产经营所需的资金而发生的筹资费用。
17. 期间费用：本期发生的、不能直接或间接归入某种产品成本的、直接计入损益的各项费用。
18. 营业税金及附加：应由已售产品负担的除增值税以外的各项价内税。
19. 本年利润：企业当年实现的净利润。
20. 利润分配：将企业实现的净利润，按照国家财务制度规定的分配形式和分配顺序，在国家、企业和投资者之间进行的分配。

五、思考题

答案略。

六、业务题

(一)

某企业200×年9月收入和费用项目

项目	生产成本	费用	收入	会计科目
1. 甲产品的销售收入			○	主营业务收入
2. 生产甲产品的工人的薪酬	○			生产成本
3. 生产甲产品耗用的直接材料	○			生产成本
4. 获得政府补助			○	营业外收入
5. 银行借款利息支出		○		财务费用
6. 技术转让费收入			○	其他业务收入
7. 企业管理人员的薪酬		○		管理费用
8. 生产车间机器的折旧费	○			制造费用
9. 出租房屋的租金收入			○	其他业务收入
10. 产品销售展览费		○		销售费用
11. 持有债券的利息收入			○	投资收益
12. 公益性捐赠支出		○		营业外支出
13. 本期产品的销售税金		○		营业税金及附加
14. 乙产品的销售收入			○	主营业务收入
15. 已销甲乙产品的生产成本		○		主营业务成本
16. 生产工人的薪酬	○			生产成本
17. 车间日常办公费用	○			制造费用
18. 厂部办公费		○		管理费用
19. 已售出材料的成本		○		其他业务成本

(二)

1. 借：银行存款　　70 000
　　贷：实收资本——甲公司　　70 000
2. 借：银行存款　　200 000
　　贷：实收资本——国家　　200 000

3. 借：固定资产　　80 000
　　原材料　　100 000
　　贷：实收资本——乙公司　　180 000
4. 借：银行存款　　50 000
　　贷：短期借款　　50 000
5. 借：固定资产　　351 000
　　贷：实收资本——丙公司　　351 000
6. 借：资本公积　　20 000
　　贷：实收资本　　20 000
7. 借：固定资产　　600 000
　　贷：实收资本　　580 000
　　　　累计折旧　　20 000
8. 借：短期借款　　500 000
　　贷：银行存款　　500 000
9. 借：无形资产——商标权　　190 000
　　贷：实收资本——兴华机械厂　　190 000

(三)

1. 借：银行存款　　100 000
　　贷：实收资本——A 公司　　100 000
2. 借：银行存款　　150 000
　　贷：短期借款　　150 000
3. 借：无形资产——专利权　　28 000
　　贷：实收资本——B 公司　　28 000
4. 借：固定资产——设备　　50 000
　　贷：累计折旧　　10 000
　　　　实收资本　　40 000
5. 利息 $=50\ 000\times5\%\times3/12=625$（元）
　借：短期借款　　50 000
　　　财务费用　　625
　　贷：银行存款　　50 625
6. 借：银行存款　　500 000
　　贷：长期借款　　500 000

(四)

1. 借：材料采购——乙材料　　5 000
　　应交税费——应交增值税（进项税额）　　850
　　贷：应付账款——南风公司　　5 850

2. 借：库存现金 300
贷：银行存款 300

3. 借：其他应收款——陈宜 2 000
贷：库存现金 2 000

4. 借：材料采购——甲材料 50 000
应交税费——应交增值税（进项税额） 8 500
贷：银行存款 58 500

5. 借：原材料——甲材料 50 000
——乙材料 5 000
贷：材料采购——甲材料 50 000
——乙材料 5 000

6. 借：原材料——丙材料 250
应交税费——应交增值税（进项税额） 42.5
贷：银行存款 292.5

7. 借：应付账款——南风公司 5 850
贷：银行存款 5 850

8. 借：管理费用 2 200
贷：其他应收款——陈宜 2 000
库存现金 200

（五）

1. 采购费用分配率 =（2 500 + 500）/（4 000 + 1 000）= 0.6（元/千克）
甲材料应分配的采购费：4 000 × 0.6 = 2 400（元）
乙材料应分配的采购费：1 000 × 0.6 = 600（元）

2.

材料采购成本计算表

项目	采购费用分配标准（重量：千克）	分配率（元/千克）	采购费用分配额（元）	买价	总成本	单位成本（元/千克）
甲材料	4 000	0.6	2 400	118 000	120 400	30.1
乙材料	1 000	0.6	600	9 000	9 600	9.6
合　计	5 000		3 000	127 000	130 000	

（六）

1. 按材料的重量分配运杂费：
甲材料的总成本 = 5 000/（60 000 + 50 000）× 60 000 + 30 000 = 32 727.3（元）
甲材料的单位成本 = 32 727.3/60 000 = 0.545（元）
乙材料的总成本 = 5 000/（60 000 + 50 000）× 50 000 + 10 000 = 12 272.7（元）

乙材料的单位成本 = 12 272. 7/50 000 = 0. 245（元）

2. 按材料的买价分配运杂费：

甲材料的总成本 = 5 000/（30 000 + 10 000）×30 000 + 30 000 = 33 750（元）

甲材料的单位成本 = 33 750/60 000 = 0. 562 5（元）

乙材料的总成本 = 5 000/（30 000 + 10 000）×10 000 + 10 000 = 11 250（元）

乙材料的单位成本 = 11 250/50 000 = 0. 225（元）

（七）

1. 借：材料采购——甲材料　　55 000
　　　　　　——乙材料　　102 000
　　贷：应付账款——F 公司　　157 000

2. 分配率 = 500/（1 000 + 1 500）= 0. 2（元/千克）

甲材料应分摊的运费 = 1 000 × 0. 2 = 200（元）

乙材料应分摊的运费 = 1 500 × 0. 2 = 300（元）

借：材料采购——甲材料　　200
　　　　　　——乙材料　　300
　　贷：库存现金　　500

3. 借：材料采购——丙材料　　15 300
　　贷：银行存款　　15 300

4. 借：原材料——甲材料　　55 200
　　　　　——乙材料　　102 300
　　贷：材料采购——甲材料　　55 200
　　　　　　　　——乙材料　　102 300

5. 借：材料采购——丁材料　　64 200
　　贷：应付票据——M 公司　　64 000
　　　　库存现金　　200

6. 借：原材料——丙材料　　15 300
　　　　　——丁材料　　64 200
　　贷：材料采购——丙材料　　15 300
　　　　　　　　——丁材料　　64 200

（八）

1. 借：管理费用　　1 000
　　　制造费用　　350
　　贷：银行存款　　1 350

2. 借：生产成本——甲产品　　20 000
　　　　　　——乙产品　　15 000
　　　制造费用　　3 000

管理费用　　2 000
贷：原材料　　40 000

3. 借：库存现金　　26 000
贷：银行存款　　26 000

4. 借：应付职工薪酬　　26 000
贷：库存现金　　26 000

5. 借：制造费用　　300
管理费用　　100
贷：累计折旧　　400

6. 借：制造费用　　800
贷：银行存款　　800

7. 借：生产成本——甲产品　　8 000
——乙产品　　12 000
制造费用　　2 000
管理费用　　4 000
贷：应付职工薪酬　　26 000

8. 借：生产成本——甲产品　　2 000
——乙产品　　1 500
制造费用　　1 000
管理费用　　500
贷：银行存款　　5 000

9. 按两种产品的生产工人的工资比例作为分配标准：
制造费用分配率 = 7450/（8 000 + 12 000） = 0. 3725
甲产品应分摊的制造费用：8 000 × 0. 3725 = 2 980（元）
乙产品应分摊的制造费用：12 000 × 0. 3725 = 4 470（元）
借：生产成本——甲产品　　2 980
——乙产品　　4 470
贷：制造费用　　7 450

10. 借：库存商品——甲产品　　34 612
——乙产品　　35 418
贷：生产成本——甲产品　　34 612
——乙产品　　35 418

(九)

1. (1) 借：应付职工薪酬　　43 000
贷：银行存款　　43 000

(2) 借：待摊费用　　48 000
贷：银行存款　　48 000

(3) 借：制造费用　　400
　　贷：预提费用　　　　400
(4) 借：生产成本——A 产品　　37 700
　　　　　　　——B 产品　　37 600
　　制造费用　　3 100
　　管理费用　　1 000
　　贷：原材料——甲材料　　　　36 000
　　　　　　——乙材料　　　　40 300
　　　　　　——丙材料　　　　3 100
(5) 借：生产成本——A 产品　　10 000
　　　　　　　——B 产品　　12 000
　　制造费用　　2 500
　　管理费用　　13 500
　　贷：应付职工薪酬　　　　38 000
(6) 借：制造费用　　600
　　管理费用　　1 000
　　贷：待摊费用　　　　1 600
(7) 借：制造费用　　3 500
　　管理费用　　1 700
　　贷：累计折旧　　　　5 200
(8) 借：制造费用　　7 500
　　管理费用　　3 300
　　贷：银行存款　　　　10 800
(9) 借：管理费用　　1 300
　　贷：其他应收款——王庆　　　　1 000
　　　　库存现金　　　　300
(10) 借：管理费用　　4 000
　　贷：待摊费用　　　　4 000
(11) 400 + 3100 + 2500 + 600 + 3500 + 7500 = 17 600（元）
17 600/（10 000 + 12 000） = 0.8
借：生产成本——A 产品　　8 000
　　　　　　——B 产品　　9 600
　　贷：制造费用　　　　17 600
(12) 借：库存商品——A 产品　　55 700
　　　　　　　——B 产品　　59 220
　　贷：生产成本——A 产品　　　　55 700
　　　　　　　——B 产品　　　　59 220

2. T 形账户如下：

制造费用

（3）	400	（11）	17 600
（4）	3 100		
（5）	2 500		
（6）	600		
（7）	3 500		
（8）	7 500		

3.

生产成本明细账

产品名称：A 产品　　　　产量：100 件

摘要	借方				贷方	余额
	直接材料	直接人工	制造费用	合　计		
领用材料	37 700			37 700		37 700
生产工人工资		10 000		10 000		10 000
分配制造费用			8 000	8 000		8 000
结转完工产品成本					55 700	
本月发生额及月末余额	37 700	10 000	8 000	55 700	55 700	

生产成本明细账

产品名称：B 产品　　　　产量：200 件

摘要	借方				贷方	余额
	直接材料	直接人工	制造费用	合　计		
领用材料	37 600			37 620		37 600
生产工人工资		12 000		12 000		12 000
分配制造费用			9 600	9 600		9 600
结转完工产品成本					59 200	
本月发生额及月末余额	37 600	12 000	9 600	59 200	59 200	

（十）

1. 借：应收账款——金华公司　　93 600
　贷：主营业务收入——A 产品　　80 000
　　应交税费——应交增值税（销项税额）　　13 600

2. 借：销售费用　　　　　　　　　　　1 200
　　贷：银行存款　　　　　　　　　　　　　　1 200
3. 借：银行存款　　　　　　　　　　　80 000
　　贷：应收账款——金华公司　　　　　　　　80 000
4. 借：银行存款　　　　　　　　　　　70 200
　　贷：主营业务收入——B 产品　　　　　　　60 000
　　　　应交税费——应交增值税（销项税额）　10 200
5. 借：销售费用　　　　　　　　　　　800
　　贷：银行存款　　　　　　　　　　　　　　800
　借：主营业务成本——A 产品　　　　　52 000
　　　　　　　　　——B 产品　　　　　　　　32 500
　　贷：库存商品——A 产品　　　　　　52 000
　　　　　　　　——B 产品　　　　　　　　　32 500
6. 借：应交税费——应交增值税（已交税金）14 000
　　贷：银行存款　　　　　　　　　　　　　　14 000
7. 借：本年利润　　　　　　　　　　　2 000
　　贷：销售费用　　　　　　　　　　　　　　2 000
　借：主营业务收入　　　　　　　　　140 000
　　贷：本年利润　　　　　　　　　　　　　　140 000
　借：本年利润　　　　　　　　　　　84 500
　　贷：主营业务成本　　　　　　　　　　　　84 500
8. 借：银行存款　　　　　　　　　　　2 000
　　贷：营业外收入　　　　　　　　　　　　　2 000
9. 借：所得税费用　　　　　　　　　　22 000
　　贷：应交税费——应交所得税　　　　　　　22 000
10. 借：本年利润　　　　　　　　　　22 000
　　贷：所得税费用　　　　　　　　　　　　　22 000
　借：营业外收入　　　　　　　　　　2 000
　　贷：本年利润　　　　　　　　　　　　　　2 000

（十一）

1. 借：管理费用　　　　　　　　　　　800
　　贷：库存现金　　　　　　　　　　　　　　800
2. 借：管理费用　　　　　　　　　　　900
　　　　库存现金　　　　　　　　　　　300
　　贷：其他应收款　　　　　　　　　　　　　1 200
3. 借：营业外支出　　　　　　　　　　3 000
　　贷：银行存款　　　　　　　　　　　　　　3 000

4. 借：财务费用　　900
　　贷：应付利息　　900
5. 借：管理费用　　400
　　贷：原材料　　400
6. 借：银行存款　　7 000
　　贷：其他业务收入　　7 000
7. 借：营业外支出　　50 000
　　贷：银行存款　　50 000
8. 借：银行存款　　1 200
　　贷：投资收益　　1 200
9. 借：财务费用　　1 020
　　应付利息　　10 000
　　贷：银行存款　　11 020
10. 借：管理费用　　9 025
　　库存现金　　5 975
　　贷：银行存款　　15 000

第四章　会计凭证

习　题

一、单项选择题

1. 会计凭证按其（　　）不同，可以分为原始凭证和记账凭证。

A. 填制的方法　　B. 填制的程序和用途
C. 取得的来源　　D. 反映经济业务的次数

2. （　　）属于外来原始凭证。

A. 付款收据　　B. 入库单　　C. 出库单　　D. 发出材料汇总表

3. “发出材料汇总表”是（　　）

A. 汇总原始凭证　　B. 汇总记账凭证　　C. 记账凭证　　D. 累计凭证

4. 会计凭证的传递是指（　　），在单位内部有关部门及人员之间的传递程序和传递时间。

A. 从会计凭证的填制到登记账簿止
B. 从会计凭证的填制或取得到归档为止
C. 从会计凭证审核到归档为止
D. 从会计凭证的填制后取得到汇总登记账簿为止

5. 记账凭证是（　　）根据审核无误的原始凭证填制的。

A. 经办人员　　B. 会计人员　　C. 主管人员　　D. 复核人员

6. 下列各项中，不属于原始凭证审核内容的是（　　）。

A. 凭证是否有填制单位的公章和填制人员的签章
B. 凭证项目的填列是否齐全
C. 凭证所列事项是否符合有关的计划和预算
D. 会计科目的使用是否正确

7. 填制原始凭证时应做到大小写数字符合规范，填写正确，如大写金额“壹仟零壹元伍角整”，其小写应为（　　）。

A. 1 001. 50 元　　B. ¥1 001. 50　　C. ¥1 001. 50 元　　D. ¥1 001. 5

8. 记账凭证中不可能有（　　）。

A. 记账凭证的编号　B. 记账凭证的日期　C. 记账凭证的名称　D. 接受单位的名称

9. 甲企业销售产品一批，产品已发出，发票已交给购货方，货款尚未收到，甲企业的会计人员应根据有关的原始凭证编制（　　）。

A. 收款凭证　　B. 付款凭证　　C. 转账凭证　　D. 汇总凭证

10. 企业外购商品一批，已验收入库，货款已付，根据这笔业务的有关原始凭证应该填制的记账凭证是（　　）。

A. 收款凭证　　B. 付款凭证　　C. 转账凭证　　D. 汇总凭证

11. 车间领用材料，材料出库时填制的领料单属于（　　）。

A. 自制原始凭证　　B. 收款凭证　　C. 外来原始凭证　　D. 付款凭证

12. 从银行提取现金，应填制的记账凭证是（　　）。

A. 现金付款凭证　　B. 银行付款凭证　　C. 现金收款凭证　　D. 银行收款凭证

13. 将现金存入银行应填制的记账凭证是（　　）。

A. 现金付款凭证　　B. 现金收款凭证　　C. 银行收款凭证　　D. 银行付款凭证

14. 赊销商品30 000元，这笔经济业务应填制（　　）。

A. 收款凭证　　B. 付款凭证　　C. 转账凭证　　D. 原始凭证

15. 记账凭证与所附的原始凭证的金额（　　）。

A. 必须相等　　B. 可能相等　　C. 可能不相等　　D. 一定不相等

16. 适用于任何经济业务的会计凭证是（　　）。

A. 通用记账凭证　　B. 收款凭证　　C. 付款凭证　　D. 转账凭证

17. 填制会计凭证是（　　）的前提和依据。

A. 成本计算　　B. 编制会计报表　　C. 登记账簿　　D. 设置账户

18. 收款凭证的贷方账户可能是（　　）。

A. 原材料　　B. 库存商品　　C. 其他应收款　　D. 预收账款

19. 原始凭证和记账凭证的相同点是（　　）。

A. 具体作用相同　　B. 编制时间相同

C. 编制人员相同　　D. 反映的经济业务相同

20. 自制原始凭证可分为一次凭证、累计凭证和汇总原始凭证，其分类标准是（　　）。

A. 按其填制的程序和用途　　B. 按其取得的不同来源

C. 按其适用的经济业务　　D. 按其填制手续不同

21. 通用记账凭证的填制方法与（　　）的填制方法相同。

A. 原始凭证　　B. 收款凭证　　C. 转账凭证　　D. 付款凭证

22. 会计分录在会计实务中是填写在（　　）上的。

A. 原始凭证　　B. 记账凭证　　C. 总分类账　　D. 明细分类账

23. 会计人员在审核原始凭证时，对于不清楚、不完整的原始凭证应采取（　　）的做法。

A. 退回重填　　B. 拒绝办理　　C. 暂停登记　　D. 向会计主管报告

24. 企业外购材料，价款120 006.80元以银行存款支付，在发票上填写的大写金额应为（　　）。

A. 壹拾贰万零陆元捌角整　　B. 拾贰万元零陆元捌角整

C. 壹拾贰万零陆元捌角　　D. 壹拾贰万元零陆元捌角整

25. 根据《会计档案管理办法》的规定，会计凭证的保管期限为（　　）。

A. 10年　　B. 15年　　C. 25年　　D. 5年

二、多项选择题

1. 原始凭证按填制手续分类，分为（　　）。
A. 通用凭证　　B. 一次凭证　　C. 累计凭证　　D. 汇总凭证
2. 下列单据中，可作为会计核算原始凭证的有（　　）。
A. 购销发票　　B. 出差车票　　C. 购销合同
D. 现金支票存根　　E. 医药费报销单
3. 原始凭证是（　　）。
A. 记录经济业务的书面凭证　　B. 填制记账凭证的依据
C. 明确经济责任的具有法律效力的文件
D. 会计核算的客观依据　　E. 编制会计报表的依据
4. 各种原始凭证必须具备的基本内容包括（　　）。
A. 凭证的名称、编号和日期　　B. 接受单位的名称
C. 填制单位的名称和有关人员的签章
D. 应借应贷会计科目名称　　E. 经济业务的详细内容
5. 付款凭证左上角的"贷方科目"可能登记的科目是（　　）。
A. 银行存款　　B. 库存现金　　C. 应付账款　　D. 应收账款
6. 复式记账凭证是（　　）。
A. 记账凭证的一种
B. 可以集中反映一项经济业务的科目对应关系
C. 一次可以反映若干项经济业务的凭证
D. 会计人员根据同类经济业务加以汇总编制的凭证
7. 对于记账凭证的审核主要包括（　　）。
A. 记账凭证是否附有原始凭证，所附的原始凭证是否齐全，是否已审核无误，记录的内容是否与所附原始凭证的内容相符
B. 应借、应贷的会计科目及其金额是否正确
C. 记账凭证中的各个项目填列是否齐全，有关人员的签章是否齐全
D. 审核和合同、计划或预算是否相符
8. 收款凭证的贷方科目可能是（　　）科目。
A. 库存现金　　B. 银行存款　　C. 主营业务收入
D. 应收账款　　E. 材料采购
9. 收款凭证左上角的"借方科目"不可能登记的会计科目是（　　）。
A. 银行存款　　B. 库存现金　　C. 应收账款　　D. 原材料
10. 职工李利报销差旅费 1 100 元，原预借 1 200 元，这笔经济业务应填制的记账凭证包括（　　）。
A. 收款凭证　　B. 付款凭证　　C. 转账凭证　　D. 原始凭证
11. 企业购进材料，货款未付，材料已验收入库。应编制的会计凭证是（　　）。

A. 收款凭证　　B. 付款凭证　　C. 收料单　　D. 转账凭证

12. 下列需编制现金付款凭证的经济业务是（　　）。

A. 以现金购买办公用品　　B. 向银行存入现金

C. 从银行提取现金　　D. 预付本年度报刊费

13. 下列经济业务需编制转账凭证的是（　　）。

A. 赊销商品　　B. 购进材料款未付

C. 接受外单位的设备投资　　D. 提取固定资产折旧

14. 购进材料300吨，共计99 300元，其中90 000元已用银行存款支付，余款尚未支付。这笔经济业务应编制的会计凭证有（　　）。

A. 收款凭证　　B. 转账凭证　　C. 付款凭证　　D. 原始凭证

15. 记账凭证应该是（　　）。

A. 根据审核无误的原始凭证填制的　　B. 由经办人员填制的

C. 由会计人员填制的　　D. 登记账簿的直接依据

16. 以下所列属于一次性原始凭证的有（　　）。

A. 收料单　　B. 销货发票　　C. 产品质量检验单　D. 限额领料单

17. 原始凭证的内容有（　　）。

A. 凭证的名称、日期和编号　　B. 接受凭证的单位名称

C. 会计分录　　D. 经济业务的内容

18. 原始凭证的填制要求有（　　）。

A. 记录真实　　B. 内容齐全　　C. 手续完备　　D. 书写规范

19. 记账凭证的填制要求有（　　）。

A. 摘要简明　　B. 分录正确　　C. 连续编号　　D. 标明附件

20. 科学合理地组织会计凭证的传递一般包括规定凭证的（　　）。

A. 传递路线　　B. 传递内容　　C. 传递手续　　D. 传递时间

21. 原始凭证不得涂改、刮擦、挖补。对于有错误的原始凭证，正确的处理方法是（　　）。

A. 由出具单位重开

B. 由出具单位在凭证上更正并由经办人员签字

C. 原始凭证金额有错误的，必须由出具单位重开，不得在凭证上更正

D. 非金额错误，由出具单位在原始凭证上更正并加盖出具单位的印章

22. 原始凭证的审核内容包括（　　）。

A. 真实性审核　　B. 合法性、合规性和合理性审核

C. 完整性审核　　D. 正确性审核

三、判断题

1. 只有原始凭证是登记账簿的依据。（　　）

2. 各种记账凭证都只能根据一张原始凭证逐一编制。（　　）

3. 付款凭证的贷方科目只能填写“库存现金”或“银行现金”。 ( )
4. 原始凭证是登记账簿的直接依据。 ( )
5. 记账凭证和原始凭证同属于会计凭证，都可以用来证明会计业务的发生。 ( )
6. 记账凭证按填制方法可以分为复式记账凭证和单式记账凭证。 ( )
7. 原始凭证填制要求大写金额数字后面不到分的要在大写金额后面再写上“整”。 ( )
8. 原始凭证都是外来凭证。 ( )
9. 付款凭证只有在涉及现金支付时才编制。 ( )
10. 经济业务发生时从单位取得的凭证称为自制原始凭证。 ( )
11. 为了避免重复记账，涉及现金和银行存款之间的划转业务时，只填制收款凭证。 ( )
12. 限额领料单按其填制方法属于累计凭证。 ( )
13. 通用记账凭证适用于任何经济业务。 ( )
14. 凡是现金和银行存款减少的经济业务都必须填制收款凭证。 ( )
15. 外来原始凭证一般都是一次凭证。 ( )
16. 付款凭证是只用于银行存款付出业务的记账凭证。 ( )
17. 转账凭证是用于不涉及库存现金和银行存款收付业务的其他转账业务所用的记账凭证。 ( )
18. 记账凭证都是累计凭证。 ( )
19. 有时为了简化会计核算工作，可以将不同内容、不同类型的经济业务汇总编制一份原始凭证。 ( )
20. 单式和复式的收款凭证的格式是基本相同的，区别在于一张单式收款凭证内，只能列一个一级科目，而复式的则不是。 ( )
21. 会计人员在审核原始凭证时，如发现内容不全、数额差错、手续不完备的原始凭证，应拒绝办理。 ( )
22. 所有的记账凭证，其格式都有“借方金额”、“贷方金额”的内容，以便登记账簿。 ( )
23. 会计人员审核原始凭证后，如发现经办人员对经济业务内容或所记金额填写有错误，应代其改正，然后才能填制记账凭证。 ( )
24. 会计凭证的传递是指会计凭证从取得或编制到归档保管为止，在单位内部各有关部门及人员之间的传递程序和传递时间。 ( )

四、名词解释

1. 会计凭证
2. 原始凭证
3. 外来原始凭证
4. 记账凭证

5. 自制原始凭证
6. 一次凭证
7. 累计凭证
8. 单式记账凭证
9. 复式记账凭证
10. 专用记账凭证
11. 收款凭证
12. 付款凭证
13. 转账凭证
14. 通用记账凭证
15. 汇总记账凭证
16. 借方记账凭证
17. 贷方记账凭证
18. 联合凭证
19. 会计凭证传递
20. 会计凭证保管

五、思考题

1. 什么是会计凭证?
2. 填制和审核会计凭证有何意义?
3. 简述会计凭证的分类。
4. 说明原始凭证的种类和特点。
5. 原始凭证应具备哪些基本内容?
6. 在填制原始凭证的过程中应该注意哪些问题?
7. 常用的原始凭证有哪些?
8. 原始凭证的审核工作应从哪些方面展开?
9. 记账凭证应该具备哪些基本内容?
10. 在填制记账凭证的过程中应该注意哪些问题?
11. 常用的记账凭证有哪些?
12. 记账凭证的审核工作主要包括哪些方面?
13. 正确组织会计凭证传递的意义是什么?
14. 在会计凭证的传递程序设计中有什么要求?
15. 保管会计凭证的主要方法有哪些?
16. 会计凭证保管的要求是什么?

六、业务题

（一）

【资料】如下：

1.（1）限额领料单
（2）收款凭证
（3）付款凭证
（4）转账凭证
（5）通用记账凭证
（6）单科目记账凭证
（7）发货单

A. 单式凭证
B. 一次凭证
C. 复式凭证
D. 累计凭证

2.（1）收款凭证
（2）复式记账凭证
（3）付款凭证
（4）转账凭证
（5）单式记账凭证

A. 按反映经济业务的内容分类

B. 按会计科目是否单一分类

【要求】用直线连接标出上述会计凭证的分类。

（二）

【资料】某企业有关总分类账户登记如下：

库存现金

（1）2 000	（2）1 000
	（5）200
	（6）500

生产成本

（3）20 000	

银行存款

（6）500	（1）2 000
	（4）5 000

其他应收款

（2）1 000	（5） 1 000

原材料

	（3） 23 000

管理费用

（3）3 000	
（4）5 000	
（5）1 200	

【要求】根据以上总分类账户的登记，找出账户的对应关系，用文字叙述各项经济业务，写出相应的会计分录，并指明应填制哪种记账凭证。

（三）

【资料】200×年5月6日光华公司财务科开出转账支票，支付向大兴工厂购入材料所欠款4 680元，该支票号码为AC1213506，公司账号为356—002587，开户银行为工商银行静办华分处。

【要求】根据资料填制转账支票。

（四）

【资料】200×年2月3日，华威公司收到良兴工厂的货款银行转账支票347 000元，已经交付开户行。华威公司账号为：34837203887 ，开户行为：和平里支行4530。良兴工厂的账号为：58304284302，开户行为：马陆支行6392。

【要求】根据以上资料填制0089号进账单。

（五）

【资料】200×年9月6日光华公司加工车间向8号仓库领用Φ25mm圆钢12吨加工生产A产品。该圆钢的编号为35123，单价为1 000元。

【要求】根据以上资料填制编号为1429的领料单。

（六）

【资料】200×年3月15日上海沪江制造有限公司向上海钢板厂购进2. 5mm卷板20吨，每吨2 300元，共计46 000元，增值税税率为17%，公司开出增值税专用发票一张，该发票编号为001236。其中，上海沪江制造有限公司税务登记号为310003210000168，开户银行及账号为：工商银行浦江支行，2862—

000882。上海钢板厂的税务登记号为310000000482021，开户银行及账号为：工商银行宝山支行，3546—001235。

【要求】根据以上资料填制增值税专用发票。

（七）

【资料】兴华工厂200×年7月份发生如下经济业务：

1. 8日生产甲产品耗用A材料60 600元，生产乙产品耗用B材料22 000元，生产车间一般性耗用A材料600元，B材料400元；
2. 15日计提本月固定资产折旧费20 000元，其中生产车间厂房和设备应提折旧费18 000元，其余2 000元应计入管理费用；
3. 26日分配应支付的本月职工工资，其中制造甲产品的工人工资为12 000元，制造乙产品的工人工资为8 000元，车间管理人员的工资1 500元，工厂行政管理部门人员工资为4 500元；
4. 30日按甲乙两种产品的生产工人工资比例，分配本月发生的制造费用；
5. 31日本月投产的甲产品100件全部完工并验收入库，结转完工产品的成本。

【要求】根据以上经济业务填制转账凭证。

（八）

【资料】某公司200×年9月份发生如下经济业务：

1. 1日从银行提取现金1 000元；
2. 7日以银行存款支付购买A材料1 000千克的货款30 000元和发票上的增值税额5 100元；
3. 16日销售甲商品100件，货款70 000元和发票上的增值税额11 900元，存入银行；
4. 23日以银行存款支付本月产品的广告费5 000元；
5. 28日采购员李明预借差旅费2 000元，以现金付讫；
6. 30日以银行存款预付兴华工厂的货款10 000元。

【要求】根据以上经济业务填制有关的收款凭证和付款凭证，对于货币资金间相互划转的业务只填制付款凭证。

（九）

【资料】某公司200×年3月发生如下经济业务：

1. 5日行政办公室购买办公用品500元，以现金支付；
2. 8日物资部门向A供应商采购甲材料230千克，单价为300元，货款为69 000元，增值税额为11 730元，其中，80 000元用银行承兑汇票支付，剩余款项未付；
3. 12日销售部门向C客户销售丁产品390件，单价为430元，增值税额为

28 509元，对方用银行汇票结算货款；

4. 16 日收到 B 客户交来包装物押金现金 1 000 元；

5. 21 日物资采购部门采购 B 材料一批，价值 2 500 元，以现金支票结算。

【要求】根据以上资料填制有关的收款凭证、付款凭证和转账凭证。

（十）

【资料】某企业 200 × 年 3 月份发生如下经济业务：

1. 1 日接受外单位现金投资 100 000 元，存入银行；
2. 5 日职工王力预借差旅费现金 2 000 元；
3. 10 日向 H 公司购进 A 材料 1 000 千克，价值 30 000 元，已验收入库，货款尚未支付，另以现金 500 元支付运杂费；
4. 13 日用银行存款支付水电费，其中车间水电费 2 000 元，行政管理部门水电费 1 600 元；
5. 17 日向银行提取现金 35 000 元，备发工资；
6. 18 日以现金 35 000 元发放职工工资；
7. 22 日签发转账支票 1 000 元，购买行政管理部门办公用品；
8. 26 日车间领用甲材料 500 千克，每千克 30 元，计 15 000 元，其中 480 千克用于甲产品生产，20 千克车间一般耗用；
9. 28 日预收购货方 Q 公司的货款 30 000 元，存入银行；
10. 30 日提取本月固定资产折旧费，其中生产车间 3 300 元，行政管理部门 1 000元。

【要求】根据以上经济业务填制有关的收款凭证、付款凭证和转账凭证，对于货币资金间相互划转的业务只填制付款凭证。

答　案

一、单项选择题

1. B　2. A　3. A　4. B　5. B　6. D　7. C　8. D　9. C　10. B　11. A
12. B　13. A　14. C　15. A　16. A　17. C　18. C　19. D　20. D　21. C　22. B
23. A　24. A　25. B

二、多项选择题

1. BCD　2. ABDE　3. ABCD　4. ABCE　5. AB　6. AB　7. ABC　8. CD
9. CD　10. AC　11. CD　12. AB　13. ABCD　14. BC　15. ACD　16. ABC
17. ABD　18. ABCD　19. ABCD　20. ABC　21. CD　22. ABCD

三、判断题

1. × 2. × 3. √ 4. × 5. × 6. √ 7. √ 8. × 9. × 10. ×
11. × 12. √ 13. √ 14. × 15. √ 16. × 17. √ 18. × 19. × 20. √
21. × 22. × 23. × 24. √

四、名词解释

1. 会计凭证：记录经济业务，明确经济责任和据以登记账簿的书面证明。
2. 原始凭证：在经济业务发生时取得或填制的，它是用来记载经济业务实际执行情况，明确经济责任，并具有法律效力的会计凭证，也是记账的原始依据。
3. 外来原始凭证：本单位在同其他单位发生经济业务时，从外单位取得或认可的原始凭证。
4. 记账凭证：根据原始凭证或原始凭证汇总表编制，以确定会计分录的会计凭证。
5. 自制原始凭证：本单位有关经办人员在通知或执行完成某项经济业务时填制的原始凭证。
6. 一次凭证：经济业务发生后一次填写完毕的原始凭证。
7. 累计凭证：在一定时期内每次在一张凭证上记载同类经济业务，月末按累计额作记账依据的自制原始凭证。
8. 单式记账凭证：一张记账凭证中只填列一个会计科目的记账凭证。
9. 复式记账凭证：根据同类经济业务所涉及的对应会计科目集中填制在一份凭证上的记账凭证。
10. 专用记账凭证：专门用于某一种经济业务的记账凭证。
11. 收款凭证：用于现金及银行存款收入业务的记账凭证。
12. 付款凭证：用于现金及银行存款付出业务的记账凭证。
13. 转账凭证：用于不涉及现金及银行存款收付业务的记账凭证。
14. 通用记账凭证：在经济业务比较简单的经济单位，为了简化凭证，可不论收款、付款及转账业务都使用一种格式的记账凭证，这种记账凭证称为通用记账凭证。
15. 汇总记账凭证：为简化核算，可将一定时期内若干份记录同类经济业务的原始凭证汇总编制一张汇总凭证，用以集中反映某项经济业务包括发生情况的会计凭证。
16. 借方记账凭证：采用单式记账凭证处理经济业务时，若一笔会计分录同时涉及几个会计科目，就必须按会计科目填制同样张数的记账凭证，其中填列借方科目的记账凭证称为借方记账凭证。
17. 贷方记账凭证：采用单式记账凭证处理经济业务时，若一笔会计分录同时涉及几个会计科目，就必须按会计科目填制同样张数的记账凭证，其中填列贷方科目的记账凭证称为贷方记账凭证。
18. 联合凭证：有些原始凭证或原始凭证汇总表中还印制了记载会计分录的格式以用来兼代记账凭证，这种两证合一的会计凭证称为联合凭证。

19. 会计凭证传递：由于经济管理过程中分工、内部牵制、监督控制机制等方面的需要，会计凭证从填制起到归档保管为止，往往需要经过会计主体内部多个部门或有关人员的处理，这个凭证处理过程就是会计凭证的传递。
20. 会计凭证保管：会计凭证登账后的整理、装订和归档存查。

五、思考题

答案略。

六、业务题

(一)

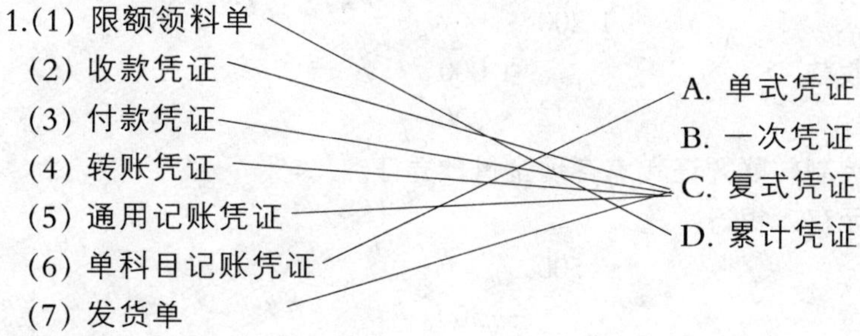

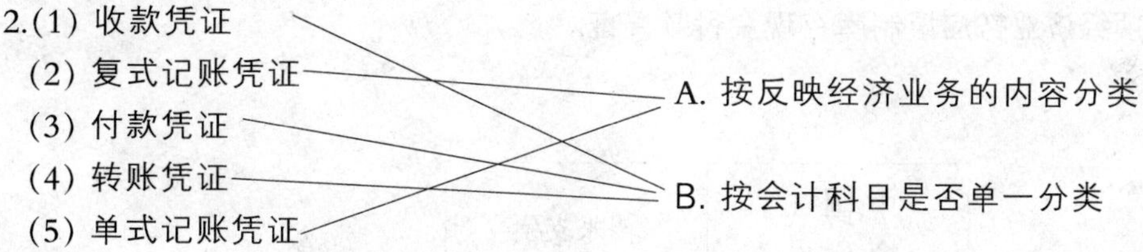

(二)

(1) 从银行提取库存现金 2 000 元，以备零用。

借：库存现金　　2 000

　贷：银行存款　　2 000

此项经济业务应填制银行存款付款凭证。

(2) 某职工预借差旅费 1 000 元，以库存现金付讫。

借：其他应收款　　1 000

　贷：库存现金　　1 000

此项经济业务应填制库存现金付款凭证。

（3）仓库发出材料23 000元，其中生产产品耗用20 000元，行政管理部门耗用3 000元。

借：生产成本　　20 000

　　管理费用　　3 000

　　贷：原材料　　23 000

此项经济业务应填制转账凭证。

（4）以银行存款支付行政管理部门当月的办公费5 000元。

借：管理费用　　5 000

　　贷：银行存款　　5 000

此项经济业务应编制银行存款付款凭证。

（5）某职工出差回来报销差旅费1 200元，该职工走前已预借1 000元，不足部分以库存现金付讫。

借：管理费用　　1 200

　　贷：其他应收款　　1 000

　　　　库存现金　　200

此项经济业务应编制转账凭证和库存现金付款凭证。

（6）将库存现金500元存入银行。

借：银行存款　　500

　　贷：库存现金　　500

此项经济业务应填制库存现金付款凭证。

（三）

中国工商银行	转账支票

支票号码 AC1213506

出票日期（大写）贰零零╳年 五 月 六 日　　付款行名称：工商银行静办华分处

收款人：大兴工厂　　出票人账号：356—002587

人民币（大写）		千	百	十	万	千	百	十	元	角	分
	肆仟陆佰捌拾元整				¥	4	6	8	0	0	0

用途　购买材料　　复核

上列款项请从我账户内支付　　记账

出票人签章　　验印

（四）

中国工商银行进账单（收账通知）

200× 年 2 月 3 日　　　　第 0089 号

<table>
<tr><td rowspan="3">出票人</td><td>全 称</td><td>良兴工厂</td><td rowspan="3">持票人</td><td>全 称</td><td colspan="9">华威公司</td></tr>
<tr><td>账 号</td><td>58304284302</td><td>账 号</td><td colspan="9">34837203887</td></tr>
<tr><td>开户银行</td><td>马陆支行 6392</td><td>开户银行</td><td colspan="9">和平里支行 4530</td></tr>
<tr><td colspan="4" rowspan="2">人民币
（大写）　叁拾肆万柒仟元整</td><td>千</td><td>百</td><td>十</td><td>万</td><td>千</td><td>百</td><td>十</td><td>元</td><td>角</td><td>分</td></tr>
<tr><td></td><td>¥</td><td>3</td><td>4</td><td>7</td><td>0</td><td>0</td><td>0</td><td>0</td><td>0</td></tr>
<tr><td colspan="2">票据种类</td><td colspan="2">支票</td><td colspan="10" rowspan="3">持票人开户行盖章</td></tr>
<tr><td colspan="2">票据张数</td><td colspan="2">1</td></tr>
<tr><td colspan="4">单位
主管　　会计　　复核　　记账</td></tr>
</table>

（五）

领料单

领料部门：加工车间　　　　凭证编号：1429

用途：生产 A 产品　　200× 年 9 月 6 日　　材料仓库：8 号仓库

<table>
<tr><td rowspan="2">材料编号</td><td rowspan="2">材料规格及名称</td><td rowspan="2">计量单位</td><td colspan="2">数量</td><td colspan="2">价格</td></tr>
<tr><td>请领</td><td>实领</td><td>单价</td><td>金额</td></tr>
<tr><td>35123</td><td>Φ25mm 圆钢</td><td>吨</td><td>12</td><td>12</td><td>1 000</td><td>12 000</td></tr>
<tr><td></td><td></td><td></td><td></td><td></td><td></td><td></td></tr>
<tr><td colspan="5">备注：</td><td>合　计</td><td>12 000</td></tr>
</table>

仓库负责人：　　记账：　　仓库保管：　　收料：

（六）

增值税专用发票

发 票 联

开票日期：200×年3月15日　　　　No. 001236

购货单位	名称	上海沪江制造有限公司	纳税人登记号	310003210000168
	地址单位	—	开户银行及账号	工商银行浦江支行 2862—000882

货物或应税劳务	计量单位	数量	单价	金额									税率	金额								
卷板 2.5mm	吨	20	2 300	百	十	万	千	百	十	元	角	分	17%	百	十	万	千	百	十	元	角	分
						4	6	0	0	0	0	0					7	8	2	0	0	0
合　计																						

税价合计	（大写）伍万叁仟捌佰贰拾元整		（小写）¥53 820.00	
销货单位	名称	上海钢板厂	纳税人登记号	310000000482021
	地址电话	—	开户银行及账号	工商银行宝山支行 3546—001235
备注				

销货单位（章）　　收款人　　复核　　开票人

（七）

1.

转账凭证

200×年7月8日　　　　凭证编号：转字第1号

借方科目			贷方科目			金额									
总账科目	明细科目	√	总账科目	明细科目	√	千	百	十	万	千	百	十	元	角	分
生产成本	甲产品		原材料	A 材料					6	0	6	0	0	0	0
	乙产品			B 材料					2	2	0	0	0	0	0
制造费用				A 材料							6	0	0	0	0
制造费用				B 材料							4	0	0	0	0
摘要	耗用材料														

附件　张

财会主管：　　记账：　　复核：　　制单：

2.

转账凭证

200×年7月15日　　　　　凭证编号：转字第2号

借方科目			贷方科目			金额									
总账科目	明细科目	√	总账科目	明细科目	√	千	百	十	万	千	百	十	元	角	分
制造费用				累计折旧					1	8	0	0	0	0	0
管理费用				累计折旧						2	0	0	0	0	0
摘要	计提本月固定资产折旧														

附件　张

财会主管：　　　记账：　　　复核：　　　制单：

3.

转账凭证

200×年7月26日　　　　　凭证编号：转字第3号

借方科目			贷方科目			金额									
总账科目	明细科目	√	总账科目	明细科目	√	千	百	十	万	千	百	十	元	角	分
生产成本	甲产品		应付职工薪酬						1	2	0	0	0	0	0
	乙产品		应付职工薪酬							8	0	0	0	0	0
制造费用			应付职工薪酬							1	5	0	0	0	0
管理费用			应付职工薪酬							4	5	0	0	0	0
摘要	分配应支付的本月职工工资														

附件　张

财会主管：　　　记账：　　　复核：　　　制单：

4.

转账凭证

200×年 7 月 30 日　　　　凭证编号：转字第 4 号

借方科目			贷方科目			金额									
总账科目	明细科目	√	总账科目	明细科目	√	千	百	十	万	千	百	十	元	角	分
生产成本	甲产品		制造费用						1	3	2	0	0	0	0
	乙产品		制造费用							8	8	0	0	0	0
摘要	按甲乙产品生产工人工资比例，分配本月制造费用														

附件　张

财会主管：　　　　记账：　　　　复核：　　　　制单：

5.

转账凭证

200×年 7 月 31 日　　　　凭证编号：转字第 5 号

借方科目			贷方科目			金额									
总账科目	明细科目	√	总账科目	明细科目	√	千	百	十	万	千	百	十	元	角	分
库存商品	甲产品		生产成本	甲产品					8	5	8	0	0	0	0
摘要	结转本月投产并完工的甲产品 100 件生产成本														

附件　张

财会主管：　　　　记账：　　　　复核：　　　　制单：

（八）

1.

付款凭证

贷方科目：银行存款　　　200×年 9 月 1 日　　　凭证编号：银付字第 1 号

摘要	应借科目		√	金额										
	一级科目	二级和明细科目		亿	千	百	十	万	千	百	十	元	角	分
从银行提现	库存现金								1	0	0	0	0	0
合计								¥	1	0	0	0	0	0

附件　张

财会主管：　　记账：　　出纳：　　复核：　　制单：

2.

付款凭证

贷方科目：银行存款　　　200×年 9 月 7 日　　　凭证编号：银付字第 2 号

摘要	应借科目		√	金额										
	一级科目	二级和明细科目		亿	千	百	十	万	千	百	十	元	角	分
购买 A 材料 1 000 千克，支付货款 30 000 元和增值税款 5 100 元	材料采购	A 材料						3	0	0	0	0	0	0
	应交税费	应交增值税							5	1	0	0	0	0
合计								¥	1	0	0	0	0	0

附件　张

财会主管：　　记账：　　出纳：　　复核：　　制单：

3.

收款凭证

借方科目：银行存款　　　　200×年9月16日　　　　凭证编号：银收字第1号

摘要	应贷科目		√	金额										
	一级科目	二级和明细科目		亿	千	百	十	万	千	百	十	元	角	分
销售甲商品100件，货款及增值税存入银行	主营业务收入	甲产品						7	0	0	0	0	0	0
	应交税费	应交增值税						1	1	9	0	0	0	0
合　计							¥	8	1	9	0	0	0	0

附件　张

财会主管：　　　记账：　　　出纳：　　　复核：　　　制单：

4.

付款凭证

贷方科目：银行存款　　　　200×年9月23日　　　　凭证编号：银付字第3号

摘要	应借科目		√	金额										
	一级科目	二级和明细科目		亿	千	百	十	万	千	百	十	元	角	分
支付本月产品广告费		销售费用							5	0	0	0	0	0
合　计								¥	5	0	0	0	0	0

附件　张

财会主管：　　　记账：　　　出纳：　　　复核：　　　制单：

5.

付款凭证

贷方科目：现金库存　　　　200×年9月28日　　　　凭证编号：现付字第1号

摘要	应借科目		√	金额										
	一级科目	二级和明细科目		亿	千	百	十	万	千	百	十	元	角	分
采购员李明预借差旅费	其他应收款	李明							2	0	0	0	0	0
合计								¥	2	0	0	0	0	0

附件　张

财会主管：　　　记账：　　　出纳：　　　复核：　　　制单：

6.

付款凭证

贷方科目：银行存款　　　　200×年9月30日　　　　凭证编号：银付字第4号

摘要	应借科目		√	金额										
	一级科目	二级和明细科目		亿	千	百	十	万	千	百	十	元	角	分
预付兴华工厂货款	预付账款	兴华工厂						1	0	0	0	0	0	0
合计							¥	1	0	0	0	0	0	0

附件　张

财会主管：　　　记账：　　　出纳：　　　复核：　　　制单：

(九)

1.

付款凭证

贷方科目：库存现金　　　　200×年 3 月 5 日　　　　凭证编号：现付字第 1 号

摘　要	应借科目		√	金　额										
	一级科目	二级和明细科目		亿	千	百	十	万	千	百	十	元	角	分
购买办公用品	管理费用	办公费								5	0	0	0	0
		合　计							¥	5	0	0	0	0

附件　张

财会主管：　　　记账：　　　出纳：　　　复核：　　　制单：

2.

转账凭证

200×年 3 月 8 日　　　　凭证编号：转字第 1 号

借方科目			贷方科目			金　额									
总账科目	明细科目	√	总账科目	明细科目	√	千	百	十	万	千	百	十	元	角	分
材料采购	甲材料								6	9	0	0	0	0	0
应交税费	应交增值税								1	1	7	3	0	0	0
			应付票据	A 供应商					8	0	0	0	0	0	0
			应付账款	A 供应商							7	3	0	0	0
摘要	购买甲材料														

附件　张

财会主管：　　　记账：　　　复核：　　　制单：

3.

收款凭证

借方科目：银行存款　　　　200×年3月12日　　　　凭证编号：银收字第1号

摘要	应贷科目		√	金额										
	一级科目	二级和明细科目		亿	千	百	十	万	千	百	十	元	角	分
销售丁产品	主营业务收入	丁产品					1	6	7	7	0	0	0	0
	应交税费	应交增值税						2	8	5	0	9	0	0
合计						¥	1	9	6	2	0	9	0	0

附件　张

财会主管：　　记账：　　出纳：　　复核：　　制单：

4.

收款凭证

借方科目：库存现金　　　　200×年3月16日　　　　凭证编号：现收字第2号

摘要	应贷科目		√	金额										
	一级科目	二级和明细科目		亿	千	百	十	万	千	百	十	元	角	分
收到包装物押金	其他应付款	B公司							1	0	0	0	0	0
合计								¥	1	0	0	0	0	0

附件　张

财会主管：　　记账：　　出纳：　　复核：　　制单：

5.

付款凭证

贷方科目：银行存款　　　　200×年 3 月 21 日　　　　凭证编号：银付字第 1 号

摘　要	应借科目		√	金　额										
	一级科目	二级和明细科目		亿	千	百	十	万	千	百	十	元	角	分
采购 B 材料	材料采购	B 材料							2	5	0	0	0	0
合　计								¥	2	5	0	0	0	0

附件　张

财会主管：　　记账：　　出纳：　　复核：　　制单：

（十）

1.

收款凭证

借方科目：银行存款　　　　200×年 3 月 1 日　　　　凭证编号：银收字第 1 号

摘　要	应贷科目		√	金　额										
	一级科目	二级和明细科目		亿	千	百	十	万	千	百	十	元	角	分
接受外单位现金投资	实收资本						1	0	0	0	0	0	0	0
合　计						¥	1	0	0	0	0	0	0	0

附件　张

财会主管：　　记账：　　出纳：　　复核：　　制单：

2.

付款凭证

贷方科目：库存现金　　　　200×年 3 月 5 日　　　　凭证编号：现付字第 1 号

摘 要	应借科目		√	金 额										
	一级科目	二级和明细科目		亿	千	百	十	万	千	百	十	元	角	分
王力预借差旅费	其他应收款	王力							2	0	0	0	0	0
合 计								¥	2	0	0	0	0	0

附件　张

财会主管：　　　　记账：　　　　出纳：　　　　复核：　　　　制单：

3.

转账凭证

200×年 3 月 10 日　　　　凭证编号：转字第 1 号

借方科目			贷方科目			金 额									
总账科目	明细科目	√	总账科目	明细科目	√	千	百	十	万	千	百	十	元	角	分
原材料	A 材料		应付账款						3	0	0	0	0	0	0
摘要	向 H 公司购进 A 材料														

附件　张

财会主管：　　　　记账：　　　　复核：　　　　制单：

付款凭证

贷方科目：库存现金　　　　200×年 3 月 10 日　　　　凭证编号：现付字第 2 号

摘　要	应借科目		√	金　额										
	一级科目	二级和明细科目		亿	千	百	十	万	千	百	十	元	角	分
支付购进 A 材料的运费	原材料	A 材料								5	0	0	0	0
合　计									¥	5	0	0	0	0

附件　　张

财会主管：　　　　记账：　　　　出纳：　　　　复核：　　　　制单：

4.

付款凭证

贷方科目：银行存款　　　　200×年 3 月 13 日　　　　凭证编号：银付字第 1 号

摘　要	应借科目		√	金　额										
	一级科目	二级和明细科目		亿	千	百	十	万	千	百	十	元	角	分
支付水电费	制造费用								2	0	0	0	0	0
	管理费用								1	6	0	0	0	0
合　计								¥	3	6	0	0	0	0

附件　　张

财会主管：　　　　记账：　　　　出纳：　　　　复核：　　　　制单：

5.

付款凭证

贷方科目：银行存款　　　　200 × 年 3 月 17 日　　　　凭证编号：银付字第 2 号

摘　要	应借科目		√	金　额										
	一级科目	二级和明细科目		亿	千	百	十	万	千	百	十	元	角	分
提取现金	库存现金							3	5	0	0	0	0	0
合　计							¥	3	5	0	0	0	0	0

附件　　张

财会主管：　　　记账：　　　出纳：　　　复核：　　　制单：

6.

付款凭证

贷方科目：库存现金　　　　200 × 年 3 月 18 日　　　　凭证编号：现付字第 3 号

摘　要	应借科目		√	金　额										
	一级科目	二级和明细科目		亿	千	百	十	万	千	百	十	元	角	分
发放职工工资	应付职工薪酬							3	5	0	0	0	0	0
合　计							¥	3	5	0	0	0	0	0

附件　　张

财会主管：　　　记账：　　　出纳：　　　复核：　　　制单：

7.

付款凭证

贷方科目：银行存款　　　　200×年 3 月 22 日　　　　凭证编号：银付字第 3 号

摘　要	应借科目		√	金　额										
	一级科目	二级和明细科目		亿	千	百	十	万	千	百	十	元	角	分
购买办公用品	管理费用								1	0	0	0	0	0
		合　计						¥	1	0	0	0	0	0

附件　张

财会主管：　　　记账：　　　出纳：　　　复核：　　　制单：

8.

转账凭证

200×年 3 月 26 日　　　　凭证编号：转字第 2 号

借方科目			贷方科目			金额									
总账科目	明细科目	√	总账科目	明细科目	√	千	百	十	万	千	百	十	元	角	分
生产成本	甲产品		原材料	甲材料					1	4	4	0	0	0	0
制造费用											6	0	0	0	0
摘要	车间领用甲材料														

附件　张

财会主管：　　　记账：　　　复核：　　　制单：

9.

收款凭证

借方科目：银行存款　　　200×年 3 月 28 日　　　凭证编号：银收字第 2 号

摘　要	应借科目		√	金　额										
	一级科目	二级和明细科目		亿	千	百	十	万	千	百	十	元	角	分
预收 Q 公司账款	预收账款	Q 公司						3	0	0	0	0	0	0
合　计							¥	3	0	0	0	0	0	0

附件　张

财会主管：　　记账：　　出纳：　　复核：　　制单：

10.

转账凭证

200×年 3 月 30 日　　　凭证编号：转字第 3 号

借方科目			贷方科目			金额									
总账科目	明细科目	√	总账科目	明细科目	√	千	百	十	万	千	百	十	元	角	分
制造费用			累计折旧							3	3	0	0	0	0
管理费用										1	0	0	0	0	0
摘要	提取固定资产折旧费														

附件　张

财会主管：　　记账：　　出纳：　　复核：　　制单：

第五章　会计账簿

习　题

一、单项选择题

1. 现金日记账和银行存款日记账，须根据有关的凭证（　　）登记。

A. 逐日汇总　　B. 一次汇总　　C. 定期汇总　　D. 逐日逐笔

2. “数量金额式”明细分类账适用于（　　）类科目的明细分类核算。

A. 收入　　B. 费用　　C. 财产物资　　D. 债权债务

3. 从银行提取现金的经济业务，应根据（　　）登记现金日记账。

A. 库存现金收款凭证　　B. 库存现金付款凭证

C. 银行存款收款凭证　　D. 银行存款付款凭证

4. 将现金送存银行的经济业务，应根据（　　）登记银行存款日记账。

A. 库存现金收款凭证　　B. 库存现金付款凭证

C. 银行存款收款凭证　　D. 银行存款付款凭证

5. 现金日记账属于（　　）。

A. 明细分类账　　B. 总分类账　　C. 普通日记账　　D. 特种日记账

6. 采用平行登记的方法，记入总账的金额，必须与记入所属明细账的（　　）。

A. 余额之和相等　　B. 金额之和相等　　C. 余额相等　　D. 实际金额相等

7. 一般来讲，明细分类账可根据需要采用（　　）。

A. 订本式账簿　　B. 卡片式账簿　　C. 备查账簿　　D. 活页式账簿

8. 鉴于总账及其所属明细账的相互关系，在进行账簿登记时应采用（　　）。

A. 复式记账法　　B. 借贷记账法　　C. 平行登记法　　D. 加权平均法

9. 在下列有关账项核对中，属于账实核对的内容是（　　）。

A. 银行存款日记账余额和银行对账单余额的核对

B. 银行存款日记账余额和其总账余额的核对

C. 总账账户借方发生额合计与其明细账借方发生额合计的核对

D. 总账账户贷方余额合计与其明细账贷方余额合计的核对

10. 按账簿的（　　）划分，银行存款日记账属于序时账簿。

A. 用途　　B. 账页格式　　C. 外表形式　　D. 内容

11. 利润账户可以采用（　　）账页格式。

A. 三栏式　　B. 订本式　　C. 数量金额式　　D. 多栏式

12. 序时账簿按其记录的经济业务内容不同可分为（　　）。

A. 库存现金日记账、银行存款日记账和转账日记账

B. 进货日记账和销货日记账

C. 日记总账和备查账

D. 普通日记账和特种日记账

13. 账簿的外表形式主要有卡片式、活页式和订本式三种，库存现金日记账和银行日记账必须采用（　　）账簿。

A. 订本式　　B. 活页式　　C. 三栏式　　D. 多栏式

14. 记账人员登账完毕之后，要在记账凭证上注明已经登账的符号，这主要是为了（　　）。

A. 避免空行空页　B. 为了分清责任　C. 防止凭证丢失　D. 避免重记或漏记

15. 对账时，账账核对不包括（　　）。

A. 总账各账户的余额核对　　B. 总账和明细账之间的核对

C. 总账和备查账之间的核对　　D. 总账与日记账的核对

16. 一般情况下，在登账时，须用（　　）书写。

A. 铅笔　　B. 签字笔　　C. 蓝黑墨水笔　　D. 圆珠笔

17.（　　）是指核对会计账簿记录的原始凭证，记账凭证的时间，凭证字号、内容、金额是否一致，记账方向是否相符。

A. 账证核对　　B. 账账核对　　C. 账实核对　　D. 账表核对

18. 购进材料 5 000 元，款未付，原记账凭证为借记：原材料，贷记：银行存款，并已入账，应采用（　　）予以更正。

A. 红字更正法　　B. 划线更正法　　C. 补充登记法　　D. 挖补法

19. 记账后，当年内发现记账凭证所记会计科目错误，且所记金额大于应记金额，应采用（　　）更正法更正。

A. 红字更正法　　B. 划线更正法　　C. 补充更正法　　D. 重新填写

20. 若记账凭证上的会计科目和应借、应贷方向未错，但所记金额小于应计金额并已经入账，应采用（　　）更正。

A. 划线更正法　　B. 红字更正法　　C. 补充登记法　　D. 更正分录法

二、多项选择题

1. 会计账簿按用途不同分为（　　）。

A. 序时账簿　　B. 三栏式账簿　　C. 分类账簿　　D. 备查账簿

2. 以下属于特种日记账的是（　　）。

A. 库存现金日记账　B. 银行存款日记账　C. 普通日记账　D. 转账日记账

3. 以下属于备查账簿的有（　　）。

A. 租入固定资产登记簿　　B. 应收票据备查簿

C. 转账日记账　　D. 日记总账

4. 三栏式账簿适用于（　　）。

A. 日记账　　B. 总账　　C. 费用、成本帐　　D. 收入帐

5. 数量金额式账簿中的账页先分为“收入、支出、结存”三个栏目，在每一个大栏内又设置（　　）等几个小栏目。

A. 数量　　B. 单价　　C. 金额　　D. 单位

6. 数量金额式明细分类账的账页，分别设有收入、发出和结存的（　　）。

A. 数量栏　　B. 金额栏　　C. 单价栏　　D. 余额栏

7. 库存现金日记账可以根据（　　）登记。

A. 库存现金收款凭证　　B. 库存现金付款凭证

C. 银行存款付款凭证　　D. 银行存款收款凭证

8. 总分类账和明细分类账在平行登记时，应遵循（　　）的要点。

A. 方向相同　　B. 金额相同　　C. 依据相同　　D. 时点相同

9. 多栏式日记账的适用范围是（　　）单位。

A. 经济业务量较多　　B. 生产经营规模较大

C. 使用会计科目较少　　D. 使用会计科目较多

10. 账簿按其外表形式分为（　　）。

A. 订本式账簿　　B. 活页式账簿　　C. 卡片式账簿　　D. 三栏式账簿

11. 在下列账簿中，必须逐日逐笔进行登记的是（　　）。

A. 现金日记账　B. 银行存款日记账　C. 各种总分类账　D. 各种明细分类账

12. 新的会计年度开始，不可能继续使用而要启用新账的有（　　）。

A. 日记账　　B. 总分类账　　C. 固定资产卡片　　D. 原材料明细分类账

13. 登记总分类账的依据是（　　）。

A. 记账凭证　　B. 科目汇总表　　C. 三栏式日记账　　D. 汇总记账凭证

14. 下列（　　）账簿通常采用订本式形式。

A. 库存现金日记账　B. 银行存款日记账　C. 总分类账　D. 原材料明细账

15. 下列内容中，属于对账范围的有（　　）。

A. 库存现金日记账余额与库存现金的核对

B. 账簿记录与有关会计凭证的核对

C. 总分类账户余额与有关明细账户余额合计数核对

D. 日记账余额与有关总分类账户余额核对

E. 应收、应付账款明细账户余额与有关单位及个人核对

F. 原材料、库存商品明细账户余额与库存实物核对

16. 下列会计凭证中的（　　）可以作为登记银行存款日记账的依据。

A. 自制原始凭证　　B. 外来原始凭证　　C. 付款凭证　　D. 收款凭证

17. 发生错账的基本类型为（　　）。

A. 记账凭证错误，但账簿登记正确

B. 记账凭证正确，但依据正确的记账凭证登记账簿时发生错误

C. 记账凭证错误，导致账簿登记也发生错误

D. 记账凭证正确，账簿科目记错

18. 更正错账的方法有（　　）。

A. 划线更正法　　B. 红字更正法　　C. 补充登记法　　D. 备抵法

19. 结账的时点可以在（　　）。

A. 会计期末　　B. 报销时　　C. 合并时　　D. 重组时

20. 在下列情况中可以用红色墨水笔记账的是（　　）。

A. 按照红字冲账的记账凭证，冲销错误记录

B. 在不设借栏或贷栏的多栏式账页中，登记减少数

C. 在三栏式账户的余额栏前，未印明余额方向的，在余额栏内登记负数余额

D. 登记固定资产明细账

三、判断题

1. 会计人员根据记账凭证登记账簿时误将 789 元登记为 798 元，应用补充登记法予以更正。（　　）

2. “原材料”明细账一般采用多栏式。（　　）

3. 日记账是对各项经济业务按照发生时间的先后顺序进行登记的账簿。（　　）

4. “应付账款”明细账目的格式一般采用三栏式。（　　）

5. 备查账簿是对某些未能在日记账和分类账中记录的经济业务事项进行补充登记的账簿。（　　）

6. 特种日记账只对某一特定种类的经济业务按其发生时间的先后顺序逐日、逐笔登记，主要包括库存现金日记账和银行存款日记账。（　　）

7. 在登记账簿时，总账和明细账有着直接的联系。为简化记账程序，总账可以根据明细账结果进行登记。（　　）

8. 年终结账时，有余额的账户，应将其余额直接记入下年新账余额栏内，不需要编制记账凭证。（　　）

9. 原材料和制造费用明细账一般采用多栏式明细账格式。（　　）

10. 银行存款日记账与库存现金日记账的登记方法基本相同。（　　）

11. 日记账可以采用三栏式，也可以采用多栏式。（　　）

12. 所有明细账都可适用三栏式和数量金额式账页。（　　）

13. 根据总账与明细账的平行登记要求，每项经济业务必须在同一天登记明细账和总账。（　　）

14. 对账工作至少每两年进行一次。（　　）

15. 账簿按其用途可分为序时账、分类账和备查账。（　　）

16. 现金日记账应在每日终了时结出余额，并与库存现金核对相符。（　　）

17. 记账时不慎发生“隔页”“跳行”情况，应在空页或空行处用红色墨水划对角线，在空页中还应加盖“作废”戳记。（　　）

18. 若记账凭证上的会计科目和应借、应贷方向未错，但所记金额小于应记金额并已经入账，应采用红字更正法予以更正。（　　）

19. 期末损益类账户一般没有余额，应结转到利润表中，不作专门的会计分录。（　　）

20. 对账的时间一般是在会计期末，将本月内的全部经济业务登记入账并结出各账户的期末余额之后、结账之前。 （ ）

四、名词解释

1. 会计账簿
2. 账页
3. 总分类账
4. 明细分类账
5. 日记账
6. 备查账簿
7. 订本式账簿
8. 活页式账簿
9. 卡片式账簿
10. 总分类账户
11. 串户
12. 划线更正法
13. 红字更正法
14. 补充登记法
15. 平行登记法
16. 结账
17. 对账
18. 账证核对
19. 账账核对
20. 账实核对

五、思考题

1. 账簿在会计核算中有什么作用？
2. 账簿设置的原则是什么？
3. 作为会计账簿应具备哪些基本的内容？
4. 账簿包括哪些种类？请具体说明。
5. 什么是日记账？日记账的种类有哪些？怎样登记现金日记账和银行存款日记账？
6. 简述明细分类账的主要格式及其适用性。
7. 简述总分类账和其所属明细分类账的关系。
8. 在同时登记总分类账和所属明细分类账时应采取什么方法？应注意哪些问题？
9. 账簿按外表形式可分为哪几类？
10. 比较不同种类账簿的优缺点及其适用性。
11. 记账时可能出现的错误有哪些？

12. 记账错误更正的方法有哪几种?
13. 为什么要结账和对账?
14. 结账前的注意事项有哪些?
15. 结账和对账的具体内容有哪些?

六、业务题

(一)

【资料】某公司200×年7月31日银行存款日记账余额为300 000元，库存现金日记账的余额为3 000元。8月上旬发生下列银行存款和库存现金的收付业务：

1. 1日收到投资者投入款25 000元，存入银行（银收01号）;
2. 1日以银行存款10 000元归还短期借款（银付01号）;
3. 2日以银行存款20 000元偿付应付账款（银付02号）;
4. 2日把1 000元库存现金存入银行（现付01号）;
5. 3日用库存现金暂付职工差旅费800元（现付02号）;
6. 3日从银行提取库存现金2 000元备用（银付03号）;
7. 4日收到应收账款50 000元存入银行（银收02号）;
8. 5日以银行存款40 000元支付购买材料款（银付04号）;
9. 5日以银行存款1 000元支付购入材料运费（银付05号）;
10. 5日从银行存款提取库存现金18 000元，准备发放工资（银付06号）;
11. 6日用库存现金18 000元发放职工工资（现付03号）;
12. 7日以银行存款支付本月电费1 800元（银付07号）;
13. 8日销售产品一批，货款51 750元存入银行（银收03号）;
14. 9日用银行存款支付销售费用410元（银付08号）;
15. 10日用银行存款上缴销售税金3 500元（银付09号）。

【要求】根据上述资料登记银行存款日记账和库存现金日记账（三栏式）。

(二)

【资料】某企业200×年3月1日库存现金期初余额为800元，银行存款期初余额为32 000元，3月份发生以下有关库存现金和银行存款的收付业务：

1. 2日根据银行付款凭证第1号，支付上月未付的材料款30 000元;
2. 3日根据银行收款凭证第1号，收到所属公司交来本月的厂房租金的转账支票2 000元;
3. 4日根据银行付款凭证第2号，支付本月采购包装物的货款800元;
4. 5日根据银行付款凭证第3号，从银行提取现金备用3 000元;
5. 8日根据银行收款凭证第2号，收到客户交来的产品销货款50 000元;
6. 13日根据库存现金付款凭证第1号，用现金支付职工工资薪酬2 500元;
7. 16日根据库存现金付款凭证第2号，用现金200元购买办公用品;

8. 26 日根据银行付款凭证第 4 号，通过银行转账支付本月车间水电费 6 400 元；
9. 28 日根据库存现金收款凭证第 1 号，取得出售废旧物品现金 300 元；
10. 29 日根据银行付款凭证第 5 号，转账支付固定资产修理费 1 400 元；
11. 30 日根据库存现金付款凭证第 3 号，职工王红预借差旅费 800 元；
12. 31 日根据银行收款凭证第 3 号，收到客户托收承付款 23 600 元。

【要求】 根据上述资料登记银行存款日记账和库存现金日记账（三栏式）。

（三）

【资料】 某企业 200×年 8 月 1 日现金日记账的期初余额为 295 元，银行存款日记账的期初余额为 98 700 元，该公司 8 月份发生如下经济业务：

1. 2 日以银行存款归还前欠 A 厂货款 70 200 元（银付 01 号）；
2. 3 日出售甲产品 2 000 件，货款 200 000 元及发票上的增值税额 34 000 元当即收到存入银行（银收 01 号）；
3. 5 日以银行存款上缴本月未缴所得税 18 000 元（银付 02 号）；
4. 6 日从银行提取现金 200 元（现收 01 号，银付 03 号）；
5. 7 日职工报销差旅费 95 元，以现金付讫（现付 01 号）；
6. 8 日以银行存款归还前欠 B 厂的货款 114 660 元（银付 04 号）；
7. 9 日收到 C 还来的前欠货款 43 290 元，存入银行（银收 02 号）；
8. 10 日从银行提取现金 35 000 元，准备发放工资（现收 02 号，银付 05 号）；
9. 10 日以现金发放职工工资 35 000 元（现付 02 号）；
10. 12 日收到 D 厂还来的前欠货款 23 400 元，存入银行（银收 03 号）；
11. 14 日以银行存款支付外购材料货款 94 000 元及发票上的增值税额 15 980 元（银付 06 号）；
12. 15 日以现金支付业务招待费 28 元（现付 03 号）；
13. 16 日外单位职工以现金交付借打长途电话费 5 元（冲减管理费用）（现收 03 号）；
14. 17 日以银行存款预缴本月所得税 25 000 元（银付 07 号）；
15. 18 日出售甲产品 1 000 件，货款 100 000 元及发票上的增值税额 17 000 元当即存入银行（银收 04 号）；
16. 20 日以银行存款预付 E 厂货款 78 000 元（银收 08 号）；
17. 21 日用银行存款支付业务招待费 1 000 元（银付 09 号）；
18. 23 日以现金支付总务科办公费用 55 元及发票上的增值税额 9.35 元（现付 04 号）；
19. 24 日向银行借入短期借款 110 000 元，存入银行（银收 05 号）；
20. 26 日以银行存款预付下一季度仓库租金 3 900 元（银付 10 号）；
21. 28 日从银行提取现金 400 元（现收 04 号，银付 11 号）；
22. 28 日职工预借差旅费 200 元，以现金付讫（现付 05 号）；

23. 30 日以银行存款支付外购材料的货款 82 000 元及发票上的增值税额 13 940元（银付 12 号）；
24. 31 日以银行存款支付向 F 厂租入的包装物的押金 2 700 元（银付 13 号）。

注：对于货币资金之间的相互划转业务同时填制收款凭证和付款凭证。

【要求】根据上述资料填制多栏式库存现金日记账和银行存款日记账。

（四）

【资料】某企业 200×年 5 月发生下列经济业务：

1. 2 日生产甲产品领用 A 材料 40 400 元；
2. 3 日以银行存款退还浦江厂押金 3 000 元；
3. 3 日向黎明厂订货，以银行存款预付货款 83 000 元；
4. 4 日向大隆厂销售甲产品 2 000 件，货款 68 000 元及发票上的增值税额 11 560元尚未收到；
5. 6 日从长虹厂购入 B 材料 40 000 千克，计 96 000 元和发票上的增值税额 16 320元尚未支付；
6. 6 日以银行存款支付 B 材料 40 000 千克的运杂费 4 000 元；
7. 6 日结转入库 B 材料的实际采购成本；
8. 7 日生产乙产品领用 B 材料 50 000 元；
9. 9 日向东海厂销售甲产品 5 000 件，货款 170 000 元及发票上的增值税额 28 900元尚未收到；
10. 10 日从银行借入短期借款 90 000 元，存入银行存款户。

【要求】根据上述业务登记普通日记账。

（五）

【资料】某公司 200×年 3 月份发生下列经济业务：

1. 1 日接受外单位一项专利技术的投资，评估为 50 000 元；
2. 3 日以银行存款 3 000 元缴纳营业税金；
3. 6 日向银行提取 5 000 元现金备用；
4. 8 日以银行存款 2 000 元支付本月水电费；
5. 12 日以现金 500 元购买办公用品；
6. 15 日职工预借差旅费 2 000 元；
7. 18 日预收购货单位货款 40 000 元；
8. 20 日以银行存款 18 000 元偿还前欠货款；
9. 22 日以银行存款 20 000 元预付购货款；
10. 25 日销售产成品 78 000 元，收到货款 70 000 元，存入银行存款户，余额尚未收回（不考虑增值税）；
11. 26 日职工报销差旅费 2 200 元，退还职工 200 元；
12. 28 日向银行交存现金 3 000 元。

【要求】根据上述业务登记普通日记账。

（六）

【资料】某公司 200×年 7 月 1 日有关总分类账和明细分类账户的余额如下：

总分类账户		明细分类账户
原材料	19 000 元	甲材料 800 千克　单价 20 元　计 16 000 元
		乙材料 200 千克　单价 15 元　计 3 000 元
应付账款	33 000 元	A 公司 30 000 元
		B 公司 3 000 元

7 月份该公司发生如下经济业务：

1. 向 A 公司购进甲材料 1 000 千克，材料已经验收入库，货款 20 000 元尚未支付；
2. 向 B 公司购进乙材料 500 千克，材料已经验收入库，货款 7 500 元尚未支付；
3. 以银行存款 20 000 元偿还 A 公司的欠款；
4. 仓库发出材料用于产品的生产，其中：甲材料 1500 千克，单价 20 元，计 30 000元；乙材料 400 千克，单价 15 元，计 6 000 元。

【要求】1. 根据资料编制有关的会计分录。

2. 开设"原材料"、"应付账款"总分类账和所属的明细分类账，登记期初余额、本期发生额和期末余额，并结出本期发生额合计数和期末余额（用 T 型账户替代）。
3. 编制"总分类账和明细分类账本期发生额和期末余额对照表"，格式如下所示，核对总分类账和明细分类账登记的结果。

原材料总分类账和明细分类账本期发生额和期末余额对照表

200×年 7 月　　　　单位：元

账户名称		计量单位	单价	期初余额		本期发生额				期末余额	
				数量	金额	收入		支出		数量	金额
						数量	金额	数量	金额		
明细分类账	甲材料										
	乙材料										
	合　计										
总账	原材料										

应付账款总分类账和明细分类账户本期发生额和期末余额对照表

200×年 7 月　　　　单位：元

账户名称		期初余额		本期发生额		期末余额	
		借方	贷方	借方	贷方	借方	贷方
明细分类账	A 公司						
	B 公司						
	合　计						
总账	应付账款						

(七)

【资料】兴华公司200×年5月1日“应付账款”总分类账户的期初余额为贷方80 000元，其中A厂70 000元，B厂10 000元。该厂5月份发生下列有关应付账款的结算业务：

1. 2日购买C厂甲材料10 000千克，货款50 000元以及发票上的增值税额8 500元，尚未支付；
2. 3日以银行存款归还上月欠A厂的货款70 000元；
3. 7日以银行存款归还上月欠B厂的货款10 000元；
4. 11日购买A厂乙材料20 000千克，货款40 000元以及发票上的增值税额6 800元，尚未支付；
5. 14日以银行存款归还所欠C厂5月2日的货款58 500元；
6. 16日购买C厂的丙材料60 000千克，货款60 000元以及发票上的增值税额10 200元，尚未支付；
7. 20日购买B厂乙材料10 000千克，货款20 000元以及发票上的增值税额3 400元，尚未支付；
8. 23日从银行存款归还所欠A厂5月11日的货款46 800元；
9. 28日以银行存款归还所欠B厂5月20日的货款23 400元；
10. 30日以银行存款预付A厂货款20 000元。

【要求】1. 根据上述资料填制有关的记账凭证。
2. 根据有关的记账凭证编制三栏式的“应付账款”明细账及总分类账。
3. 编制“应付账款明细分类账户本期发生额及余额表”，与“应付账款”总分类账户的有关记录相核对。

(八)

【资料】某公司200×年5月1日“原材料”总分类账户期初余额为198 000元，其中甲材料20 000千克，单价为5元，共计100 000元；乙材料30 000千克，单价为2元，共计60 000元；丙材料38 000千克，单价为1元，共计38 000元。该公司5月份发生如下经济业务：

1. 2日外购甲材料10 000千克验收入库，结转其实际采购成本50 000元；
2. 3日生产产品领用乙材料15 000千克，计30 000元；
3. 6日生产产品领用甲材料8 000千克，计40 000元；
4. 10日生产车间修理机器设备领用丙材料3 000千克，计3 000元；
5. 11日外购乙材料20 000千克验收入库，结转其实际采购成本40 000元；
6. 14日生产产品领用乙材料30 000千克，计60 000元；
7. 16日外购丙材料60 000千克验收入库，结转其实际的采购成本60 000元；
8. 19日生产产品领用甲材料7 000千克，计35 000元；
9. 20日外购乙材料10 000千克验收入库，结转其实际采购成本20 000元；

10. 27 日生产产品领用丙材料 63 000 千克，计 63 000 元。

【要求】1. 根据上述业务填制有关的记账凭证。

2. 根据有关的记账凭证登记“原材料”总账及其明细账。

3. 编制“原材料明细分类账户本期发生额及余额表”，与“原材料”总分类账户的有关记录相核对。

（九）

【资料】某企业 200×年 8 月 31 日编制的结账前的试算平衡表如下：

单位：元

账户名称	借方	贷方
库存现金	1 200	
银行存款	84 000	
应收账款	74 000	
原材料	37 200	
固定资产	148 000	
应付账款		
实收资本		63 600
主营业务收入		270 000
管理费用	130 200	141 000
合　计	474 600	474 600

经核对发现存在以下错误：

1. 支付欠款 16 500 元，编制记账凭证时借记应收账款 16 500 元；
2. 用库存现金支付邮资费 180 元，有关账户均为过账；
3. 赊购电脑两台 36 000 元，误记为“借：管理费用 36 000，贷：应付账款 36 000”；
4. 销售产品收入 16 500 元，过账时误以 6 500 元入账；
5. 收到款项 6 800 元，编制会计分录时借贷方误记为 8 600 元。

【要求】1. 根据以上资料，说出上述错误分别适用的记账错误更正方法。

2. 编制正确的试算平衡表。

（十）

【资料】某企业将账簿记录与记账凭证进行核对，发现下列经济业务的凭证内容与账簿记录有误：

1. 开出现金支票600元，支付管理部门日常开支，原编制的会计分录为：
借：管理费用 600
贷：库存现金 600
2. 结转本月实际完工产品的成本4 500元。原编制的会计分录为：
借：库存商品 5 400
贷：生产成本 5 400
3. 收到购货单位偿还上月所欠货款8 700元。原编制的会计分录为：
借：银行存款 7 800
贷：应收账款 7 800
4. 结算本月应付职工薪酬，其中生产工人薪酬为7 000元，行政管理人员薪酬为1 600元，原编制的会计分录为：
借：生产成本 7 000
管理费用 6 100
贷：应付职工薪酬 8 600
5. 结转本月销售收入4 800元，原编制的会计分录为：
借：本年利润 4 500
贷：主营业务收入 4 500
6. 用银行存款支付所欠供货单位货款6 500元，原编制的会计分录为：
借：应付账款 5 600
贷： 银行存款 5 600
7. 以库存现金支付采购人员暂借的差旅费200元，原编制的会计分录为：
借：其他应付款 200
贷： 库存现金 200

【要求】 将上述各项经济业务的错误的会计分录，分别采用适当的更正错账的方法予以更正。

（十一）

【资料】 某企业200×年6月30日对账时发现如下的错误：
1. 签发转账支票5 000元，支付上月应交税金。原会计分录为：
借：营业税金及附加 5 000
贷：银行存款 5 000
2. 生产车间领用原材料23 000元，用于产品的生产。原会计分录为：
借：生产成本 32 000
贷： 原材料 32 000
3. 以银行存款支付销售商品的广告费2 000元。原会计分录为：
借：管理费用 2 000
贷：银行存款 2 000

4. 向银行借款500 000元。原会计分录为：

借：银行存款　　50 000

　贷：短期借款　　50 000

5. 外单位投资转入一台设备，原价55 000元，累计折旧18 000元。原会计分录为：

借：固定资产　　55 000

　贷：累计折旧　　18 000

　　实收资本　　37 000

账簿中“实收资本”贷方登记为73 000元。

【要求】将上述各项经济业务的错误的会计分录，分别采用适当的更正错账的方法予以更正。

答　案

一、单项选择题

1. D　2. C　3. D　4. B　5. D　6. B　7. D　8. C　9. A　10. A
11. D　12. D　13. A　14. D　15. C　16. C　17. A　18. A　19. A　20. C

二、多项选择题

1. ACD　2. ABD　3. AB　4. AB　5. ABC　6. ABC　7. ABC　8. ABC
9. ABC　10. ABC　11. AB　12. ABD　13. ABD　14. ABC　15. ABCDEF　16. CD
17. BC　18. ABC　19. ABCD　20. ABC

三、判断题

1. ×　2. ×　3. √　4. √　5. √　6. √　7. ×　8. √　9. ×　10. √
11. √　12. √　13. ×　14. ×　15. √　16. √　17. √　18. ×　19. ×　20. √

四、名词解释

1. 会计账簿：由一定格式、互有联系的账页组成，以会计凭证为依据，进行序时、分类、连续、全面地记录和反映经济业务的簿籍。
2. 账页：构成账簿的主体，是具体登记会计信息的地方。账页中登记的内容基本包括日期、凭证号或编号、摘要、账户名称、金额和页次。
3. 总分类账：按总分类会计科目设置账户，根据总分类会计科目的发生额登记的账簿。
4. 明细分类账：按明细会计科目设置账户，登记发生额的账簿。
5. 日记账：按一级会计科目设置（如“库存现金”账户和“银行存款”账户），根据经济业务发生或完成时间的先后顺序，逐日逐笔顺序登记发生额，并每日结出余额的账簿。

6. 备查账簿：用于登记那些无法记入分类账或日记账的会计事项的账簿。
7. 订本式账簿：账簿在启用前就已将连续编号的账页装订成册的账簿。
8. 活页式账簿：可根据需要增减账页数量的账簿。
9. 卡片式账簿：将所记内容记在独立的一张张卡片上，按一定的顺序放在卡片箱内，根据需要可随时取用的账簿。
10. 总分类账户：用来分别汇总各类会计要素的经济业务的账簿，能较全面地反映企业经营情况和经营成果。
11. 串户：把业务记错账户。
12. 划线更正法：当记账凭证正确，账簿中的文字或数字有错，且错误记录（包括文字和数字）是因记账笔误引起的，在这种情况下应使用此法更正。这种更正方法不需作会计分录，可以在账簿中直接更正。具体操作是在错误的文字或数字上划一条红线以示注销，然后将正确的文字或数字写在红线以上的空白处，并在划线处由更正人盖章以示责任。错误的字迹应保留原貌，有利于辨认和查考。对于错误的数字应全部划线更正，不得只更正其中的错误部分；如果文字有错，可只划线更正错误的部分。
13. 红字更正法：在记账以后，发现记账凭证中所列会计科目或金额发生错误，继而引起账簿记录错误而使用的更正错账的方法。
14. 补充登记法：在记账以后，如果发现记账凭证中科目运用正确，仅仅是金额少记的情况，应使用补充登记法。这种更正法既要更正记账凭证，也要更正账簿记录。具体操作是用蓝色填写一份记账凭证，其中的会计科目与被更正的凭证相同，金额为少记的数字（数字为蓝色），然后登记入账簿并在摘要中注明更正或补充第几号凭证。
15. 平行登记法：登记某一笔业务时，在登入总账的同时也应登记相应的明细账。
16. 结账：采用一定的方法将账簿记录作进一步汇总和总结，以便得到企业的总体情况，并为编制会计报表做好准备的账簿记录结算清楚的特定方法称为结账。
17. 对账：为确保会计信息客观、完整、系统和连续，在将相关经济业务登记入账后，对会计记录进行核对的工作。
18. 账证核对：将各种账簿（包括总分类账、明细分类账、日记账）与相关凭证（包括原始凭证和记账凭证）进行核对。
19. 账账核对：各种账簿与账簿之间的有关记录相核对，以保证账账相符。
20. 账实核对：在账证核对和账账核对的基础上核对账面余额与实物资产的实存数，确保账面数和实际数相符。

五、思考题

答案略。

六、业务题

(一)

银行存款日记账

单位：元

200×年 月	日	凭证编号	摘要	对方科目	收入	支出	结余
8	1		期初余额				300 000
	1	银收01	投资现款	实收资本	25 000		325 000
	1	银付01	归还短期借款	短期借款		10 000	315 000
	2	银付02	还款	应付账款		20 000	295 000
	2	现付01	存现	库存现金	1 000		296 000
	3	银付03	提现	库存现金		2 000	294 000
	4	银收02	收到应收款	应收账款	50 000		344 000
	5	银付04	购买原材料	材料采购		40 000	304 000
	5	银付05	支付运费	材料采购		1 000	303 000
	5	银付06	提现	库存现金		18 000	285 000
	7	银付07	支付电费	管理费用		1 800	283 200
	8	银收03	销售货款	主营业务收入	51 750		334 950
	9	银付08	支付销售费用	销售费用		410	334 540
	10	银付09	支付销售税金	营业税金及附加		3 500	331 040
			合　计		127 750	96 710	331 040

库存现金日记账

单位：元

200×年 月	日	凭证编号	摘要	对方科目	收入	支出	结余
8	1		期初余额				3 000
	2	现付01	存现	银行存款		1 000	2 000
	3	现付02	支付差旅费	其他应收款		800	1 200
	3	银付03	取现备用	银行存款	2 000		3 200
	5	银付06	取现	银行存款	18 000		21 200
	6	现付03	发放工资	应付职工薪酬		18 000	3 200
			合　计		20 000	19 800	3 200

（二）

银行存款日记账

单位：元

200×年 月	200×年 日	凭证编号	摘要	对方科目	收入	支出	结余
3	1		期初余额				32 000
	2	银付 01	支付材料款	应付账款		30 000	2 000
	3	银收 01	收到厂房租金	其他业务收入	2 000		4 000
	4	银付 02	支付包装物款	周转材料		800	3 200
	5	银付 03	提取现金	库存现金		3 000	200
	8	银收 02	收到销货款	主营业务收入	50 000		50 200
	26	银付 04	支付本月水电费	制造费用		6 400	43 800
	29	银付 05	支付固定资产修理费	制造费用		1 400	42 400
	30	银收 03	收到客户托收承付款	主营业务收入	23 600		66 000
	31		本月合计		75 600	41 600	66 000

库存现金日记账

单位：元

200×年 月	200×年 日	凭证编号	摘要	对方科目	收入	支出	结余
3	1		期初余额				800
	5	银付 03	取现备用	银行存款	3 000	2 500	3 800
	13	现付 01	用现金发放工资	应付职工薪酬		200	1 300
	16	现付 02	支付办公费	管理费用			1 100
	28	现收 01	出售废旧物品收入	其他业务收入	300	800	1 400
	30	现付 03	预借差旅费	其他应收款			600
	31		本月合计		3 300	3 500	600

（三）

库存现金日记账

单位：元

200×年		编号	摘要	收入栏			支出栏					结余
				应贷科目		合计	应借科目				合计	
月	日			银行存款	管理费用		管理费用	应付职工薪酬	其他应收款	应交税费		
8	1		月初余额									295
	6	现收01号	提现	200		200						495
	7	现付01号	报销差旅费				95				95	400
	10	现收02号	提现	35 000		35 000						35 400
	10	现付02号	发放工资					35 000			35 000	400
	15	现付03号	支付招待费				28				28	372
	16	现收03号	收回电话费		5	5						377
	23	现付04号	支付办公费				55			9.35	64.35	312.65
	28	现收04号	提现	400		400						712.65
	28	现付05号	预借差旅费						200		200	512.65
	31		本月合计	35 600	5	35 605	178	35 000	200	9.35	35 387.35	512.65

银行存款日记账

单位:元

200×年		编号	摘要	收入栏					支出栏								结余
				应贷科目				合计	应借科目							合计	
月	日			主营业务收入	应交税费	应收账款	短期借款		应付账款	应交税费	库存现金	材料采购	预付账款	其他应收款	管理费用		
8	1		期初余额														98 700
	2	银付1	偿还欠款						70 200							70 200	
	3	银收1	销售	200 000	34 000			234 000									
	3	银付2	缴纳税金							18 000						18 000	
	6	银付3	提现								200					200	
	8	银付4	偿还欠款						114 660							114 660	
	9	银收2	收回欠款			43 290		43 290									
	10	银付5	提现								35 000					35 000	
	12	银收3	收回欠款			23 400		23 400									
	14	银付6	支付购料款							15 980		94 000				109 980	
	17	银付7	预缴税金							25 000						25 000	
	18	银收4	销售	100 000	17 000			117 000									
	20	银付8	预付账款										78 000			78 000	
	21	银付9	支付招待费												1 000	1 000	
	24	银收5	借款				110 000	110 000									
	26	银付10	预付租金										3 900			3 900	
	28	银付11	提现								400					400	
	30	银付12	支付购料款							13 940		82 000				95 940	
	31	银付13	支付押金											2 700		2 700	
	31		本月合计	300 000	51 000	66 690	110 000	527 690	184 860	72 920	35 600	176 000	81 900	2 700	1 000	554 980	71 410

(四)

普通日记账

单位：元

200×年		摘 要	会计科目	借方金额	贷方金额	过账
月	日					
5	2	生产领料	生产成本——甲产品	40 400		
			原材料——A 材料		40 400	
	3	退还押金	其他应付款——蒲江厂	3 000		
			银行存款		3 000	
	3	预付货款	预付账款——黎明厂	83 000		
			银行存款		83 000	
	4	销售款未收到	应收账款——大隆厂	79 560		
			主营业务收入		68 000	
			应交税费——应交增值税		11 560	
	6	购料款未付	材料采购——B 材料	96 000		
			应交税费——应交增值税	16 320		
			应付账款——长虹厂		112 320	
	6	支付购料运费	材料采购——B 材料	4 000		
			银行存款		4 000	
	6	结转材料成本	原材料——B 材料	100 000		
			材料采购——B 材料		100 000	
	7	生产领料	生产成本——乙产品	50 000		
			原材料——B 材料		50 000	
	9	销售款未收	应收账款——东海厂	198 900		
			主营业务收入		170 000	
			应交税费——应交增值税		28 900	
	10	借款	银行存款	90 000		
			短期借款		90 000	
		合 计		761 180	761 180	

（五）

普通日记账

单位：元

200×年 月	日	摘 要	会计科目	借方金额	贷方金额	过账
3	1	接受外单位专利技术投资	无形资产	50 000		
			实收资本		50 000	
	3	以银行存款缴纳营业税	应交税费	3 000		
			银行存款		3 000	
	6	向银行提取现金备用	库存现金	5 000		
			银行存款		5 000	
	8	以银行存款支付水电费	管理费用	2 000		
			银行存款		2 000	
	12	以现金购买办公用品	管理费用	500		
			银行存款		500	
	15	职工预借差旅费	其他应收款	2 000		
			库存现金		2 000	
	18	预收购货款	银行存款	40 000		
			预收账款		40 000	
	20	以银行存款偿还欠款	应付账款	18 000		
			银行存款		18 000	
	22	以银行存款预付货款	预付账款	20 000		
			银行存款		20 000	
	25	销售产成品	银行存款	70 000		
			应收账款	8 000		
			主营业务收入		78 000	
	26	职工报销差旅费	管理费用	2 200		
			库存现金		200	
			其他应收款		2 000	
	28	向银行交存现金	银行存款	3 000		
			库存现金		3 000	
		合 计		223 700	223 700	

（六）

1. 根据资料编制会计分录：

（1）借：原材料——甲材料　　20 000

　　　贷：应付账款——A 公司　　20 000

（2）借：原材料——乙材料　　　　7 500
　　　　贷：应付账款——B 公司　　　　7 500

（3）借：应付账款——A 公司　　20 000
　　　　贷：银行存款　　　　　　　　20 000

（4）借：生产成本　　　　　　　36 000
　　　　贷：原材料——甲材料　　　　30 000
　　　　　　　　　——乙材料　　　　 6 000

2.

原材料

期初余额	19 000	（4）	36 000
（1）	20 000		
（2）	7 500		
本期发生额	27 500	本期发生额	36 000
期末余额	10 500		

甲材料

期初余额	16 000	（4）	30 000
（1）	20 000		
本期发生额	20 000	本期发生额	30 000
期末余额	6 000		

乙材料

期初余额	3 000	（4）	6 000
（2）	7 500		
本期发生额	7 500	本期发生额	6 000
期末余额	4 500		

应付账款

（3）	20 000	期初余额	33 000
		（1）	20 000
		（2）	7 500
本期发生额	20 000	本期发生额	27 500
		期末余额	40 500

A 公司

（3）	20 000	期初余额	30 000
		（1）	20 000
本期发生额	20 000	本期发生额	20 000
		期末余额	30 000

B 公司

		期初余额	3 000
		（2）	7 500
		本期发生额	7 500
		期末余额	10 500

3.

原材料总分类账、明细分类账本期发生额和期末余额对照表

200×年 7 月

单位：元

账户名称		计量单位	单价	期初余额		本期发生额				期末余额	
						收入		支出			
				数量	金额	数量	金额	数量	金额	数量	金额
明细分类账	甲材料	千克	20	800	16 000	1 000	20 000	1 500	30 000	300	6 000
	乙材料	千克	15	200	3 000	500	7 500	400	6 000	300	4 500
	合　计				19 000		27 500		36 000		10 500
总账	原材料				19 000		27 500		36 000		10 500

应付账款总分类账、明细分类账户本期发生额和期末余额对照表

200×年 7 月

单位：元

账户名称		期初余额		本期发生额		期末余额	
		借方	贷方	借方	贷方	借方	贷方
明细分类账	A 公司		30 000	20 000	20 000		30 000
	B 公司		3 000		7 500		10 500
	合　计		33 000	20 000	27 500		40 500
总账	应付账款		33 000	20 000	27 500		40 500

（七）

1.

（代记账凭证）

200×年 月	日	凭证号数	摘要	总分类账户及明细账户	√	借方金额	贷方金额
5	2	1	购料款未付	材料采购——甲材料		50 000	
				应交税费——应交增值税		8 500	
				应付账款——C厂			58 500
	3	2	偿还欠款	应付账款——A厂		70 000	
				银行存款			70 000
	7	3	偿还欠款	应付账款——B厂		10 000	
				银行存款			10 000
	11	4	购料款未付	材料采购——乙材料		40 000	
				应交税费——应交增值税		6 800	
				应付账款——A厂			46 800
	14	5	偿还欠款	应付账款——C厂		58 500	
				银行存款			58 500
	16	6	购料款未付	材料采购——丙材料		60 000	
				应交税费——应交增值税		10 200	
				应付账款——C厂			70 200
	20	7	购料款未付	材料采购——乙材料		20 000	
				应交税费——应交增值税		3 400	
				应付账款——B厂			23 400
	23	8	偿还欠款	应付账款——A厂		46 800	
				银行存款			46 800
	28	9	偿还欠款	应付账款——B厂		23 400	
				银行存款			23 400
	30	10	预付货款	应付账款——A厂		20 000	
				银行存款			20 000

2.

应付账款明细账

二级或明细科目：A厂

日期	凭证号数	摘 要	借 方	贷 方	借或贷	余 额
5/1		月初余额			贷	70 000
5/3	2	偿还欠款	70 000			
5/11	4	购料款未付		46 800		
5/23	8	偿还欠款	46 800			
5/30	10	预付账款	20 000			
5/31		发生额合计及期末余额	136 800	46 800	借	20 000

应付账款明细账

二级或明细科目：B 厂

日期	凭证号数	摘 要	借 方	贷 方	借或贷	余 额
5/1		月初余额			贷	10 000
5/7	3	偿还欠款	10 000			
5/20	7	购料款未付		23 400		
5/28	9	偿还欠款	23 400			
5/31		发生额合计及期末余额	33 400	23 400	平	0

应付账款明细账

二级或明细科目：C 厂

日期	凭证号数	摘 要	借 方	贷 方	借或贷	余 额
5/2	1	购料款未付		58 500		
5/14	5	偿还欠款	58 500			
5/16	6	购料款未付		70 200		
5/31		发生额合计及期末余额	58 500	128 700	贷	70 200

应付账款总分类账户

日期	凭证号数	摘 要	借 方	贷 方	借或贷	余 额
5/1		月初余额			贷	80 000
5/2	1	购料款未付		58 500		
5/3	2	偿还欠款	70 000			
5/7	3	偿还欠款	10 000			
5/11	4	购料款未付		46 800		
5/14	5	偿还欠款	58 500			
5/16	6	购料款未付		70 200		
5/20	7	购料款未付		23 400		
5/23	8	偿还欠款	46 800			
5/28	9	偿还欠款	23 400			
5/30	10	预付货款	20 000			
5/31		发生额合计及期末余额	228 700	198 900	贷	50 200

应付账款明细分类账户本期发生额及余额表

200×年5月

二级或明细账户	期初余额		本期发生额		期末余额	
	借方	贷方	借方	贷方	借方	贷方
A厂		70 000	136 800	46 800	20 000	
B厂		10 000	33 400	23 400		
C厂			58 500	128 700		70 200
合　计		80 000	228 700	198 900	20 000	70 200

（八）

1.

（代记账凭证）

200×年 月	日	凭证号数	摘要	总分类账户及明细分类账户	√	借方金额	贷方金额
5	2	1	购料入库	原材料——甲材料		50 000	
				材料采购			50 000
	3	2	生产领料	生产成本		30 000	
				原材料——乙材料			30 000
	6	3	生产领料	生产成本		40 000	
				原材料——甲材料			40 000
	10	4	修理领料	制造费用		3 000	
				原材料——丙材料			3 000
	11	5	购料入库	原材料——乙材料		40 000	
				材料采购			40 000
	14	6	生产领料	生产成本		60 000	
				原材料——乙材料			60 000
	16	7	购料入库	原材料——丙材料		60 000	
				材料采购			60 000
	19	8	生产领料	生产成本		35 000	
				原材料——甲材料			35 000
	20	9	购料入库	原材料——乙材料		20 000	
				材料采购			20 000
	27	10	生产领料	生产成本		63 000	
				原材料——丙材料			63 000

2.

原材料总分类账户

日期	凭证号数	摘要	借方	贷方	借或贷	余额
5/1		月初余额			借	198 000
5/2	1	购料入库	50 000			
5/3	2	生产领料		30 000		
5/6	3	生产领料		40 000		
5/10	4	修理领料		3 000		
5/11	5	购料入库	40 000			
5/14	6	生产领料		60 000		
5/16	7	购料入库	60 000			
5/19	8	生产领料		35 000		
5/20	9	购料入库	20 000			
5/27	10	生产领料		63 000		
5/31		发生额合计及期末余额	170 000	231 000	借	137 000

原材料明细账

品种：甲材料　　　　计量单位：千克

200×年		凭证编号	摘要	收入			支出			结余		
月	日			数量	单价	金额	数量	单价	金额	数量	单价	金额
5	1		月初余额							20 000	5.00	100 000
	2	1	购料入库	10 000	5.00	50 000				30 000	5.00	150 000
	6	3	生产领料				8 000	5.00	40 000	22 000	5.00	110 000
	19	8	生产领料				7 000	5.00	35 000	15 000	5.00	75 000
5	31		本期合计	10 000	5.00	50 000	15 000	5.00	75 000	15 000	5.00	75 000

原材料明细账

品种：乙材料　　　　计量单位：千克

200×年		凭证编号	摘要	收入			支出			结余		
月	日			数量	单价	金额	数量	单价	金额	数量	单价	金额
5	1		月初余额							30 000	2.00	60 000
	3	2	生产领料				15 000	2.00	30 000	15 000	2.00	30 000
	11	5	购料入库	20 000	2.00	40 000				35 000	2.00	70 000
	14	6	生产领料				30 000	2.00	60 000	5 000	2.00	10 000
	20	9	购料入库	10 000	2.00	20 000				15 000	2.00	30 000
5	31		本期合计	30 000	2.00	60 000	45 000	2.00	90 000	15 000	2.00	30 000

原材料明细账

品种：丙材料　　　　　　　　　　　　　　　　　　　计量单位：千克

200×年		凭证编号	摘要	收入			支出			结余		
月	日			数量	单价	金额	数量	单价	金额	数量	单价	金额
5	1		月初余额				3 000			38 000	1.00	38 000
	10	4	修理领料					1.00	3 000	35 000	1.00	35 000
	16	7	购料入库	60 000	1.00	60 000	63 000			95 000	1.00	95 000
	27	10	生产领料					1.00	63 000	32 000	1.00	32 000
5	31		本期合计	60 000	1.00	60 000	66 000	1.00	66 000	32 000	1.00	32 000

原材料明细分类账户本期发生额及余额表

200×年5月

明细账户	计量单位	单价	期初余额		本期发生额				期末余额	
			数量	金额	收入		发出		数量	金额
					数量	金额	数量	金额		
甲材料	千克	5.00	20 000	100 000	10 000	50 000	15 000	75 000	15 000	75 000
乙材料	千克	2.00	30 000	60 000	30 000	60 000	45 000	90 000	15 000	30 000
丙材料	千克	1.00	38 000	38 000	60 000	60 000	66 000	66 000	32 000	32 000
合　计				198 000		17 000		231 000		137 000

（九）

1. 各项错误应用下列方法更正：

（1）红字更正法；

（2）不用任何更正方法，只需补记分录后再过账即可；

（3）红字更正法；

（4）补充登记法；

（5）红字更正法。

2.

某企业200×年8月底试算表

单位：元

账户名称	借　方	贷　方
库存现金	1 020	
银行存款	92 200	
应收账款	59 300	
原材料	37 200	
固定资产	184 000	
应付账款		
实收资本		47 100
主营业务收入	270 000	
管理费用	94 380	151 000
合　计	468 100	468 100

（十）

1. 用红字更正法

（1）借：管理费用　　600

　　贷：库存现金　　　600

（2）借：管理费用　　600

　　贷：银行存款　　　600

（3）根据以上记账凭证登记账簿，即可更正错误。

2. 用红字更正法

（1）借：库存商品　　900

　　贷：生产成本　　　900

（2）根据以上记账凭证登记账簿，即可更正错误。

3. 用补充登记法

（1）借：银行存款　　900

　　贷：应收账款　　　900

（2）根据以上记账凭证登记账簿，即可更正错误。

4. 用划线更正法

在管理费用科目借方所记金额6 100上划一条红线予以注销，然后将正确的数字1 600用蓝字写在红线上方，并由记账员在更正处盖章。

5. 用红字更正法

（1）借：本年利润　　4 500

　　贷：主营业务收入　　4 500

（2）借：主营业务收入　　4 800

　　贷：本年利润　　4 800

（3）根据以上记账凭证登记账簿，即可更正错误。

6. 用补充登记法

（1）借：应付账款　　　　900

　　　贷：银行存款　　　　900

（2）根据以上记账凭证登记账簿，即可更正错误。

7. 用红字更正法

（1）借：其他应付款　　　　200

　　　贷：库存现金　　　　200

（2）借：其他应收款　　　　200

　　　贷：库存现金　　　　200

（3）根据以上记账凭证登记账簿，即可更正错误。

（十一）

1. 用红字更正法

（1）借：营业税金及附加　　　　5 000

　　　贷：银行存款　　　　5 000

（2）借：应交税费　　　　5 000

　　　贷：银行存款　　　　5 000

（3）根据以上记账凭证登记账簿，即可更正错误。

2. 用红字更正法

（1）借：生产成本　　　　9 000

　　　贷：原材料　　　　9 000

（2）根据以上记账凭证登记账簿，即可更正错误。

3. 用红字更正法

（1）借：管理费用　　　　2 000

　　　贷：银行存款　　　　2 000

（2）借：销售费用　　　　2 000

　　　贷：银行存款　　　　2 000

（3）根据以上记账凭证登记账簿，即可更正错误。

4. 用补充登记法

（1）借：银行存款　　　　450 000

　　　贷：短期借款　　　　450 000

（2）根据以上记账凭证登记账簿，即可更正错误。

5. 用划线更正法

在实收资本科目贷方所记金额 73 000 上划一条红线予以注销，然后将正确的数字 37 000用蓝字写在红线上方，并由记账员在更正处盖章。

第六章 账户分类

习 题

一、单项选择题

1. 账户分类的基础是按（　　）分类。

A. 用途　　B. 结构　　C. 形式　　D. 经济内容

2. 待摊费用是指（　　）。

A. 先支付，以后分期计入成本的费用　　B. 先计入成本，以后再支付的费用

C. 先预收，后计入成本的费用　　D. 先预付，后计入成本的费用

3. 预提费用是指（　　）。

A. 先支付，以后分期计入成本的费用　　B. 先计入成本，以后再支付的费用

C. 先预收，后计入成本的费用　　D. 先预付，后计入成本的费用

4. 账户按用途和结构分类，“库存现金”和“银行存款”属于（　　）。

A. 货币资金账户　　B. 费用账户　　C. 资产账户　　D. 盘存账户

5. 按反应的经济内容分类，制造费用属于（　　）账户。

A. 资产类　　B. 负债类　　C. 成本类　　D. 损益类

6. “累计折旧”账户按其经济内容分类，属于（　　）。

A. 资产类账户　　B. 负债类账户　　C. 费用类账户　　D. 备抵调整账户

7. “制造费用”账户按其用途和结构分类，属于（　　）。

A. 成本计算账户　　B. 集合分配账户　　C. 负债账户　　D. 成本费用账户

8. 下列属于集合分配账户的是（　　）。

A. 本年利润　　B. 生产成本　　C. 制造费用　　D. 待摊费用

9. 调整账户与被调整账户的余额方向相反时，该调整账户是（　　）。

A. 备抵账户　　B. 备抵附加账户　　C. 附加账户　　D. 盘存账户

10. 按会计要素分类，“本年利润”账户属于（　　）账户。

A. 资产类　　B. 负债类　　C. 所有者权益类　　D. 财务成果类

11. “固定资产”借方余额为100 000元，“累计折旧”贷方余额为6 000元，固定资产净值为（　　）元。

A. 100 000　　B. 94 000　　C. 100 200　　D. 6 000

12. “坏账准备”账户按用途和结构分类属于（　　）账户。

A. 集合分配　　B. 结算　　C. 调整　　D. 跨期摊提

13. “生产成本”账户按用途和结构分类属于（　　）账户。

A. 成本计算　　B. 集合分配　　C. 调整　　D. 结算

14. 属于债权结算账户的是（　　）。

A. 预付账款　　B. 预收账款　　C. 应付股利　　D. 应付账款

15. 属于财务成果账户的是（　　）。

A. 生产成本　　B. 利润分配　　C. 制造费用　　D. 本年利润

16. 下列属于资产类的账户是（　　）。

A. 预付账款　　B. 预收账款　　C. 利润分配　　D. 制造费用

17. 以下（　　）不是企业的负债类账户。

A. 预付账款　　B. 应付账款　　C. 其他应付款　　D. 递延所得税负债

18. 甲企业采用计划成本进行材料的核算，月初结存材料的计划成本为 80 万元，成本差异为超支 20 万元，当月购入材料一批，实际成本为 110 万元，计划成本为 120 元。当月的材料成本差异为（　　）。

A. 超支 15 万元　　B. 超支 10 万元　　C. 节约 10 万元　　D. 节约 15 万元

19. 按（　　）分类，会计账户一般分为五类：资产类、负债类、所有者权益类、成本类和损益类。

A. 核算对象　　B. 会计要素　　C. 经济内容　　D. 用途和结构

20. 以下（　　）属于负债类账户。

A. 累计折旧　　B. 预付账款　　C. 未确认融资费用　　D. 所得税费用

21. 反映（　　）的账户主要有“盈余公积”和“未分配利润”账户。

A. 利润分配　　B. 留存收益　　C. 利润实现　　D. 投入资本

22. 集合分配账户“制造费用”同时属于（　　）。

A. 基本账户　　B. 调整账户　　C. 成本账户　　D. 损益计算账户

23. 盘存账户是反映和监督各项（　　）和货币资金（包括库存有价证券）的增减变动及其结存情况的账户。

A. 股东权益　　B. 债权　　C. 债务　　D. 财产物资

24. “固定资产”账户是“累计折旧”账户的（　　）。

A. 被调整账户　　B. 附加调整账户

C. 备抵调整账户　　D. 备抵附加调整账户

25. 被调整账户余额的方向与备抵调整账户的余额方向（　　）。

A. 相同　　B. 相反　　C. 一致　　D. 无关

二、多项选择题

1. 为了更好地（　　），就需要对账户进行科学的分类。

A. 了解各个账户的特征　　B. 了解各组账户的共性

C. 明了账户之间的关系　　D. 掌握各类账户的使用方法

2. 账户可以按（　　）等不同的标志进行分类，以便从不同的角度分析账户的体系结构。

A. 会计要素　　B. 用途和结构　　C. 资产和权益　　D. 统驭与被统驭关系

3. 以下属于资产类的账户有（　　）。

A. 预收账款　　B. 银行存款　　C. 累计折旧　　D. 固定资产清理

4. 以下（　　）账户属于成本类账户。

A. 生产成本　　B. 主营业务成本　　C. 制造费用　　D. 研发支出

5. 所有者权益类账户主要包括（　　）。

A. 本年利润　　B. 利润分配　　C. 资本公积　　D. 未分配利润

6. 会计账户按经济内容可分为（　　）等。

A. 资产、负债和所有者权益　　B. 收入和费用

C. 收入、费用和利润　　D. 成本和损益

7. 反映投资者投入资本的账户主要有（　　）。

A. 实收资本　　B. 未分配利润　　C. 资本公积　　D. 盈余公积

8. 以下（　　）账户属于负债类账户。

A. 预付账款　　B. 预收账款　　C. 其他应付款　　D. 应交税费

9. 调整账户根据调整方式不同，可以分为（　　）。

A. 备抵调整账户　　B. 附加调整账户　　C. 备抵附加调整账户　　D. 结算账户

10. 以下（　　）账户属于资产备抵调整账户。

A. 存货跌价准备　　B. 累计折旧　　C. 利润分配　　D. 材料成本差异

11. 以下说法正确的是（　　）。

A. 调整账户与被调整账户反映的经济内容相同

B. 调整账户不能离开被调整账户而存在

C. 调整账户与被调整账户的余额在不同方向时相减，在相同方向时相加

D. 调整账户与被调整账户用途结构相同

12. “制造费用”账户属于（　　）。

A. 资产类账户　　B. 共同类账户　　C. 集合分配账户　　D. 成本类账户

13. 下列属于跨期摊提账户的是（　　）。

A. 预提费用　　B. 待摊费用　　C. 本年利润　　D. 生产成本

14. 属于债务结算账户的是（　　）。

A. 应付账款　　B. 应付股利　　C. 预收账款　　D. 应收账款

15. 账户按期末余额的分类，分为（　　）。

A. 实账户　　B. 虚账户　　C. 资产账户　　D. 费用账户

16. 下列属于备抵账户的是（　　）。

A. 坏账准备　　B. 本年利润　　C. 累计折旧　　D. 利润分配

17. 账户按用途和结构分类，属于盘存类账户的是（　　）。

A. 库存现金　　B. 银行存款　　C. 原材料　　D. 产成品

18. 账户按会计要素分类，属于成本类账户的是（　　）。

A. 生产成本　　B. 制造费用　　C. 管理费用　　D. 材料采购

19. 实账户是指期末结账后有余额的账户，包括（　　）类账户。

A. 资产类　　B. 负债类　　C. 所有者权益类　　D. 费用类

20. 下列属于虚账户的是（　　）。

A. 财务费用　　B. 管理费用　　C. 制造费用　　D. 预提费用

21. 对于负债类账户，以下说法正确的是（　　）。
   A. 借方登记增加额，贷方登记减少额
   B. 借方登记减少额，贷方登记增加额
   C. 期末贷方余额表示期末负债余额
   D. 借方本期发生额一定大于本期贷方发生额
   E. 贷方本期发生额一定大于借方本期发生额

三、判断题

1. 按用途和结构分类，“累计折旧”应属于附加调整账户。（　　）

2. “实收资本”账户和“盈余公积”账户按经济内容划分都属于所有者权益账户。（　　）

3. “累计折旧”账户是“固定资产”账户的备抵账户，其性质相同，账户结构也相同。（　　）

4. 所有盘存类账户通过设置明细分类账，都可以提供实物和价值两种指标。（　　）

5. 实账户是指期末结账后有余额的账户，会计期末计算出期末余额后转入下一个会计期间，作为下一个会计期间的期初余额。（　　）

6. 虚账户是指期末结账后没有余额的账户，包括收入类和费用类账户。（　　）

7. 为了满足管理上对某种特殊指标的需要，对某些会计要素的内容的增减变化和结余情况，需要用两个不同的账户来反映，即被调整账户和调整账户。（　　）

8. 跨期摊提账户核算和监督应由几个会计期间共同负担的费用，并将这些费用在各个会计期间进行分摊和预提的账户。（　　）

9. 备抵账户是用来抵减被调整账户余额的，所以它和其被调整账户的账户结构相反，余额方向相反。（　　）

10. “待摊费用”和“预提费用”两个账户的性质相同，两个账户在结构和用途上有相同之处。（　　）

11. “预提费用”账户按经济内容分类应属于资产类。（　　）

12. “待摊费用”和“预提费用”都属于跨期摊提类账户，所以两个账户的余额方向相同。（　　）

13. “制造费用”账户是成本计算类账户。（　　）

14. 备抵附加账户调整账户余额所在的方向与被调整账户余额的方向不一致时，是备抵调整账户，当余额所在的方向与被调整账户余额方向一致时，是附加调整账户，即备抵附加调整账户是同时可以起备抵和附加作用的账户。（　　）

15. 当备抵附加账户的余额与其被调整账户的余额方向相同时，即为附加账户。（　　）

16. 盘存类账户的期末余额都在贷方。（　　）

17. “利润分配”账户是“本年利润”账户的调整账户。（　　）

18. “管理费用”和“待摊费用”都属于损益类费用。（　　）

19. 附加账户与其被调整账户的性质相同，账户的结构相同，账户的余额方向相同。如果被调整账户的余额在借方（或贷方），则附加账户的余额也必定在借方（或贷方）。（　　）

20. 盘存类账户是任何企业单位都必须设置的基本账户。 ( )

21. 属于所有者权益的所有账户，它们的用途和结构都是相同的。 ( )

22. 盘存账户的余额总是在贷方。 ( )

23. 企业各月月末都有在产品的情况下，“生产成本”账户就其结构和用途划分，既是成本计算类账户，又是盘存类账户。 ( )

四、名词解释

1. 账户
2. 资产类账户
3. 负债类账户
4. 所有者权益类账户
5. 成本类账户
6. 损益类账户
7. 盘存账户
8. 结算账户
9. 资产结算类账户
10. 负债结算类账户
11. 资产负债结算类账户
12. 集合分配账户
13. 调整账户
14. 备抵账户
15. 附加账户
16. 备抵附加账户
17. 跨期摊提账户
18. 损益计算账户
19. 留存收益账户
20. 计价对比账户
21. 成本计算账户
22. 资本账户
23. 待处理账户

五、思考题

1. 账户分类的作用是什么?
2. 什么是账户按经济性质和经济内容分类？它可分为几类?
3. 账户按经济性质和经济内容分类的意义是什么?
4. 什么是账户按用途和结构分类?
5. 账户为什么要按用途和结构分类？可以分为几类?

6. 账户按用途和结构进行分类的意义是什么?
7. 结算账户可以分为几类?每一类的用途和结构如何?
8. 盘存账户的用途和结构有何特点?
9. 为什么要设置跨期摊提账户?
10. 调整账户分为几类?它们与被调整账户的关系如何?
11. 简述调整账户的结构和用途。
12. 为什么要设置集合分配账户?
13. 集合分配账户和成本计算账户有什么特点?设置的目的是什么?
14. 为什么要设置待处理账户?
15. 对比账户的用途是什么?

六、业务题

(一)

【资料】 有下列账户:

应收账款、应付账款、短期借款、制造费用、银行存款、应付票据、预付账款、待摊费用、本年利润、实收资本、财务费用、管理费用、库存现金、生产成本、预提费用、累计折旧、盈余公积、库存商品、利润分配、应交税费、固定资产、主营业务收入、主营业务成本、其他业务支出。

【要求】 将上述账户名称填入下表中。

	资产账户	负债账户	所有者权益账户	成本账户	损益账户
盘存账户					
结算账户					
跨期摊提账户					
资本账户					
留存收益账户					
调整账户					
集合分配账户					
成本计算账户					
损益计算账户					
对比账户					

(二)

【资料】 某工厂的财务状况如下所示:

1. 厂房 2 000 000 元;
2. 工厂车间当期发生的设备修理费 20 000 元;
3. 工厂储备的原材料 500 000 元;
4. 工厂仓库中的低值易耗品和包装物 200 000 元;

5. 工厂购买的生产用的煤炭 130 000 元；
6. 工厂和客户发生交易，金额为 80 000 元，对方尚未付款；
7. 工厂和供货方发生的交易金额为 150 000 元，工厂尚未付款；
8. 工厂收到投资者追加的货币资金投入 400 000 元；
9. 工厂当月实现的净利润为 300 000 元；
10. 工厂应当付给投资者的分红为 100 000 元；
11. 工厂的库存现金为 50 000 元；
12. 工厂存在开户银行的存款为 230 000 元；
13. 工厂物资采购人员预借的差旅费为 8 000 元；
14. 工厂提取的盈余公积为 30 000 元；
15. 工厂提取的固定资产折旧额为 130 000 元。

【要求】根据上述资料填写下表。

单位：万元

项目序号	科目名称	资产	负债	所有者权益	基本账户	调整账户	成本账户	损益类账户
1								
2								
3								
4								
5								
6								
7								
8								
9								
10								
11								
12								
13								
14								
15								

（三）

【资料】某工厂 200× 年 12 月末有关的会计核算资料汇总列示如下：

1. 各项财产物资（包括货币资金）的期末余额：

（1）库存原料及主要材料 75 000 元；

（2）库存辅助材料 5 000 元；

（3）库存燃料 3 000 元；

（4）库存完工产品 4 500 元；

（5）生产车间尚未完工的产品 1 500 元；

（6）厂房和机器设备等原始价值 150 000 元，厂房和机器设备等累计折旧 35 000 元；

（7）银行存款 27 700 元；

（8）库存现金 300 元。

2. 所有者权益的期末余额：

（1）实收资本 205 000 元；

（2）盈余公积 4 000 元。

3. 结算往来款项的期末余额：

（1）银行短期借款 13 000 元；

（2）欠供应单位货款 7 100 元；

（3）应收购买单位货款 2 000 元。

4. 跨期摊提费用的期末余额：

（1）已预付尚未分摊的费用 1 200 元；

（2）已经预提尚未支付的费用 1 100 元。

5. 财务成果的期末余额：

（1）累计实现利润 40 000 元；

（2）累计已分配的利润 35 000 元。

【要求】 指出上述资料的账户名称，并说明其按经济内容和结构用途的分类，然后试算平衡。

按经济内容分类

账户名称	按经济内容分类	期末余额试算平衡	
		借方	贷方

按用途结构分类

账户名称	按经济内容分类	期末余额试算平衡	
		借方	贷方

（四）

【资料】 下表是某公司的相关账户数据：

单位：元

账户名称	按用途和结构划分	期初余额	本期增加发生额	本期减少发生额	期末余额
原材料		(　　)	5 000	8 000	10 000
实收资本		202 000	50 000	(　　)	240 000
应收票据		50 000	(　　)	63 000	72 000
应交税费		37 000	45 000	230 000	(　　)
应收账款		(　　)	43 300	67 000	86 000
长期待摊费用		135 000	25 000	(　　)	112 000
累计折旧		230 000	89 000	120 000	(　　)
利润分配		(　　)	13 000	430 000	540 000
材料成本差异		45 100	(　　)	23 700	39 700
制造费用			145 000	(　　)	0
材料采购		(　　)	65 300	25 900	89 000
主营业务收入			(　　)	1 080 000	0
所得税费用			780 000	(　　)	0
本年利润		340 000	498 000	(　　)	561 000

【要求】计算所提供的账户有关数据，并填写上表。

(五)

【资料】某企业 200×年 5 月 1 日“银行存款”账户的期初余额为 50 000 元，5 月份发生的存款收支业务如下：

1. 2 日以银行存款支付购买材料的款项 20 000 元；
2. 5 日收回销售产品的货款 40 000 元；
3. 8 日从银行提取现金 1 000 元；
4. 10 日收到投资者投入的现金出资额 100 000 元，存入银行；
5. 20 日开出转账支票一张，票面金额为 150 000 元，用于购买一台设备。

【要求】开设“银行存款”的 T 型账户，将上述经济业务登入该 T 型账户中，并计算出 5 月份“银行存款”账户的本期借方、贷方发生额以及 5 月底的月末余额。

(六)

【资料】某企业 200×年 5 月底“短期借款”账户的余额为 50 000 元，6 月份发生的与该账户有关的经济业务如下：

1. 3 日以银行存款 10 000 元，偿还到期的短期借款；
2. 8 日向银行借入 6 个月的借款 30 000 元，购买材料；

3. 12 日向银行借入 6 个月的借款 40 000 元，用于购买材料；

4. 13 日以销售货物得到的款项 70 000 元归还已经到期的短期借款。

【要求】开设“短期借款”的 T 型账户，将上述经济业务登记入该账户中，并计算出 6 月份“短期借款”账户的本期借方、贷方发生额以及 6 月份的月末余额。

（七）

【资料】某企业 200×年 12 月底的部分账户资料如下表所示：

单位：元

账户名称	期初余额	本期借方发生额	本期贷方发生额	期末余额
库存现金	4 000	2 000		4 750
银行存款	75 000	50 000	91 000	
应收账款		52 300	43 000	17 000
短期借款	50 000		25 000	45 000
实收资本	150 0000		0	150 000
固定资产	67 000	5 400		56 500
原材料		6 450	8 670	7 410
应付账款	2 000		1 500	2 100
盈余公积		35 000	50 000	89 000
预收账款	3 500	5 000	4 000	
生产成本		20 000	23 000	4 550

【要求】根据各类账户的结构，计算并填写上述表格。

（八）

【资料】某企业 200×年 12 月底的部分账户资料如下表所示：

单位：元

账户名称	期初余额	本期借方发生额	本期贷方发生额	期末余额
银行存款		5 370	3 745	2 600
库存现金	580	450		550
实收资本	5 000		2 000	7 000
应付账款	1 560		740	1 340
短期借款	5 000	3 000		4 000
原材料	1 870	1 600		560
应收账款	1 600		1 500	1 400
固定资产	1 000	1 250	750	
盈余公积	94 000	8 000	12 000	

【要求】根据各类账户的结构，计算并填写上述表格。

（九）

【资料】下面有资产、负债及所有者权益两类账户的基本格式和业务变化类型的四条箭头线。

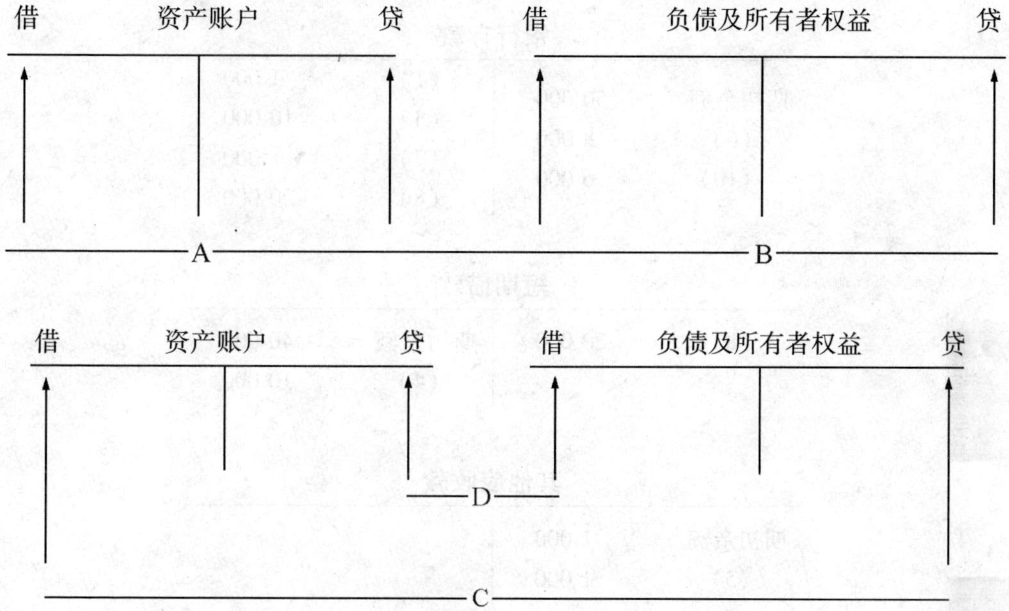

【要求】1. 按 ABCD 四条箭头线说明它们代表的经济业务变化的类型。

2. 试列举四笔经济业务分别代表 ABCD 四条箭头线。

（十）

【资料】某企业 200×年 7 月份部分账户登记情况如下所示：

库存现金

期初余额	2 000	（5）	1 000
（1）	1 000		

原材料

期初余额	10 000	（9）	2 000
（2）	5 000		
（7）	1 000		

应收账款

期初余额	8 000		
（10）	4 000	（6）	8 000

固定资产

借方		贷方	
期初余额	30 000		
(3)	10 000		

银行存款

借方		贷方	
		(1)	1 000
期初余额	50 000	(3)	10 000
(6)	8 000	(7)	1 000
(10)	6 000	(8)	20 000

短期借款

借方		贷方	
(8)	20 000	期初余额	40 000
		(4)	10 000

其他应收款

借方		贷方	
期初余额	1 000		
(5)	1 000		

应付账款

借方		贷方	
(4)	10 000	期初余额	5 000
		(2)	5 000

生产成本

借方		贷方	
(9)	2 000		

主营业务收入

借方		贷方	
		(10)	10 000

【要求】 根据账户的对应关系，用文字叙述以上账户中登记的经济业务的内容，并写出会计分录。

答 案

一、单项选择题

1. D 2. A 3. B 4. D 5. C 6. A 7. B 8. C 9. A 10. C 11. B
12. C 13. A 14. A 15. D 16. A 17. A 18. B 19. C 20. C 21. B 22. C
23. D 24. A 25. B

二、多项选择题

1. ABCD 2. ABD 3. BCD 4. ACD 5. ABC 6. AB 7. AC 8. BCD
9. ABC 10. AB 11. ABC 12. CD 13. AB 14. ABC 15. AB 16. ACD
17. ABCD 18. ABD 19. ABC 20. ABC 21. BC

三、判断题

1. × 2. √ 3. × 4. × 5. √ 6. √ 7. √ 8. √ 9. √ 10. √
11. × 12. × 13. × 14. × 15. √ 16. × 17. √ 18. × 19. √ 20. √
21. × 22. × 23. √

四、名词解释

1. 账户：核算经济业务增减变化情况及其结果的一种手段和方式。
2. 资产类账户：反映企业资产增减变动及其实有数额的账户。
3. 负债类账户：反映企业负债增减变动及其实有数额的账户。
4. 所有者权益类账户：反映企业所有者权益增减变动及其实有数额的账户。
5. 成本类账户：企业在生产经营过程中所发生的各种对象耗费情况及成本计算的账户。
6. 损益类账户：反映企业损益增减变动情况的账户。
7. 盘存账户：用来核算实物资产和货币资产增减变动及结存情况的账户。
8. 结算账户：用来核算企业与其他单位、个人及国家之间发生的应收、应付款项的账户。
9. 资产结算类账户：用来核算企业各种应收款项的增减变动及其期末实有数额的账户。
10. 负债结算类账户：用来核算企业应付款项的增减变动及其实有数额的账户。
11. 资产负债结算类账户：用来核算企业与其他单位或个人之间所发生的往来结算款项的账户。
12. 集合分配账户：用来归集和分配企业生产经营过程中某个阶段所发生的各种费用的账户。
13. 调整账户：用来调整其他相关账户数字而设置的账户。
14. 备抵账户：用来抵减被调整账户数字，以求得被调整账户实际数额的账户。
15. 附加账户：用来增加被调整账户余额，以求得被调整账户实际余额的账户。
16. 备抵附加账户：既可以用来抵减，又可用来增加被调整账户的账面余额，以求得被调整账户的实际余额的账户。

17. 跨期摊提账户：用来核算企业应在若干个会计期间内按一定标准预提或摊配某项费用的账户。
18. 损益计算账户：用来核算企业本期经营活动过程中发生的各种能直接影响本期利润的有关收益、费用和损失的账户。
19. 留存收益账户：用来核算企业经营活动形成的所有者权益，即经营净收益的积累账户。
20. 计价对比账户：采用两种不同的计价标准进行核算对比，以确定企业在一定时期内某项经营成果的账户。
21. 成本计算账户：用来收集生产经营过程中某一阶段所发生的全部费用，并确定各个成本计算对象实际成本的账户。
22. 资本账户：企业用来核算取得资本及资本公积的增减变动及其实有数额的账户。
23. 待处理账户：用来核算尚未查明原因或尚未有处理方案的盘盈、盘亏资产以及有争议的结算款项的账户。

五、思考题

答案略。

六、业务题

（一）

	资产账户	负债账户	所有者权益账户	成本账户	损益账户
盘存账户	银行存款 库存现金 库存商品 固定资产				
结算账户	应收账款 预付账款	应付账款 短期借款 应付票据 应交税费			
跨期摊提账户	待摊费用	预提费用			
资本账户			实收资本		
留存收益账户			盈余公积 利润分配		
调整账户	累计折旧				
集合分配账户				制造费用	
成本计算账户				生产成本	
损益计算账户					财务费用 管理费用 主营业务收入 其他业务收入 主营业务成本
对比账户			本年利润		

(二)

单位：万元

项目序号	科目名称	资产	负债	所有者权益	基本账户	调整账户	成本账户	损益类账户
1	固定资产	200			√			
2	制造费用	2					√	
3	原材料	50			√			
4	周转材料	20			√			
5	原材料	13			√			
6	应收账款	8			√			
7	应付账款		15		√			
8	实收资本			40				√
9	本年利润			30				√
10	利润分配			10				√
11	库存现金	5			√			
12	银行存款	23			√			
13	其他应收款	0. 8			√			
14	盈余公积			3	√			
15	累计折旧	13			√			

(三)

1. (1)(2)(3) 原材料
   (4) 库存商品
   (5) 生产成本
   (6) 固定资产，累计折旧
   (7) 银行存款
   (8) 库存现金
2. (1) 实收资本
   (2) 盈余公积
3. (1) 短期借款
   (2) 应付账款
   (3) 应收账款
4. (1) 待摊费用
   (2) 预提费用
5. (1) 本年利润
   (2) 利润分配

按经济内容分类

账户名称	按经济内容分类	期末余额试算平衡	
		借方	贷方
库存现金 银行存款 原材料 待摊费用 生产成本 应收账款 库存商品	流动资产	300 27 700 83 000 1 200 1 500 2 000 4 500	
固定资产 累计折旧	非流动资产	150 000	 35 000
短期借款 应付账款 预提费用	流动负债	13 000 7 100 1 100	
本年利润 实收资本 盈余公积 利润分配	所有者权益	 35 000	40 000 205 000 4 000
合　计		305 200	305 200

按用途结构分类

账户名称	按经济内容分类	期末余额试算平衡	
		借方	贷方
库存现金 银行存款 原材料 生产成本 库存商品 固定资产	盘存账户	300 27 700 83 000 1 500 4 500 150 000	
应收账款 应付账款 短期借款	结算账户	2 000	 7 100 13 000

续表

账户名称	按经济内容分类	期末余额试算平衡	
		借方	贷方
待摊费用 预提费用	跨期摊提账户	1 200	 1 100
累计折旧	调整账户		35 000
实收资本	资本账户		205 000
盈余公积 利润分配	留存收益账户	 35 000	4 000
本年利润	对比账户		40 000
合　计		305 200	305 200

（四）

单位：元

账户名称	按用途和结构划分	期初余额	本期增加发生额	本期减少发生额	期末余额
原材料	盘存账户	（13 000）	5 000	8 000	10 000
实收资本	资本账户	202 000	50 000	（12 000）	240 000
应收票据	结算账户	50 000	（85 000）	63 000	72 000
应交税费	结算账户	37 000	45 000	230 000	（148 000）
应收账款	结算账户	（109 700）	43 300	67 000	86 000
长期待摊费用	跨期摊提账户	135 000	25 000	（48 000）	112000
累计折旧	调整账户	230 000	89 000	120 000	（199 000）
利润分配	调整账户	（957 000）	13 000	430 000	540 000
材料成本差异	调整账户	45 100	（18 300）	23 700	39 700
制造费用	集合分配账户		145 000	（145 000）	0
材料采购	成本计算账户	（49 600）	65 300	25 900	89 000
主营业务收入	损益计算账户		（1 080 000）	1 080 000	0
所得税费用	损益计算账户		780 000	（780 000）	0
本年利润	计价对比账户	340 000	498 000	（277 000）	561 000

（五）

银行存款

借方		贷方	
期初余额	50 000		
（2）	40 000	（1）	20 000
（4）	100 000	（3）	1 000
		（5）	150 000
本期发生额	140 000	本期发生额	171 000
期末余额	19 000		

（六）

短期借款

借方		贷方	
		期初余额	50 000
（1）	10 000	（2）	30 000
（4）	70 000	（3）	40 000
本期发生额	80 000	本期发生额	70 000
		期末余额	40 000

（七）

某企业200×年末各账户资料

单位：元

账户名称	期初余额	本期借方发生额	本期贷方发生额	期末余额
库存现金	4 000	2 000	1 250	4 750
银行存款	75 000	50 000	91 000	34 000
应收账款	7 700	52 300	43 000	17 000
短期借款	50 000	30 000	25 000	45 000
实收资本	150 000	0	0	150 000
固定资产	67 000	5 400	15 900	56 500
原材料	9 630	6 450	8 670	7 410
应付账款	2 000	1 400	1 500	2 100
盈余公积	74 000	35 000	50 000	89 000
预收账款	3 500	4 500	5 000	4 000
生产成本	7 550	20 000	23 000	4 550

（八）

某企业200×年末各账户资料

单位：元

账户名称	期初余额	本期借方发生额	本期贷方发生额	期末余额
银行存款	975	5 370	3 745	2 600
库存现金	580	450	480	550
实收资本	5 000	0	2 000	7 000
应付账款	1 560	960	740	1 340
短期借款	5 000	3 000	2 000	4 000
原材料	1 870	1 600	2 910	560
应收账款	1 600	1 300	1 500	1 400
固定资产	1 000	1 250	750	1 500
盈余公积	94 000	8 000	12 000	98 000

（九）

1. A线：一项资产增加，另一项资产等额减少；
   B线：一项负债及所有者权益增加，另一项负债及所有者权益等额减少；
   C线：一项资产与一项负债及所有者权益同时等额增加；
   D线：一项资产与一项负债及所有者权益同时等额减少。
2. A线：从银行提取现金；
   B线：盈余公积转增资本；
   C线：从银行借入短期借款；
   D线：用银行存款归还短期借款。

（十）

1. 各笔经济业务内容可叙述如下：
   （1）从银行提取现金1 000元；
   （2）购买原材料5 000元，款项未付；
   （3）购买固定资产10 000元，用银行存款付讫；
   （4）向银行借入短期借款10 000元，直接用于支付前欠货款；
   （5）某采购员出差，预借差旅费1 000元，用库存现金支付；
   （6）收回应收账款8 000元，存入银行；
   （7）购入原材料1 000元，开出1 000元的转账支票一张；
   （8）用银行存款归还20 000元的短期借款；

（9）领用原材料 2 000 元，投入生产；

（10）销售产品一批，售价 10 000 元，其中 6 000 元收到现款，存入银行，另外 4 000元对方暂欠。

2. 会计分录如下：

（1）借：库存现金	1 000	
贷：银行存款		1 000
（2）借：原材料	5 000	
贷：应付账款		5 000
（3）借：固定资产	10 000	
贷：银行存款		10 000
（4）借：应付账款	10 000	
贷：短期借款		10 000
（5）借：其他应收款	1 000	
贷：库存现金		1 000
（6）借：银行存款	8 000	
贷：应收账款		8 000
（7）借：原材料	1 000	
贷：银行存款		1 000
（8）借：短期借款	20 000	
贷：银行存款		20 000
（9）借：生产成本	2 000	
贷：原材料		2 000
（10）借：银行存款	6 000	
应收账款	4 000	
贷：主营业务收入		10 000

第七章　账务处理程序

习　题

一、单项选择题

1. 区别不同账务处理程序的依据主要是（　　）。

A. 登记总分类账的依据和方法不同　　B. 登记分类账的依据和方法不同

C. 登记日记账的依据和方法不同　　D. 编制会计报表的依据和方法不同

2. 最基本的账务处理程序是（　　）。

A. 记账凭证账务处理凭证　　B. 科目汇总表账务处理程序

C. 汇总记账凭证账务处理程序　　D. 日记总账账务处理程序

3. （　　）账务处理程序适用于规模较小、业务量不多的单位。

A. 记账凭证　　B. 汇总记账凭证　　C. 科目汇总表　　D. 多栏式日记账

4. 记账凭证账务处理程序的最大特点就是直接根据（　　）逐笔登记总分类账及明细分类账。

A. 原始凭证　　B. 记账凭证　　C. 汇总记账凭证　D. 汇总原始记账凭证

5. 汇总记账凭证账务处理程序是根据（　　）登记总分类账。

A. 原始凭证　　B. 记账凭证　　C. 汇总记账凭证　　D. 日记账

6. 汇总收款凭证是按（　　）设置的。

A. 收款凭证上的借方科目　　B. 收款凭证上的贷方科目

C. 付款凭证上的借方科目　　D. 付款凭证上的贷方科目

7. 汇总付款凭证是按（　　）设置的。

A. 收款凭证上的借方科目　　B. 收款凭证上的贷方科目

C. 付款凭证上的借方科目　　D. 付款凭证上的贷方科目

8. 记账凭证账务处理程序的缺点是（　　）。

A. 登记总账的工作量大　　B. 不便于会计核算的日常分工

C. 简化了登记总账的工作量　　D. 能反映经济业务的发生和完成情况

9. 科目汇总表账务处理程序又称为（　　）。

A. 记账凭证账务处理程序　　B. 记账凭证汇总表账务处理程序

C. 汇总记账凭证账务处理程序　　D. 日记总账账务处理程序

10. 定期将记账凭证按账户对应关系汇总，编制汇总记账凭证，再根据汇总记账凭证登记总分类账的账务处理程序是（　　）。

A. 记账凭证账务处理程序　　B. 科目汇总表账务处理程序

C. 汇总记账凭证账务处理程序　　D. 日记总账账务处理程序

11. 科目汇总表账务处理程序的优点和汇总记账凭证账务处理程序的优点大致相同，即减轻了会计人员的工作量，且兼具（　　）的作用，大大减少了登账出错的概率。

A. 对账　　B. 汇总

C. 试算平衡　　D. 反映账户之间的对应关系

12. 科目汇总表账务处理程序的缺点是（　　）。

A. 不便于分工记账　　B. 不能反映账户之间的对应关系

C. 不能起到试算平衡的作用　　D. 单位一般不采用此种账务处理程序

13. 将日记账和总分类账结合设置一本联合账簿，称为（　　）。

A. 总账日记账　　B. 科目汇总表　　C. 汇总账簿　　D. 日记总账

14. 日记总账账务处理程序的优点是（　　）。

A. 便于分工　　B. 科目对应关系清晰　　C. 简单易行　　D. 便于查阅

15. 科目汇总表和汇总记账凭证的共同优点是（　　）。

A. 简化总分类账的等级工作　　B. 进行发生额试算平衡

C. 保持科目之间的对应关系　　D. 总括反映同类经济业务

16. 多栏式日记账账务处理程序适用于（　　）的单位。

A. 会计科目不多　　B. 规模较大，业务较多

C. 规模较小，业务较少　　D. 规模较大，业务较少

17. 设计账务处理程序是（　　）的一项重要内容。

A. 会计凭证设计　　B. 会计账簿设计　　C. 会计制度设计　　D. 会计报表设计

18. 汇总记账凭证账务处理程序适用于（　　）的单位。

A. 规模较小，业务较少　　B. 规模较大，业务较多

C. 会计科目不多　　D. 行政、事业

19. 科目汇总表账务处理程序适用于（　　）。

A. 规模较小，业务较少的单位　　B. 规模较小，业务较多的单位

C. 规模较大，业务较多的单位　　D. 规模较大，业务较少的单位

20. 在科目汇总表账务处理程序下，要求所有的记账凭证中的科目对应关系是（　　）。

A. 一个借方科目与一个贷方科目　　B. 一个借方科目与几个贷方科目

C. 几个借方科目和一个贷方科目　　D. 几个借方科目与几个贷方科目

21.（　　）账务处理程序将所有会计科目汇总在一张账页上。

A. 记账凭证　　B. 科目汇总表　　C. 日记总账　　D. 汇总记账凭证

22. 汇总转账凭证是按照记账凭证中每一个会计分录的（　　）分别设置的。

A. 借方科目　　B. 贷方科目　　C. 库存现金科目　　D. 银行存款科目

二、多项选择题

1. 账务处理程序是指（　　）相结合的技术组织程序。

A. 会计要素　　B. 会计凭证　　C. 会计账簿　　D. 财务报告

2. 各种账务处理程序的相同之处在于（　　）。

A. 根据原始凭证或原始凭证汇总表填制记账凭证

B. 根据原始凭证、原始凭证汇总表和记账凭证登记各种明细分类账

C. 根据总分类账和明细分类账的记录编制会计报表

D. 根据汇总记账凭证登记总分类账和明细分类账

3. 实际工作中，常见的账务处理程序主要有（　　）。

A. 记账凭证账务处理程序　　B. 汇总记账凭证账务处理程序

C. 科目汇总表账务处理程序　　D. 多栏式日记账账务处理程序

4. 登记总分类账的依据可以是（　　）。

A. 记账凭证　B. 汇总记账凭证　C. 科目汇总表　D. 多栏式日记账

5. 账务处理程序的作用是（　　）。

A. 保障会计核算和监督职能的发挥　　B. 有利于会计工作程序的规范化

C. 简化会计核算的环节和手续　　D. 有助于企业建立完善的内控系统

6. 在汇总记账凭证账务处理程序下，应设置（　　）。

A. 汇总付款凭证　B. 汇总收款凭证　C. 汇总转账凭证　D. 汇总原始凭证

7. 采用汇总记账凭证账务处理程序，登记总账的依据是（　　）。

A. 汇总收款凭证　B. 汇总付款凭证　C. 汇总转账凭证　D. 汇总原始凭证

8. 汇总记账凭证账务处理程序适用于（　　）。

A. 生产经营规模较大　B. 经济业务量较多　C. 生产规模较少　D. 经济业务量较大

9. 以下属于汇总记账凭证账务处理程序缺点的是（　　）。

A. 增加了会计工作人员的期间工作量

B. 增加了会计工作人员的期末工作量

C. 将会加大对存在较多转账凭证的企业的工作量

D. 不如直接通过记账凭证登记总账清晰明了

10. 汇总记账凭证是按照记账凭证进行的汇总，故也根据记账凭证的种类分别对应设置（　　）。

A. 汇总收款凭证　B. 汇总付款凭证　C. 汇总转账凭证　D. 汇总原始凭证

11. 汇总付款凭证是根据（　　）汇总填列的。

A. 库存现金付款凭证　　B. 库存现金收款凭证

C. 银行存款收款凭证　　D. 银行存款付款凭证

12. 汇总收款凭证是根据（　　）汇总填列的。

A. 库存现金付款凭证　　B. 库存现金收款凭证

C. 银行存款收款凭证　　D. 银行存款付款凭证

13. 适用于经济业务量较大的企业的账务处理程序是（　　）。

A. 记账凭证账务处理程序　　B. 汇总记账凭证账务处理程序

C. 科目汇总表账务处理程序　　D. 多栏式日记账账务处理程序

14. 在科目汇总表账务处理程序中，记账凭证中所记载的科目对应关系不能为（　　）。

A. 一借一贷　B. 一借多贷　C. 一贷多借　D. 多借多贷

15. 科目汇总表账务处理程序的优点是（　　）。
A. 能反映各个账户之间的对应关系　　B. 可以减少登记总账的工作量
C. 能起到试算平衡的作用　　D. 编制简单，使用方便

16. 科目汇总表的作用有（　　）。
A. 减少总账的记账工作　　B. 进行登记总账前的试算平衡
C. 反映账户的对应关系　　D. 汇总有关账户的本期借贷发生额

17. 多栏式日记账账务处理程序的特点是根据（　　）逐日登记多栏式现金日记账和银行存款日记账，然后根据它们登记总账。
A. 记账凭证　　B. 收款凭证　　C. 付款凭证　　D. 原始凭证

18. 科目汇总表各单位可根据实际情况的需要，（　　）编制一次。
A. 每3日　　B. 每5日　　C. 每旬　　D. 每月

19. 必须采用收款凭证、付款凭证和转账凭证的会计核算程序有（　　）。
A. 记账凭证核算程序　　B. 汇总记账凭证核算程序
C. 科目汇总表核算程序　　D. 多栏式日记账核算程序

20. 会计循环的主要环节有（　　）。
A. 编制会计分录　　B. 登记账簿　　C. 账项调整　　D. 编制会计报表

三、判断题

1. 最基本的会计核算组织程序是日记总账组织程序。（　　）

2. 记账凭证账务处理程序适用于规模较小、业务较多的单位。（　　）

3. 由于各企业的业务性质、规模大小、业务繁简程度各有不同，所以它们采用的账务处理程序也就有所不同。（　　）

4. 同一个企业可以同时采用几种不同的账务处理程序。（　　）

5. 科目汇总表核算程序的主要缺点是不能反映账户的对应关系。（　　）

6. 各种账务处理程序的根本区别在于总分类账的登记依据与登记方法的不同。（　　）

7. 各种账务处理程序的相同之处在于其基本模式不变。（　　）

8. 科目汇总表核算组织程序下登记总分类账的根据是科目汇总表。（　　）

9. 汇总记账凭证账务处理程序的优点在于及时了解资金运动情况。（　　）

10. 汇总转账凭证是按照记账凭证中每一个会计分录的借方科目分别设置，定期汇总填列的。（　　）

11. 科目汇总表账务处理程序和汇总记账凭证账务处理程序的主要相同点在于汇总凭证的格式相同。（　　）

12. 记账凭证账务处理程序的特点是直接根据各种记账凭证逐笔登记总分类账簿。（　　）

13. 汇总收款凭证是按库存现金、银行存款科目的贷方分别设置定期汇总填列的。（　　）

14. 汇总记账凭证账务处理程序的优点是清晰地反映了应借应贷的账户对应关系，便

于账目的查找和核对。 ( )

15. 汇总记账凭证账务处理程序的主要优点在于保持科目之间的对应关系。 ( )
16. 科目汇总表账务处理程序的优点在于及时了解资金运动情况。 ( )
17. 多栏式日记账账务处理程序可以简化总分类账的核算过程。 ( )
18. 记账凭证账务处理程序是会计核算中最基本的一种账务处理程序。 ( )
19. 编制汇总记账凭证是汇总记账凭证账务处理程序的核心。 ( )
20. 实务中企业采用的大多是科目汇总表账务处理程序。 ( )
21. 账务处理程序不同，编制会计报表的依据也不同。 ( )

四、名词解释

1. 账务处理程序
2. 记账凭证账务处理程序
3. 汇总记账凭证账务处理程序
4. 汇总收款凭证
5. 汇总付款凭证
6. 汇总转账凭证
7. 科目汇总表
8. 科目汇总表账务处理程序
9. 多栏式日记账账务处理程序
10. 日记总账账务处理程序

五、思考题

1. 什么是账务处理程序？账务处理程序有何主要作用？
2. 怎样理解账务处理程序并非是简单的账簿事务处理，而是一个过程？
3. 我国目前常用的有哪几种账务处理程序？
4. 建立合理的账务处理程序有什么意义？有哪些一般要求？
5. 记账凭证账务处理程序的处理流程包括哪些步骤？
6. 记账凭证账务处理程序的优缺点是什么？适用范围是什么？
7. 什么是科目汇总表账务处理程序？它包括哪些步骤？
8. 科目汇总表账务处理程序的优缺点和适用范围是什么？
9. 什么是汇总记账凭证账务处理程序？如何编制汇总收款凭证、汇总付款凭证和汇总转账凭证？
10. 汇总记账凭证账务处理程序的优缺点和适用范围是什么？
11. 什么是日记总账账务处理程序？其优缺点和适用范围是什么？
12. 什么是多栏式日记账账务处理程序？其优缺点和适用范围是什么？
13. 采用汇总记账凭证账务处理程序，如何设置和汇总各种汇总记账凭证？

六、业务题

（一）

【资料】某企业采购人员在外地采购企业生产用的半成品，取得半成品并进行账务处理时发生以下环节的技术处理程序：

1. 取得售货方开具的增值税专用发票，运输企业开具的运输发票作为外来原始凭证，付给工人搬运、装卸的人工费可自制付款凭证单作为自制原始凭证；
2. 将库存商品明细分类账与库存商品总账相核对，将库存现金或银行存款日记账与库存现金及银行存款总账相核对；
3. 根据核对无误的总账记录填制会计报表；
4. 付款凭证如果审核无误，则应首先登记库存现金或银行存款日记账，作为序时记录，而后再按经济业务所涉及的会计账户，与审核后的转账凭证一起平行登记库存商品明细分类账、库存商品总账、库存现金或银行存款总账等；
5. 根据增值税专用发票、运输发票、自制付款单作出相关会计科目的会计分录，编制付款凭证或转账凭证。

【要求】请按账务处理程序的一般模式对上述环节排序。

（二）

【资料】如下：

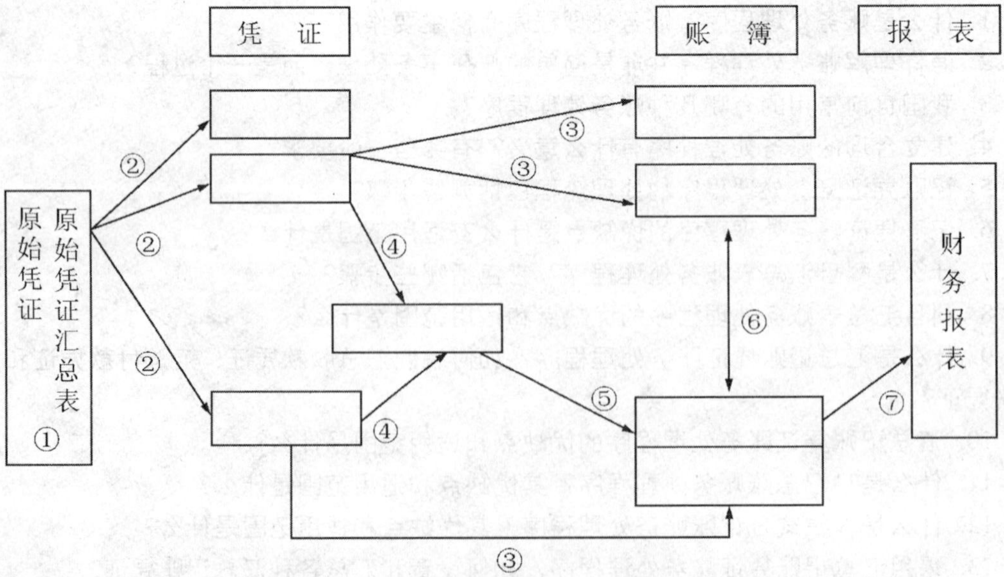

【要求】根据科目汇总表账务处理程序填写以上表格中的空缺内容。

(三)

【资料】1. 某公司200×年3月1日有关的总账账户余额如下:

单位:元

账户名称	借方金额	贷方金额
库存现金	1 000	
银行存款	45 000	
应收账款	18 400	
原材料	25 000	
生产成本	32 000	
库存商品	10 000	
待摊费用	600	
固定资产	100 000	
累计折旧		3 000
短期借款		80 000
应付账款		27 000
应付利息		2 000
实收资本		120 000
合　计	232 000	232 000

2. 200×年3月份发生下列经济业务:

(1) 3日向银行提取现金2 000元备用;

(2) 7日外单位投入设备一台,账面价值为50 000元,九成新;

(3) 11日购进材料17 000元,款项尚未支付,另付现金200元支付运费;

(4) 16日生产车间领用材料20 000元,用于产品的生产;

(5) 21日收到银行结息通知单,本季度银行借款利息3 200元,已预提2 000元;

(6) 24日提取本月职工工资22 000元,其中,生产工人工资15 000元,行政管理人员工资7 000元;

(7) 25日签发转账支票1 000元,支付销售人员工资;

(8) 26日结转完工验收入库产品成本40 000元;

(9) 27日销售产品66 000元,收到现金50 000元,已存入银行存款户,余款尚未收到;

(10) 31日摊销原已支付应由本月负担的财产保险费600元;

(11) 31日结转已销售产品成本38 000元;

(12) 31日提取应缴纳的营业税3 300元;

（13）31 日将收入、费用类账户余额结转到“本年利润”账户；

（14）31 日按利润总额的 33% 提取所得税，并接转到“本年利润”账户；

（15）31 日将净利润结转到“利润分配——未分配利润”账户。

【要求】1. 根据上述经济业务编制记账凭证。

2. 根据记账凭证登记现金日记账和银行存款日记账。

3. 根据记账凭证登记总分类账。

4. 根据总分类账编制“总分类账本期发生额及余额试算平衡表”。

（四）

【资料】某公司 200×年 1 月 1 日有关账户的期初余额为：库存现金 1 000 元，银行存款 50 000 元，原材料 12 000 元，生产成本 16 000 元。1 月份发生的经济业务如下：

1. 2 日外单位投入现金 100 000 元，已存入银行存款户；
2. 3 日向银行提取现金 3 000 元备用；
3. 5 日向 LM 厂购进甲材料 56 000 元，款项尚未支付，以现金 200 元支付购买材料的运费；
4. 7 日生产车间领用原材料甲材料 50 000 元，用于 A 产品的生产；
5. 8 日职工王丽暂借差旅费 1 000 元；
6. 9 日用银行存款支付本季度财产保险费 1 800 元；
7. 15 日职工王丽报销差旅费 1 200 元，原预借 1 000 元，另付给王丽 200 元现金；
8. 20 日购进一台设备，价值 20 000 元，用银行存款支付；
9. 22 日销售 A 产品 98 000 元给 BL 公司，款项尚未收到；
10. 23 日以银行存款 2 000 元支付销售产品的广告费；
11. 25 日提取本月工资费用 35 000 元，其中，生产 A 产品的工人工资为 25 000元，行政管理人员的工资为 10 000 元；
12. 26 日结转完工验收入库产成品的生产成本 60 000 元；
13. 31 日预提应由本月负担的银行借款利息费用 2 000 元；
14. 31 日摊销应由本月负担的财产保险费 600 元；
15. 31 日结转本月 A 产品销售成本 50 000 元；
16. 31 日结转本月应交纳的营业税金及附加 3 900 元；
17. 31 日结转损益类账户余额；
18. 31 日按利润总额的 33% 提取所得税费用 9 339 元；
19. 31 日结转所得税账户余额；
20. 31 日将“本年利润”账户余额结转到“利润分配——未分配利润”账户。

【要求】1. 根据上述经济业务编制记账凭证。

2. 根据记账凭证登记现金日记账和银行存款日记账。

3. 根据记账凭证编制科目汇总表。

4. 根据科目汇总表登记库存现金、银行存款、原材料及生产成本总分类账。

（五）

【资料】某工厂 200×年 7 月 1 日各有关账户的余额如下表所示：

单位：元

账户名称	借方金额	贷方金额
库存现金	300	
银行存款	85 700	
应收账款	25 000	
原材料	80 000	
生产成本	20 000	
库存商品	19 000	
固定资产	240 000	
累计折旧		45 000
短期借款		40 000
应付账款		20 000
应付职工薪酬		50 000
应付福利费		5 000
本年利润		10 000
实收资本		300 000
合 计	470 000	470 000

该工厂 200×年 7 月 1 日有关明细分类账户的余额如下：

原材料：甲材料 200 吨，单价 300 元，金额 60 000 元；

乙材料 1 000 千克，单价 20 元，金额 20 000 元。

应付账款：红星工厂 18 000 元，东风工厂 2 000 元。

生产成本：直接材料 10 000 元，直接人工 6 000 元，制造费用 4 000 元。

该工厂 7 月份又发生如下的经济业务：

1. 1 日收回八一厂前欠的货款 22 000 元，存入银行；
2. 3 日以银行存款 40 000 元归还银行短期借款；
3. 5 日基本生产车间加工 A 产品领用甲材料 50 吨，计 15 000 元；
4. 6 日以银行存款 50 000 元发放职工工资；
5. 10 日长城公司投资转入全新机器一台，价值 28 000 元；
6. 10 日出售 A 产品 300 件给八一厂，单价 200 元，货款收到存入银行；
7. 12 日向东风厂购进甲材料 100 吨，单价 300 元，计 30 000 元，货款尚未支付，材料已验收入库；

8. 12 日购买办公用品 2 000 元，其中，车间领用 880 元，行政管理部门领用 1 120元；
9. 15 日以银行存款归还前欠红星工厂货款 15 000 元；
10. 15 日出售 A 产品 200 件给八一厂，售价 40 000 元，货款未收到；
11. 16 日车间生产 A 产品领用甲材料 100 吨，计 30 000 元，乙材料 200 千克，计 4 000 元；
12. 18 日向银行借入短期借款 20 000 元，存入银行；
13. 20 日向红星工厂购进乙材料 1 500 千克，单价 20 元，计 30 000 元，货款未支付，材料已验收入库；
14. 22 日以银行存款归还前欠东风工厂货款 12 000 元；
15. 25 日长城公司投入货币资金 30 000 元，存入银行；
16. 28 日以银行存款归还前欠红星工厂的货款 30 000 元；
17. 31 日计提固定资产折旧 5 800 元，其中，车间计提 2 800 元，行政管理部门计提 3 000 元；
18. 31 日分配职工工资 50 000 元，其中，生产 A 产品工人工资 30 000 元，车间管理人员工资 8 000 元，行政管理人员工资 12 000 元；
19. 31 日按职工工资的 14% 计提职工福利费，其中，按生产 A 产品工人工资计提 4 200 元，按车间管理人员工资计提 1 120 元，按行政管理人员工资计提1 680元；
20. 31 日结转制造费用 12 800 元；
21. 31 日 A 产品 1 000 件全部完工，结转已完工入库产品的制造费用 116 000 元；
22. 31 日结转本月已销售产品的成本 58 000 元；
23. 31 日结转主营业务收入 100 000 元；
24. 31 日结转主营业务成本 58 000 元，管理费用 17 800 元。

【要求】1. 根据以上经济业务编制记账凭证。
2. 根据记账凭证登记银行存款日记账。
3. 根据记账凭证及有关原始凭证登记原材料、应付账款和生产成本的明细分类账。
4. 根据记账凭证登记“银行存款”、“原材料”、“应付账款”、“生产成本”及“本年利润”总分类账。

（六）

【资料】同习题（五）的资料。

【要求】1. 根据记账凭证编制科目汇总表。
2. 根据科目汇总表登记“银行存款”和“应付账款”总分类账。

（七）

【资料】同习题（五）的资料。

【要求】1. 根据记账凭证编制汇总收款凭证、汇总付款凭证以及汇总转账凭证。

2. 根据汇总凭证登记“银行存款”“应付账款”及“原材料”总分类账。

（八）

【资料】某公司200×年12月初的有关账户余额情况如下表所示：

单位：元

账户名称	借方余额	账户名称	贷方余额
库存现金	3 000	累计折旧	115 000
银行存款	234 000	短期借款	129 000
应收账款	44 608	应付账款	59 000
其他应收款	4 500	应付职工薪酬	98 000
原材料	387 000	应付利息	1 619
其中：甲材料4 000千克	200 000	应交税费	52 000
乙材料1 650千克	167 000	应付股利	204 000
丙材料400千克	20 000	实收资本	597 000
库存商品	455 392	盈余公积	102 000
其中：A产品1 440件	280 800	本年利润	1 200 000
B产品704件	174 592	利润分配	62 000
生产成本	116 619		
其中：A产品	61 876		
B产品	54 743		
待摊费用	2 500		
长期股权投资	300 000		
固定资产	1 072 000		

该公司12月份又发生如下的经济业务：

1. 2日从DM公司购进甲、乙两种材料。增值税专用发票上注明的甲材料400千克，单价50元，计20 000元；乙材料800千克，单价100元，计80 000元；买价共计100 000元，增值税进项税额17 000元。款项已用银行存款支付，材料已经验收入库。
2. 2日企业以银行存款支付购入上述甲材料、乙材料的运杂费5 520元（假定以甲、乙材料的重量作为分配标准）。
3. 5日从MX公司购进甲材料600千克，单价50元，计30 000元，增值税进项税额5 100元，材料已经验收入库，款项尚未支付。
4. 5日销售给MG公司A产品2 500件，每件单价为300元，应收取增值税额为127 500元，产品已经发出，开具了增值税专用发票，款项已经收到并存入银行。

5. 6日以现金购买办公用品625元，其中，425元交付车间使用，200元交付行政管理部门使用。
6. 7日以银行存款预付下一年度报纸杂志订阅费12 000元。
7. 8日销售给MD公司A产品500件，每件售价300元，B产品200件，每件售价350元，应收取增值税额37 400元，产品已经发出，另以银行存款代垫运杂费3 000元，公司已经开具增值税专用发票，但款项尚未收到。
8. 10日企业以银行存款54 000元向AJ公司预付购买乙材料货款。
9. 12日收到DM公司预付购买B产品1 000件的货款300 000元，存入银行。
10. 18日向DT公司销售A产品1 500件，每件售价300元，B产品300件，每件售价350元，应收取的增值税额为94 350元；产品已经发出，开具了增值税专用发票；收到DT公司签发的期限为3个月、面值为649 350元的商业承兑汇票一张。
11. 20日企业从XY公司购进丙材料1 000千克，单价100元，增值税专用发票上注明价款为50 000元，增值税进项税额10 200元，货款采用商业承兑汇票结算，企业开出承兑6个月商业承兑汇票一张，但材料尚未验收入库。
12. 21日本公司本月房租取得租金收入5 000元，存入银行。
13. 25日企业收到AJ公司发送来的乙材料500千克，单价为100元，增值税专用发票上注明价款50 000元，增值税进项税额为8 500元，另对方代垫装卸费220元，除冲销原预付账款54 000元外，其余款项用银行存款支付。
14. 26日收到MD公司还来的前欠货款和税款260 400元，当即存入银行。
15. 27日按合同向DM公司发出B产品1 000件，每件售价350元，应收取增值税额59 500元，产品已经发出，开具了增值税专用发票，扣除前预收款之外，其余款已经收到存入银行。
16. 28日DM公司违反经济合同，本公司取得赔款收入10 000元存入银行。
17. 29日本公司用银行存款支付捐赠款3 500元。
18. 31日结转验收入库材料的实际采购成本。
19. 31日假定该公司12月份领用材料的资料如下：

领料单号码	领用材料名称	用途	数量
1201	甲材料	生产A产品用	3 000
1202	乙材料	生产A产品用	2 500
1203	丙材料	车间一般耗用	250
1204	甲材料	生产B产品用	1 500
1205	丙材料	行政管理部门用	100
1206	乙材料	生产B产品用	300

甲材料、乙材料、丙材料的平均单价分别为每千克 50.368 元、102 元、50 元。

20. 31 日该公司 12 月份根据考勤记录计算职工的工资如下：

车间工人的工资	250 000 元
车间管理人员的工资	50 000 元
行政管理人员的工资	100 000 元
合　计	400 000 元

生产工人的工资按产品工时比例分配计入 A 产品、B 产品的成本。根据企业工时记录单，A 产品的生产工时为 21 000 工时，B 产品的生产工时为 10 250工时。

21. 31 日该公司 12 月份根据工资总额的 14% 计提职工福利费如下：

生产 A 产品的工人的职工福利费	23 520 元（168 000 × 14%）
生产 B 产品的工人的职工福利费	11 480 元（82 000 × 14%）
车间人员的职工福利费	7 000 元（50 000 × 14%）
行政管理人员的职工福利费	14 000 元（100 000 × 14%）
合　计	56 000 元

22. 31 日填制现金支票向银行提取现金 400 000 元，备发工资。
23. 31 日以现金 400 000 元发放职工工资。
24. 31 日本月计提固定资产折旧费 7 700 元，其中，车间使用的固定资产折旧费为 4 200 元，行政管理部门使用的固定资产折旧费 2 000 元，出租房屋计提折旧 1 500 元。
25. 31 日以银行存款支付 12 月份水电费 6 500 元，其中生产车间水电费 3 500 元，行政管理部门水电费 3 000 元。
26. 31 日摊销本月应负担的报纸杂志订阅费 1 000 元，其中生产车间和行政部门各一半。
27. 31 日以银行存款支付第四季度短期借款利息 2 430 元（前两个月已预提 1 619元）。
28. 31 日分配结转本月制造费用。
29. 31 日结转本月完工成品成本。
30. 31 日结转已销产品成本。
31. 31 日该公司本月购入材料应缴纳增值税进项税额为 40 800 元，本月销售产品应缴纳增值税的销项税额为 318 750 元。根据本月应缴纳的增值税的 7% 和 3%，分别计算应缴纳的城市维护建设税和教育附加费。
32. 31 日以银行存款支付广告费 8 000 元，销售产品的运杂费 494 元。

33. 31 日企业的售后服务网点本月发生的日常经费为 6 000 元，其中服务人员的工资为 3 000 元，计提的福利费为 420 元，消耗修理用备品备件 1 500 元，以银行存款支付的其他业务费为 1 080 元。

34. 31 日收到 DM 公司转入企业的投资利润 50 000 元（计入“投资收益”贷方），存入银行。

35. 31 日该公司本月实现的利润总额为 500 000 元，企业所得税税率为 33%，计算本月的应缴所得税。

36. 31 日将本月损益类账户余额结转至“本年利润”账户。

37. 31 日该公司按本年利润实现净利润的 10% 计提本月的法定盈余公积。

38. 31 日宣告分配给投资者利润 900 000 元。

39. 31 日将本年实现的累积净利润转至“利润分配”账户。

40. 31 日将“利润分配”下的其他明细账户的余额转入“未分配利润”明细账户。

【资料】1. 根据以上经济业务编制记账凭证。

2. 根据记账凭证登记日记账。

3. 根据记账凭证和相关的原始凭证登记“生产成本”明细账。

4. 根据记账凭证登记总分类账。

（九）

【资料】同习题（八）的资料。

【要求】1. 根据习题（八）编制的记账凭证填制汇总记账凭证。

2. 根据汇总记账凭证登记总分类账。

（十）

【资料】同习题（八）的资料。

【要求】1. 根据习题（八）编制的记账凭证填制科目汇总表（假定按月汇总）。

2. 根据科目汇总表登记总分类账。

答　案

一、单项选择题

1. A　2. A　3. A　4. B　5. C　6. A　7. D　8. A　9. B　10. C　11. C
12. A　13. D　14. C　15. A　16. A　17. C　18. B　19. C　20. A　21. C　22. B

二、多项选择题

1. BCD　2. ABC　3. ABCD　4. ABCD　5. BCD　6. ABC　7. ABC　8. AB
9. ABC　10. ABC　11. AD　12. BC　13. BC　14. BCD　15. BCD　16. ABD

17. BC 18. BCD 19. ABCD 20. ABCD

三、判断题

1. × 2. × 3. √ 4. × 5. √ 6. √ 7. √ 8. √ 9. × 10. × 11. ×
12. √ 13. × 14. √ 15. × 16. × 17. √ 18. √ 19. √ 20. × 21. ×

四、名词解释

1. 账务处理程序：指对会计数据的记录、归类、汇总、呈报的步骤和方法。
2. 记账凭证账务处理程序：直接根据记账凭证登记总账的一种最基本的账务处理程序。
3. 汇总记账凭证账务处理程序：是记账凭证账务处理程序的发展，它的特点是根据记账凭证编制汇总记账凭证，然后据以登记总分类账。
4. 汇总收款凭证：依据“库存现金”和“银行存款”科目的借方分别设置的一种汇总记账凭证，其汇总了一定时期内现金和银行存款的收款业务。
5. 汇总付款凭证：依据“库存现金”和“银行存款”科目的贷方分别设置的一种记账凭证，其汇总了一定时期内现金和银行存款的付款业务。
6. 汇总转账凭证：按有关账户的贷方设置，并以对应科目的借方账户归类汇总的一种汇总记账凭证。
7. 科目汇总表：定期对全部记账凭证进行汇总，按各个会计科目列示其借方发生额和贷方发生额的一种汇总凭证。
8. 科目汇总表账务处理程序：在记账凭证账务处理程序的基础上发展而来的，其主要特点是定期编制科目汇总表，并据以登记总分类账。
9. 多栏式日记账账务处理程序：根据收款、付款凭证逐笔登记多栏式现金日记账和多栏式银行存款日记账，月终根据多栏式日记账登记总分类账的一种账务处理程序。
10. 日记总账账务处理程序：根据记账凭证直接登记日记总账的一种账务处理程序。

五、思考题

答案略。

六、业务题

(一)

(1)(5)(4)(2)(3)

（二）

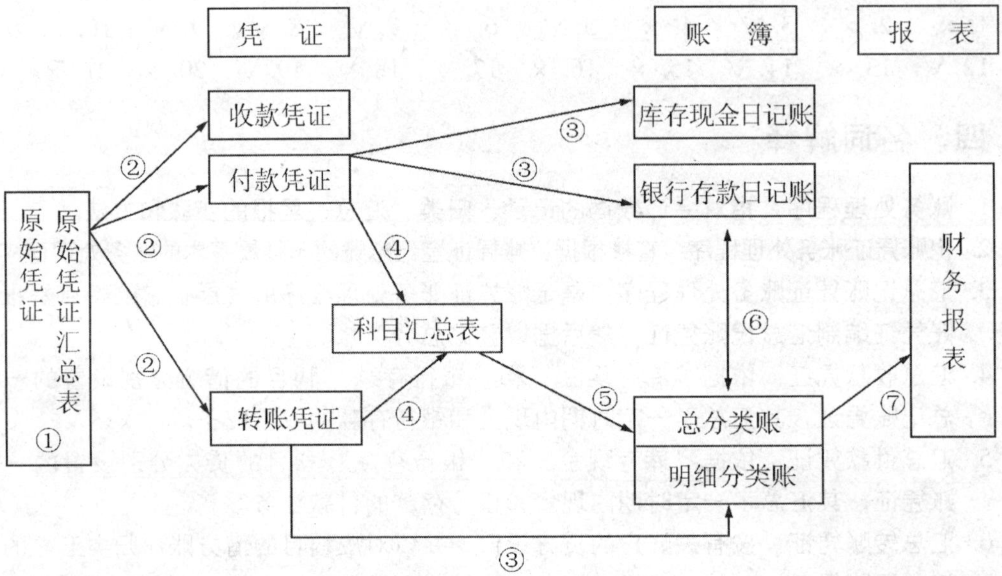

（三）

1. 根据所述经济业务编制记账凭证如下：

付款凭证

贷方科目：银行存款　　200×年3月3日　　银付字第1号

摘要	借方科目		金额
	一级科目	二级和明细科目	
提取现金	库存现金		2 000
合　计			2 000

转账凭证

200×年3月7日　　转字第1号

摘要	科目名称		借方金额	贷方金额
	一级科目	二级和明细科目		
接受投入的设备	固定资产		50 000	
	累计折旧			5 000
	实收资本			45 000
合　计			50 000	50 000

付款凭证

贷方科目：库存现金 200×年3月11日 现付字第1号

摘要	借方科目		金额
	一级科目	二级和明细科目	
支付购买材料的运费	原材料		200
合计			200

转账凭证

200×年3月11日 转字第2号

摘要	科目名称		借方金额	贷方金额
	一级科目	二级和明细科目		
购进材料款未付	原材料		17 000	
	应付账款			17 000
合计			17 000	17 000

转账凭证

200×年3月16日 转字第3号

摘要	科目名称		借方金额	贷方金额
	一级科目	二级和明细科目		
生产车间领用材料	生产成本		20 000	
	原材料			20 000
合计			20 000	20 000

付款凭证

贷方科目：银行存款 200×年3月21日 银付字第2号

摘要	借方科目		金额
	一级科目	二级和明细科目	
支付借款利息费用	财务费用		1 200
	应付利息		2 000
合计			3 200

转账凭证

200×年3月24日　　　　转字第4号

摘要	科目名称		借方金额	贷方金额
	一级科目	二级和明细科目		
提取本月应付职工薪酬	生产成本 管理费用 应付职工薪酬		15 000 7 000	 22 000
合　计			22 000	22 000

付款凭证

贷方科目：银行存款　　200×年3月25日　　银付字第3号

摘要	借方科目		金额
	一级科目	二级和明细科目	
支付销售产品的广告费	销售费用		1 000
合　计			1 000

转账凭证

200×年3月26日　　　　转字第5号

摘要	科目名称		借方金额	贷方金额
	一级科目	二级和明细科目		
结转完工入库产品成本	库存商品 生产成本		40 000	 40 000
合　计			40 000	40 000

转账凭证

200×年3月27日　　　　转字第6号

摘要	科目名称		借方金额	贷方金额
	一级科目	二级和明细科目		
销售产品款未收到	应收账款 主营业务收入		16 000	 16 000
合　计			16 000	16 000

收款凭证

借方科目：银行存款　　200×年3月27日　　银收字第1号

摘要	应贷科目		金额
	一级科目	二级和明细科目	
销售产品收到货款	主营业务收入		50 000
合　计			50 000

转账凭证

200×年3月31日　　转字第7号

摘要	科目名称		借方金额	贷方金额
	一级科目	二级和明细科目		
摊销保险费	管理费用		600	
	待摊费用			600
合　计			600	600

转账凭证

200×年3月31日　　转字第8号

摘要	科目名称		借方金额	贷方金额
	一级科目	二级和明细科目		
结转产品成本	主营业务成本		38 000	
	库存商品			38 000
合　计			38 000	38 000

转账凭证

200×年3月31日　　转字第9号

摘要	科目名称		借方金额	贷方金额
	一级科目	二级和明细科目		
提取营业税金	营业税金及附加		3 300	
	应交税费	应交营业税		3 300
合　计			3 300	3 300

转账凭证

200×年3月31日　　　　转字第10号

摘 要	科目名称		借方金额	贷方金额
	一级科目	二级和明细科目		
结转营业收入	主营业务收入		66 000	
	本年利润			66 000
合　计			66 000	66 000

转账凭证

200×年3月31日　　　　转字第11号

摘 要	科目名称		借方金额	贷方金额
	一级科目	二级和明细科目		
结转各项费用	本年利润		51 100	
	主营业务成本			38 000
	营业税金及附加			3 300
	销售费用			1 000
	管理费用			7 600
	财务费用			1 200
合　计			51 100	51 100

转账凭证

200×年3月31日　　　　转字第12号

摘 要	科目名称		借方金额	贷方金额
	一级科目	二级和明细科目		
提取所得税	所得税费用		4 917	
	应交税费	应交所得税		4 917
合　计			4 917	4 917

转账凭证

200×年3月31日　　　　转字第13号

摘 要	科目名称		借方金额	贷方金额
	一级科目	二级和明细科目		
结转所得税	本年利润		4 917	
	所得税费用			4 917
合　计			4 917	4 917

转账凭证

200×年3月31日　　　　转字第14号

摘要	科目名称		借方金额	贷方金额
	一级科目	二级和明细科目		
结转净利润	本年利润 利润分配	 未分配利润	9 983	 9 983
合　计			9 983	9 983

2. 根据记账凭证登记现金日记账和银行存款日记账如下：

现金日记账

200×年		凭证号数	摘要	对应科目	借方	贷方	余额
月	日						
3	1		期初余额				1 000
	3	银付1	提现	银行存款	2 000		3 000
	11	现付1	支付运费	原材料		200	2 800
	31		本月合计		2 000	200	2 800

银行存款日记账

200×年		凭证号数	摘要	对应科目	借方	贷方	余额
月	日						
3	1		期初余额				45 000
	3	银付1	提现	库存现金		2 000	43 000
	8	银付2	支付利息费用	财务费用		3 200	39 800
	20	银付3	支付营业费用	销售费用		1 000	38 800
	23	银收1	收回销货款	主营业务收入	50 000		
	31		本月合计		50 000	6 200	88 800

3. 根据记账凭证登记总分类账（以“库存现金”、“银行存款”、“生产成本”、“本年利润”总分类账户为例，其他总分类账户略）：

总分类账

账户名称：库存现金

200×年		凭证号数	摘 要	借方	贷方	借或贷	余额
月	日						
3	1		期初余额			借	1 000
	3	银付 1	提现	2 000		借	3 000
	11	现付 1	支付运费		200	借	2 800
	31		本期发生额及期末余额	2 000	200	借	2 800

总分类账

账户名称：银行存款

200×年		凭证号数	摘 要	借方	贷方	借或贷	余额
月	日						
3	1		期初余额			借	45 000
	3	银付 1	提现		2 000	借	43 000
	8	银付 2	支付利息费用		3 200	借	39 800
	20	银付 3	支付销售费用		1 000	借	38 800
	23	银收 1	收回销货款	50 000		借	
	31		本期发生额及期末余额	50 000	6 200	借	88 800

总分类账

账户名称：生产成本

200×年		凭证号数	摘 要	借方	贷方	借或贷	余额
月	日						
3	1		期初余额			借	32 000
	16	转 3	车间领用材料	20 000		借	52 000
	24	转 4	提取生产工人工资	15 000		借	67 000
	26	转 5	结转验收入库产品成本		40 000	借	27 000
	31		本期发生额及期末余额	35 000	40 000	借	27 000

总分类账

账户名称：本年利润

200×年 月	日	凭证号数	摘 要	借方	贷方	借或贷	余额
3	1		期初余额			贷	0
	31	转 10	结转主营业务收入		66 000	贷	66 000
	31	转 11	结转主营业务成本	51 100		贷	14 900
	31	转 11	结转所得税费用	4 917		贷	9 983
	31	转 14	结转本年利润	9 983		贷	0
	31		本期发生额及期末余额	66 000	66 000	平	0

4. 编制“总分类账本期发生额及余额试算平衡表”如下：

总分类账本期发生额及余额试算平衡表

200×年3月31日　　单位：元

会计科目	期初余额		本期发生额		期末余额	
	借方	贷方	借方	贷方	借方	贷方
库存现金	1 000		2 000	200	2 800	
银行存款	45 000		50 000	6 200	88 800	
应收账款	18 400		16 000		34 400	
原材料	25 000		17 200	20 000	22 200	
生产成本	32 000		35 000	40 000	27 000	
库存商品	10 000		40 000	38 000	12 000	
待摊费用	600			600	0	
固定资产	100 000		50 000		150 000	
累计折旧		3 000		5 000		8 000
短期借款		80 000				80 000
应付账款		27 000		17 000		44 000
应付职工薪酬				22 000		22 000
应交税费				8 217		8 217
应付利息		2 000	2 000			
实收资本		100 000		45 000		145 000
利润分配		20 000		9 983		29 983
主营业务收入			66 000	66 000		
主营业务成本			38 000	38 000		
营业税金及附加			3 300	3 300		
销售费用			1 000	1 000		
管理费用			7 600	7 600		
财务费用			1 200	1 200		
所得税费用			4 917	4 917		
本年利润			66 000	66 000		
合 计	232 000	232 000	400 217	400 217	337 200	337 200

(四)

1. 编制记账凭证如下:

收款凭证

借方科目：银行存款　　200×年1月2日　　银收字第1号

摘 要	应贷科目		金 额
	一级科目	二级和明细科目	
收到投资款	实收资本		100 000
合 计			100 000

付款凭证

贷方科目：银行存款　　200×年1月3日　　银付字第1号

摘 要	借方科目		金 额
	一级科目	二级和明细科目	
提取现金	库存现金		3 000
合 计			3 000

付款凭证

贷方科目：库存现金　　200×年1月5日　　现付字第1号

摘 要	借方科目		金 额
	一级科目	二级和明细科目	
支付购买甲材料的运费	原材料	甲材料	200
合 计			200

转账凭证

200×年1月5日　　转字第1号

摘 要	科目名称		借方金额	贷方金额
	一级科目	二级和明细科目		
购进甲材料款未付	原材料	甲材料	56 000	
	应付账款	LM厂		56 000
合 计			56 000	56 000

转账凭证

200×年1月7日　　　　转字第2号

摘 要	科 目 名 称		借方金额	贷方金额
	一级科目	二级和明细科目		
生产车间领用甲材料	生产成本 原材料	A产品 甲材料	50 000	 50 000
合 计			50 000	50 000

付款凭证

贷方科目：库存现金　　　　200×年1月8日　　　　现付字第2号

摘 要	借 方 科 目		金 额
	一级科目	二级和明细科目	
职工王丽预借差旅费	其他应收款	王丽	1 000
合 计			1 000

付款凭证

贷方科目：银行存款　　　　200×年1月9日　　　　银付字第2号

摘 要	借 方 科 目		金 额
	一级科目	二级和明细科目	
支付本年度保险费	待摊费用		1 800
合 计			1 800

付款凭证

贷方科目：库存现金　　　　200×年1月15日　　　　现付字第3号

摘 要	借 方 科 目		金 额
	一级科目	二级和明细科目	
职工王丽报销差旅费	管理费用		200
合 计			200

转账凭证

200×年3月7日　　　　转字第1号

摘要	科目名称		借方金额	贷方金额
	一级科目	二级和明细科目		
职工王丽报销差旅费	管理费用		1 000	
	其他应付款	王丽		1 000
合计			1 000	1 000

付款凭证

贷方科目：银行存款　　200×年1月20日　　银付字第3号

摘要	借方科目		金额
	一级科目	二级和明细科目	
购进设备	固定资产	设备	20 000
合计			20 000

转账凭证

200×年1月22日　　　　转字第4号

摘要	科目名称		借方金额	贷方金额
	一级科目	二级和明细科目		
销售A产品款项未收到	应收账款	BL公司	98 000	
	主营业务收入			98 000
合计			98 000	98 000

付款凭证

贷方科目：银行存款　　200×年1月23日　　银付字第4号

摘要	借方科目		金额
	一级科目	二级和明细科目	
支付销售产品广告费	销售费用		2 000
合计			2 000

转账凭证

200×年1月25日 转字第5号

摘要	科目名称		借方金额	贷方金额
	一级科目	二级和明细科目		
提取本月工资	生产成本 管理费用 应付职工薪酬	A产品	25 000 10 000	 35 000
合 计			35 000	35 000

转账凭证

200×年1月26日 转字第6号

摘要	科目名称		借方金额	贷方金额
	一级科目	二级和明细科目		
结转完工入库产品成本	库存商品 生产成本	A产品 A产品	60 000	 60 000
合 计			60 000	60 000

转账凭证

200×年1月31日 转字第7号

摘要	科目名称		借方金额	贷方金额
	一级科目	二级和明细科目		
预提利息费用	财务费用 应付利息		2 000	 2 000
合 计			2 000	2 000

转账凭证

200×年1月31日 转字第8号

摘要	科目名称		借方金额	贷方金额
	一级科目	二级和明细科目		
摊销保险费用	管理费用 待摊费用		600	 600
合 计			600	600

转账凭证

200×年1月31日　　转字第9号

摘 要	科目名称		借方金额	贷方金额
	一级科目	二级和明细科目		
结转产品销售成本	主营业务成本		50 000	
	库存商品	A产品		50 000
合 计			50 000	50 000

转账凭证

200×年1月31日　　转字第10号

摘 要	科目名称		借方金额	贷方金额
	一级科目	二级和明细科目		
提取营业税金	营业税金及附加		3 900	
	应交税费	应交营业税		3 900
合 计			3 900	3 900

转账凭证

200×年1月31日　　转字第11号

摘 要	科目名称		借方金额	贷方金额
	一级科目	二级和明细科目		
结转营业收入	主营业务收入		98 000	
	本年利润			98 000
合 计			98 000	98 000

转账凭证

200×年1月31日　　转字第12号

摘 要	科目名称		借方金额	贷方金额
	一级科目	二级和明细科目		
结转各项费用	本年利润		69 700	
	主营业务成本			50 000
	营业税金及附加			3 900
	销售费用			2 000
	管理费用			11 800
	财务费用			2 000
合 计			69 700	69 700

转账凭证

200×年1月31日　　转字第13号

摘 要	科目名称		借方金额	贷方金额
	一级科目	二级和明细科目		
提取所得税	所得税费用 应交税费	 应交所得税	9 339	 9 339
合 计			9 339	9 339

转账凭证

200×年1月31日　　转字第14号

摘 要	科目名称		借方金额	贷方金额
	一级科目	二级和明细科目		
结转所得税	本年利润 所得税费用		9 339	 9 339
合 计			9 339	9 339

转账凭证

200×年1月31日　　转字第15号

摘 要	科目名称		借方金额	贷方金额
	一级科目	二级和明细科目		
结转净利润	本年利润 利润分配	 未分配利润	18 961	 18 961
合 计			18 961	18 961

2. 根据记账凭证登记现金日记账和银行存款日记账:

现金日记账

200×年		凭证号数	摘 要	对方科目	借方	贷方	余额
月	日						
1	1		期初余额				1 000
	3	银付1	提现	银行存款	3 000		4 000
	7	现付1	支付运费	原材料		200	3 800
	9	现付2	暂借差旅费	其他应收款		1 000	2 800
	15	现付3	补付差旅费	管理费用		200	2 600
	31		本月合计		3 000	1 400	2 600

银行存款日记账

200×年		凭证	摘 要	对方科目	借方	贷方	余额
月	日	号数					
1	1		期初余额				50 000
	1	银收 1	接受现金投资	实收资本	100 000	150 000	
	3	银付 1	提现	库存现金		3 000	147 000
	8	银付 2	支付财产保险费	待摊费用		1 800	145 200
	20	银付 3	购买保险	固定资产		20 000	125 200
	23	银付 4	销售产品的广告费	销售费用		2 000	123 200
	31		本月合计		100 000	26 800	123 200

3. 编制科目汇总表:

科目汇总表

科汇第 1 号

总账科目	上旬		中旬		下旬		合 计	
	借方	贷方	借方	贷方	借方	贷方	借方	贷方
库存现金	3 000	1 200		200			3 000	1 400
银行存款	100 000	4 800		22 000			100 000	26 800
应收账款			98 000				98 000	
其他应收款	1 000			1 000			1 000	1 000
原材料	56 200	50 000					56 200	50 000
生产成本	50 000				25 000	60 000	75 000	60 000
库存商品					60 000	50 000	60 000	50 000
待摊费用	1 800					600	1 800	600
固定资产			20 000				20 000	
应付账款		56 000						56 000
应付职工薪酬						35 000		35 000
应交税费						13 239		13 239
应付利息						2 000		2 000
实收资本		100 000						100 000
主营业务收入				98 000	98 000		98 000	98 000
主营业务成本					50 000	50 000	50 000	50 000
营业税金及附加					3 900	3 900	3 900	3 900
销售费用					2 000	2 000	2 000	2 000
管理费用			1 200		10 600	11 800	11 800	11 800
财务费用					2 000	2 000	2 000	2 000
所得税费用					9 339	9 339	9 339	9 339
本年利润						98 000		98 000
利润分配					98 000	18 961	98 000	18 961

4. 根据科目汇总表登记总分类账：

总分类账

账户名称：库存现金

200×年		凭证号数	摘 要	借方	贷方	借或贷	余额
月	日						
1	1		期初余额			借	1 000
	10	科汇 1	1～10 日汇总	3 000	1 200	借	2 800
	20	科汇 1	10～20 日汇总		200	借	2 600
1	31		本期发生额及期末余额	3 000	1 400	借	2 600

总分类账

账户名称：银行存款

200×年		凭证号数	摘 要	借方	贷方	借或贷	余额
月	日						
1	1		期初余额			借	50 000
	10	科汇 1	1～10 日汇总	100 000	4 800	借	145 200
	20	科汇 1	10～20 日汇总		22 000	借	123 200
1	31		本期发生额及期末余额	100 000	26 800	借	123 200

总分类账

账户名称：原材料

200×年		凭证号数	摘 要	借方	贷方	借或贷	余额
月	日						
1	1		期初余额			借	12 000
	10	科汇 1	1～10 日汇总	56 200	50 000	借	18 200
1	31		本期发生额及期末余额	56 200	50 000	借	18 200

总分类账

账户名称：生产成本

200×年		凭证号数	摘 要	借方	贷方	借或贷	余额
月	日						
1	1		期初余额			借	16 000
	10	科汇 1	1～10 日汇总	50 000		借	66 000
	31	科汇 1	20～31 日汇总	25 000	60 000	借	31 000
1	31		本期发生额及期末余额	75 000	60 000	借	31 000

（五）

1. 编制记账凭证：

收款凭证

借方科目：银行存款　　200×年7月1日　　银收字第1号

摘要	借方科目		金额
	一级科目	二级和明细科目	
收回欠款	应收账款	八一厂	22 000
合　计			22 000

付款凭证

贷方科目：银行存款　　200×年7月3日　　银付字第1号

摘要	借方科目		金额
	一级科目	二级和明细科目	
归还欠款	短期借款		40 000
合　计			40 000

转账凭证

200×年7月5日　　转字第1号

摘要	科目名称		借方金额	贷方金额
	一级科目	二级和明细科目		
生产领用材料	生产成本 原材料	A产品 甲材料	15 000	 15 000
合　计			15 000	15 000

其余经济业务填制的记账凭证简化列示如下：

某工厂有关经济业务的记账凭证

200×年		凭证号数	摘 要	借或贷	会计科目	明细科目	金 额
月	日						
7	6	银付2	发放工资	借 贷	应付职工薪酬 银行存款		50 000 50 000
7	10	转2	收到投资设备	借 贷	固定资产 实收资本		28 000 28 000
7	10	银收2	销售产品300件	借 贷	银行存款 主营业务收入	A产品	60 000 60 000
7	12	转3	购入材料	借 贷	材料采购 应付账款	甲材料 东风工厂	30 000 30 000
7	12	转4	甲材料100吨入库	借 贷	原材料 材料采购	甲材料 甲材料·	30 000 30 000
7	12	银付3	购买办公用品	借 贷	制造费用 管理费用 银行存款		880 1 120 2 000
7	15	银付4	偿还货款	借 贷	应付账款 银行存款	红星工厂	15 000 15 000
7	15	转5	销售产品200件	借 贷	应收账款 主营业务收入	八一厂 A产品	40 000 40 000
7	16	转6	生产领用材料	借 贷	生产成本 原材料	A产品 甲材料 乙材料	34 000 30 000 4 000
7	18	银收3	取得短期借款	借 贷	银行存款 短期借款		20 000 20 000
7	20	转7	购入材料	借 贷	材料采购 应付账款	乙材料 红星工厂	30 000 30 000
7	20	转8	乙材料入库	借 贷	原材料 材料采购	乙材料 乙材料	30 000 30 000
7	22	银付5	偿还东风厂货款	借 贷	应付账款 银行存款	东风工厂	12 000 12 000

续表

200×年 月	日	凭证号数	摘要	借或贷	会计科目	明细科目	金额
7	25	银收4	收到长城公司投资	借	银行存款		30 000
				贷	实收资本		30 000
7	28	银付6	偿还红星厂货款	借	应付账款	红星工厂	30 000
				贷	银行存款		30 000
7	31	转9	计提折旧	借	制造费用		2 800
					管理费用		3 000
				贷	累计折旧		5 800
7	31	转10	分配工资	借	生产成本	A产品	30 000
					制造费用		8 000
					管理费用		12 000
				贷	应付职工薪酬		50 000
7	31	转11	计提福利费	借	生产成本	A产品	4 200
					制造费用		1 120
					管理费用		1 680
				贷	应付职工薪酬		7 000
7	31	转12	结转制造费用	借	生产成本	A产品	12 800
				贷	制造费用		12 800
7	31	转13	结转入库产品成本	借	库存商品	A产品	116 000
				贷	生产成本	A产品	116 000
7	31	转14	结转已售500件A产品的生产成本	借	主营业务成本		58 000
				贷	库存商品	A产品	58 000
7	31	转15	结转主营业务收入	借	主营业务收入		100 000
				贷	本年利润		100 000
7	31	转16	结转主营业务成本、管理费用	借	本年利润		75 800
				贷	主营业务成本		58 000
					管理费用		17 800

2. 根据记账凭证登记银行存款日记账：

银行存款日记账

200×年		凭证号数	摘 要	对方科目	借方	贷方	余额
月	日						
7	1		期初余额				85 700
	1	银收 1	收回欠款	应收账款	22 000		107 700
	3	银付 1	归还银行借款	短期借款		40 000	67 700
	6	银付 2	发放工资	应付职工薪酬		50 000	17 700
	10	银收 2	销售产品	主营业务收入	60 000		77 700
	12	银付 3	购买办公用品	管理费用		2 000	75 700
	15	银付 4	偿还红星厂货款	应付货款		15 000	60 700
	18	银收 3	取得借款	短期借款	20 000		80 700
	22	银付 5	偿还东风厂货款	应付账款		12 000	68 700
	25	银收 4	收到长城公司投资	实收资本	30 000		98 700
	28	银付 6	偿还红星厂货款	应付账款		30 000	68 700
7	31		本月合计		132 000	149 000	68 700

3. 根据记账凭证和有关的原始凭证登记明细分类账：

原材料明细分类账

总账科目：原材料

明细科目：甲材料　　　　　　类别　　　　　　品种及规格　　　　　　单位：吨

200×年		凭证号数	摘要	借　方			贷　方			余　额		
月	日			数量	单价	金额	数量	单价	金额	数量	单价	金额
7	1		期初余额							200	300	60 000
	5	转 1	生产领料				50	300	15 000	150	300	45 000
	12	转 4	材料入库			30 000				250	300	75 000
	16	转 6	生产领料	100	300		100	300	30 000	150	300	45 000
7	31		本月合计	100		30 000	150		45 000	150	300	45 000

原材料明细分类账

总账科目：原材料

明细科目：乙材料　　类别　　品种及规格　　单位：千克

200×年		凭证号数	摘要	借方			贷方			余额		
月	日			数量	单价	金额	数量	单价	金额	数量	单价	金额
7	1		期初余额							1 000	20	20 000
	16	转6	生产领料				200	20	4 000	800	20	16 000
	20	转8	材料入库	1 500	20	30 000				2 300	20	46 000
7	31		本月合计	1 500		30 000			4 000	2 300	20	46 000

应付账款明细分类账

总账科目：应付账款

明细科目：红星工厂

200×年		凭证号数	摘要	借方	贷方	借或贷	余额
月	日						
7	1		期初余额			贷	18 000
	15	银付4	偿还欠款	15 000		贷	3 000
	20	转7	购入材料		30 000	贷	33 000
	28	银付6	偿还欠款	30 000		贷	3 000
7	31		本月合计	45 000	30 000	贷	3 000

应付账款明细分类账

总账科目：应付账款

明细科目：东风工厂

200×年		凭证号数	摘要	借方	贷方	借或贷	余额
月	日						
7	1		期初余额			贷	2 000
	12	转3	购料款未付		30 000	贷	32 000
	22	银付5	偿还欠款	12 000		贷	20 000
7	31		本月合计	12 000	30 000	贷	20 000

生产成本明细分类账

产品名称：A 产品　　　　　　　　　　　　　　　　　　　　　　　产量：1 000 件

200×年		凭证号数	摘要	借方			合计
月	日			直接材料	直接人工	制造费用	
7	1		期初余额	10 000	6 000	4 000	20 000
	5	转1	生产领用材料	15 000			15 000
	16	转6	生产领用材料	34 000			34 000
	31	转10	分配工资		30 000		30 000
	31	转11	计提福利费		4 200		4 200
	31	转12	结转制造费用			12 800	12 800
	31		本月发生额	49 000	34 200	12 800	96 000
	31		生产费用合计	59 000	40 200	16 800	116 000
	31		结转完工产品成本	59 000	40 200	16 800	116 000

4. 根据记账凭证登记总分类账：

总分类账

账户名称：银行存款

200×年		凭证号数	摘要	借方	贷方	借或贷	余额
月	日						
7	1		期初余额			借	85 700
	1	银收1	收回八一厂欠款	22 000		借	107 700
	3	银付1	归还银行借款		40 000	借	67 700
	6	银付2	发放工资		50 000	借	17 700
	10	银收2	销售产品	60 000		借	77 700
	12	银付3	购买办公用品		2 000	借	75 700
	15	银付4	偿还红星厂货款		15 000	借	60 700
	18	银收3	取得借款	20 000		借	80 700
	22	银付5	偿还东风厂货款		12 000	借	68 700
	25	银收4	收到长城公司投资	30 000		借	98 700
	28	银付6	偿还红星厂货款		30 000	借	68 700
7	31		本期发生额及期末余额	132 000	149 000	借	68 700

总分类账

账户名称：原材料

200×年		凭证号数	摘要	借方	贷方	借或贷	余额
月	日						
7	1		期初余额			借	80 000
	5	转1	生产领料		15 000	借	65 000
	12	转4	材料入库	30 000		借	95 000
	16	转6	生产领料		34 000	借	61 000
	20	转8	材料入库	30 000		借	91 000
7	31		本期发生额及期末余额	60 000	49 000	借	91 000

总分类账

账户名称：应付账款

200×年		凭证号数	摘要	借方	贷方	借或贷	余额
月	日						
7	1		期初余额			贷	20 000
	12	转3	购买材料		30 000	贷	50 000
	15	银付4	偿还材料款	15 000		贷	35 000
	20	转7	购买材料		30 000	贷	65 000
	22	银付5	偿还材料款	12 000		贷	53 000
	28	银付6	偿还材料款	30 000		贷	23 000
7	31		本期发生额及期末余额	57 000	60 000	贷	23 000

总分类账

账户名称：生产成本

200×年		凭证号数	摘要	借方	贷方	借或贷	余额
月	日						
7	1		期初余额			借	20 000
	5	转1	生产领用材料	15 000		借	35 000
	16	转6	生产领用材料	34 000		借	69 000
	31	转10	分配工资	30 000		借	99 000
	31	转11	计提福利费	4 200		借	103 200
	31	转12	结转制造成本	12 800		借	116 000
	31	转13	结转完工产品成本		116 000	平	0
	31		本期发生额及期末余额	96 000	116 000	平	0

总分类账

账户名称：本年利润

200×年		凭证号数	摘要	借方	贷方	借或贷	余额
月	日						
7	1		期初余额			贷	10 000
	31	转 15	结转主营业务收入		100 000	贷	110 000
	31	转 16	结转主营业务成本、管理费用	75 800		贷	34 200
7	31		本期发生额及期末余额	75 800	100 000	贷	34 200

（六）

1. 编制科目汇总表：

科目汇总表

科汇第 1 号

总账科目	上旬		中旬		下旬		合计	
	借方	贷方	借方	贷方	借方	贷方	借方	贷方
银行存款	82 000	90 000	20 000	17 000	30 000	42 000	132 000	149 000
应收账款		22 000	40 000				40 000	22 000
原材料		15 000	60 000	34 000			60 000	49 000
材料采购			60 000	60 000			60 000	60 000
短期借款				20 000				20 000
应付账款			15 000	60 000	42 000		57 000	60 000
生产成本	15 000		34 000		47 000	116 000	96 000	116 000
库存商品					116 000	58 000	116 000	58 000
固定资产	28 000						28 000	
累计折旧						5 800		5 800
短期借款	40 000						40 000	
应付职工薪酬	50 000					57 000	50 000	57 000
实收资本		28 000				30 000		58 000
制造费用			880		11 920	12 800	12 800	12 800
管理费用			1 120		16 680	17 800	17 800	17 800
主营业务成本					58 000	58 000	58 000	58 000
主营业务收入		60 000		40 000	100 000		100 000	100 000
本年利润					75 800	100 000	75 800	100 000
合　计	215 000	215 000	231 000	231 000	497 400	497 400	943 400	943 400

2. 登记“银行存款”和“应付账款”总分类账：

总分类账

账户名称：银行存款

200×年 月	日	凭证号数	摘要	借方	贷方	借或贷	余额
7	1		期初余额			借	85 700
	10	科汇1	1～10日汇总	82 000	90 000	借	77 700
	20	科汇1	10～20日汇总	20 000	17 000	借	80 700
	31	科汇1	21～31日汇总	30 000	42 000	借	68 700
7	31		本期发生额及期末余额	132 000	149 000	借	68 700

总分类账

账户名称：应付账款

200×年 月	日	凭证号数	摘要	借方	贷方	借或贷	余额
7	1		期初余额			贷	20 000
	20	科汇1	10～20日汇总	15 000	60 000	贷	65 000
	31	科汇1	21～31日汇总	42 000		贷	23 000
7	31		本期发生额及期末余额	57 000	60 000	借	23 000

（七）

1. 编制汇总凭证：

汇总收款凭证

借方科目：银行存款　　　　200×年7月31日　　　　汇收字第1号

贷方科目	金额				总账页数	
	上旬	中旬	下旬	合计	借方	贷方
应收账款	22 000			22 000	（略）	（略）
主营业务收入	60 000			60 000		
短期借款		20 000		20 000		
实收资本			30 000	30 000		
合计	82 000	20 000	30 000	132 000		

汇总付款凭证

贷方科目：银行存款　　　　200×年7月31日　　　　汇付字第1号

借方科目	金额				总账页数	
	上旬	中旬	下旬	合　计	借方	贷方
短期借款 应付职工薪酬 制造费用 管理费用 应付账款	40 000 50 000	 880 1 120 15 000	 42 000	40 000 50 000 880 1 120 57 000	（略）	（略）
合　计	90 000	17 000	42 000	149 000		

汇总转账凭证

贷方科目：原材料　　　　200×年7月31日　　　　汇转字第1号

借方科目	金额				总账页数	
	上旬	中旬	下旬	合　计	借方	贷方
生产成本	15 000	34 000		49 000	（略）	（略）
合　计	15 000	34 000		49 000		

汇总转账凭证

贷方科目：实收资本　　　　200×年7月31日　　　　汇转字第2号

借方科目	金额				总账页数	
	上旬	中旬	下旬	合　计	借方	贷方
固定资产	28 000			28 000	（略）	（略）
合　计	28 000			28 000		

汇总转账凭证

贷方科目：应付账款　　　　200×年7月31日　　　　汇转字第3号

借方科目	金额				总账页数	
	上旬	中旬	下旬	合　计	借方	贷方
材料采购		60 000		60 000	（略）	（略）
合　计		60 000		60 000		

汇总转账凭证

贷方科目：材料采购　　　　200×年7月31日　　　　汇转字第4号

借方科目	金额				总账页数	
	上旬	中旬	下旬	合　计	借方	贷方
原材料		60 000		60 000	（略）	（略）
合　计		60 000		60 000		

汇总转账凭证

贷方科目：主营业务收入　　　　200×年7月31日　　　　汇转字第5号

借方科目	金额				总账页数	
	上旬	中旬	下旬	合　计	借方	贷方
应收账款		40 000		40 000	（略）	（略）
合　计		40 000		40 000		

汇总转账凭证

借方科目：累计折旧　　　　200×年7月31日　　　　汇转字第6号

借方科目	金额				总账页数	
	上旬	中旬	下旬	合　计	借方	贷方
制造费用 管理费用			2 800 3 000	2 800 3 000	（略）	（略）
合　计			5 800	5 800		

汇总转账凭证

贷方科目：应付职工薪酬　　　　200×年7月31日　　　　汇转字第7号

借方科目	金额				总账页数	
	上旬	中旬	下旬	合　计	借方	贷方
生产成本 制造费用 管理费用			34 200 9 120 13 680	34 200 9 120 13 680	（略）	（略）
合　计			57 000	57 000		

汇总转账凭证

贷方科目：制造费用　　200×年7月31日　　汇转字第8号

借方科目	金额				总账页数	
	上旬	中旬	下旬	合　计	借方	贷方
生产成本			12 800	12 800	（略）	（略）
合　计			12 800	12 800		

汇总转账凭证

贷方科目：生产成本　　200×年7月31日　　汇转字第9号

借方科目	金额				总账页数	
	上旬	中旬	下旬	合　计	借方	贷方
库存商品			116 000	116 000	（略）	（略）
合　计			116 000	116 000		

汇总转账凭证

贷方科目：库存商品　　200×年7月31日　　汇转字第10号

借方科目	金额				总账页数	
	上旬	中旬	下旬	合　计	借方	贷方
主营业务成本			58 000	58 000	（略）	（略）
合　计			58 000	58 000		

汇总转账凭证

借方科目：本年利润　　200×年7月31日　　汇转字第11号

借方科目	金额				总账页数	
	上旬	中旬	下旬	合　计	借方	贷方
主营业务收入			100 000	100 000	（略）	（略）
合　计			100 000	100 000		

汇总转账凭证

借方科目：主营业务成本　　　　200×年7月31日　　　　汇转字第12号

借方科目	金额				总账页数	
	上旬	中旬	下旬	合计	借方	贷方
本年利润			58 000	58 000	（略）	（略）
合　计			58 000	58 000		

汇总转账凭证

贷方科目：管理费用　　　　200×年7月31日　　　　汇转字第13号

借方科目	金额				总账页数	
	上旬	中旬	下旬	合计	借方	贷方
本年利润			17 800	17 800	（略）	（略）
合　计			17 800	17 800		

2. 根据汇总凭证登记总分类账：

总分类账

账户名称：银行存款

200×年		凭证号数	摘要	对方科目	借方	贷方	借或贷	余额
月	日							
7	1		期初余额				借	85 700
	31	汇收1	全月汇总	应收账款	22 000		借	107 700
				主营业务收入	60 000		借	167 700
				短期借款	20 000		借	187 700
				实收资本	30 000		借	217 700
	31	汇付1	全月汇总	短期借款		40 000	借	177 700
				应付职工薪酬		50 000	借	127 700
				制造费用		880	借	126 820
				管理费用		1 120	借	125 700
				应付账款		57 000	借	68 700
7	31		本期发生额及期末余额		132 000	149 000	借	68 700

总分类账

账户名称：应付账款

200×年		凭证号数	摘要	对方科目	借方	贷方	借或贷	余额
月	日							
7	1		期初余额				贷	20 000
	31	汇付1	全月汇总	银行存款	57 000		借	37 000
	31	汇转3	全月汇总	材料采购		60 000	贷	23 000
7	31		本期发生额及期末余额		57 000	60 000	贷	23 000

总分类账

账户名称：原材料

200×年		凭证号数	摘要	对方科目	借方	贷方	借或贷	余额
月	日							
7	1		期初余额				借	80 000
	31	汇转1	全月汇总	生产成本		49 000	借	31 000
	31	汇转4	全月汇总	材料采购	60 000		借	91 000
7	31		本期发生额及期末余额		60 000	49 000	借	91 000

（八）

1. 编制记账凭证：

付款凭证

贷方科目：银行存款　　　　200×年3月3日　　　　银付字第1号

摘要	借方科目		金额
	一级科目	二级和明细科目	
购入甲、乙材料	材料采购	甲材料	20 000
		乙材料	80 000
	应交税费	应交增值税	17 000
合　计			117 000

付款凭证

贷方科目：银行存款　　200×年12月2日　　银付字第2号

摘要	借方科目		金额
	一级科目	二级和明细科目	
支付甲、乙材料运费	材料采购	甲材料	1 840
		乙材料	3 680
合　计			5 520

转账凭证

200×年12月5日　　转字第1号

摘要	科目名称		借方金额	贷方金额
	一级科目	二级和明细科目		
购甲材料	材料采购	甲材料	30 000	
	应交税费	应交增值税	5 100	
	应付账款	MX公司		35 100
合　计			35 100	35 100

收款凭证

借方科目：银行存款　　200×年12月5日　　银收字第1号

摘要	贷方科目		金额
	一级科目	二级和明细科目	
销售A产品	主营业务收入		750 000
	应交税费	应交增值税	127 500
合　计			877 500

付款凭证

贷方科目：库存现金　　200×年12月6日　　现付字第1号

摘要	借方科目		金额
	一级科目	二级和明细科目	
购买办公用品	制造费用		425
	管理费用		200
合　计			625

其他记账凭证略。

2. 登记日记账：

现金日记账

200×年 月	日	凭证号数	摘要	对方科目	借方	贷方	余额
12	1		期初余额				3 000
	6	现付1	购买办公用品	制造费用		425	2 375
				管理费用		200	
	31	银付8	提现备发工资	银行存款	400 000		402 375
	31	现付2	发放工资	应付职工薪酬		400 000	2 375
12	31		本月合计		400 000	400 625	2 375

银行存款日记账

200×年 月	日	凭证号数	摘要	对方科目	借方	贷方	余额
12	1		期初余额				234 000
	2	银付1	购入材料	材料采购		100 000	
				应交税费		17 000	117 000
	2	银付2	支付运费	材料采购		5 520	111 480
	5	银收1	销售产品	主营业务收入	750 000		
				应交税费	127 500		988 980
	7	银付3	付报纸杂志费	待摊费用		12 000	976 980
	8	银付4	代垫费用	应收账款		3 000	973 980
	10	银付5	预付货款	预付账款		54 000	919 980
	12	银收2	预收货款	预收账款	300 000		1 219 980
	21	银收3	收取租金	其他业务收入	5 000		1 224 980
	25	银付6	补付货款	预付账款		4 720	1 220 260
	26	银收4	收回货款	应收账款	260 400		1 480 660
	27	银收5	补收货款	预收账款	109 500		1 590 160
	28	银收6	收到罚款	营业外收入	10 000		1 600 160
	29	银付7	捐赠	营业外支出		3 500	1 596 660
	31	银付8	提现	库存现金		400 000	1 196 660
	31	银付9	付水电费	制造费用		3 500	
				管理费用		3 000	1 190 160
	31	银付10	付利息费	应付利息		1 619	
				财务费用		811	1 187 730
	31	银付11	广告费	销售费用		8 494	1 179 236
	31	银付12	网点经费	销售费用		2 580	1 176 656
	31	银收7	投资利润	投资收益	50 000		1 226 656
12	31		本月合计		1 612 400	619 744	1 226 656

3. 登记“生产成本”明细账：

生产成本明细分类账

产品名称：A 产品

200×年		凭证号数	摘要	借方				余额
月	日			直接材料	直接人工	制造费用	合计	
12	1		期初余额	36 000	18 563	7 313	61 876	61 876
	31	转 8	领用材料	406 104			406 104	467 980
	31	转 9	工资		168 000		168 000	635 980
	31	转 10	福利费		23 520		23 520	659 500
	31	转 13	制造费用			52 500	52 500	712 000
	31	转 14	完工产品	442 104	210 083	59 813	712 000	0
12	31		本月合计	0	0	0	0	0

生产成本明细分类账

产品名称：B 产品

200×年		凭证号数	摘要	借方				余额
月	日			直接材料	直接人工	制造费用	合计	
12	1		期初余额	27 370	21 890	5 483	54 743	54 743
	31	转 8	领用材料	106 152			106 152	160 895
	31	转 9	工资		82 000		82 000	242 895
	31	转 10	福利费		11 480		11 480	254 375
	31	转 10	制造费用			25 625	25 625	280 000
	31	转 14	完工产品	104 100	94 000	25 900	224 000	56 000
12	31		本月合计	2 052	520	275	1 257	56 000

4. 根据记账凭证登记总分类账：

总分类账

账户名称：库存现金

200×年		凭证号数	摘要	借方	贷方	借或贷	余额
月	日						
12	1		期初余额			借	3 000
	6	现付 1	购买办公用品		625	借	2 375
	31	银付 8	提现备发工资	400 000		借	402 375
	31	现付 2	发放工资		400 000	借	2 375
12	31		本期发生额及期末余额	400 000	400 625	借	2 375

总分类账

账户名称：银行存款

200×年		凭证号数	摘要	借方	贷方	借或贷	余额
月	日						
12	1		期初余额			借	234 000
	2	银付1	购入材料		117 000	借	117 000
	2	银付2	支付运费		5 520	借	111 480
	5	银收1	销售产品	877 500		借	988 980
	7	银付3	付报刊费		12 000	借	976 980
	8	银付4	代垫费用		3 000	借	973 980
	10	银付5	预付货款		54 000	借	919 980
	12	银收2	预收货款	300 000		借	1 219 980
	21	银收3	收租金	5 000		借	1 224 980
	25	银付6	补付货款		4 720	借	1 220 260
	26	银收4	收回货款	260 400		借	1 480 660
	27	银收5	补收货款	109 500		借	1 590 160
	28	银收6	收到罚款	10 000		借	1 600 160
	29	银付7	捐赠		3 500	借	1 596 660
	31	银付8	提现		400 000	借	1 196 660
	31	银付9	付水电费		6 500	借	1 190 160
	31	银付10	付利息费		2 430	借	1 187 730
	31	银付11	付广告费		8 494	借	1 179 236
	31	银付12	网点经费		2 580	借	1 176 656
	31	银收7	投资利润	50 000		借	1 226 656
12	31		本期发生额及期末余额	1 612 400	619 744	借	1 226 656

其他总分类账略。

（九）

1. 填制汇总记账凭证：

汇总收款凭证

借方科目：银行存款　　200×年12月31日　　汇收字第1号

贷方科目	金额				总账页数	
	上旬	中旬	下旬	合计	借方	贷方
主营业务收入	750 000			750 000	（略）	（略）
应交税费	127 500			127 500		
预收账款		300 000	109 500	409 500		
其他业务收入			5 000	5 000		
应收账款			260 400	260 400		
营业外收入			10 000	10 000		
投资收益			50 000	50 000		
合　计	877 500	300 000	434 900	1 612 400		

汇总付款凭证

贷方科目：库存现金　　200×年12月31日　　汇付字第1号

借方科目	金额				总账页数	
	上旬	中旬	下旬	合计	借方	贷方
制造费用	425			425	（略）	（略）
管理费用	200			200		
应付职工薪酬			400 000	400 000		
合　计	625		400 000	400 625		

汇总付款凭证

贷方科目：银行存款　　　　200×年 12 月 31 日　　　　汇付字第 2 号

贷方科目	金额				总账页数	
	上旬	中旬	下旬	合计	借方	贷方
材料采购	105 520			105 520	（略）	（略）
应交税费	17 000			17 000		
待摊费用	12 000			12 000		
应收账款	3 000			3 000		
预付账款	54 000		4 720	58 720		
营业外支出			3 500	3 500		
库存现金			400 000	400 000		
制造费用			3 500	3 500		
管理费用			3 000	3 000		
应付利息			1 629	1 629		
财务费用			811	811		
销售费用			11 074	11 074		
合　计	191 520		428 234	619 754		

汇总转账凭证

贷方科目：应付账款　　　　200×年 12 月 31 日　　　　汇转字第 1 号

借方科目	金额				总账页数	
	上旬	中旬	下旬	合计	借方	贷方
材料采购	30 000			30 000	（略）	（略）
应交税费	5 100			5 100		
合　计	35 100			35 100		

其他汇总转账凭证略。

2. 根据汇总记账凭证登记总分类账：

总分类账

账户名称：银行存款

200×年		凭证号数	摘要	对方科目	借方	贷方	余额
月	日						
12	1		期初余额				234 000
	31	汇收1	全月汇总	主营业务收入	750 000		
				应交税费	127 500		
				预收账款	409 500		
				其他业务收入	5 000		
				应收账款	260 400		
				营业外收入	10 000		
				投资收益	50 000		
				其他业务收入	750 000		
	31	汇付2	全月汇总	材料采购		425	
				应交税费		200	
				待摊费用		400 000	
				应收账款		3 000	
				预付账款		58 720	
				营业外支出		3 500	
				库存现金		400 000	
				制造费用		3 500	
				管理费用		3 000	
				应付利息		1 629	
				财务费用		811	
				销售费用		11 074	
7	31		本期发生额及期末余额		1 612 400	619 744	1 226 656

（十）

1.

科目汇总表

200×年12月 科汇第1号

会计科目	借方	贷方	总账页数
库存现金	400 000	400 625	（略）
银行存款	1 612 400	619 744	
应收票据	649 350		
应收账款	260 400	260 400	
预付账款	58 720	58 720	
材料采购	245 740	185 740	
原材料	185 740	529 756	
库存商品	936 000	1267 200	
待摊费用	12 000	1 000	
累计折旧		7 700	
应付票据		70 200	
应付账款		35 100	
预收账款	409 500	409 500	
应付职工薪酬	400 000	459 420	
应付股利		900 000	
应交税费	40 800	511 545	
应付利息	1 619		
盈余公积		153 500	
本年利润	3 140 000	1 940 000	
利润分配	2 107 000	2 588 500	
生产成本	875 381	936 000	
制造费用	78 125	78 125	
主营业务收入	1 875 000	1 875 000	
其他业务收入	5 000	5 000	
投资收益	50 000	50 000	
营业外收入	10 000	10 000	
主营业务成本	1 267 200	1 267 200	
营业税金及附加	27 795	27 795	
其他业务成本	1 500	1 500	
销售费用	14 494	14 494	
管理费用	124 700	124 700	
财务费用	811	811	
营业外支出	3 500	3 500	
所得税费用	165 000	165 000	
合　计	14 957 775	14 957 775	

2. 根据科目汇总表登记总分类账:

总分类账

会计科目：银行存款

200×年		凭证号数	摘 要	借方	贷方	借或贷	余额
月	日						
12	1		期初余额			借	234 000
	31	科汇 1		1 612 400	619 744		
			本月合计	1 612 400	619 744	借	1 226 656

其他总分类账略。

第八章　会计电算化

习　题

一、名词解释

1. 会计信息系统
2. 会计数据
3. 会计信息
4. 会计信息处理过程
5. 会计电算化

二、思考题

1. 会计信息处理的特点是什么？会计信息处理的方式有哪些？
2. 试述电算化会计系统与手工会计信息系统的关系。
3. 试述会计电算化的发展历程。
4. 怎么理解数据、信息的概念及两者的关系？
5. 简述会计信息处理流程。
6. 简述会计核算软件的基本功能组成。

答　案

一、名词解释

1. 会计信息系统：是一个处理会计业务，为投资人、债权人、政府各部门、企事业单位的管理者提供财务信息、分析信息、决策信息的人机结合的系统。它通过一系列的方法收集、加工、存储和输出各种会计信息，提供给有关部门和单位，为经营和决策提供帮助。
2. 会计数据：记录下来的会计业务，是产生会计信息的源泉。
3. 会计信息：经过加工处理并对会计业务或管理活动产生决策影响的数据。
4. 会计信息处理过程：以会计信息处理过程为中心，包括对原始数据进行收集、加工、传送、存储、检索等的处理过程。
5. 会计电算化：以电子计算机为主的当代电子技术和信息技术应用到会计业务中的简称。

二、思考题

答案略。

第九章　流动资产

习　题

一、单项选择题

1. 现金和银行存款日记账采用（　　）记账。

A. 三栏式　　B. 多栏式　　C. 数量金额式　　D. 数量式

2. 以下结算方式中，适用于国际结算为（　　）。

A. 支票　　B. 银行本票　　C. 信用证　　D. 商业汇票

3. 银行本票的付款期限最长不超过（　　）。

A. 1 个月　　B. 2 个月　　C. 3 个月　　D. 6 个月

4. 下列银行存款结算方式（　　）需要承兑。

A. 支票　　B. 银行本票　　C. 银行汇票　　D. 商业汇票

5. 商业汇票的承兑期有交易双方商定，最长不超过（　　）。

A. 1 年　　B. 5 个月　　C. 3 个月　　D. 6 个月

6. 收款企业受理银行汇票，经审核无误后，应连同进账单送交开户银行办理转账，同时借记（　　）科目。

A. 银行存款　　B. 银行汇票

C. 其他货币资金——银行汇票　　D. 银行本票存款

7. 现金清查的方法采用（　　）。

A. 账实核对法　　B. 账账核对法　　C. 定期与账单核对　D. 账证核对法

8. 银行存款清查的方法采用（　　）。

A. 账实核对法　　B. 账账核对法　　C. 定期与账单核对　D. 账证核对法

9. 一张面值为 20 000 元，年利率为 5% 的商业汇票，票据出票日为 6 月 30 日，期限为 3 个月，则到期值为（　　）。

A. 23 000 元　　B. 20 250 元　　C. 25 200 元　　D. 25 000 元

10. 企业持有一张到期日为 5 月 30 日，期限为 90 天，面值为 200 000 元，利率为 8% 的银行承兑汇票，4 月 1 日企业将上述银行承兑汇票贴现，贴现率为 7.2%，则所得贴现款为(　　)元。

A. 201 522　　B. 204 000　　C. 197 600　　D. 201 600

11. 下列项目中，不是其他货币资金的是（　　）。

A. 银行存款　　B. 外埠存款　　C. 银行汇票本票存款　　D. 信用卡存款

12. 对于未达账项，企业应编制“银行存款余额调节表”进行调节。调节后的银行存款余额反映了（　　）。

A. 企业银行存款总账科目的实有数额

B. 企业银行存款对账单上的存款实有数额

C. 企业银行存款日记账的实有数额

D. 企业可以动用的银行存款实有数额

13. 某公司4月30日的银行存款日记账账面余额为481 500元，银行对账单余额为501 500元。经逐笔核对，发现有以下未达账项：（1）29日银行代企业收款41 000元，企业尚未收到收款通知；（2）30日银行代付电费2 500元，企业尚未收到付款通知；（3）30日企业送存银行的转账支票35 000元，银行尚未入账；（4）29日企业开出转账支票一张16 500元，持票人尚未到银行办理结算手续。公司据以编制“银行存款余额调节表”。调节后的银行存款余额应为（　　）元。

A. 540 000　　B. 534 000　　C. 506 000　　D. 520 000

14. 某公司销售货物，价款为50 000，增值税税率为17%，货物已经发出，代垫运杂费1 000，则应收账款的入账金额为（　　）。

A. 50 000元　　B. 58 500元　　C. 57 500元　　D. 59 500元

15. 某企业采用备抵法核算坏账，并按应收款项年末余额百分比法计提坏账准备，各年计提比例均假设为应收款项余额的5‰。该企业计提坏账准备的第1年的年末应收款项余额为1 200 000元；第二年应收款项期末余额为1 400 000元；第三年期末应收款项余额为1 300 000元。则该企业第三年应计提的坏账准备金额为（　　）元。

A. 6 000　　B. 7 000　　C. 6 500　　D. －500

16. 某企业采用账龄分析法核算坏账，2007年12月31日应收账款余额为100万元，“坏账准备”科目贷方余额为9.5万元，2008年发生坏账6万元，发生坏账回收4万元。2008年12月31日应收账款余额为120万元（其中1年内应收款为50万，估计损失5%；1～2年应收账款30万元，估计损失10%；2～3年应收账款20万元，估计损失30%；3年以上应收账款20万元，估计损失50%），企业2008年应提取的坏账准备为（　　）万元。

A. 4　　B. 14　　C. 2　　D. －1

17. 某公司采用销货百分比法计提坏账准备，计提比例为2%。2007年赊销金额500万，则该企业2007年坏账准备余额为（　　）万元。

A. 10　　B. 200　　C. 50　　D. －50

18. 企业发生的原材料盘亏或毁损损失中，不应作为管理费用列支的是（　　）。

A. 自然灾害造成的毁损净损失　　B. 保管中发生的定额内自然损耗

C. 收发计量造成的盘亏损失　　D. 管理不善造成的盘亏损失

19. A企业本期外购材料一批，购买价格为1 000元，增值税率17%，入库前的挑选整理费80元，则该材料的入账价值为（　　）元。

A. 1 080　　B. 1 170　　C. 1 090　　D. 1 250

20. 某公司月初甲产品结存金额1 000元，结存数量20件，采用移动加权平均法计价；本月10日和20日甲产品分别完工入库400件和500件，单位成本分别为52元和53元；本月15日和25日分别销售该产品380件和400件。该甲产品月末结存余额为（　　）元。

A. 7 000　　B. 7 408.64　　C. 7 350　　D. 7 500

21. 预付账款业务量不大的企业，可不设置“预付账款”科目，在预付时，直接计入（　　）。

A. “应收账款”科目的借方　　B. “应收票据”科目的借方

C. “材料采购”科目的借方　　D. “应付账款”科目的借方

22. 某企业3月31日编制资产负债表时，有关账户余额如下：

（1）“库存商品”账户借方余额200 000元；

（2）“生产成本”账户借方余额40 000元；

（3）“原材料”账户借方余额100 000元；

（4）“委托加工物资”账户借方余额20 000元；

（5）“周转材料——包装物”账户借方余额10 000元；

（6）“周转材料——低值易耗品”账户借方余额8 000元；

（7）“材料采购”账户借方余额15 000元；

则该企业编制资产负债表列示的存货金额为（　　）元。

A. 385 500　　B. 400 500　　C. 345 500　　D. 393 000

二、多项选择题

1. 货币资金包括（　　）。

A. 现金、银行存款　　B. 在途货币资金、外埠存款

C. 银行汇票、本票存款　　D. 商业承兑汇票、银行承兑汇票

2. 其他货币资金主要包括（　　）。

A. 银行存款　　B. 外埠存款

C. 银行汇票、本票存款　　D. 信用卡存款

3. 银行存款结算方式中，适用于同城和异地结算的有（　　）。

A. 支票　　B. 商业汇票

C. 银行汇票、本票存款　　D. 委托收款

4. 在（　　）情况下，企业银行存款账面余额会大于银行对账单余额。

A. 企业开支票，企业已经入账，但对方尚未到银行兑现

B. 银行代收款项，银行已入账多但尚未通知企业

C. 银行代付款项，银行已入账但尚未通知企业

D. 企业送存银行的款项，企业已入账但银行尚未入账

5. 编制银行存款余额调节表时，存在的未达账项包括（　　）。

A. 银行已收款入账，企业未作收账的款项

B. 银行已付款入账，企业未作付账的款项

C. 企业已收款入账，银行未作收账的款项

D. 企业已付款入账，银行未作付账的款项

6. 在编制银行存款余额调节表时，若企业和银行记账均无错误，将银行对账单进行（　　）处理后，应与企业银行存款日记账余额相等。

A. 加：企业已收银行未收款项　　B. 减：企业已付银行未付款项

C. 加：银行已付企业未付款项　　　　D. 减：银行已收企业未收款项

7. 商业汇票的主要种类有（　　）。

A. 银行承兑汇票　　B. 商业承兑汇票　　C. 约期汇票　　D. 即期汇票

8. 下列银行支付结算方式中，按规定可以背书转让的是（　　）。

A. 转账支票　　B. 商业汇票　　C. 银行本票　　D. 银行汇票

9. 应收账款核算的项目（　　）。

A. 向购买单位收取的款项　　　　B. 代垫运杂费

C. 由买方负担的税金　　　　D. 增值税

10. 下列各项中，属于《企业会计制度》规定的将应收款项确认为坏账的条件的有（　　）。

A. 债务人死亡，既无遗产可供清偿，又无义务承担

B. 债务人逾期为履行清偿义务超过3年不能收回的应收账款

C. 债务人到期未履行其偿债义务，并要求债务重组

D. 债务单位撤销

11. 下列各项，属于存货的项目（　　）。

A. 原材料　　B. 包装物　　C. 委托加工物资　　D. 库存商品

12. 存货发出的计价方法包括（　　）。

A. 先进先出法　　B. 后进先出法　　C. 加权平均法　　D. 个别计价法

13. 估计各会计期间坏账损失的方法有（　　）。

A. 应收账款余额百分比法　　　　B. 账龄分析法

C. 赊销百分比法　　　　D. 销货百分比法

14. 下列各项中，外购存货入实际成本包括（　　）。

A. 购买存货买价　　　　B. 购买存货发生的运杂费

C. 购买存货发生的合理损耗　　　　D. 存货入库前的整理挑选费

15. 存货计价方法的选择（　　）。

A. 对企业损益的计算有直接影响

B. 对资产负债表有关项目数额计算有直接影响

C. 对缴纳所得税的数额有一定影响

D. 对结转当期销售成本的数额有一定影响

16. 某企业3月A材料存货有关成本资料如下，要求将答案按顺序填上（　　）。

3月1日结存数量300公斤，每公斤2元；

3月5日购入数量200公斤，每公斤2.1元；

3月10日发出数量400公斤；

3月17日购入数量400公斤，每公斤2.2元；

3月20日发出数量200公斤；

3月31日购入数量100公斤，每公斤1.9元。

根据上述资料，则：

(1) 按先进先出法，A材料3月末结存成本为（　　）元。

A. 800　　B. 850　　C. 860　　D. 890

（2）按先进先出法．A 材料 3 月份发出成本为（　　）元。

A. 1 240　　B. 1 290　　C. 1 230　　D. 1 200

（3）按加权平均法，A 材料 3 月末结存成本为（　　）元。

A. 850　　B. 836　　C. 830　　D. 820

（4）按加权平均法，A 材料 3 月份发出成本为（　　）元。

A. 1 249.6　　B. 1 250　　C. 1 270　　D. 1 254

17. 关于存货的盘存制度，下面几种说法中正确的是（　　）。

A. 实地盘存制是以存计销或以存计耗，因此平时在存货明细账中只计收入，不计发出和结存

B. 永续盘存制下，可通过存货明细账随时了解各种存货的收发存情况

C. 实地盘存制下，把存货损耗及差错造成的减少额均计入销售和耗用成本之中，不利于存货的安全管理

D. 无论是永续盘存制还是实地盘存制，都必须重视和加强对存货进行定期和不定期的实地盘点

18. 通过“应收票据”账户核算的票据包括（　　）。

A. 银行汇票　　B. 商业承兑汇票　　C. 银行承兑汇票　　D. 支票

19. 下列项目中，应计入“坏账准备”账户贷方的有（　　）。

A. 计提的坏账准备　　B. 经批准转销的坏账准备

C. 期末补提的坏账准备　　D. 收回过去已确认并转销的坏账

20. 票据贴现时，票据贴现净额可能（　　）票据面值。

A. 小于　　B. 等于　　C. 大于　　D. 都不对

三、判断题

1. 企业设置“库存现金”账户对现金的收入、付出和结存情况进行序时和总分类的核算。（　　）

2. “银行存款”科目的核算内容不包括外埠存款。（　　）

3. 企业经营过程中，所有结算都要通过银行在企业银行存款账户进行核算。（　　）

4. 银行本票是企业见票时无条件支付确定金额给收款人的票据。（　　）

5. 银行汇票一律采用记名方式，允许背书转让。（　　）

6. 商业汇票是由银行签发并承兑的一种票据。（　　）

7. 汇兑结算方式仅适用于单位间的商品交易。（　　）

8. 由于企业的现金和银行存款业务的频繁，为避免货币资金发生差错，企业应按期进行库存现金和银行存款的清查。（　　）

9. 银行存款日记账和银行对账单核对出现不一致，就说明企业记账错误。（　　）

10. 银行对账单上的余额，往往与企业银行存款日记账余额不符，这是由记账错漏和未达账项两种因素造成的。（　　）

11. 应收票据按承兑人不同分为带息票据和不带息票据。（　　）

12. 企业销售商品或提供劳务而取得应收票据，以其票面金额入账。（　　）

13. 坏账损失的核算方法有两种，分别为直接转销法和备抵法。（　　）

14. 实行坏账准备金制度的企业计提的坏账准备计入管理费用。（　　）

15. 应收账款余额百分比法是根据应收账款余额的一定比例计提坏账准备的一种方法，该比例企业可以自由选择。（　　）

16. 存货盘存的方法有实地盘存制和永续盘存制。（　　）

17. 企业可以不设置“材料采购”账户。（　　）

18. 在实地盘存制下，进行实地盘点的目的在于确定期末存货数量，并倒挤销售或耗用成本。（　　）

19. 对存货盘点后，应先通过“待处理财产损益”账户归集。（　　）

20. 存货发生盘亏或毁损，除应由过失人赔偿部分外，都列入“管理费用”。（　　）

四、名词解释

1. 货币资金
2. 库存现金
3. 贴现
4. 未达账项
5. 商业汇票
6. 其他货币资金
7. 坏账准备备抵法
8. 应收账款余额百分比法
9. 账龄分析法
10. 销货百分比法
11. 存货
12. 先进先出法
13. 加权平均法
14. 永续盘存制
15. 实地盘存制
16. 库存商品

五、思考题

1. 什么是流动资产？

2. 什么是货币资金，具体包括哪些项目？

3. 银行存款结算方式有哪几种？哪些适用于同城结算？哪些适用于异地结算？哪些适用于同城 & 异地结算？

4. 什么是未达账项？有哪几种情况？

5. 如何编制银行存款余额调节表？

6. 什么是其他货币资金？它包括哪些内容？
7. 备抵法核算坏账有哪些方法？它们有哪些区别？
8. 存货盘存有哪几种计量方法？有什么区别？
9. 存货计价有几种方法？
10．存货盘盈盘亏怎样进行核算？

六、业务核算题

（一）

【资料】某企业200×年2月发生下列经济业务：

1. 职工张某报销差旅费1 700元，预借现金2 000元，余款退回；
2. 购买一批原材料，增值税专用发票上注明原材料价款20 000元，增值税税率为17%，计增值税为3 400元，开出商业承兑汇票一张，材料已验收入库；
3. 销售商品一批，售价为100 000元，该商品增值税税率为17%，计增值税额17 000元，开具增值税专用发票，已办妥托收手续，货款尚未收到；
4. 从银行提取现金5 000元；
5. 企业支付到期的商业承兑汇票20 000 000元；
6. 企业将1 500 000元汇往某省采购地银行；
7. 总务科零星开支收据5张，到财务科报销，收到现金420元，补足备用金定额；
8. 支付银行承兑汇票手续费500元；
9. 职工李某报销医药费340元。

【要求】根据以上经济业务编制会计分录。

（二）

【资料】某企业200×年8月31日银行存款日记账余额55 200元，银行对账单的企业银行存款余额60 000元。经查对，发现以下未达账项：

1. 8月29日，企业委托银行收取货款10 000元，银行已收到并入账，银行尚未通知企业入账；
2. 8月30日，企业向银行送存转账支票4 000元，银行尚未登记入账；
3. 银行带企业支付水电费4 600元，转账通知单尚未送达企业；
4. 8月31日，企业开出转账支票3 400元，持票人尚未到银行办理转账。

【要求】根据上述资料，编制银行存款余额调节表。

（三）

【资料】某工厂9月份有关其他货币资金经济业务如下：

1. 9月17日，采用银行汇票结算方式向江西化工厂购买材料，填写银行汇票委托书，向银行办理签发银行汇票30 000元，银行受理签发了银行汇票；

2. 9月18日，采购员李强去昆明采购材料，汇往昆明工商银行20 000元，开立采购专户；
3. 9月26日，银行转来江西化工厂的银行汇票结算凭证，材料款25 000元，增值税额4 250元，价税合计为29 250元，并将尾数750元转存结算户；上述材料已验收入库；
4. 9月30日，采购员李强回厂报销以采购专户存款购买材料价款17 000元，增值税额2 890元，价税合计为19 890元。材料已验收入库，昆明采购专户存款余额划回结清。

【要求】根据上述业务，编制会计分录。

(四)

【资料】某企业200×年发生下列经济业务：

1. 7月11日销售产品一批，售价共40 000元，增值税税率为17%，计增值税额为6 800元，产品已经发出，货款尚未收到；
2. 8月1日企业收到买方承兑的商业承兑汇票，付款期为180天，面值为46 800元；
3. 企业11月16日将商业承兑汇票到银行贴现，贴现息率为8%，贴现净额已存入银行；
4. 票据到期日，企业收到银行通知，付款单位无力支付已贴现的商业承兑汇票款项已从该企业银行存款账户收取；
5. 按应收账款余额百分比法计提坏账准备，计提比例为应收账款余额的4‰，本年年初坏账准备账户贷方余额500元，本年年末的应收账款余额560 000元。

【要求】根据以上经济业务编制会计分录。

(五)

【资料】甲公司200×年6月2日从乙公司购入一批原材料，增值税专用发票上注明的材料价款为20 000元，增值税额为3 400元，材料已运达并验收入库，发票账单尚未到达，货款尚未支付。

【要求】根据上述业务编制会计分录。

(六)

【资料】200×年1月1日，甲企业向乙企业采购原材料A材料，当场预付现金20 000元，其余货款在销售方供货后付清。200×年3月21日，甲企业收到乙企业随同货物发运单寄来的销售发票，材料货款40 000元，增值税额6 800元，3月22日甲企业将剩余货款转入乙企业银行账户中。

【要求】根据上述资料，编制会计分录。

(七)

【资料】练习直接转销法核算坏账。2003年A公司欠甲公司账款20 000元，已经过期

3 年，经催收无效后断定无法收回，全额作为坏账损失处理；2006 年收到 A 公司上述欠款。

【要求】根据上述资料编制会计分录。

（八）

【资料】某企业按账龄分析法核算坏账。该企业 200× 年年末应收账款分析及估计坏账损失如下表所示：

应收账款账龄	应收账款金额	估计损失（%）	估计损失金额
未到期	35 000	0.5	175
过期 1 个月	25 000	1	250
过期 2 个月	15 500	2	310
过期 3 个月	40 000	3	1 200
过期 4 个月	34 000	5	1 700
过期 5 个月以上	50 000	10	5 000
合　计	199 500		8 635

【要求】若该企业首次计提坏账准备，根据以上资料编制会计分录。

（九）

【资料】甲企业 2006 年首次采用备抵法核算坏账，按照应收账款余额百分比法计提坏账准备，企业估计的坏账发生率为 3%。2007 年末，应收账款余额为 300 000 元；2007 年末 B 公司所欠货款 1 200 元已经逾期 3 年尚未偿还，经批准确认为坏账；2007 年末应收账款余额为 400 000 元；2008 年 B 公司因经营情况好转，偿还所欠货款 1 000 元；2008 年末应收账款余额为 200 000 元。

【要求】根据上述资料，编制会计分录。

（十）

【资料】某企业 1 月份某存货购入和领用情况如下表所示：

数量单位：件
金额单位：元

日期	摘要	收入			发出	结存		
		数量	单价	金额	数量	数量	单价	金额
1	期初					600	60	36 000
10	购入	1 200	66	79 200		1 800		
11	发出				1 000	800		
18	购入	700	67	46 900		1 500		
22	发出				1 100	400		

【要求】分别按照先进先出法、加权平均法计算本月发出存货的成本及确定本月末存货的成本。

答 案

一、单项选择题

1. A 2. C 3. B 4. D 5. D 6. A 7. A 8. C 9. B 10. A 11. A
12. D 13. D 14. D 15. D 16. B 17. A 18. A 19. A 20. B 21. D 22. D

二、多项选择题

1. ABCD 2. BCD 3. BD 4. CD 5. ABCD 6. AB 7. AB 8. BD
9. ABCD 10. ABD 11. ABCD 12. ACD 13. ABD 14. ABCD 15. ABCD 16. BABD
17. ABCD 18. BC 19. ACD 20. ABC

三、判断题

1. √ 2. √ 3. × 4. × 5. √ 6. × 7. × 8. √ 9. × 10. √
11. × 12. √ 13. √ 14. × 15. × 16. √ 17. √ 18. √ 19. √ 20. ×

四、名词解释

1. 货币资金：企业的生产经营资金在循环周转过程中，停留在货币形态的资金，包括现金、银行存款及其他货币资金。
2. 库存现金：出纳人员保管的、按规定作为企业经济业务零星开支的现款。
3. 贴现：企业以未到期的票据，向银行申请贴付一定的利息，把票据转让给银行，以取得资金的融资行为。
4. 未达账项：企业与银行之间由于结算凭证在传递时间上有先后顺序，因而造成一方已登记入账，而另一方尚未登记入账的账款。
5. 商业汇票：收款人或付款人（或承兑申请人）签发，由承兑人承兑，并于到期日前向收款人或被背书支付款项的票据。
6. 其他货币资金：企业除库存现金和银行存款以外的货币资金。
7. 坏账准备备抵法：预先估计坏账损失并计提坏账准备金的方法。
8. 应收账款余额百分比法：根据应收账款余额的一定比例计提坏账准备的方法。
9. 账龄分析法：根据应收账款账龄时间长短来估计坏账损失的方法。
10. 销货百分比法：根据赊销总额的一定百分比来计算坏账损失的方法。
11. 存货：企业在日常活动中持有以备出售的产成品或商品、处于在生产过程中的在产品、在生产过程或提供劳务过程中耗用的材料和物料等。
12. 先进先出法：假定先入库的存货先发出，据此计算发出存货成本的方法。
13. 加权平均法：是一种综合加权平均的方法。
14. 永续盘存制：按库存品的品种规格设置明细账，逐笔登记收入和发出数量，随时反映其结存数量的一种库存品的核算方法。

15. 实地盘存制：对存货通过实地盘存，以确定期末数量的制度。

16. 库存商品：已经完成全部生产过程，并经验收合乎规定标准和技术条件，可以作为商品对外销售的产品。

五、思考题

答案略。

六、业务核算题

(一)

1. 借：其他应收款——张某 2 000
   贷：现金 2 000
   借：现金 300
   管理费用 1 700
   贷：其他应收款——张某 2 000
2. 借：材料采购 20 000
   应交税费——应交增值税（进项税额） 3 400
   贷：应付票据 23 400
   借：原材料 20 000
   贷：材料采购 20 000
3. 借：应收账款 117 000
   贷：主营业务收入 100 000
   应交税费——应交增值税（销项税额） 17 000
4. 借：库存现金 5 000
   贷：银行存款 5 000
5. 借：应付票据 20 000 000
   贷：银行存款 20 000 000
6. 借：其他货币资金——外埠存款 1 500 000
   贷：银行存款 1 500 000
7. 借：管理费用 420
   贷：库存现金 420
8. 借：财务费用 500
   贷：银行存款 500
9. 借：应付福利费 340
   贷：银行存款 340

(二)

银行存款余额调节表

单位：元

项目	余额	项目	余额
银行对账单余额 加：8月30日送存支票 减：8月31日开出支票	60 000 4 000 3 400	银行存款日记账 加：8月29日银行委托收款 减：8月30日银行代付款项	55 200 10 000 4 600
调节后银行账银行存款金额	60 600	调节后企业账银行存款金额	60 600

(三)

1. 借：其他货币资金——银行汇票存款　　30 000
　　贷：银行存款　　30 000
2. 借：其他货币资金——外埠存款　　20 000
　　贷：银行存款　　20 000
3. 借：材料采购　　25 000
　　应交税费——应交增值税（进项税额）　　4 250
　　银行存款　　750
　　贷：其他货币资金——银行汇票存款　　30 000
　借：原材料　　25 000
　　贷：材料采购　　25 000
4. 借：材料采购　　17 000
　　应交税费——应交增值税（进项税额）　　2 890
　　银行存款　　110
　　贷：其他货币资金——外埠存款　　200 000

(四)

1. 借：应收账款　　46 800
　　贷：主营业务收入　　40 000
　　应交税费——应交增值税（销项税额）　　6 800
2. 借：应收票据　　46 800
　　贷：应收账款　　46 800
3. 借：银行存款　　46 051. 2
　　财务费用　　748. 8
　　贷：应收票据　　46 800
4. 借：应收账款　　46 800
　　贷：短期借款　　46 800

5. 借：资产减值损失　　1 740
　　贷：坏账准备　　1 740

（五）

1. 6 月内不做账务处理。
2. 月末暂估 16 000 元入账。
　借：原材料　　16 000
　　贷：应付账款——暂估应付账款　　16 000
3. 7 月初红字冲回。
　借：原材料　　16 000
　　贷：应付账款——暂估应付账款　　16 000
4. 收到有关结算凭证，并支付货款。
　借：原材料　　20 000
　　应交税费——应交增值税（进项税额）
　　　　3 400
　　贷：银行存款　　23 400

（六）

1. 借：预付账款　　20 000
　　贷：银行存款　　20 000
2. 借：原材料　　40 000
　　应交税费——应交增值税（进项税额）
　　　　6 800
　　贷：预付账款　　20 000
　　　　银行存款　　26 800

（七）

1. 借：资产减值损失　　20 000
　　贷：应收账款——A 公司　　20 000
2. 借：应收账款——A 公司　　20 000
　　贷：资产减值损失　　20 000
　借：银行存款　　20 000
　　贷：应收账款——A 公司　　20 000

（八）

借：资产减值损失——坏账损失　　8 635
　贷：坏账准备　　8 635

（九）

1. 2006 年应计提坏账准备 300 000×3% =9 000（元）
   借：资产减值损失——坏账损失　　9 000
   　　贷：坏账准备　　9 000
2. 2007 年确认坏账时：
   借：坏账准备　　1 200
   　　贷：应收账款　　1 200
3. 2007 年计提坏账准备：
   借：资产减值损失——坏账损失　　4 200
   　　贷：坏账准备　　4 200
4. 2008 年收回坏账时：
   借：银行存款　　1 000
   　　贷：坏账准备　　1 000
5. 2008 年计提坏账准备：
   借：坏账准备　　1 800
   　　贷：资产减值损失——坏账损失　　1 800

（十）

1. 先进先出法：
   月末存货成本 =600×60+1 200×66－（600×60+400×66）+700×67－（800×66+67）=26 800（元）
   本月发出存货成本 =（600×60+400×66）+（800×66+300×67）=135 300（元）
2. 加权平均法：
   加权平均单价 =［600×60+（1 200×66+700×67）］/［600+（1 200+700）］=64.84（元/千克）
   月末存货成本 =400×64.84 =25 936（元）
   本月发出存货成本 =（1 000+1 100）×64.84 =136 164（元）

（3）移动平均法：

1 月 10 日：

移动平均法平均单位成本 =（600×60+1 200×66）/（600+1 200）=64（元/千克）

1 月 18 日：

移动平均法平均单位成本 =（800×64+700×67）/（800+700）=65.40（元）

月末存货成本 =600×60+1 200×66－1 000×64+700×67－1 100×65.40 =26 160（元）

本月发出存货成本 =1 000×64+1 100×65.40 =135 940（元）

第十章 长期资产

习 题

一、单项选择题

1. 按照会计准则规定，下列说法中，正确的是（ ）。

A. 投资企业对子公司的长期股权投资，应当采用成本法核算，编制合并财务报表时按照权益法进行调整

B. 投资企业对子公司的长期股权投资，应当采用权益法核算

C. 投资企业对子公司的长期股权投资既可以采用权益法，又可以采用成本法核算

D. 投资企业对子公司的长期股权投资应按公允价值核算

2. 同一控制下企业合并支付的现金与被投资企业所有者份额之间的差额计入（ ）。

A. 长期股权投资 B. 营业外支出 C. 营业外收入 D. 资本公积

3. 成本法下，投资企业在（ ）情况下确认投资收益。

A. 追加投资 B. 收回投资

C. 被投资企业实现净损益 D. 被投资企业宣告分派现金股利或利润

4. 采用权益法核算时，不会引起投资企业长期股权投资账面价值发生增减变动的是（ ）。

A. 被投资单位接受现金捐赠 B. 被投资单位实现净利润

C. 被投资单位宣告分派现金股利 D. 被投资单位分派现金股利

5. 企业进行长期股票投资，购入股票实际支付的价款中含有已宣告发放但尚未支取的股利，则股票投资应按（ ）计价。

A. 实际支付的价款

B. 票面价值乘以购买股票数

C. 实际支付的价款扣除应收股利后的差额

D. 股票的市场平均价格乘以购买股票数

6. 采用成本法对长期股票投资进行核算（没有以前年度尚未发放的股利），实际收取的股利应作为（ ）。

A. 追加投资 B. 投资返还 C. 投资收益 D. 投资损失

7. 投资者投入的长期股权投资，应按照（ ）作为初始投资成本，但合同或协议约定价值不公允的除外。

A. 对方投入的长期股权投资的账面价值 B. 投资合同或协议约定的价值

C. 对方投入的长期股权投资的账面余额 D. 双方确认的价值

8. 对于同一控制下的企业合并，合并方以发行权益性证券作为合并对价的，应当在合

并日按照（　　）作为长期股权投资的初始投资成本。

A. 发行权益性证券的公允价值

B. 发行价格

C. 取得合并方所有者权益账面价值

D. 取得被合并方所有者权益账面价值的份额

9. 2008 年 2 月，A 公司支付现金 3 000 万购买 C 公司持有的 B 公司 80% 的股权（A 和 B 属于同一集团内的子公司），购买股权时 B 公司的所有者权益账面价值为 4 000 万元。则 A 公司长期股权投资的入账价值为（　　）万元。

A. 2 000　　B. 3 200　　C. 1 600　　D. 4 000

10. 甲企业 2007 年 1 月 1 日，以银行存款购入乙公司 10% 的股份，并准备长期持有，采用成本法核算。乙公司 2007 年 5 月 2 日宣告分派 2006 年的现金股利 50 000 元，2007 年乙公司实现净利润 200 000 元，2008 年 5 月 2 日，乙公司宣告分派 2007 年的现金股利 100 000元。甲公司 2007 年应确认的投资收益为（　　）元。

A. 5 000　　B. 10 000　　C. 20 000　　D. 0

11. 下列项目中，不应计入固定资产价值的是（　　）。

A. 固定资产购入时缴纳的增值税

B. 固定资产安装过程中发生的修理费用

C. 固定资产大修理期间发生的修理费用

D. 固定资产改良工程支出

12. 企业按不同方式取得的固定资产，要按（　　）入账。

A. 原始价值　　B. 原始价值或重置完全价值

C. 原始价值或折余价值　　D. 重置完全价值或折余价值

13. 企业自行建造的固定资产，以建造过程中的（　　）作为其原始价值。

A. 重置完全价值　　B. 实际支出

C. 同类固定资产计价　　D. 折余价值

14. 下列固定资产，应计提折旧的是（　　）。

A. 已提足折旧仍继续使用的固定资产

B. 未提足折旧提前报废的固定资产

C. 闲置的房屋

D. 按规定单独作价作为固定资产入账的土地

15. 采用双倍余额递减法计提折旧，折旧额应根据（　　）乘以折旧率计算。

A. 固定资产原价　　B. 固定资产净值

C. 固定资产预计净残值　　D. 固定资产净额

16. 某企业购入一台需要安装的设备，取得的增值税专用发票上注明的设备买价为 50 000元，增值税额为 8 500 元，支付的运输费 1 000 元，安装设备时，领用材料物资 1 500元，购进该批材料时支付的增值税额为 255 元，支付工资 2 500 元。若不发生其他费用，则该设备交付使用的入账价值为（　　）元。

A. 50 000　　B. 63 755　　C. 59 500　　D. 63 500

17. 某公司购入大型设备1台，原值为2 000 000元，预计净残值率为4%，预计使用年限为5年，采用双倍余额递减法计提折旧。该固定资产使用期的第3年应计提折旧额为(　　)元。(假设使用期间未计提固定资产减值准备)

A. 480 000　　B. 267 588　　C. 288 000　　D. 384 000

18. 下列项目中不属于固定资产特征的是(　　)。

A. 为生产商品、提供劳务、出租或经营管理而持有

B. 以供企业经营使用和出售为目的

C. 使用年限超过1年

D. 单位价值较高

19. 企业自行建造一项固定资产，建造过程中，领用工程物资500 000元（不含增值税），发生人工费用300 000元，建造完成交付使用。则该项固定资产的入账价值为(　　)元。

A. 800 000　　B. 500 000　　C. 385 000　　D. 885 000

20. 某企业购入一台需安装的设备，取得的增值税专用发票上注明的买价为50 000元，增值税额8 500元，支付的运输费为2 500元；设备安装领用工程物资10 000元（不含增值税），支付安装人员工资2 000元，则该设备的成本为（　　）元。

A. 61 000　　B. 74 700　　C. 68 500　　D. 70 500

21. 下列固定资产减少业务，不通过“固定资产清理”账户核算的是（　　）。

A. 固定资产的出售　　B. 固定资产的报废

C. 固定资产的盘亏　　D. 固定资产的毁损

22. 使用寿命有限的无形资产的摊销计入（　　）账户。

A. 无形资产　　B. 累计折旧　　C. 累计摊销　　D. 营业外支出

23. 企业内部研发项目的支出，说法错误的是（　　）。

A. 企业内部研发项目所发生的支出应区分研究阶段和开发阶段支出

B. 内部研发支出按照是否符合资本化条件区分计入费用化支出和资本化支出

C. 企业内部研发项目阶段的支出，均应确认为无形资产

D. 研发项目达到预定用途后，研发阶段的支出可能被确认为无形资产，也可能被确认为费用

二、多项选择题

1. 长期股权投资的内容（　　）。

A. 对子公司的投资项

B. 对联营企业的投资

C. 对合营企业的投资

D. 不具有控制、共同控制或重大影响的投资

2. 长期股权投资的取得形式（　　）。

A. 企业合并　　B. 投资者投入　　C. 现金购入　　D. 债务重组

3. 长期股权投资成本法的适用范围（　　）。

A. 投资企业能对被投资单位实施控制

B. 投资企业对被投资单位具有共同控制

C. 投资企业对被投资单位具有重大影响

D. 投资企业对被投资单位不具有控制、共同控制或重大影响，并且在活跃市场上没有报价、公允价值不能可靠计量

4. 长期股权投资核算中，计入投资收益的情形包括（　　）。

A. 成本法下，被投资企业宣告发放投资以后年度的现金股利

B. 成本法下，被投资企业实际发放现金股利

C. 权益法下，被投资企业实现净利润

D. 权益法下，被投资企业发生亏损

5. 采用权益法核算长期股权投资时，能够引起长期股权投资账面价值变动的有（　　）。

A. 收到被投资企业发放的现金股利　　B. 收到被投资企业发放的股票股利

C. 处置长期股权投资　　D. 被投资企业实现净利润

6. 固定资产的计价标准有（　　）。

A. 原始价值　　B. 公允价值　　C. 重置价值　　D. 折余价值

7. 购入固定资产的入账价值（　　）。

A. 买价　　B. 运输费、保险费　　C. 增值税　　D. 包装费

8. 取得的固定资产，需要通过“在建工程”核算的情况（　　）。

A. 购入不需安装的固定资产　　B. 购入需安装的固定资产

C. 自行建造的固定资产　　D. 盘盈的固定资产

9. 固定资产的折旧方法（　　）。

A. 年限平均法　　B. 工作量法　　C. 双倍余额递减法　D. 年数总和法

10. 计提固定资产折旧时，需要考虑固定资产残值的折旧方法（　　）。

A. 年限平均法　　B. 工作量法　　C. 双倍余额递减法　D. 年数总和法

11. 企业计算固定资产折旧时需要考虑的因素有（　　）。

A. 固定资产使用年限　　B. 固定资产原值

C. 固定资产净残值　　D. 折旧方法

12. 在固定资产报废过程中，可能涉及的会计科目（　　）。

A. 营业外收入　　B. 营业外支出　　C. 固定资产清理　　D. 累计折旧

13. 下列各项中，应通过“固定资产清理”科目核算的有（　　）。

A. 固定资产报废　　B. 固定资产出售　　C. 固定资产转出　D. 固定资产盘盈

14. 我国现行会计制度规定，应计提折旧的固定资产包括（　　）。

A. 土地

B. 已达到预定可使用状态尚未办理竣工结算的固定资产

C. 以经营租赁方式租出的固定资产

D. 已提足折旧继续使用的固定资产

15. 下列资产不属于长期资产的是（　　）。

A. 存货　B. 固定资产　C. 无形资产　D. 其他资产

16. 企业进行长期股票投资，实际收到股利时，根据不同的情况，可以分别作如下处理（　）。

A. 作为投资收益　B. 作为投资返还　C. 增加其他应付款　D. 减少其他应收款

17. 企业采用权益法进行长期投资的核算，确定投资收益应考虑的因素包括（　）。

A. 接受投资企业净收益　B. 接受投资企业应付股利

C. 企业持股比例　D. 企业实收股利

18. 企业购入不需安装的新固定资产，其原价中包括（　）。

A. 固定资产价款　B. 支付的增值税　C. 支付的运杂费　D. 支付的装卸费

19. 采用使用年限法计提折旧，应考虑的因素有（　）。

A. 固定资产原价　B. 预计残值收入　C. 预计清理费用　D. 预计使用年限

20. “固定资产清理”科目贷方登记（　）。

A. 清理费用　B. 出售固定资产收入　C. 清理净损失　D. 清理净收益

21. 下列关于无形资产使用寿命的确定，说法正确的有（　）。

A. 来源于合同性权利或其他法定权利的无形资产，其使用寿命不应超过合同性权利或其他法定权利的期限

B. 如果合同性权利或其他法定权利能够在到期时因续约等延续，且有证据表明企业续约不需要付出大额成本，续约期应当计入使用寿命

C. 合同或法律没有规定使用寿命的，企业应综合各方面情况，确定无形资产为企业带来未来经济的期限

D. 如果无法合理确定无形资产为企业带来经济利益的期限，应将其确定为使用寿命不确定的无形资产

22. 其他资产包括的项目（　）。

A. 开办费　B. 待摊费用

C. 固定资产修理支出　D. 租入固定资产改良支出

三、判断题

1. 长期股权投资就是投资期限超过 1 年的股票投资。（　）

2. 企业对子公司应采用成本法核算。（　）

3. 确定能否对被投资企业实施控制或施加重大影响时，应考虑投资企业和其他方持有的被投资企业当期可转换公司债券、当期可执行认股权证等潜在表决权因素。（　）

4. 权益法下，长期股权投资初始投资成本大于投资时应享有被投资单位可辨认净资产公允价值份额的，需要调整初始投资成本。（　）

5. 企业经营租赁出租的固定资产，依然计入企业的固定资产核算。（　）

6. 企业以接受捐赠方式取得的固定资产不论是否有相关凭证，均应按照市价加相关税费入账。（　）

7. 企业选择固定资产的折旧方法后，为使企业本年经营利润为正，可以变更折旧方法。（　）

8. 固定资产修理是为了保持固定资产的正常运转和使用而恢复固定资产原有性能的行为，因此这种后续支出应计入固定资产账面价值。（ ）

9. 同一控制下的企业合并形成的长期股权投资初始投资成本与所发行股份面值总额之间的差额，应当调整资本公积；资本公积不足冲减的，调整留存收益。（ ）

10. 长期股权投资采用成本法核算，投资企业确认的投资收益仅限于所获得的被投资单位在接受投资后产生的累计净利润的分配额。（ ）

11. 企业长期股权投资的数额占接受投资企业股本的20%以上时，应采用权益法进行核算。（ ）

12. 采用权益法进行长期股票投资的核算，实际收取的股利，应作为投资收益处理。（ ）

13. 企业购入建造固定资产所需的材料，应根据用银行存款支付的买价、增值税以及运杂费等全部支出，借记“工程物资”科目，贷记“银行存款”科目。（ ）

14. 提前报废的固定资产，其未提足的折旧应予以补提。（ ）

15. 为了简化折旧的计算工作，当月开始使用的固定资产，当月应提折旧；当月减少的固定资产，当月不提折旧。（ ）

16. 工作量法计提折旧的特点是每年提取的折旧额相等。（ ）

17. 固定资产盘盈盘亏的净损失，应计入营业外收支。（ ）

18. 无形资产可以是无偿取得的，比如接受捐赠的无形资产。（ ）

19. 企业通过自身经营管理创立的商誉，不能作为无形资产入账。（ ）

20. 企业转让无形资产使用权的成本为该项无形资产的账面价值。（ ）

21. 使用寿命不确定的无形资产同样需要摊销。（ ）

四、名词解释

1. 长期股权投资
2. 控制
3. 共同控制
4. 重大影响
5. 固定资产
6. 原始价值
7. 折余价值
8. 固定资产折旧
9. 平均年限法
10. 工作量法
11. 双倍余额递减法
12. 年数总和法
13. 无形资产
14. 商标权
15. 专利权

16. 非专利技术
17. 土地使用权
18. 著作权
19. 长期待摊费用
20. 加速折旧法

五、思考题

1. 什么是长期股权投资？长期股权投资的计价方法及适用范围？
2. 如何确定长期股权投资的初始投资成本？
3. 同一控制下的企业合并与非同一控制下企业合并形成的长期股权投资取得成本的确定有何区别？
4. 长期股权投资的成本法和权益法两者有什么特点，分别适用于什么情况？
5. 简述固定资产的主要特征？
6. 什么是固定资产？固定资产怎样分类？怎样计价？
7. 什么是固定资产折旧？折旧的计提范围和计提方法有哪些？
8. 固定资产增加、减少、折旧怎样核算？
9. 固定资产清理怎样核算？
10. 固定资产的修理如何核算？
11. 什么是无形资产？包括哪些内容？有什么特点？
12. 无形资产怎么分类？
13. 研究开发费用在会计上应如何处理？
14. 企业取得无形资产怎样核算？无形资产怎样摊销？
15. 企业转让无形资产所有权和使用权的区别？
16. 长期待摊费用的特点和内容？

六、业务题

（一）

【资料】 某企业发生下列经济业务：

1. 购入甲公司普通股股票60 000股，每股5元，银行已付款；
2. 购入乙公司普通股股票30 000股，每股6元，包含该公司已宣告分派但尚未发放的股利0.5元，另付手续费1 800元；
3. 2008年3月1日，购入A公司普通股股票300 000股，每股4元，占该公司注册资本总额的25%。

【要求】 根据以上经济业务编制会计分录。

（二）

【资料】 2008年1月1日，A公司以现金10 000 000元投资于B公司，占B公司表决权资本的5%，B 公司为一家非上市公司，其股权不存在活跃的市场价格。A 公司取得 B 公司股权，未以任何方式参与 B 公司的生产经营决策。2008 年 5 月 25 日，B 公司宣告分派 2007 年度的现金股利 900 000 元。B 公司 2008 年度实现净利润800 000 元。

【要求】根据上述资料，编制 A 公司长期股权的账务处理。

（三）

【资料】甲公司 2007 年 4 月 1 日购入 K 公司股份 100 000 股，每股价格 8 元，另支付相关税费 20 000 元，所购股份占 K 公司表决权资本的 10%。2008 年 5 月 1 日，宣告分配 2007 年度股利，每股 0. 8 元，2008 年 6 月 1 日收到上述股利。2007 年 K 公司实现净利润 2 000 000 元。

【要求】根据以上经济业务编制会计分录。

（四）

【资料】甲公司于 2008 年 1 月 1 日支付 2 500 000 元购入 M 公司 30% 的股权，假设被投资单位各项可辨认资产、负债的公允价值与其账面价值相等。另支付相关费用 50 000 元。2008 年 M 公司实现净利润 1 000 000 元，M 公司董事会决定分配 60% 的现金股利。

【要求】根据以上经济业务编制会计分录。

（五）

【资料】2008 年 3 月 1 日 A 股份有限公司，以银行存款 2 000 万购入 M 公司 20% 的股份，另支付相关税费 10 万元，并对 M 公司的财务和经营决策具有重大影响，准备长期持有该股份，投资时 M 公司可辨认净资产的公允价值为 9 150 万元。2008 年 5 月 1 日，M 公司宣告分配 2007 年利润 100 万元，6 月 10 日收到分配的利润。2008 年 M 公司发生净亏损 500 万元。

【要求】根据以上经济业务编制会计分录。

（六）

【资料】A 公司 2008 年发生的固定资产业务如下：

1. 因生产需要，购进 A 设备 1 台，买价（不含增值税）300 000 元，运输及包装费 1 000 元，保险费 300 元。款项用银行存款支付，设备已投入使用。
2. 购进生产线 1 条，设备价款为 300 000 元，增值税专用发票上注明的增值税额为 51 000 元，运输费及包装费 1 000 元，保险费为 300 元。设备已经到达，投入安装，运输费、包装费、保险费已用银行存款支付。设备价款（含增值税）未付。经双方协议，企业签发并承兑一张为期 6 个月的商业汇票给供货方。
3. 上述生产线安装过程中领用生产用材料 1 700 元，分摊安装人员工资2 000元。

4. 上述生产线安装完毕，验收合格，交付使用，并办理竣工决算。

【要求】根据以上经济业务编制会计分录。

（七）

【资料】某公司为增值税一般纳税人，增值税税率为17%。2008 年 1 月，公司自行建造一项固定资产。以银行存款购入工程物资一批，取得增值税专用发票上注明价款为 900 000 元，发生运杂费 8 000 元，全部领用；分配工程人员工资 8 000元，以银行存款支付。2009 年 2 月，工程建造完工，交付使用。

【要求】根据上述资料编制会计分录。

（八）

【资料】甲公司 2007 年 12 月购买一台设备，该设备原价 48 万元，预计净残值率为 5%，预计使用寿命为 4 年。

【要求】如果该设备于 2007 年 12 月 30 日投入使用，分别使用年限平均法、双倍余额递减法和年数总和法计算 2008 ~ 2011 年各年度的折旧额，并编制 2008 年相关会计分录。

（九）

【资料】甲企业 2009 年 2 月 1 日出售不需用机器 1 台，原值 250 000 元，已提折旧 125 000 元，实际售价为 140 000 元，价款已存入银行；3 月 3 日报废设备一台，经批准予以清理，设备原值为 90 000 元，已提折旧 63 000 元，报废时残料变价收入 5 000 元，发生清理费用 2 500 元，以银行存款支付；4 月 12 日将一台闲置多年的不需用设备投资于 A 公司，双方合同确定该设备投资价值为 62 000 元，原值为 80 000 元，已提折旧 10 000 元，另用银行存款支付相关税费 1 500 元。

【要求】根据上述资料编制会计分录。

（十）

【资料】甲公司购入一项专利权，支付 300 000 元，该专利权的摊销年限为 10 年，买入 2 年后，将其使用权转让给 A 公司，转让期 2 年，一次性收费 120 000 元，为转让业务支付咨询人工费用 2 000 元。买入 4 年后，将其所有权转让给 B 公司，收取转让收入 220 000 元，应交营业税 11 000 元。

【要求】根据上述资料编制会计分录。

（十一）

【资料】甲公司自行研究开发一项新技术，2008 年 9 月 10 日起发生材料费用 40 000 元，应付研究人员工资 23 000 元，以银行存款支付咨询费用 21 000 元。

【要求】根据上述资料编制会计分录。

（十二）

【资料】甲公司向外单位租入一项管理部门使用的固定资产，公司对该项固定资产进行技术改良，改良工程与固定资产连成一体不可分离，已用银行存款支付工程支出96 000元，当月完工交付使用，租赁期3年，经检验该固定资产尚可使用年限为6年。

【要求】根据上述资料编制会计分录。

答 案

一、单项选择题

1. A 2. D 3. D 4. D 5. C 6. B 7. B 8. A 9. B 10. A 11. C 12. A
13. B 14. C 15. A 16. B 17. C 18. B 19. D 20. B 21. C 22. C 23. C

二、多项选择题

1. ABCD 2. ABCD 3. AD 4. ACD 5. CD 6. AD 7. ABCD 8. BC
9. ABCD 10. ABD 11. ABCD 12. ABCD 13. ABC 14. BC 15. BCD 16. AB
17. AC 18. ABCD 19. ABD 20. BC 21. ABCD 22. AD

三、判断题

1. √ 2. √ 3. √ 4. × 5. √ 6. × 7. × 8. × 9. √ 10. √ 11. ×
12. √ 13. √ 14. × 15. × 16. × 17. √ 18. × 19. √ 20. × 21. ×

四、名词解释

1. 长期股权投资：通过取得被投资单位的股权，投资企业为被投资企业的股东，按所持有股份比例享有权益并承担有限责任的投资。
2. 控制：有权决定一个企业的财务和经营政策，并能据以从该企业的经营活动中获取利益。
3. 共同控制：按照合同约定对某项经济活动所共有的控制，仅在与该项经济活动相关的重要财务和经营政策需要分享控制权的投资方一致同意时存在。
4. 重大影响：对一个企业的财务和经营政策有参与决策的权力，但并不能控制或者与其他方一起共同控制这些政策的制定。
5. 固定资产：为生产商品、提供劳务、出租或经营管理而持有的，使用寿命超过一个会计年度的有形资产。
6. 原始价值：企业购建某项固定资产达到预定可使用状态前所发生的一切合理必要的支出。

7. 折余价值：某项固定资产原值或市价减去累计折旧额后的净值。
8. 固定资产折旧：在固定资产使用寿命内，按照确定的方法对应计提折旧额进行的系统分摊。
9. 平均年限法：将固定资产的折旧均衡地分摊到各期的一种方法。
10. 工作量法：根据固定资产工作量计提折旧的一种方法。
11. 双倍余额递减法：在不考虑固定资产残值的情况下，根据每期期初固定资产账面余额和双倍的直线法折旧率计算固定资产折旧的一种方法。
12. 年数总和法：将固定资产的原值减去净残值后的净额乘以一个逐渐递减的分数计算每年的折旧额。
13. 无形资产：企业拥有或控制的没有实物形态的可辨认非货币性资产。
14. 商标权：企业用来辨认其经营商品所使用特定名称或图案的一种标记。
15. 专利权：国家依法授予发明人对其发明创造在法定期限内所享有生产、使用和销售等方面的权利，包括发明专利权、实用新型专利权和外观设计专利权。
16. 非专利技术：未申请国家专利，也未公开在生产经营上使用的、先进的知识和技术。
17. 土地使用权：根据国家有关法规取得的在一定期限内对土地享有占有、使用、收益和处分的权利。
18. 著作权：指对文学、艺术和科学作品享有的专有权。
19. 长期待摊费用：不能全部计入当年损益，而在以后年度分期摊销的费用。
20. 加速折旧法：在固定资产有效使用年限的前期多提折旧，后期则少提折旧，从而相对加快折旧的速度，以使固定资产成本在有效的使用年限中加快得到补偿。

五、思考题

答案略。

六、业务题

(一)

1. 借：长期股权投资——乙公司	300 000	
贷：银行存款		300 000
2. 借：长期股权投资——乙公司	166 800	
应收股利	15 000	
贷：银行存款		181 800
3. 借：长期股权投资——乙公司（投资成本）	1 200 000	
贷：银行存款		1 200 000

(二)

1. 2008 年 1 月 1 日，购入时：

借：长期股权投资——B 公司　　10 000 000
　　贷：银行存款　　10 000 000

2. 2008 年 5 月 25 日，宣告分配股利时：
借：应收股利　　45 000
　　贷：长期股权投资——B 公司　　45000

(三)

1. 2007 年 4 月 1 日，购入股份时：
借：长期股权投资——K 公司　　820 000
　　贷：银行存款　　820 000

2. 2008 年 5 月 1 日，宣告分配股利时：
借：应收股利　　80 000
　　贷：投资收益　　80 000

3. 2008 年 6 月 1 日收到股利时：
借：银行存款　　80 000
　　贷：应收股利　　80 000

(四)

1. 2008 年 1 月 1 日，购入时：
借：长期股权投资——M 公司（投资成本）　2 550 000
　　贷：银行存款　　2 550 000

2. 2008 年实现净利润时：
借：长期股权投资——乙公司（损益调整）　300 000
　　贷：投资收益　　300 000

3. 宣告分配现金股利时：
借：应收股利　　180 000
　　贷：长期股权投资——乙公司（损益调整）　180 000

(五)

1. 2008 年 3 月 1 日，购入时：
借：长期股权投资——M 公司（投资成本）20 100 000
　　贷：银行存款　　20 100 000

2. 2008 年 5 月 1 日，宣告分配利润时：
借：应收股利　　200 000
　　贷：长期股权投资——M 公司（损益调整）　200 000

3. 2008 年 6 月 10 日，收到利润时：
借：银行存款　　200 000
　　贷：应收股利　　200 000

4. 2008 年发生净亏损时：

借：投资收益　　1 000 000

　贷：长期股权投资——M 公司（损益调整）　　1 000 000

（六）

1. 借：固定资产　　352 300

　贷：银行存款　　352 300

2. 借：在建工程　　352 300

　贷：银行存款　　1 300

　　应付票据　　351 000

3. 借：在建工程　　3 989

　贷：原材料　　1 700

　　应交税费——应交增值税（进项税额转出）　　289

　　应付职工薪酬　　2 000

4. 借：固定资产　　356 289

　贷：在建工程　　356 289

（七）

1. 借：工程物资　　1 061 000

　贷：银行存款　　1 061 000

2. 借：在建工程　　1 061 000

　贷：工程物资　　1 061 000

3. 借：在建工程　　35 100

　贷：原材料　　30 000

　　应交税费——应交增值税（进项税额转出）　　5 100

4. 借：固定资产　　1 096 100

　贷：在建工程　　1 096 100

（八）

1. 年限平均法：

$$每年折旧额 = \frac{480\ 000 \times (1-5\%)}{4} = 114\ 000（元）$$

借：制造费用　　114 000

　贷：累计折旧　　114 000

2. 双倍余额递减法：

$$年折旧率 = \frac{2}{4} \times 100\% = 50\%$$

2008 年折旧额 $= 480\ 000 \times 50\% = 240\ 000$（元）

2009 年折旧额 =（480 000 − 240 000）×50% = 120 000（元）

2010 年折旧额 = $\frac{480\,000\times(1-5\%)-240\,000-120\,000}{2}$ = 48 000（元）

2011 年折旧额 = 48 000（元）

借：制造费用　　240 000
　　贷：累计折旧　　240 000

3. 年数总和法：

2008 年折旧额 = 480 000 ×（1 − 5%）× $\frac{4}{10}$ = 182 400（元）

2009 年折旧额 = 480 000 ×（1 − 5%）× $\frac{3}{10}$ = 13 680（元）

2010 年折旧额 = 480 000 ×（1 − 5%）× $\frac{2}{10}$ = 91 200（元）

2011 年折旧额 = 480 000 ×（1 − 5%）× $\frac{1}{10}$ = 45 600（元）

借：制造费用　　182 400
　　贷：累计折旧　　182 400

（九）

1. 2009 年 2 月 1 日，出售时：

借：固定资产清理　　125 000
　　累计折旧　　125 000
　　贷：固定资产　　250 000
借：银行存款　　140 000
　　贷：固定资产清理　　125 000
　　　　营业外收入　　15 000

2. 2009 年 3 月 3 日，报废时：

借：固定资产清理　　27 000
　　累计折旧　　63 000
　　贷：固定资产　　90 000
借：固定资产清理　　2 500
　　贷：银行存款　　2 500
借：银行存款　　5 000
　　贷：固定资产清理　　5 000
借：营业外支出　　24 500
　　贷：固定资产清理　　24 500

3. 借：长期股权投资——投资成本　　71 500
　　累计折旧　　10 000
　　贷：固定资产　　80 000
　　　　银行存款　　1 500

(十)

1. 购入专利权时：

借：无形资产　　300 000
　　贷：银行存款　　300 000

2. 按年摊销，每年应摊销金额：

借：管理费用　　30 000
　　贷：累计摊销　　30 000

3. 转让使用权时：

借：银行存款　　120 000
　　贷：预收账款　　120 000

按年确认收入：

借：预收账款　　60 000
　　贷：其他业务收入　　60 000

确认成本：

借：其他业务成本　　2 000
　　贷：应付职工薪酬　　2 000

4. 转让所有权时：

借：银行存款　　220 000
　　累计摊销　　120 000
　　贷：无形资产　　300 000
　　　　应交税费——应交营业税　　11 000
　　　　营业外收入——处置非流动资产利得　　29 000

(十一)

1. 借：研发支出——费用化支出　　84 000
　　贷：原材料　　40 000
　　　　应付职工薪酬　　23 000
　　　　银行存款　　21 000

借：管理费用　　94 000
　　贷：研发支出——费用化支出　　94 000

(十二)

借：长期待摊费用　　96 000
　　贷：银行存款　　96 000

借：管理费用　　32 000
　　贷：长期待摊费用　　32 000

第十一章 负债

习 题

一、单项选择题

1. 我国会计实务中，带息应付票据的利息应计入（ ）。

A. 应付票据 B. 其他应付款 C. 应付账款 D. 应付利息

2. 工业企业销售应税消费品应交纳的消费税，应借记（ ）账户，贷记“应交税费——应交消费税”账户。

A. 其他业务成本 B. 管理费用 C. 营业税金及附加 D. 主营业务成本

3. 企业销售生产的消费品，应交纳的消费税计入的账户是（ ）。

A. 其他业务成本 B. 营业税金及附加 C. 在建工程 D. 应付职工薪酬

4. 下列各项目中，不应根据职工提供服务的受益对象分配计入相关资产成本或费用的是（ ）。

A. 工会经费 B. 养老保险费 C. 职工福利费 D. 辞退福利

5. 下列税金中，不通过“应交税费”账户核算的是（ ）。

A. 消费税 B. 营业税 C. 印花税 D. 增值税

6. 消费税是按照（ ）与适用的消费税税率计算缴纳的。

A. 不含增值税但含消费税的销售额 B. 含增值税和消费税的销售额
C. 不含增值税和消费税的销售额 D. 含增值税不含消费税的销售额

7. 企业短期借款的利息支出，应计入（ ）账户。

A. 财务费用 B. 管理费用 C. 营业外支出 D. 其他业务成本

8. 企业购入固定资产所负担的增值税额应当计入（ ）账户。

A. 应交税费——应交增值税（销项税额） B. 固定资产或在建工程
C. 应交税费——应交增值税（进项税额） D. 营业税金及附加

9. 下列项目中，不通过“应付账款”账户核算的是（ ）。

A. 货物负担的进项税额 B. 货物采购价款
C. 销货企业代垫的运杂费 D. 应付租金

10. 企业根据销售合同而预先收取的销货款，形成了企业对客户的一项负债，这些负债将通过向客户提供合同规定商品而偿还，那么这些负债的发生伴随着（ ）。

A. 收入的取得 B. 费用的发生 C. 资产的取得 D. 劳务的取得

11. 下列各项中，应通过“应付账款”账户核算的是（ ）。

A. 应付赔款 B. 应付租金
C. 应付存入保证金 D. 应付供货单位的代垫运杂费

12. 企业若预收货款业务不多，可以不设置“预收账款”账户，其所发生预收货款，可通过（　　）账户核算。

A. 预付账款　　B. 应付账款　　C. 应收账款　　D. 其他应付款

13. 企业实际上交营业税时，应借记（　　）。

A. 营业税金及附加　　B. 其他业务成本

C. 应交税费——应交营业税　　D. 营业外支出

14. 设置“预收账款”的企业收到购货方补付的货款时，应（　　）账户。

A. 借记应收账款　　B. 贷记应收账款　　C. 借记预收账款　　D. 贷记预收账款

15. 某企业因采购商品开出为期3个月的商业汇票一张，票面价值为800 000元，票面利率为10%，则该票据到期时，企业应支付（　　）元。

A. 800 000　　B. 810 000　　C. 815 000　　D. 820 000

16. 2008年1月1日，A公司折价发行3年期公司债券，该债券面值为3 000 000元，票面利率为10%，到期一次还本付息，发行收入为29 500元，则到期时公司应偿付（　　）元。

A. 3 090 000　　B. 3 850 000　　C. 3 000 000　　D. 3 900 000

17. 下列项目中，不属于职工薪酬的是（　　）。

A. 职工工资　　B. 职工福利费

C. 医疗保险费　　D. 职工出差报销的火车票

18. 企业将拥有的住房提供给生产工人无偿居住，在分配应付职工薪酬时，该住房的折旧应（　　）。

A. 借：生产成本
　　贷：应付职工薪酬

B. 借：制造费用
　　贷：应付职工薪酬

C. 借：管理费用
　　贷：累计折旧

D. 借：生产成本
　　贷：累计折旧

19. 企业以其自产产品作为非货币性福利发放给职工的，应根据受益对象，按照该产品的（　　），计入相关资产成本或当期损益，同时确认应付职工薪酬。

A. 生产成本　　B. 可变现净值　　C. 账面价值　　D. 公允价值

20. 下列各项中，不影响债券发行价格高低的因素是（　　）。

A. 债券票面金额　　B. 债券票面利率　　C. 发行当时的市场利率　　D. 债券溢价

21. 某公司2008年1月1日，发行2年期公司债券，实际收到款项193 069元，债券面值为20 000元，每半年付息一次，到期还本，票面利率10%，实际利率12%。采用实际利率法摊销溢折价，则2008年12月31日应付债券的账面余额为（　　）。

A. 193 069　　B. 194 653　　C. 19 632. 33　　D. 200 000

二、多项选择题

1. 关于预收账款，下列说法正确的有（　　）。

A. 预收账款是根据合同规定在销售实现前收取的货款

B. 预收账款与应付账款都是负债，两者核算的内容完全一样

C. 企业可根据实际情况不设置“预收账款”账户

D. 企业预收账款业务不论多少，都应设置“预收账款”账户进行核算

2. 通过“应交税金”账户核算的税种有（　　）。

A. 增值税、消费税、营业税　B. 所得税　C. 城建税　D. 印花税

3. 增值税的征收范围包括（　　）。

A. 销售商品　B. 出口货物　C. 进口货物　D. 提供劳务

4. 增值税可以实行低税率的商品包括（　　）。

A. 食用油　B. 粮食　C. 图书　D. 出口货物

5. 消费税采用从量定额方式征收的消费品包括（　　）。

A. 啤酒　B. 化妆品　C. 黄酒　D. 汽油柴油

6. 下列税金中，可能会计入“营业税金及附加”账户的是（　　）。

A. 消费税　B. 资源税　C. 土地增值税　D. 增值税

7. 在“应交税费”账户核算的税种有（　　）。

A. 增值税　B. 消费税　C. 营业税　D. 印花税

8. 计量应付职工薪酬时，下列说法正确的是（　　）。

A. 国家规定了计提基础和计提比例的，按国家标准计提

B. 国家没有规定计提基础和计提比例的，企业可以按随意比例计提

C. 当期实际发生金额大于预计金额的，应当补提应付职工薪酬

D. 当期实际发生金额小于预计金额的，不做处理

9. 对于企业发放的非货币性职工薪酬，下列说法正确的是（　　）。

A. 企业以其自产产品发放的，按照该产品的公允价值计入相关资产成本或当期损益，同时确认应付职工薪酬

B. 企业将房屋等资产发放的，应根据受益对象将该住房每期应计提的折旧计入相关资产成本或当期损益，同时确认应付职工薪酬

C. 企业租赁住房等资产提供职工无偿使用的，应当根据受益对象将每期应付的租金计入相关资产成本或当期损益，同时确认应付职工薪酬

D. 难以确定受益对象的非货币性福利直接计入当期损益和应付职工薪酬

10. 借款费用（利息支出）允许开始资本化必须同时满足的条件（　　）。

A. 资本支出已经发生

B. 借款费用已经发生

C. 为使固定资产达到预定可使用状态所必要的购建活动已经开始

D. 长期借款已经发生

11. 通常公司债券的票面上包括的内容有（　　）。

A. 公司名称　B. 债券面额利率

C. 债券的还本期限和方式　D. 利息支付方式

12. 下列各项中，属于“其他暂收及应付款”账户核算内容的有（　　）。

A. 应付经营性租入固定资产和包装物的租金

B. 存入保证金

C. 应付及暂收其他单位的款项

D. 应付退休职工的统筹退休金

13. 企业生产部门人员的职工薪酬应计入（　　）账户。

A. 生产成本　　B. 在建工程　　C. 制造费用　　D. 劳务成本

14. 下列各项中，属于非货币性福利的有（　　）。

A. 职工福利费　　B. 企业将自产的啤酒发放给职工

C. 企业将拥有的房屋无偿提供给职工使用　　D. 企业租赁住房供职工无偿使用

15. 下列各项中，企业取得长期借款时，可能借记（　　）账户。

A. 银行存款　　B. 库存现金　　C. 固定资产　　D. 在建工程

16. 下列各项中，债券发行的方式有（　　）。

A. 面值发行　　B. 折价发行　　C. 市价发行　　D. 溢价发行

17. 为核算应付债券发行、计提利息、还本付息等情况，“应付债券”账户下可设置明细账户的有（　　）。

A. 溢折价　　B. 面值　　C. 利息调整　　D. 应计利息

18. 下列业务，需要交纳营业税的有（　　）。

A. 销售产品　　B. 销售不动产

C. 提供修理修配劳务　　D. 转让无形资产

19. 企业发行的应付债券产生的利息调整，每期摊销时可能计入的账户是（　　）。

A. 在建工程　　B. 长期待摊费用　　C. 管理费用　　D. 财务费用

20. 公司用于购建固定资产长期借款的利息支出，根据不同的情况，可（　　）。

A. 作为制造费用计入当期损益

B. 作为营业外支出计入当期损益

C. 作为资本性支出计入购建成本

D. 作为期间费用计入当期损益

三、判断题

1. 流动负债就是指在1年内偿还的债务。（　　）

2. 短期借款的债权人一般为银行和其他金融机构等。（　　）

3. 短期借款核算的基本要求是：反映和监督借款的借入、借款利息的结算和借款本息的归还情况，促使企业遵守信贷纪律，发挥信贷资金使用的效益。（　　）

4. 企业预收的货款待实际出售商品、产品或提供劳务时再行冲减。（　　）

5. 企业应交纳的印花税以及其他不需要预计应交税额的税金，也要在“应交税费”账户核算。（　　）

6. 增值税的征收范围只包括销售商品和提供劳务。（　　）

7. 增值税的纳税人分为一般纳税人和小规模纳税人，两者增值税的计算和交纳的依据都不同。（　　）

8. 增值税有两种税率：17%和13%。（　　）

9. 增值税一般纳税人核算应交增值税时采用多栏式明细账，一般设置“进项税额”、

“销项税额”、“已交税金” 等子目。 ( )

10. 消费税税率从3% ~45%共分为11档，消费税的征收实行从价定率和从量定额两种方法。 ( )

11. 企业在开发所有资源时，都需要交纳资源税。 ( )

12. 企业提供给职工配偶、子女或其他被赡养人的福利不属于职工薪酬的范围。 ( )

13. 企业应当在职工为其提供服务的会计期间，将所有应付的职工薪酬确认为负债。 ( )

14. 对于在职工提供服务的会计期末以后1年以上到期的应付职工薪酬，企业应选择恰当的折现率进行折现后计入相关资产成本或当期损益。 ( )

15. 其他流动负债包括其他应交款、其他暂收及应付款。 ( )

16. 教育费附加是以企业已经交纳的增值、消费、营业税额为计算依据征收的一项费用。 ( )

17. 公司债券的筹资范围比银行或其他金融机构要大，是一种有效的融资手段。 ( )

18. 企业因购建固定资产而举借长期借款，发生的固定资产交付使用前的利息支出和有关费用应计入当期损益。 ( )

19. 我国规定，债券可以按面值和溢折价发行，而股票只允许按面值和溢价发行。 ( )

20. 债券折价发行的主要原因是债券票面利率大于市场利率。 ( )

四、名词解释

1. 流动负债
2. 短期借款
3. 应付账款
4. 预收账款
5. 应付票据
6. 应交税费
7. 增值税
8. 消费税
9. 营业税
10. 资源税
11. 土地增值税
12. 房产税
13. 土地使用税
14. 车船税
15. 印花税
16. 职工薪酬

17. 其他暂收及应付款
18. 长期负债
19. 长期借款
20. 应付债券
21. 实际利率法

五、思考题

1. 什么是负债？
2. 流动负债的概念及特点是什么？
3. 应付账款应如何核算？
4. 什么是增值税？增值税如何核算？
5. 增值税一般纳税人和小规模纳税人关于增值税的核算在计税方法上有何不同？
6. 应付职工薪酬的计量标准有哪些？
7. 其他暂收应付款包括哪些内容？如何核算？
8. 与流动负债相比，长期负债的特点有哪些？
9. 为购建固定资产专门借入长期借款时如何核算？
10. 应付债券如何核算？

六、业务题

（一）

【资料】 企业2008年12月发生下列业务：

1. 某企业当月1日向银行借入期限为8个月、年利率为9%的生产周转借款40 000元，所借款项已转入银行存款账户；该借款每月预提利息，到期一次还本付息；
2. 该企业7月1日因1张应付票据到期无力支付，向银行借入期限1个月、年利率6%的短期借款抵付该应付票据；
3. 该企业开出的一张面额为60 000元的银行承兑汇票到期，企业无力支付。银行代企业付款后，将承兑金额转为企业的短期借款，并对企业处以200元的罚款，该罚款已用银行存款支付。

【要求】 根据上述资料编制会计分录。

（二）

【资料】 甲企业向S单位销售一批产品，价值200 000元，增值税税率为17%，预收货款100 000元，合同约定3个月后将该批产品送达S单位，S单位验收合格后补付剩余货款。

【要求】 根据上述资料编制会计分录。

（三）

【资料】某企业于 2008 年 3 月购进甲材料一批，增值税专用发票上注明的买价为 95 000元，增值税额为 16 150 元，按合同规定，企业开出 2 个月到期、不带息商业承兑汇票 1 张，材料已运达企业并验收入库；2008 年 7 月 1 日，购进 A 商品一批，增值税专用发票上注明的买价为 9 000 元，增值税额为 1 530 元。货款未付，开出一张票面利率为 8%、期限为 3 个月的商业承兑汇票，商品已验收入库，3 个月后，票据到期，企业用银行存款偿付。

【要求】根据上述资料编制会计分录。

（四）

【资料】A 公司为增值税一般纳税人，适用的增值税率为 17%。2008 年 9 月发生的增值税相关业务如下：

1. 2008 年 9 月 1 日，购进甲材料一批，取得的增值税专用发票注明原材料价款为 10 000 元，用银行存款支付，材料已验收入库；
2. 2008 年 9 月 15 日，购进乙材料一批，增值税专用发票上注明的原材料售价25 000元，负担运输费 1 500 元，装卸及保险费 300 元，款项均以银行存款支付；
3. 2008 年 9 月 17 日，向乙公司销售产品一批，开出增值税专用发票注明价款 230 000 元，货款尚未收到；
4. 2008 年 9 月 30 日，购进一台设备，增值税专用发票注明买价 180 000 元，款项以银行存款支付。

【要求】根据上述资料编制相关会计分录，并编制计算交纳本月增值税的分录。

（五）

【资料】A 企业 2008 年 10 月，发生下列业务：

1. 10 月 3 日，出售生产的小汽车 20 辆，取得含增值税销售收入 5 850 000 元，小汽车的消费税为 9%；
2. 10 月 10 日，对外提供运输服务，收入 60 000 元，已存入银行，适用的营业税税率为 3%；
3. 10 月 20 日，将自产煤 500 吨，用于生产煤炭制品，每吨应交资源税 5 元。

【要求】根据上述资料编制会计分录。

(六)

【资料】A 企业 2008 年 12 月份“工资结算汇总表”的资料如下表所示：

单位：元

生产工人工资	230 000
管理人员工资	70 000
在建工程人员工资	40 000
产品销售人员工资	20 000
新产品研发人员工资（非资本化部分）	30 000
医务福利部门人员工资	10 000
代扣代缴房租	12 000
代扣代缴个人所得税	8 000
12 月工资总额	380 000

【要求】根据上述资料编制会计分录。

(七)

【资料】A 企业 2008 年 1 月 1 日，向银行借入长期借款 1 500 000 元，年利率为 6%，期限为 2 年。还本付息方式有两种：(1) 每年年末付息一次到期还本；(2) 每年末计息，到期一次还本付息。

【要求】根据两种不同的计息方式，编制借款取得、计息、付息及还本的相应的会计分录。

(八)

【资料】A 企业为构建某项固定资产，2009 年初，专门从银行借入 2 年期长期借款 500 000 元，年利率 10%，单利计算，每年末计息一次，到期一次还本付息，该项固定资产预计 2 年内完工，所借款项已存入银行。

【要求】根据上述资料编制会计分录。

(九)

【资料】某企业 2007 年 7 月 1 日发行 2 年期、每半年付息、到期还本、面值为 1 000 000元的债券。债券票面利率为 8%。在市场利率分别为 6%、8%、10% 时，债券的发行价格分别为 1 037 184 元、1 000 000 元、964 540 元。

【要求】折溢价摊销按照实际利率法，分别编制三种情况下债券发行、计息和还本付息的相关分录。

(十)

【资料】A 企业于 2008 年 1 月 1 日发行公司债券，用于生产经营，面值共计 500 元，期限 2 年，年利率 6%，每半年计息一次，分别于 7 月 5 日和 1 月 5 日支付利息。假定不考虑债券发行的手续费用，债券的发行价格分别为480万、500万和520万。

【要求】根据上述资料，分别按三种不同的发行价格作如下账务处理：

1. 编制发行债券收到价款的会计分录。
2. 用实际利率法编制应付债券利息费用计算表（三种发行价格下的实际利率分别为4.11%、3%和1.95%），编制计提利息以及摊销溢折价的会计分录。
3. 编制到期归还本金的会计分录。

答　案

一、单项选择题

1. A　2. C　3. B　4. D　5. C　6. A　7. A　8. B　9. D　10. C　11. D
12. C　13. C　14. C　15. D　16. D　17. D　18. A　19. D　20. A　21. C

二、多项选择题

1. AC　2. ABC　3. ACD　4. ABC　5. ACD　6. AB　7. ABC　8. AC
9. ABCD　10. ABC　11. ABCD　12. ABCD　13. AD　14. BCD　15. AD　16. ABD
17. ABCD　18. BD　19. AD　20. CD

三、判断题

1. ×　2. √　3. √　4. √　5. ×　6. ×　7. √　8. ×　9. √　10. √
11. ×　12. ×　13. ×　14. √　15. √　16. √　17. √　18. ×　19. √　20. ×

四、名词解释

1. 流动负债：将在1年或超过1年的一个营业周期内偿还的债务。
2. 短期借款：企业借入的期限在1年以下的各种借款。
3. 应付账款：核算企业因购买材料、商品和接受劳务供应等经营活动应支付的款项。
4. 预收账款：企业向购货方预收的购货定金或部分货款。
5. 应付票据：由出票人出票，并由承兑人允诺在一定时期内支付一定款项的书面证明。
6. 应交税费：企业根据国家法律、法规规定，从事一定经济活动向国家交纳的各种税收。
7. 增值税：属于价外税，是对销售收入中的增值额进行征税的一种流转税。
8. 消费税：对在我国境内生产、委托加工和进口应税消费品的单位和个人征收的一种税。
9. 营业税：对在我国境内提供应税劳务、转让无形资产或销售不动产的单位和个人征收的一种税。
10. 资源税：国家向开发、开采自然资源的企业征收的一种税收。
11. 土地增值税：国家向转让国有土地使用权、地上建筑物及其附着物取得收入的单位或个人征收的一种税。

12. 房产税：国家对城市、县城、建制镇和工矿区征收的由产权所有人交纳的税种。
13. 土地使用税：国家为了合理利用城镇土地，调节土地级差收入，提高土地使用效率，加强土地管理而开征的一种税种。
14. 车船税：由拥有并且使用车船的单位或个人交纳并按实际使用税率计算。
15. 印花税：对书立、领受购销合同等凭证行为征收的税款，实行由纳税人根据规定自行计算应纳税额，购买并一次贴足印花税票的交纳办法。
16. 职工薪酬：企业为获得职工提供的服务而给予各种形式的报酬以及其他相关支出，包括职工在职期间和离职后提供给职工的全部货币性薪酬和非货币性福利。
17. 其他暂收及应付款：与企业购销业务没有直接关系的应付、暂收款项一般包括应付经营性租入固定资产和包装物的租金、存入保证金、应付及暂收其他单位的款项、应付退休职工的统筹退休金。
18. 长期负债：偿还期在1年的一个营业周期以上的债务，包括长期借款、应付债券等。
19. 长期借款：企业借入的期限在1年以上的各种借款。
20. 应付债券：企业为了筹集长期资金而依照法定程序发行的，约定在一定期限偿还本息的有价证券。
21. 实际利率法：先用每期的期初债券账面价值乘以实际利率计算出各期利息费用，再与实际应付利息相比较，求得各期债券溢价或折价摊销额的摊销方法。

五、思考题

答案略。

六、业务题

(一)

1. (1) 2008年12月1日，借入时：

借：银行存款	40 000	
贷：短期借款		40 000

(2) 每月预提：

借：财务费用	300	
贷：预提费用		300

2. 偿付应付票据时：

借：应付票据	10 000	
贷：短期借款		10 000

3.

借：应付票据	60 000	
贷：短期借款		60 000
借：财务费用	200	
贷：银行存款		200

(二)

1. 借：银行存款　　　　　　　　　　100 000
　　贷：预收账款　　　　　　　　　　　　100 000
2. 借：银行存款　　　　　　　　　　134 000
　　预收账款　　　　　　　　　　　100 000
　　贷：主营业务收入　　　　　　　　　　200 000
　　　　应交税费——应交增值税（销项税额）34 000

(三)

1. 2008 年 3 月，购入甲材料时：
　借：原材料　　　　　　　　　　95 000
　　应交税费——应交增值税（进项税额）16 150
　　贷：应付票据　　　　　　　　　　111 150
2. 2008 年 7 月，购入 A 商品时：
　借：原材料　　　　　　　　　　9 000
　　应交税费——应交增值税（进项税额）　1530
　　贷：应付票据　　　　　　　　　　10530
3. 每月末计提利息费用（10 530 ×8% ÷12 =70. 2）
　借：财务费用　　　　　　　　　　70. 2
　　贷：应付票据　　　　　　　　　　70. 2
4. 2008 年 12 月，偿付该票据时：
　借：应付票据　　　　　　　　　10 740. 6
　　贷：银行存款　　　　　　　　　　10 740. 6

(四)

1. 2008 年 9 月 1 日，购入甲材料时：
　借：原材料　　　　　　　　　　10 000
　　应交税费——应交增值税（进项税额）1 700
　　贷：银行存款　　　　　　　　　　11 700
2. 2008 年 9 月 15 日，购入乙材料时：
　借：原材料　　　　　　　　　　26 800
　　应交税费——应交增值税（进项税额）4 250
　　贷：银行存款　　　　　　　　　　31 050
3. 2008 年 9 月 17 日，销售商品时：
　借：应收账款　　　　　　　　　269 100
　　贷：主营业务收入　　　　　　　　　230 000
　　　　应交税费——应交增值税（销项税额）39 100

4. 2008 年 9 月 30 日，购入设备时：

借：固定资产　　210 600

　　贷：银行存款　　210 600

5. 本月应交增值税 = 销项税额 − 进项税额 = 39 100 − 1 700 − 4 250 = 33 150（元）

借：应交税费——应交增值税（已交税金）　33 150

　　贷：银行存款　　33 150

（五）

1. 2008 年 10 月 3 日，应纳消费税 $=\frac{58\ 500}{1+17\%}\times 9\%=4\ 500$（元）

借：营业税金及附加　　4 500

　　贷：应交税费——应交消费税　　4 500

2. 2008 年 10 月 10 日，应纳营业税 $=60\ 000\times 3\%=1\ 800$（元）

借：其他业务成本　　1 800

　　贷：应交税费——应交营业税　　1 800

3. 2008 年 10 月 20 日，应交资源税 $=500\times 5=2\ 500$（元）

借：生产成本　　2 500

　　贷：应交税费——应交资源税　　2 500

（六）

借：生产成本——基本生产成本　　230 000

　　管理费用　　70 000

　　在建工程　　40 000

　　销售费用　　20 000

　　研发支出——费用化支出　　30 000

　　应付福利费　　10 000

　　贷：应付职工薪酬　　400 000

借：应付职工薪酬　　20 000

　　贷：其他应收款——代垫房租　　12 000

　　　　应交税费——应交个人所得税　　8 000

（七）

1. 年末付息到期还本：

（1）取得时：

借：银行存款　　1 500 000

　　贷：长期借款——本金　　1 500 000

（2）年末计息时：

借：财务费用　　90 000

　　贷：应付利息　　90 000

（3）偿还利息时：

借：应付利息　　90 000

　　贷：银行存款　　90 000

（4）到期还本时：

借：长期借款——本金　　1 500 000

　　应付利息　　90 000

　　贷：银行存款　　1 590 000

2. 每年末计息，到期一次还本付息：

（1）取得时：

借：银行存款　　1 500 000

　　贷：长期借款——本金　　1 500 000

（2）年末计息时：

借：财务费用　　90 000

　　贷：长期借款——应计利息　　90 000

（3）到期还本付息时：

借：长期借款——本金　　1 500 000

　　应计利息　　180 000

　　贷：银行存款　　1 680 000

（八）

1. 取得长期借款时：

借：银行存款　　500 000

　　贷：长期借款——本金　　500 000

2. 年末计息时：

借：在建工程　　50 000

　　贷：长期借款——应计利息　　50 000

3. 到期还本付息时：

借：长期借款——本金　　500 000

　　应计利息　　100 000

　　贷：银行存款　　600 000

（九）

1. 市场利率为6%

查表得知：4 期的半年利率为3%的复利现值为0.888 5，则债券面值的现值为：

1 000 000 ×0.888 5 =888 500（元）

4 年期的半年利率为 3% 的年金现值为 3. 717 1，则债券利息年金现值为：

40 000 ×3. 717 1 =148 684（元）

则债券的价格 =888 500 +148 684 =1 037 184（元）

债券溢价 =1 037 184 –1 000 000 =37 184（元）

（1）取得时：

借：银行存款　　1 037 184

　　贷：应付债券——面值　　1 000 000

　　　　利息调整　　37 184

（2）2007 年 7 月 1 日，债券溢价摊销时：

借：财务费用　　31 115. 52

　　应付债券——利息调整　　8 884. 48

　　贷：应付利息　　40 000

（3）实际支付利息时：

借：应付利息　　40 000

　　贷：银行存款　　40000

（4）2008 年 1 月 1 日、2008 年 7 月 1 日溢价摊销和支付利息费用同上。

（5）2009 年 1 月 1 日，债券到期偿付本金和最后一期利息：

借：财务费用　　30 277. 03

　　应付债券——利息调整　　9 722. 97

　　债券面值　　1 000 000

　　贷：银行存款　　1 040 000

2. 市场利率为 8%

4 期的半年利率为 4% 的复利现值为 0. 854 8，则债券面值的现值为：

1 000 000 ×0. 854 8 =854 800（元）

4 期的半年利率为 3% 的年金现值为 3. 629 9，则债券利息年金现值为：

40 000 ×3. 629 9 =145 200（元）

则债券的价格 =854 800 +145 200 =1 000 000（元）

（1）取得时：

借：银行存款　　1 000 000

　　贷：应付债券——面值　　1 000 000

（2）计息：

借：财务费用　　40 000

　　贷：应付利息　　40 000

（3）付息时：

借：应付利息　　40 000

　　贷：银行存款　　40 000

（4）到期还本时：

借：应付债券——面值　　1 000 000

　　贷：银行存款　　1 000 000

3. 市场利率为10%

4期的半年利率为5%的复利现值为0.822 7，则债券面值的现值为：

1 000 000×0.822 7 = 822 700（元）

4期的半年利率为3%的年金现值为3.546，则债券利息年金现值为：

40 000×3.546 = 141 840（元）

则债券价格 = 822 700 + 141 840 = 964 540（元）

债券折价 = 964 540 - 1 000 000 = -35 460（元）

（1）取得时：

借：银行存款　　964 540

　　应付债券——利息调整　　35 460

　　贷：应付债券——面值　　1 000 000

（2）2007年7月1日，债券折价摊销时：

借：财务费用　　48 227

　　贷：应付利息　　40 000

　　　　应付债券——利息调整　　8 227

（3）实际支付利息时：

借：应付利息　　40 000

　　贷：银行存款　　40 000

（4）2008年1月1日、2008年7月1日折价摊销和支付利息费用同上。

（5）2009年1月1日，债券到期偿付本金和最后一期利息：

借：财务费用　　49 524.38

　　应付债券——债券面值　　1 000 000

　　贷：银行存款　　1 040 000

　　　　应付债券——利息调整　　9 524.38

（十）

1.（1）发行价为480万元时：

　　借：银行存款　　4 800 000

　　　　应付债券——利息调整　　200 000

　　　　贷：应付债券——面值　　5 000 000

（2）发行价为500万元时：

　　借：银行存款　　5 000 000

　　　　贷：应付债券——面值　　5 000 000

（3）发行价为520万元时：

借：银行存款　　　　　　5 200 000

　贷：应付债券——面值　　　　　5 000 000

　　　利息调整　　　　　　　　　200 000

2.（1）发行价为480万元时：

单位：万元

计息期次	应计利息	利息费用	摊销的差额	尚未摊销的差额	债券的摊余成本
发　行				20	480
1	15	19.728	4.728	15.272	484.728
2	15	19.922	4.922	10.35	489.65
3	15	20.12	5.12	5.23	494.77
4	15	20.23	5.23	0	500
合　计	60	80	20		

①第一期会计分录：

借：财务费用　　　　　　197 280

　贷：应付利息　　　　　　　　　150 000

　　　应付债券——利息调整　　　　47 280

②最后一期会计分录：

借：财务费用　　　　　　202 300

　贷：应付利息　　　　　　　　　150 000

　　　应付债券——利息调整　　　　52 300

（2）发行价为500万元时：

单位：万元

计息期次	应计利息	利息费用	摊销的差额	尚未摊销的差额	债券的摊余成本
发　行				0	500
1	15	15	0	0	500
2	15	15	0	0	500
3	15	15	0	0	500
4	15	15	0	0	500
合　计	60	60	0		

①第一期会计分录：

借：财务费用　　　　　　150 000

　贷：应付利息　　　　　　　　　150 000

②最后一期会计分录：

借：财务费用　　　　150 000

　　贷：应付利息　　　　150 000

（3）发行价为520万元时：

单位：万元

计息期次	应计利息	利息费用	摊销的差额	尚未摊销的差额	债券的摊余成本
发行				20	520
1	15	10.14	4.86	15.14	515.14
2	15	10.045	4.955	10.185	510.185
3	15	9.949	5.051	5.134	505.134
4	15	9.866	5.134	0	500
合　计	60	40	20		

①第一期会计分录：

借：财务费用　　　　101 400

　　应付债券——利息调整　　　　48 600

　　贷：应付利息　　　　150 000

②最后一期会计分录：

借：财务费用　　　　98 660

　　应付债券——利息调整　　　　51 340

　　贷：应付利息　　　　150 000

3. 借：应付债券——面值　　　　5 000 000

　　贷：银行存款　　　　5 000 000

第十二章　所有者权益

习　题

一、单项选择题

1. 我国有限责任公司和股份有限公司的发起人以无形资产作价出资，出资金额最高不得超过注册资本的（　　）。

A. 20%　　B. 30%　　C. 40%　　D. 50%

2. 分配股利后，公司的法定盈余公积不得低于注册资本的（　　）。

A. 20%　　B. 25%　　C. 40%　　D. 50%

3. 所有者权益在数量上表现为（　　）。

A. 资产总额减去负债总额　　B. 流动资产总额减去流动负债总额

C. 资产总额减去流动负债总额　　D. 非流动资产总额减去非流动负债总额

4. 法定盈余公积通常按税后利润的10%提取，当其达到注册资本的（　　）时可不再提取。

A. 25%　　B. 6%　　C. 10%　　D. 50%

5. 某企业2008年度发生亏损，按规定可以用盈余公积弥补，应做的会计分录为（　　）。

A. 借记“盈余公积”账户，贷记“利润分配——其他转入”账户

B. 借记“利润分配——弥补以前年度亏损”账户，贷记“应弥补亏损”账户

C. 借记“利润分配——弥补以前年度亏损”账户，贷记“利润分配——未分配利润”账户

D. 不作账务处理

6. 某有限责任公司，甲乙丙三股东各出资50万元成立A公司，3年后开始盈利，该企业留存收益40万元。此时丁投资者有意加入，出资65万获得25%的股权，那么丁投资产生的资本公积为（　　）。

A. 15万元　　B. 0万元　　C. 25万元　　D. 20万元

7. 企业通过生产经营所形成的所有者权益指的是（　　）。

A. 资本公积　　B. 实收资本　　C. 留存收益　　D. 盈余公积

8. 股东在公司里的出资额应视为（　　）。

A. 股东权益总额　　B. 投入资本　　C. 留存收益　　D. 股票面值

9. 有限责任公司增资扩股时，新的投资者交纳的出资额大于其在注册资本中所占的份额部分，应计入（　　）账户。

A. 盈余公积　　B. 股本　　C. 实收资本　　D. 资本公积

10. 所有者权益是指企业所有者对企业（　　）的所有权。

A. 全部资产　　B. 净资产　　C. 全部负债　　D. 全部权益

11. 股份公司委托证券公司溢价发行普通股股票，发行价格扣除相关发行费用的余额计入（　　）账户。

A. 财务费用　　B. 投资收益　　C. 盈余公积　　D. 资本公积

12. 股份公司采用溢价发行股票方式筹集资本，其“股本”账户所登记的金额是（　　）。

A. 实际收到的款项

B. 股票面值与股份总额的乘积

C. 实际收到的款项减去应付证券商的费用

D. 实际收到的款项加上应支付的证券商的费用

13. 某股份公司委托证券公司代理发行普通股2 000万股，每股面值1元，按每股2.1元出售。该公司支付给证券公司2%的手续费，从发行收入中扣除，则该股份公司计入资本公积的数额为（　　）万元。

A. 2 116　　B. 2 200　　C. 2 620　　D. 2 560

14. 下列业务中，不会引起留存收益总额变化的是（　　）。

A. 盈余公积转增资本　　B. 分配现金股利

C. 盈余公积弥补亏损　　D. 分配股票股利

15. 甲公司收到乙公司作为资本投入的原材料一批，价值20万元（不含增值税），开具了增值税专用发票，则甲公司应计入“实收资本”账户的金额为（　　）万元。

A. 20　　B. 23.4　　C. 21.2　　D. 18.3

16. 企业接受非现金资产投资时，应按（　　）（不公允的除外）确定非现金资产价值和在注册资本中应享有的份额。

A. 投资合同约定的价值　　B. 被投资方确定的价值

C. 投资方非现金资产的账面价值　　D. 投资方确定的价值

17. 某企业年初未分配利润为160 000元，当年实现净利润为320 000元，该企业按净利润的10%提取法定盈余公积，按净利润的5%提取任意盈余公积，分配现金股利80 000元。则该企业年末未分配利润为（　　）元。

A. 320 000　　B. 432 000　　C. 352 000　　D. 480 000

18. 甲股份有限公司注册资本为10 000万元，2008年实现的净利润为1 600万元，年初“未分配利润”明细账户贷方余额400万元，2008年提取盈余公积前法定盈余公积的累计额200万元，则该公司2008年按规定提取的法定盈余公积的数额为（　　）万元。

A. 160　　B. 120　　C. 200　　D. 0

19. A公司现有注册资本2 000万元，法定盈余公积的数额为1 000万元，可用于转增资本的数额为（　　）万元。

A. 1 000　　B. 500　　C. 750　　D. 1 250

20. 直接计入所有者权益的利得和损失应通过（　　）账户核算。

A. 实收资本　　B. 资本公积　　C. 盈余公积　　D. 利润分配

二、多项选择题

1. 实收资本按主体不同可以划分为（ ）。

A. 国家资本　B. 个人资本　C. 法人资本　D. 外商资本

2. 我国有限责任公司和股份有限公司的发起人以（ ）作价出资，出资金额不得超过注册资本的20%。

A. 工业产权　B. 土地使用权　C. 非专利技术　D. 著作权

3. 按面值发行股票发生的筹资费用应计入（ ）账户。

A. 长期待摊费用　B. 待摊费用　C. 冲减溢价收入　D. 财务费用

4. 企业留存收益的主要用途有（ ）。

A. 弥补亏损　B. 转增资本　C. 分配股利　D. 生产经营

5. 下列业务，不会引起所有者权益总额变动的有（ ）。

A. 盈余公积弥补亏损　B. 盈余公积转增资本

C. 盈余公积分配股利　D. 投资者投入资本

6. 投入资本按投资形式分为（ ）。

A. 银行存款　B. 实物资产　C. 长期借款　D. 无形资产

7. 资本公积的来源有（ ）。

A. 股本溢价　B. 直接计入所有者权益的利得

C. 资本溢价　D. 直接计入所有者权益的损失

8. 法定盈余公积的用途有（ ）。

A. 生产经营　B. 弥补亏损　C. 转增资本　D. 分配股利

9. 实收资本增加的途径有（ ）。

A. 盈余公积转增资本　B. 投资者追加投入

C. 资本公积转增资本　D. 向投资者分配利润

10. 可引起所有者权益增加的事项有（ ）。

A. 投资者追加投资　B. 盈余公积转增资本

C. 发放现金股利　D. 盈余公积弥补亏损

11. 我国股份公司采用公开发行股票募集资本时，发行的股票可以按（ ）发行。

A. 面值　B. 溢价　C. 折价　D. 市价

12. 下列项目中，属于企业留存收益的有（ ）。

A. 法定盈余公积　B. 任意盈余公积　C. 未分配利润　D. 资本公积

13. 某股份公司委托证券公司发行普通股股票100万股，每股面值1元，发行价格4元，支付发行费用20万元，发行款已存入银行。该笔业务涉及的账户有（ ）。

A. 银行存款　B. 股本

C. 资本公积——股本溢价　D. 利润分配——未分配利润

14. 年终利润分配结束，“利润分配——未分配利润”账户的余额可能表示的是（ ）。

A. 企业未分配的利润　B. 企业尚未弥补的亏损

C. 企业实现的利润　　D. 企业分配的利润

15. 企业可吸收投资者的（　）作为投入资本。

A. 货币资金　B. 实物资产　C. 租赁资产　D. 无形资产

16. 下列事项中，会导致实收资本或股本发生变动的有（　）。

A. 资本公积转增资本　　B. 盈余公积转增资本

C. 盈余公积弥补亏损　　D. 分配利润

17. 甲有限责任公司于2008年1月1日向乙公司投资1 000 000元，拥有乙公司20%的股份，并对乙公司有重大影响，甲公司对乙公司长期股权投资采用权益法核算。2008年12月31日，乙公司净损益之外的所有者权益增加了100 000元，乙公司资产的账面价值和公允价值一致，不考虑其他因素，甲公司应作的会计处理为（　）。

A. 增加“资本公积——股权投资准备”20 000元

B. 增加“长期股权投资”20 000元

C. 增加“资本公积——其他资本公积”20 000元

D. 增加“投资收益”20 000元

18. 下列各项会引起年末未分配利润数额变化的是（　）。

A. 分配利润　B. 资本公积转增资本　C. 本年利润转入　D. 提取盈余公积

19. 下列各项中，可能引起资本公积变动的有（　）。

A. 经批准将资本公积转增资本

B. 宣告分配现金股利

C. 投资者投入的资金大于其约定比例在注册资本的享有的份额

D. 盈余公积转增资本

20. 影响可供分配利润项目的因素有（　）。

A. 年初未分配的利润　　B. 提取法定盈余公积

C. 其他转入　　D. 当年实现的利润

三、判断题

1. 独资企业和合伙企业不具备法人资格，投资者投入的资金不必划分投入资本、资本公积和留存收益三部分。（　）

2. 有限责任公司的实收资本应等于企业的注册资本。（　）

3. 有限责任公司和股份公司的实收资本都计入“实收资本”账户。（　）

4. 股份公司采用溢价发行股票时，企业应将相当于股票面值的部分计入“股本”，其余部分扣除发行费用后计入“资本公积”。（　）

5. 货币资产投资可以是人民币，也可以是外币。（　）

6. 资本溢价及直接计入所有者权益的利得和损失构成企业的所有者权益。（　）

7. 盈余公积的结余，若用于其他业务，需要转账。（　）

8. 投资者以无形资产投资的金额不得超过注册资本的20%，特殊情况最高不得超过30%。（　）

9. 用盈余公积弥补亏损或转增资本时，都将影响所有者权益总额。（　）

10. 不同类型企业的投资者初始投资时都可能形成资本公积。（ ）

11. 资本公积和实收资本一样，都是由投资者对企业直接投资形成的。（ ）

12. 在我国，股票的发行价格可以超过或等于票面金额，但不能小于票面金额。（ ）

13. 用盈余公积弥补亏损或转增资本时，所剩余额无限制。（ ）

14. 当企业用资本公积转增资本时，会引起“实收资本”的增加和“资本公积”的减少。因此，会计分录是借记“实收资本”，贷记“资本公积”。（ ）

15. 对于有限责任公司而言，相同数量的投资，由于出资时间不同，其在企业中所享有的权利也不同。（ ）

16. 未分配利润是股利的主要来源。（ ）

17. 企业以盈余公积向投资者分配利润，不会引起留存收益总额的变动。（ ）

18. 未分配利润是经过弥补亏损、提取法定盈余公积、提取任意盈余公积和向投资者分配利润等分配顺序之后的剩余利润，它是企业留待以后年度进行分配的历年结存的利润。（ ）

19. 对于股份有限公司以外的其他企业来说，其投资者投入企业的资本一律计入“实收资本”账户。（ ）

20. 由于企业在创立时投资者认缴的出资额与注册资金一致，所以企业在创立时不会产生资本溢价或股本溢价。（ ）

四、名词解释

1. 有限责任公司
2. 独资企业
3. 合伙企业
4. 股份有限公司
5. 溢价发行
6. 面值发行
7. 实收资本
8. 所有者权益
9. 资本公积
10. 其他资本公积
11. 留存收益
12. 盈余公积
13. 未分配利润
14. 资本溢价

五、思考题

1. 有限责任公司的投入资本核算特点是什么？
2. 有限责任公司和独资企业、合伙企业有何区别？

3. 股份公司和有限责任公司有何区别?
4. 所有者权益的概念及构成内容是什么?
5. 资本公积和留存收益有何区别?
6. 资本溢价产生的原因?
7. 债权人资本和投资人资本有何区别?
8. 资本公积包括哪些内容? 应如何进行核算?
9. 用盈余公积分配股利的原则是什么?
10. 盈余公积的核算特点是什么?

六、业务题

(一)

【资料】某公司2008年5月份发生如下经济业务:

1. 5月2日，收到国家投入资金人民币500 000元存入银行;
2. 5月4日，收到A法人单位投入材料351 000元（内含增值税)，又收到其以土地使用权进行的投资，经确认作价为3 600 000元;
3. 5月6日，收到B法人单位投入设备1台，该设备账面原价为200 000元，已提折旧60 000元，经确认，该设备价值为150 000元;
4. 5月8日，收到外商投入的1项专利权，其确认价为180 000元。

【要求】编制上述业务的会计分录。

(二)

【资料】某公司2008年6月份发生如下经济业务:

1. 有限责任公司于2006年1月1日创立时，由甲、乙、丙三人各投资100 000元，总资本共300 000元，3年后取得留存收益100 000元，现有丁投资者出资120 000元，以银行存款支付出资额，取得与甲、乙、丙相同的投资比例;
2. 某有限责任公司用资本公积50 000元转增资本;
3. 某股份有限公司发行股票，委托证券公司代理发行普通股500万股，每股面值2元，若溢价发行每股发行价2. 50元，按发行收入的3%向证券公司支付手续费。

【要求】编制上述业务的会计分录。

(三)

【资料】A有限责任公司发生以下业务:

1. 2006年1月，由甲、乙两人各出资100万组建A公司，出资款全部存入公司开户银行;
2. 2008年10月，丙、丁两人愿意各出资125万加入A公司，投资后，每人占公司新注册资本的25%，增资手续办理完成，出资款存入银行。

【要求】1. 指出丙、丁两人愿意多出资的原因。

2. 根据上述资料编制会计分录。

（四）

【资料】某公司2008年发生如下经济业务：

1. 某企业该年度实现税后利润6 000 000元，分别按税后利润的10%、5%提取法定盈余公积和任意盈余公积。

2. 某股份有限公司注册资本为15 000 000元，该年度发生亏损1 200 000元，经董事会决议用以前年度提存的5 000 000元盈余公积弥补亏损。

3. 该公司经董事会决议，将盈余公积300 000元转增资本。

【要求】根据上述资料编制会计分录。

（五）

【资料】S股份有限公司近几年发生的业务如下：

1. 2007年，结转本期实现净利润80万元。期末，公司按规定计提法定盈余公积10%，同时经股东大会决议，提取任意盈余公积5%；

2. 2007年，用提取的盈余公积弥补以前年度亏损5万元。当时，企业法定盈余公积账面余额有28万元。

【要求】根据上述资料编制会计分录。

（六）

【资料】A股份有限公司于2008年1月委托某证券公司发行普通股股票1 000万股，每股面值1元，发行价格6元。合同规定，证券公司按发行收入的2%收取承销费用，直接从发行收入中扣除。1月25日，A公司收到股票发行款，存入银行。

【要求】根据上述资料编制会计分录。

（七）

【资料】A公司2008年初未分配利润有40万元，本期发生下列业务：

1. 结转本期实现的净利润90万元；

2. 本期提取法定盈余公积9万元，提取任意盈余公积6万元；

3. 董事会决议，用利润发放普通股现金股利40万元。

【要求】根据上述资料编制会计分录。

（八）

【资料】1. 某公司收到A公司投入的设备1台，原价为167 000元，投资各方确认价值为206 000元；

2. 某单位接收联营单位投入机器 1 台，账面原价为 200 000 元，已提折旧 120 000元，双方协议价 86 000 元，该机器已投入使用；
3. 某企业收到外单位投入实物资产一批，其中原材料实际成本 70 200 元（内含增值税），已入库；
4. 某企业年初累计未弥补亏损 300 000 元，现决定用以前年度提取的盈余公积来弥补亏损；
5. 某单位 2 000 年税前利润为 350 000 元，所得税税率为 33%，当年度支付各种税收滞纳金和罚款 8 000 元，弥补上年度亏损 200 000 元，之后提取 10% 盈余公积。

【要求】根据所给资料编制有关会计分录。

（九）

【资料】某年年初，甲、乙、丙三个企业经协商决定共同出资组建 A 股份有限公司，由甲企业投入货币资金 200 万元，占 50%；乙企业投入一项专利权，账面价值 35 万元，协议确定的投资价值为 41. 5 万元，另投入原材料一批，投资作价 58. 5 万元（含增值税），占 25%；丙企业以设备作为投资，账面原值 120 万元，已提折旧 40 万元，作价 100 万元，占 25%。当年末，A 公司实现净利润 320 万元，按 10% 提取法定盈余公积，向投资者分配利润 100 万元。

【要求】根据所给资料编制有关会计分录。

（十）

【资料】甲股份有限公司（以下简称甲公司）2007 ~2015 年度有关业务资料如下：

1. 2007 年 1 月 1 日，甲公司股东权益总额为 46 500 万元（其中，股本总额为 10 000 万股，每股面值为 1 元；资本公积为 30 000 万元；盈余公积为 6 000 万元；未分配利润为 500 万元）。2007 年度实现净利润 400 万元，股本与资本公积项目未发生变化。

   2008 年 3 月 1 日，甲公司董事会提出如下预案：按 2007 年度实现净利润的 10% 提取法定盈余公积金；以资本公积转增资本，每 10 股转增 4 股，计 4 000 万股。

   2008 年 5 月 5 日，甲公司召开股东大会，审议批准了董事会提出的预案，同时决定分派现金股利 300 万元。

   2008 年 6 月 10 日，甲公司办妥了上述资本公积转增股本的有关手续。
2. 2008 年度，甲公司发生净亏损 3 142 万元。
3. 2009 年至 2014 年度，甲公司分别实现利润总额 200 万元、300 万元、400 万元、500 万元、600 万元和 600 万元。假定甲公司适用的所得税税率为 25%，无其他纳税调税事项。
4. 2015 年 5 月 9 日，甲公司股东大会决定以法定盈余公积弥补 2014 年 12 月 31 日账面累计未弥补亏损。

假定：1. 2008 年发生的亏损可用以后 5 年内实现的税前利润弥补；

2. 除前述事项外，其他因素不予考虑。

【要求】1. 编制甲公司 2008 年 3 月提取 2007 年度法定盈余公积和法定公益金的会计分录。

2. 编制甲公司 2008 年 5 月宣告分派 2007 年度现金股利的会计分录。

3. 编制甲公司 2008 年 6 月资本公积转增股本的会计分录。

4. 编制甲公司 2008 年度结转当年净亏损的会计分录。

5. 计算甲公司 2014 年度应交所得税并编制结转当年净利润的会计分录。

6. 计算甲公司 2014 年 12 月 31 日账面累计未弥补亏损。

7. 编制甲公司 2015 年 5 月以法定盈余公积弥补亏损的会计分录。

答　案

一、单项选择题

1. B　2. B　3. A　4. A　5. A　6. A　7. C　8. B　9. D　10. B
11. D　12. B　13. A　14. C　15. B　16. A　17. C　18. A　19. B　20. B

二、多项选择题

1. ABCD　2. AC　3. AC　4. ABC　5. AB　6. ABD　7. ABCD　8. BCD
9. ABC　10. AC　11. AB　12. ABC　13. ABC　14. AB　15. ABD　16. AB
17. BC　18. ACD　19. AC　20. ACD

三、判断题

1. √　2. √　3. ×　4. √　5. √　6. √　7. ×　8. √　9. ×　10. ×
11. ×　12. √　13. ×　14. ×　15. √　16. √　17. ×　18. √　19. ×　20. ×

四、名词解释

1. 有限责任公司：由两个以上股东共同出资，每个股东以其所认缴的出资额对公司承担有限责任，公司以其全部资产对其债务承担责任的企业法人。
2. 独资企业：由单个投资者独立出资的企业。
3. 合伙企业：由两个及以上合伙人按照协议投资，共同经营、共负盈亏的企业。
4. 股份有限公司：全部资本由等额股份构成并通过发行股票筹集资本，股东以其所持有的股份对公司承担有限责任，公司以其全部资本对公司债务承担责任的企业法人。
5. 溢价发行：企业发行股票取得的收入大于股本总额时的发行方式。
6. 面值发行：企业发行股票取得的收入等于股本总额时的发行方式。
7. 实收资本：投资者实际投入企业的法定资本额，这部分法定资本就是企业在工商行政管理部门登记的注册资本。

8. 所有者权益：企业所有者对企业净资产的要求权。
9. 资本公积：投资者或者他人投入到企业、所有权归属于投资者，并且投入金额超过法定资本部分的资本。
10. 其他资本公积：除资本溢价（或股本溢价）项目以外所形成的资本公积，其中主要是直接计入所有者权益的利得和损失。
11. 留存收益：企业从历年实现的利润中提取或形成的留存于企业的内部积累。
12. 盈余公积：按规定从税后利润中提取的积累资金，是具有指定用途的留存收益。
13. 未分配利润：留于以后年度分配或待定分配的利润，它是企业尚未指定用途的留存收益。
14. 资本溢价：企业在筹集资金的过程中，投资人的投入资本超过其注册资金的数额。

五、思考题

答案略。

六、业务题

(一)

1. 借：银行存款　500 000
　　贷：实收资本　500 000
2. 借：原材料　300 000
　　应交税费——应交增值税（进项税额）51 000
　　无形资产　3 600 000
　　贷：实收资本　3 951 000
3. 借：固定资产　150 000
　　贷：实收资本　150 000
4. 借：无形资产　180 000
　　贷：实收资本　180 000

(二)

1. 借：银行存款　120 000
　　贷：实收资本　100 000
　　　　资本公积　20 000
2. 借：资本公积　50 000
　　贷：实收资本　50 000
3. 借：银行存款　12 125 000
　　贷：股本　10 000 000
　　　　资本公积　2 125 000

(三)

1. 丙丁两人各自多出25万元投资额的原因是：公司的净资产已经超过资本金；公司的盈利能力超过了初创期。

2. 2006年：

借：银行存款　　　　2 000 000
　　贷：实收资本——甲　　　　1 000 000
　　　　　　　　——乙　　　　1 000 000

2008年：

借：银行存款　　　　2 500 000
　　贷：实收资本——丙　　　　1 000 000
　　　　　　　　——丁　　　　1 000 000
　　　　资本公积——资本溢价　　　　500 000

(四)

1. 借：利润分配——提取法定盈余公积　　600 000
　　　　　　　——提取任意盈余公积　　300 000
　　贷：盈余公积——法定盈余公积　　　　600 000
　　　　　　　　——任意盈余公积　　　　300 000

2. 借：盈余公积　　　　1 200 000
　　贷：利润分配——其他转入　　　　1 200 000

3. 借：盈余公积　　　　300 000
　　贷：股本　　　　300 000

(五)

1. 借：本年利润　　　　800 000
　　贷：利润分配——未分配利润　　　　800 000
　借：利润分配——提取法定盈余公积　　80 000
　　　　　　　——提取任意盈余公积　　40 000
　　贷：盈余公积——法定盈余公积　　　　80000
　　　　　　　　——任意盈余公积　　　　40 000

2. 借：盈余公积——法定盈余公积　　50 000
　　贷：利润分配——其他转入　　　　50000

(六)

借：银行存款　　　　58 800 000
　　贷：股本　　　　10 000 000
　　　　资本公积——股本溢价　　　　48 800 000

(七)

1. 借：本年利润　　900 000
   贷：利润分配——未分配利润　　900 000
2. 借：利润分配——提取法定盈余公积　　90 000
   ——提取任意盈余公积　　60 000
   贷：盈余公积——法定盈余公积　　90 000
   ——任意盈余公积　　60 000
3. 借：利润分配——应付现金股利　　400 000
   贷：应付股利——应付普通股股利　　400 000

(八)

1. 借：固定资产　　206 000
   贷：实收资本　　206 000
2. 借：固定资产　　86 000
   贷：实收资本　　86 000
3. 借：原材料　　60 000
   应交税费——应交增值税（进项税额）10 200
   贷：实收资本　　70 200
4. 借：盈余公积　　300 000
   贷：利润分配——其他转入　　300 000
5. 应纳税所得 = 350 000 + 8 000 = 35 8000（元）
   税后利润 = 350 000 − 118 140 = 231 860（元）
   弥补亏损后余额 = 231 860 − 200 000 = 31 860（元）
   借：所得税　　118 140
   贷：应交税费——应交所得税　　118 140
   借：本年利润　　1 181 840
   贷：所得税　　1 181 840
   借：利润分配　　3 186
   贷：盈余公积　　3 186

(九)

1. A 公司收到投入资本时：
   借：银行存款　　2 000 000
   无形资产——专利权　　415 000
   原材料　　500 000
   应交税费——应交增值税（进项税额）85 000
   固定资产　　1 000 000

贷：实收资本——甲　　2 000 000
　　——乙　　1 000 000
　　——丙　　1 000 000

2. 提取法定盈余公积，分配利润时：

借：利润分配——提取法定盈余公积　　320 000
　　贷：盈余公积——法定盈余公积　　320 000

借：利润分配——应付利润　　1 000 000
　　贷：应付股利　　1 000 000

（十）

1. 借：利润分配——提取法定盈余公积　　400 000
　　贷：盈余公积——法定盈余公积　　400 000

借：利润分配——未分配利润　　400 000
　　贷：利润分配——提取法定盈余公积　　400 000

2. 借：利润分配——应付现金股利　　3 000 000
　　贷：应付股利　　3 000 000

借：利润分配——未分配利润　　3 000 000
　　贷：利润分配——应付现金股利　　3 000 000

3. 借：资本公积　　40 000 000
　　贷：股本　　40 000 000

4. 借：利润分配——未分配利润　　31 420 000
　　贷：本年利润　　31 420 000

5. 应交所得税 $=600\times25\%=150$（万元）

借：所得税费用　　1 500 000
　　贷：应交税费——应交所得税　　1 500 000

借：本年利润　　1 500 000
　　贷：所得税费用　　1 500 000

借：本年利润　　4 500 000
　　贷：利润分配——未分配利润　　4 500 000

6. 未弥补亏损 $=500+400-40-300-3\ 142+(200+300+400+500+600)+450$
$=-132$ 万元（亏损）

7. 借：盈余公积——法定盈余公积　　1 320 000
　　贷：利润分配——盈余公积补亏　　1 320 000

借：利润分配——盈余公积补亏　　1 320 000
　　贷：利润分配——未分配利润　　1 320 000

第十三章　收入、费用和利润

习　题

一、单项选择题

1. 出租固定资产收入应确认为（　　）。

A. 主营业务收入　　B. 其他业务收入　　C. 营业外收入　　D. 投资收益

2. 采用预收货款方式销售情况下，以（　　）确认营业收入的实现。

A. 合同约定的收款日　　B. 实际收到的价款日

C. 有关账单交给买方时　　D. 在商品、产品发出时

3. 采用托收承付结算方式销售产品应于（　　）确认销售收入的实现。

A. 向购货单位发出商品　　B. 收到购货单位承付的货款

C. 发出商品并办妥托收手续　　D. 购买方承付货款

4. 企业在确认销售收入后发生的销售折让，在实际发生时（　　）。

A. 计入财务费用　　B. 增加销售成本　　C. 冲减当期的收入　　D. 计入销售费用

5. 企业向某公司销售商品，不含税售价为 1 000 万元，给予购买方 10% 的商业折扣后，又给予现金折扣的条件"3/10，2/20，1/30，N/40"，对方在第 15 天付款，假定不考虑增值税，则发生的现金折扣为（　　）万元。

A. 16. 56　　B. 16. 4　　C. 18　　D. 20

6. 企业销售商品涉及现金折扣的，应当在现金折扣实际发生时计入（　　）。

A. 销售费用　　B. 管理费用　　C. 财务费用　　D. 销售收入

7. 下列叙述中，正确的是（　　）。

A. 销售折让是指企业为促进商品销售而在商品标价上给予的价格扣除

B. 销售折让是指企业为促进商品销售等原因而向债务人提供的债务扣除

C. 商业折扣是指企业因售出商品的质量不合格等原因而在售价上给予的减让

D. 商业折扣是指企业为促进商品销售而在商品标价上给予的价格扣除

8. 2009 年 2 月 1 日，某公司销售一批商品给甲公司，开具的增值税专用发票上注明的价款为 150 000 元，增值税额为 25 500 元；该公司为甲公司代垫运杂费 3 500 元，该批商品成本为 110 000 元。在向银行办妥手续后，该公司得知甲公司发生财务危机，资金周转困难，该公司决定本月不确认该项收入。则不正确的账务处理为（　　）。

A. 借：发出商品　　110 000

　　贷：库存商品　　110 000

B. 借：应收账款　　3 500

　　贷：银行存款　　3 500

C. 借：应收账款　　　　　　　　　　110 000
　　贷：主营业务成本　　　　　　　　　　110 000

D. 借：应收账款　　　　　　　　　　25 500
　　贷：应交税费——应交增值税（销项税额）　25 500

9. 下列税金中，应通过“主营业务税金及附加”账户核算的是（　　）。

A. 增值税　　B. 消费税　　C. 印花税　　D. 所得税

10. 下列收入项目中，与企业生产经营没有直接关系的收入是（　　）。

A. 固定资产出租收入　　B. 出售原材料收入
C. 运输单位提供的运输劳务收入　　D. 转让无形资产所有权取得的收入

11. 有利于考核费用计划的执行情况的费用分类方法是（　　）。

A. 按经济内容分类　　B. 按车间分类
C. 按经济用途分类　　D. 按使用情况分类

12. 采用交款提货方式销售商品的，在正常交易的情况下，销售企业应在（　　）时确认收入。

A. 签订合同　　B. 开出发票账单收到货款
C. 提货　　D. 购货方验收入库

13. 在计算营业利润时，不涉及的损益项目是（　　）。

A. 资产减值损失　　B. 公允价值变动净损益
C. 投资净损益　　D. 所得税费用

14. 企业某年营业收入 2 000 万元，营业成本 1 200 万元，营业税金及附加 150 万元，三项期间费用合计 250 万元，资产减值损失 100 万元，公允价值变动净收益 200 万元，投资收益 400 万元，营业外收支净额为 -50 万元，所得税费用 300 万元。则该企业的利润总额为（　　）。

A. 400 万元　　B. 550 万元　　C. 850 万元　　D. 900 万元

15. 企业一定期间的利润总额是指（　　）。

A. 营业利润加投资收益
B. 营业利润加公允价值变动净损益
C. 营业利润加营业外收支净额
D. 营业利润加营业外收支净额减所得税费用

16. 企业一定期间的净利润是指（　　）。

A. 营业利润加投资收益
B. 营业利润加公允价值变动净损益
C. 营业利润加营业外收支净额
D. 营业利润加营业外收支净额减所得税费用

17. 企业于会计期末结账时，应将损益类项目中的各项支出转入（　　）。

A. 本年利润科目借方　　B. 本年利润科目贷方
C. 利润分配科目借方　　D. 利润分配科目贷方

18. 企业所得税的核算应该采用（ ）。

A. 递延法　　B. 应付税款法

C. 资产负债表债务法　　D. 账结法

19. 如果发生的销售退回不属于资产负债表日后事项，且该项销售退回已发生现金折扣，应根据原已发生的现金折扣金额调整（ ）。

A. 发生当期的销售收入金额　　B. 发生当期的销售商品成本金额

C. 相关管理费用金额　　D. 相关财务费用金额

20. 下列项目中，应计入财务费用的是（ ）。

A. 筹集生产经营所需资金等而发生的筹资费用

B. 为购建或生产满足资本化条件的资产而发生的应予资本化的借款费用

C. 专设销售机构固定资产的折旧费

D. 企业行政管理部门设备折旧费用

二、多项选择题

1. 收入按性质分类为（ ）。

A. 商品销售收入　B. 让渡资产使用　C. 提供劳务收入　D. 其他收入

2. 收入按经营业务的主次分类为（ ）。

A. 主营业务收入　B. 其他业务收入　C. 营业外收入　D. 营业收入

3. 以下属于工业企业的主营业务收入的业务有（ ）。

A. 商品销售收入　　B. 让渡资产使用权收入

C. 提供工业性劳务收入　　D. 销售自制代修品收入

4. 以下属于商品流通企业主营业务收入的业务有（ ）。

A. 商品销售收入　　B. 让渡资产使用权收入

C. 提供劳务收入　　D. 代购代销商品手续费收入

5. 其他业务收入账户，核算企业不独立核算的其他业务收入和附营业务收入，包括（ ）。

A. 销售材料收入　　B. 技术转让收入

C. 提供劳务收入　　D. 出租固定资产收入

6. 按规定，下列业务中应确认为企业当年营业收入的有（ ）。

A. 3 月 25 日，销售商品一批，价款 100 万元，同时收到购货单位交来的一张同等金额的期限为 3 个月的商业汇票

B. 5 月 20 日，销售材料一批，价款 20 万元，材料款已收到并存入银行

C. 9 月 30 日，销售商品一批，价款 15 万元，但购货单位财务状况严重恶化，估计收回的可能性很小

D. 12 月 28 日，销售商品一批，开具增值税专用发票，预收价款 81.9 万元，购货单位因场地原因决定下年初再提货

7. 下列各项中，属于收入确认条件的有（ ）。

A. 企业已将商品所有权上的主要风险和报酬转移给买方

B. 企业既没有保留通常与所有权相联系的继续管理权，也没有对已售出商品实施有效控制

C. 与交易相关的经济利益可能流入企业

D. 相关的收入金额能够可靠地计量

8. 下列实现的各项经济利益的流入中，企业不能确认为收入的有（　　）。

A. 出租无形资产　　B. 出售不需用原材料

C. 对外投资实现的投资收益　　D. 出售固定资产的收入

9. 下列表述中，属于收入的特征的有（　　）。

A. 收入是企业的日常经营活动中产生的

B. 收入包括为第三方或客户代收的款项

C. 收入能导致企业所有者权益的增加

D. 收入可能表现为资产的增加或负债的减少

10. 下列有关收入的阐述中，正确的有（　　）。

A. 未确认收入的已发出商品退回应将发出商品转回库存商品

B. 已确认收入的商品退回一般应直接冲减退回当月的收入和成本

C. 如果销售折让发生在收入确认之前则类似于商业折扣处理

D. 资产负债表日及以前售出的商品，在资产负债表日至财务报告批准报出之日之间发生退回，则按资产负债表日后事项处理，冲减报告年度的收入、成本和税金

11. 下列关于费用的说法正确的有（　　）。

A. 费用会使企业资产减少或负债增加

B. 费用如果使资产减少，最终会导致企业所有者权益的减少

C. 费用如果使负债增加，则不会导致企业所有者权益的减少

D. 只有发生了货币资金的支付，才是经济利益流出企业，企业才能确认费用

12. 财务费用包括（　　）。

A. 生产经营期间发生的利息净支出

B. 汇兑净损失

C. 金融机构手续费

D. 为筹集资金发生的其他费用

13. 下列属于销售费用的有（　　）。

A. 委托代销手续费　　B. 融资租赁费

C. 专设销售机构的人员工资　　D. 产品保险费

14. 下列内容属于管理费用的有（　　）。

A. 管理部门发生的工资薪酬　　B. 工会经费

C. 预计产品质量保证损失　　D. 企业筹建期间发生的开办费

15. 下列能形成应纳税暂时性差异的情形有（　　）。

A. 资产账面价值大于资产计税基础　　B. 资产账面价值小于资产计税基础

C. 负债账面价值大于负债计税基础　　D. 负债账面价值小于负债计税基础

16. 商品所有权上的风险有（　　）。

A. 商品价值升值　B. 商品价值贬值　C. 商品被损坏　D. 商品报废损失

17. 采用资产负债表债务法核算所得税时，当期发生的下列事项中，会影响当期所得税费用的有（　　）。

A. 暂时性差异产生的递延所得税资产　B. 暂时性差异产生的递延所得税负债

C. 当期产生的永久性差异　D. 当期实现的利润总额

18. 下列账户年末结转后无余额的有（　　）。

A. 主营业务收入　B. 其他业务收入　C. 营业外收入　D. 本年利润

19. 企业提取法定盈余公积的目的有（　　）。

A. 向投资者分派利润　B. 弥补亏损　C. 转增资本　D. 分配股利

20. 利润分配账户有（　　）明细科目。

A. 其他转入　B. 提取法定盈余公积

C. 未分配利润　D. 提取任意盈余公积

三、判断题

1. 只要能为企业带来经济利益的交易或事项取得的收益都属于企业的收入。（　　）

2. 收入可能表现为企业资产的增加，也可能表现为企业负债的减少。（　　）

3. 收入只包括本企业经济利益的流入，不包括为第三方或客户代收的款项。（　　）

4. 商品销售后，若估计价款的收回可能性不大，但收入确认的其他条件均已满足，就可以确认为收入。（　　）

5. 如果企业售出的商品不符合商品收入的五项条件中的任何一项，就不能确认收入，也无需做账务处理。（　　）

6. 尽管企业售出的商品不符合商品收入的五项条件中的任何一项，如果销售该商品的纳税义务已经发生，则应确认应交的增值税销项税额。（　　）

7. 发生销售退回应分情况做不同的处理。（　　）

8. 退回的商品或产品不管是本年度销售还是以前年度销售的，一律冲减退回当月的销售收入。（　　）

9. 企业发生现金折扣或销售折让时，须设置“销售折让”账户进行处理。（　　）

10. 我国制度对于现金折扣采用总价法核算。（　　）

11. 总价法下，现金折扣只有在购买方于折扣期内支付货款时才能确认。（　　）

12. 商品发出后，不管是否已满足收入确认的条件，都应将相应的成本进行结转并计入当期损益。（　　）

13. 根据费用的定义，企业资金的流出或资产的耗费都构成费用。（　　）

14. 费用是企业在取得营业收入过程中所耗费的各项支出。（　　）

15. 所得税是企业的一项费用支出。（　　）

16. 向所有者分配利润属于企业利润分配的内容，不构成企业的费用。（　　）

17. 企业以前年度亏损未弥补完，不得提取盈余公积，在提取盈余公积前不得向投资者分配利润。（　　）

18. 企业按当年税后利润的10%提取法定盈余公积，提取无上限。（ ）

19. 企业实现的税后利润，在弥补亏损和提取盈余公积后剩余的部分，再加上年初未分配利润，可用于向投资者分配利润。（ ）

20. 年度终了，本年利润账户无余额。（ ）

四、名词解释

1. 收入
2. 商品销售收入
3. 提供劳务收入
4. 让渡资产使用权收入
5. 主营业务收入
6. 其他业务收入
7. 现金折扣
8. 商业折扣
9. 总价法
10. 费用
11. 管理费用
12. 销售费用
13. 财务费用
14. 直接计入当期利润的利得和损失
15. 公允价值变动损益
16. 所得税费用
17. 资产的计税基础
18. 负债的计税基础
19. 应纳税暂时性差异
20. 可抵扣暂时性差异
21. 资产负债表债务法

五、思考题

1. 简述收入的概念和特点。
2. 如何理解确认商品销售收入的五项条件？
3. 销售商品及在不同结算方式下如何确认销售收入的实现？
4. 什么是销售退回？发生销售退回时应如何进行账务处理？
5. 简述生产成本和费用的关系。
6. 期间费用包括哪些？各自包含的内容是什么？
7. 期末应如何进行利润的结转？
8. 永久性差异和暂时性差异形成的原因分别是什么？

9. 所得税会计核算的一般程序有哪些?
10. 企业实现的税后净利润，应按照什么顺序进行分配?
11. 资产和负债计税基础是如何确定的?
12. 简述企业的盈余公积的种类及用途。

六、业务题

(一)

【资料】某企业本期销售产品800件，每件售价为25元，销项税额为3 400元，开出增值税专用发票。该产品成本为每件20元。假定企业根据合同规定已预收货款10 000元。

【要求】1. 通过“预收账款”账户核算，编制企业预收货款、发出产品和收到余额的会计分录。

2. 期末结转销售成本。

(二)

【资料】上海搪瓷厂2008年发生的销售退回事项如下：

1. 4月24日采用托收承付结算方式向外地某单位销售搪瓷锅500只，每只售价80元，单位销售成本50元，增值税税率为17%，产品已全部发出。该厂已将发票账单提交银行办妥托收手续；
2. 5月8日上述产品有40只因质量问题被退回，产品已收回入库。

【要求】根据上述业务编制有关会计分录。

(三)

【资料】某商业单位销售商品一批，销售额为20 000元，增值税税率为17%。给客户的付款条件为“2/10、1/20、n/30”，客户在第8天付款。

【要求】按总价法编制有关会计分录。

(四)

【资料】某企业的某台设备， 按照税法规定按4年提取折旧， 按照会计规定按5年提取折旧（采用直线法）。该设备原值2 400 000元（不考虑净残值的因素）。假设企业每年实现税前利润3 000 000元。该企业所得税税率为25%。

【要求】计算第1年至第5年的应交所得税，并编制会计分录。

(五)

【资料】A企业于2008年12月发生如下经济业务：

1. 本期销售一批产品实现收入380 000元，增值税税率为17%，款项已存入银行，结转主营业务成本240 000元；

2. 企业将价值450 000元的一项专利在购买后的第4年转让给其他单位，取得转让收入420 000元，营业税税率为5%，按规定摊销期限为15年；
3. 该企业出售短期债券50张，每张原价100元，出售时取得价款5 750元，将款项存入银行；
4. 以银行存款支付展览费用400元，违反合同罚款800元，各种税收的罚款及滞纳金500元，借款利息支出12 000元（资本化部分为9 000元）；
5. 本月领用原材料计划成本4 000元，其中生产领料3 200元，销售机构领料500元，行政管理部门领用300元；
6. 盘亏机床1台，账面原价12 000元，累计折旧8 000元，经批准转作营业外支出；
7. 企业年终结账前，发现本年度少计销售收入8 000元，而将其记入“其他应付款”账户；本年度还少摊销无形资产价值20 000元。

【要求】1. 根据上述资料编制有关会计分录。
2. 将损益类账户的余额转入“本年利润”账户。
3. 计算12月份的利润总额。

（六）

【资料】某企业2008年12月初“本年利润”账户的期初余额为283 570元。该企业为一般纳税人，生产产品应交纳增值税税率为17%。12月份发生如下经济业务：
1. 8日，该企业采用交款提货销售方式销售产品200件，每件售价150元（不含增值税）、成本80元，已将提货单和发票账单交给购货单位，并收到购货方转账支票存入银行；
2. 1日，计算当月实现的利润总额；
3. 31日，计算该企业全年应纳税所得额，该企业所得税税率为25%，计算全年应交所得税，并结转“本年利润”账户；
4. 31日，企业按本年净利润提取法定盈余公积10%、任意盈余公积5%，支付投资者利润80 000元，结转全年实现的净利润，并结转全年的各项利润分配额。

【要求】根据上述资料编制有关会计分录。

（七）

【资料】甲公司为增值税一般纳税人，适用的增值税税率为17%，不考虑其他税费。2008年6月15日，甲公司向A公司销售商品一批，增值税专用发票上注明的销售价款为100 000元，增值税额为170 000元。提货单和增值税专用发票已交A公司，款项尚未收取。为及时收回货款，销售协议约定的现金折扣条件为“2/10，1/20，N/30”，假定现金折扣按扣除现金折扣后的金额付清上述款项。该批商品的实际成本为75 000元，2008年6月20日，A公司付清该款项。

【要求】根据上述资料编制有关会计分录。

（八）

【资料】乙公司为增值税一般纳税人，适用的增值税税率17%。2008年12月8日，向丙公司销售一批商品，开出的增值税专用发票上注明的销售价款为10 000元，增值税为1 700元。该批商品成本为8 000元，丙公司于2008年12月20日支付全部货款。2009年1月2日，该批商品因质量问题，乙公司同意了丙公司提出的退货要求，当日收到税务机关开具的退货证明单，并开具红字增值税专用发票。乙公司当日支付该批商品的退货款。假定计算现金折扣时不考虑增值税。上述销售退回是在2008年财务报告批准报出前发生的。

【要求】根据上述资料编制有关会计分录。

（九）

【资料】S公司2008年12月31日各损益类账户的年末余额如下表所示：

单位：元

账户名称	结账前余额
主营业务收入	60 000 000（贷）
主营业务成本	40 000 000（贷）
营业税金及附加	800 000（借）
销售费用	5 000 000（借）
管理费用	7 700 000（借）
财务费用	2 000 000（借）
其他业务收入	7 000 000（贷）
其他业务成本	4 000 000（借）
投资收益	6 000 000（贷）
营业外收入	500 000（贷）
营业外支出	2 500 000（借）
所得税费用	3 300 000（借）

假定按10%提取法定盈余公积，并分派给普通股股东现金股利2 000 000元。

【要求】根据上述资料编制有关会计分录。

（十）

【资料】2007年1月1日，甲股份有限公司股东权益总额为385 000元，其中，股本总额为100 000元，资本公积为180 000元，盈余公积为90 000元，未分配利润为15 000元。2007年度实现净利润40 000元。甲公司股东大会决定按2008年实现的净利润的10%提取法定盈余公积，并分配现金股利30 000元。甲公司2008年度发生净亏损75 000元，假定不考虑可抵扣亏损产生的暂时性差异。

【要求】根据上述资料编制有关会计分录。

答 案

一、单项选择题

1. B　2. D　3. C　4. C　5. C　6. C　7. D　8. C　9. B　10. D
11. A　12. B　13. C　14. C　15. C　16. D　17. A　18. C　19. D　20. A

二、多项选择题

1. ABC　2. AB　3. ACD　4. AD　5. ABD　6. ABD　7. ABCD　8. CD
9. AD　10. ABCD　11. AB　12. ABCD　13. ACD　14. ABD　15. AD　16. BCD
17. ABCD　18. ABCD　19. BC　20. ABCD

三、判断题

1. ×　2. √　3. √　4. ×　5. ×　6. √　7. √　8. ×　9. ×　10. √
11. √　12. ×　13. ×　14. √　15. √　16. √　17. √　18. ×　19. √　20. √

四、名词解释

1. 收入：企业在日常活动中形成的、会导致所有者权益增加的、与所有者投入资本无关的经济利益的总流入。
2. 商品销售收入：以取得货币资产方式主营业务，以及正常情况下以商品抵偿债务交易等的收入。
3. 提供劳务收入：企业提供运输、服务、咨询、代理、培训、安装等劳务所取得的收入。
4. 让渡资产使用权收入：企业让渡资产给他人使用所取得的收入，如出租固定资产取得租金收入、转让无形资产使用权而取得的使用费收入以及出借资金取得的利息收入等。
5. 主营业务收入：企业的主营业务活动所取得的收入。
6. 其他业务收入：企业除主营业务活动以外的附营业务、其他业务所取得的收入。
7. 现金折扣：为了鼓励买方提早付款，以便早日回笼资金及避免发生坏账而给予客户的付现折扣。
8. 商业折扣：企业为促进销售而在商品标价上给予的扣除。
9. 总价法：主营业务收入按未扣除折扣的发票金额入账。
10. 费用：企业在日常活动中发生的、会导致所有者权益减少的、与向所有者分配利润无关的经济利益的总流出。
11. 管理费用：企业行政管理部门为管理和组织生产经营活动而发生的各项费用。
12. 销售费用：企业在销售产品、自制半成品和提供劳务过程中发生的各项费用，以及专设销售机构的各项经费。

13. 财务费用：企业为筹集资金而发生的各项费用。
14. 直接计入当期利润的利得和损失：应当计入当期损益、会导致所有者权益发生增减变动的、与所有者投入资本或者向所有者分配利润无关的利得或损失。
15. 公允价值变动损益：企业交易性金融资产等公允价值变动形成的应计入当期损益的利得（或损失）。
16. 所得税费用：国家依法对企业的生产经营所得和其他所得课征的税，它具有强制性、无偿性，无论国家是否是企业的投资者，只要企业有收入，均要依法纳税。
17. 资产的计税基础：企业收回资产账面价值过程中，计算应纳税所得额时按照税法规定可以自应税经济利益中抵扣的金额。
18. 负债的计税基础：负债的账面价值减去未来期间计算应纳税所得额时按照税法规定可予抵扣的金额。
19. 应纳税暂时性差异：在确定未来收回资产或清偿负债期间的应纳税所得额时，将导致产生应税金额的暂时性差异。
20. 可抵扣暂时性差异：在确定未来收回资产或清偿负债期间的应纳税所得额时，将导致产生可抵扣金额的暂时性差异。

五、思考题

答案略。

六、业务题

（一）

1.（1）借：银行存款　　10 000
　　　　贷：预收账款　　10 000
　（2）借：预收账款　　23 400
　　　　贷：主营业务收入　　20 000
　　　　　　应交税费——应交增值税（销项税额）　　3 400
　（3）借：银行存款　　13 400
　　　　贷：预收账款　　13 400

2. 借：主营业务成本　　16 000
　　贷：库存商品　　16 000

（二）

1. 借：应收账款　　46 800
　　贷：主营业务收入　　40 000
　　　　应交税费——应交增值税（销项税额）　　6 800

借：主营业务成本　　25 000
　　贷：库存商品　　25 000

2. 借：主营业务收入　　3 200
　　应交税费——应交增值税（销项税额）　　544
　　贷：应收账款　　3 744

借：库存商品　　2 000
　　贷：主营业务成本　　2 000

（三）

1. 借：应收账款　　23 400
　　贷：主营业务收入　　20 000
　　　　应交税费——应交增值税（销项税额）　　3 400

2. 借：银行存款　　22 932
　　财务费用　　468
　　贷：应收账款　　23 400

（四）

各年递延所得税负债的余额和发生额计算如下表所示：

项目	2007 年	2008 年	2009 年	2010 年	2011 年
会计折旧	480 000	480 000	480 000	480 000	480 000
税法折旧	600 000	600 000	600 000	600 000	0
账面价值	1 920 000	1 440 000	960 000	480 000	0
计税基础	1 800 000	1 200 000	600 000	0	
差额期末余额	120 000	240 000	360 000	480 000	－480 000
期末本期发生额	120 000	120 000	120 000	120 000	
税率	25%	25%	25%	25%	25%
递延所得税负债期末余额	30 000	60 000	90 000	120 000	0
递延所得税发生额	30 000	3 000	30 000	30 000	－120 000

各年应交所得税如下所示：

项目	2007 年	2008 年	2009 年	2010 年	2011 年
税前会计利润	3 000 000	3 000 000	3 000 000	3 000 000	3 000 000
纳税调整金额	－120 000	－120 000	－120 000	－120 000	480 000
应纳税所得额	2 880 000	2 880 000	2 880 000	2 880 000	3 480 000
税率	25%	25%	25%	25%	25%
本期应交所得税	720 000	720 000	720 000	720 000	870 000

1. 2007 年

借：所得税费用 750 000

　贷：应交税费——应交所得税 720 000

　　递延所得税负债 30 000

2. 2008 年

借：所得税费用 750 000

　贷：应交税费——应交所得税 720 000

　　递延所得税负债 30 000

3. 2009 年

借：所得税费用 750 000

　贷：应交税费——应交所得税 720 000

　　递延所得税负债 30 000

4. 2010 年

借：所得税费用 750 000

　贷：应交税费——应交所得税 720 000

　　递延所得税负债 30 000

5. 2011 年

借：所得税费用 750 000

　递延所得税负债 120 000

　贷：应交税费——应交所得税 870 000

（五）

1.（1）借：银行存款 444 600

　贷：主营业务收入 380 000

　　应交税费——应交增值税（销项税额） 64 600

借：主营业务成本 240 000

　贷：库存商品 240 000

（2）借：银行存款 420 000

　贷：无形资产 360 000

　　应交税费——应交营业税 21 000

　　营业外收入 39 000

（3）借：银行存款 5 750

　贷：短期债券 5 000

　　投资收益 750

（4）借：销售费用 400

　营业外支出 1 300

　财务费用 3 000

　在建工程 9 000

　贷：银行存款 13 700

（5）借：生产成本	3 200	
销售费用	500	
管理费用	300	
贷：原材料		4 000
（6）借：待处理财产损益	4 000	
累计折旧	8 000	
贷：固定资产		12 000
借：营业外支出	4 000	
贷：待处理财产损益		4 000
（7）借：其他应收款	8 000	
贷：主营业务收入		8 000
借：管理费用	20 000	
贷：累计摊销		20 000
2.（1）借：主营业务收入	388 000	
营业外收入	39 000	
投资收益	750	
贷：本年利润		427 750
（2）借：本年利润	269 500	
贷：主营业务成本		240 000
营业外支出		5 300
销售费用		900
管理费用		20 300
财务费用		3 000

3. 12 月份利润总额 = 427 750 - 269 500 = 158 250（元）

（六）

1. 借：银行存款	35 100	
贷：主营业务收入		30 000
应交税费——应交增值税（销项税额）		5 100
借：主营业务成本	16 000	
贷：库存商品		16 000
2. 借：主营业务收入	30 000	
贷：本年利润		30 000
借：本年利润	16 000	
贷：主营业务成本		16 000
3. 借：所得税费用	3 500	
贷：应交税费——应交所得税		3 500
借：本年利润	3 500	
贷：所得税费用		3 500

借：本年利润	10 500	
贷：利润分配——未分配利润		10 500
4. 借：利润分配——提取法定盈余公积	1 050	
——提取任意盈余公积	525	
贷：盈余公积——法定盈余公积		1 050
——任意盈余公积		525
借：利润分配——应付利润	80 000	
贷：应付股利——应付普通股股利		80 000
借：利润分配——未分配利润	81 575	
贷：利润分配——提取法定盈余公积		1 050
——提取任意盈余公积		525
应付利润		80 000

（七）

1. 销售商品时

借：应收账款——A 公司	117 000	
贷：主营业务收入		100 000
应交税费——应交增值税（销项税额）		17 000
借：主营业务成本	75 000	
贷：库存商品		75 000

2. 收到货款时

借：银行存款	115 000	
财务费用		2 000
贷：应收账款——A 公司		117 000

（八）

1. 2008 年 12 月 8 日销售商品时

借：应收账款——乙公司	11 700	
贷：主营业务收入		10 000
应交税费——应交增值税（销项税额）		1 700
借：主营业务成本	8 000	
贷：库存商品		8 000

2. 2008 年收到货款时

借：银行存款	11 700	
贷：应收账款		11 700

3. 退货时

借：以前年度损益调整	10 000	
应交税费——应交增值税（销项税额）	1 700	
贷：银行存款		11 700

借：库存商品　　8 000
　　贷：以前年度损益调整　　8 000
借：应交税费——应交所得税　　500
　　贷：以前年度损益调整　　500
借：利润分配——未分配利润　　1 500
　　贷：以前年度损益调整　　1 500

（九）

1. 结转各项收入与收益时
借：主营业务收入　　60 000 000
　　其他业务收入　　7 000 000
　　投资收益　　6 000 000
　　营业外收入　　500 000
　　贷：本年利润　　73 500 000
2. 结转各项成本、费用或支出时
借：本年利润　　65 300 000
　　贷：主营业务成本　　40 000 000
　　　　营业税金及附加　　800 000
　　　　其他业务成本　　4 000 000
　　　　销售费用　　5 000 000
　　　　管理费用　　7 700 000
　　　　财务费用　　2 000 000
　　　　营业外支出　　2 500 000
　　　　所得税费用　　3 300 000
3. 将本年利润账户余额转入利润分配账户时
借：本年利润　　8 200 000
　　贷：利润分配——未分配利润　　8 200 000
4. 提取法定盈余公积时
借：利润分配——提取法定盈余公积　　820 000
　　贷：盈余公积——法定盈余公积　　820 000
5. 分派现金股利时
借：利润分配——应付现金股利　　20 000 000
　　贷：应付股利　　2 000 000
6. 结转利润分配账户
借：利润分配——未分配利润　　2 820 000
　　贷：利润分配——提取法定盈余公积　　820 000
　　　　应付现金股利　　2 000 000

（十）

1. 2007 年

（1）提取法定盈余公积时

借：利润分配——提取法定盈余公积　　4 000

　　贷：盈余公积——法定盈余公积　　4 000

（2）宣告分派现金股利时

借：利润分配——应付现金股利　　30 000

　　贷：应付股利　　30 000

（3）年终结转时

借：本年利润　　40 000

　　贷：利润分配——未分配利润　　40 000

2. 2008 年

（1）借：资本公积　　40 000

　　贷：股本　　40 000

（2）年终结转时

借：利润分配——未分配利润　　75 000

　　贷：本年利润　　75 000

第十四章　会计报表

习　题

一、单项选择题

1. 会计报表编制的依据是（　　）。

A. 账簿记录　　B. 原始凭证　　C. 记账凭证　　D. 汇总记账凭证

2. 企业提供的会计信息应反映与企业财务状况、经营成果和现金流量等有关的所有重要交易和事项，满足会计信息的质量的（　　）特点。

A. 重要性　　B. 相关性　　C. 可靠性　　D. 及时性

3. 企业应以实际发生的交易或事项为依据进行会计确认、计量和报告，如实反映符合确认和计量要求的各项会计要素及其他相关信息，满足会计信息的质量的（　　）特点。

A. 可靠性　　B. 相关性　　C. 实质重于形式　　D. 谨慎性

4. 在填列资产负债表各项目时（　　）。

A. 都可以按账户的余额直接填列

B. 必须对账户发生额进行分析才能填列

C. 大多数项目可以直接根据账户的余额进行填列，少数项目需要根据账户的余额分析计算之后才能填列

D. 多数项目可以根据账户余额填列，少数报表项目需要根据账户余额分析计算之后才能填列

5. 存货净额应等于（　　）金额之差。

A. 存货与盘盈存货　　B. 存货与盘亏存货

C. 存货与损失准备　　D. 存货与存货跌价准备

6. 累计折旧账户余额在贷方，则资产负债表中应填列在（　　）项目中反映。

A. 负债　　B. 资产　　C. 所有者权益　　D. 费用

7. 下列各项中，应包括在“固定资产”账户中的是（　　）。

A. 经营租入的固定资产　　B. 经营租出的固定资产

C. 尚未清理完毕的固定资产　　D. 待安装的固定资产

8. 下列资产负债表项目中，应根据其总账账户期末余额直接填列的是（　　）。

A. 在建工程　　B. 长期借款　　C. 应付账款　　D. 预收账款

9. 在利润表中，要求详细列示营业收入、营业成本和费用，而对于投资收益只要求简略列示。这一做法体现了（　　）信息质量要求。

A. 真实性　　B. 重要性　　C. 谨慎性　　D. 配比

10. 资产负债表与利润分配表中金额相等的是（　　）。

A. 盈余公积　　B. 未分配利润　　C. 税后利润　　D. 应付利润

11. 资产负债表的下列项目中，需要根据几个总账账户汇总填列的是（　　）。

A. 货币资金　　B. 固定资产　　C. 累计折旧　　D. 应交税费

12. 下列项目中，不符合现金流量表中现金概念的项目是（　　）。

A. 企业的库存现金　　B. 企业的银行汇票存款

C. 企业购入的 24 个月到期的国债　　D. 不能随时用于支付的定期存款

13. 资产负债表中“应付账款”项目应（　　）。

A. 直接根据“应付账款”账户的期末贷方余额填列

B. 根据“应付账款”账户的期末贷方余额和“应收账款”账户的期末借方余额计算填列

C. 根据“应付账款”账户和“预付账款”账户所属相关的明细账户的期末贷方余额计算填列

D. 根据“应付账款”账户的期末贷方余额和“预收账款”账户的期末贷方余额计算填列

14. 现金流量表的编制基础是（　　）。

A. 库存现金　　B. 库存现金和银行存款　　C. 营运资金　　D. 广义现金

15. 下列各项中，不属于筹资活动产生的现金流量的是（　　）。

A. 吸收权益性投资收到的现金

B. 收回债券投资收到的现金

C. 发行债券收到的现金

D. 借入资金收到的现金

16. 如果“应收账款”科目所属各明细科目期末出现贷方余额，应在（　　）项目中列示。

A. 应付账款　　B. 预付账款　　C. 预收账款　　D. 其他应收款

17. 下列各项目中，在“以前年度损益调整”账户的借方反映的是（　　）。

A. 因调整损益而相应增加的所得税

B. 因调整损益而相应减少的所得税

C. 因调整而增加以前年度收益的事项

D. 因调整而减少以前年度亏损的事项

18. 已知某企业产品销售利润为 100 万元，管理费用为 20 万元，财务费用为 10 万元，销售费用为 5 万元，营业外收入为 8 万元，填入利润表中的营业利润为（　　）。

A. 70 万元　　B. 65 万元　　C. 73 万元　　D. 78 万元

19. 处置固定资产的净损益应归为（　　）。

A. 经营活动　　B. 投资活动

C. 筹资活动　　D. 经营活动或投资活动

20. 用直接法和间接法编制现金流量表，是用来反映（　　）。

A. 经营活动现金流量　　B. 投资活动现金流量

C. 筹资活动现金流量　　D. 以上三种情况皆有可能

21. 以下不属于投资活动现金流量的是（　　）。

A. 支付融资租入的固定资产的租赁费

B. 购买专利权支付的现金

C. 收回购买股票时已宣告发放但尚未领取的现金股利

D. 收回债券投资时已到付息期但尚未领取的债券利息

二、多项选择题

1. 下列各项中，属于会计报表的有（　　）。

A. 资产负债表　B. 利润表　C. 现金流量表　D. 附注

2. 通过资产负债表可以了解到（　　）。

A. 企业所掌握的经济资源及其构成　B. 企业资金的来源渠道及构成

C. 企业短期的偿债能力　D. 企业的财务成果及其形成过程

3. 资产负债表包括的会计要素有（　　）。

A. 资产　B. 负债　C. 收入

D. 费用　E. 所有者权益

4. 资产负债表是（　　）。

A. 总括反映企业财务状况的报表

B. 反映企业报告期末财务状况的报表

C. 反映企业财务状况的动态报表

D. 反映企业报告期间财务状况的报表

E. 反映企业财务状况的静态报表

5. 资产负债表的数据可以通过（　　）方式取得。

A. 根据总账账户余额直接填列

B. 根据总账账户余额计算填列

C. 根据明细账户余额计算填列

D. 根据明细账户余额直接填列

6. 下列会计报表中，属于反映企业财务成果的对外报表是（　　）。

A. 资产负债表　B. 利润表　C. 利润分配表　D. 现金流量表

7. 利润表是（　　）。

A. 根据有关账户的发生额编制的　B. 动态报表　C. 静态报表

D. 反映财务状况的报表　E. 反映财务成果的报表

8. 利润表中，营业收入减营业成本减营业税金及附加，再减去（　　）后等于营业利润。

A. 制造费用　B. 管理费用　C. 财务费用　D. 销售费用

9. 下列各项中，应在利润表“营业税金及附加”项目反映的是（　　）。

A. 增值税　B. 消费税　C. 资源税　D. 教育附加费

10. 下列各项中，影响资产负债表“在建工程”项目金额的有（　　）。

A. 交付安装的设备价值　B. 计提的在建工程的减值准备

C. 预付出包工程的价款　　D. 购买工程物资备用

11. 下列各项中，应通过资产负债表“存货”项目反映的是（　　）。

A. “材料成本差异”账户的期末借方余额

B. “周转材料”账户的期末余额

C. “委托加工物资”账户的期末余额

D. “存货跌价准备”账户的期末余额

12. 下列项目中，工业企业应列入资产负债表中的“存货”项目的是（　　）。

A. 委托加工物资　B. 工程物资　C. 发出商品　D. 在产品

13. 现金等价物应具备的特点是（　　）。

A. 期限短　B. 流动性强　C. 价值变动风险小

D. 易于转换为已知金额的现金　E. 价值风险大，但流动性强

14. “非经营活动的费用”包括（　　）。

A. 利息费用　B. 投资损失

C. 处置固定资产损失　D. 处置无形资产损失

15. 下列各项中，应记入“支付的其他与经营活动有关的现金”项目的有（　　）。

A. 差旅费的支付　B. 罚款支出

C. 业务招待费的支付　D. 保险费的支付

16. 现金流量表中的“支付给职工以及为职工支付的现金”项目包括（　　）。

A. 支付给生产工人的奖金　B. 支付给在建工程人员的奖金

C. 支付给在建工程人员的工资　D. 为管理人员支付的养老保险金

17. 不涉及现金收支的投资和筹资活动的项目有（　　）。

A. 以存货偿还债务　B. 以存货对外投资　C. 以设备偿还债务

D. 以设备对外投资　E. 以现金偿还债务

18. “实际没有支付现金的费用”包括（　　）。

A. 计提的固定资产折旧　B. 计提的坏账准备

C. 无形资产的摊销　D. 无形资产的取得成本

19. “实际没有收到现金的收益”包括（　　）。

A. 冲销的坏账准备　B. 计提的坏账准备

C. 冲销的存货跌价准备　D. 计提的存货跌价准备

20. 下列属于投资活动产生的现金流量的是（　　）。

A. 无形资产的购建和处置　B. 融资租入固定资产支付的租金

C. 收到联营企业分回的利润　D. 债权性投资的利息收入

三、判断题

1. 财务报表按其反映内容可分为动态报表和静态报表。（　　）

2. 财务报表除了包括会计报表外还应当包括会计报表附注。（　　）

3. 财务会计报告是指企业对外提供的反映企业某一会计期间的财务状况、经营成果和现金流量等会计信息的文件。（　　）

4. 资产负债表是反映企业一定期间财务状况的报告。（　）

5. 我国资产负债表采用账户式结构，利润表采用多步式。（　）

6. 我国资产负债表内有关资产的排列顺序依次是流动资产、长期资产、固定资产、无形资产和其他长期资产。（　）

7. 在资产负债表的项目中，“应收账款”项目应根据“应收账款”科目所属的明细科目的借方余额合计填列，“预付账款”科目所属明细科目有借方余额的，也应包括在该科目内。（　）

8. 资产负债表上的各个项目均可以根据会计科目余额直接填列。（　）

9. 企业必须对外提供资产负债表、利润表和现金流量表，报表附注不属于必须对外提供的资料。（　）

10. 资产负债表左方反映资产，右方反映负债，左右两边的金额应相等。（　）

11. 我国现行准则规定，企业资产负债表的“应收票据”项目包括已向银行办理贴现的银行承兑汇票。（　）

12. 利润表是反映企业某一特定日期的经营成果的财务报表。（　）

13. 我国企业利润表的结构是单步式利润表。（　）

14. 企业的财务费用包括金融机构的手续费，减去利息收入，减去汇兑收入和企业研发费。（　）

15. 利润表中的利润总额一定等于企业的应纳税所得额。（　）

16. 企业利润表中“本年金额”栏内的各项数字，都应当按照相关账户的发生额分析填列。（　）

17. 现金流量表是反映企业一定会计期间现金和现金等价物的流入和流出的报表。（　）

18. 现金流量表是反映企业现金流入和流出的财务报表，是企业必须对外提供的财务报表之一。（　）

19. 经营活动现金在现金流量表中按照直接法报告，在现金流量表中附注中按照间接法报告。（　）

20. 企业接受投资者用固定资产进行的投资属于投资活动。（　）

四、名词解释

1. 会计报表
2. 资产负债表
3. 利润表
4. 现金流量表
5. 所有者权益变动表
6. 会计报表附注
7. 会计报表附表
8. 直接法
9. 间接法

10. 调整法
11. 工作底稿法
12. T 型账户法
13. 投资活动
14. 筹资活动
15. 经营活动

五、思考题

1. 会计报表有什么作用?
2. 会计报表有哪些种类，各包括哪些内容?
3. 在编制会计报表的时候，必须符合哪些基本的要求?
4. 现金流量表中的现金的涵义是什么? 它包括哪些内容?
5. 资产负债表、利润表和现金流量表的作用有什么不同?
6. 简述资产负债表项目的具体填列方法。
7. 简述利润表项目的填列方法。
8. 常用的现金流量表的技术编制方法有哪几种? 简述每一种方法的基本程序。
9. 经营活动产生的现金流量主要包括哪些内容?
10. 投资活动产生的现金流量主要包括哪些内容?
11. 筹资活动产生的现金流量主要包括哪些内容?

六、业务题

(一)

【资料】某公司 200×年的有关资料如下：利润表中"营业收入"为 200 000 元，资产负债表中"应收账款"科目年初余额为 60 000 元，年末余额 20 000 元。本年度发生坏账 2 000 元已经予以核销。本年度债务人企业用存货抵偿应收账款 12 000 元，本年度收到以前年度核销的坏账准备 16 000 元。

【要求】根据上述资料，计算现金流量表中"销售商品、提供劳务收到的现金"项目的金额。

(二)

【资料】某公司 200×年利润表中"营业成本"为 120 000 元，资产负债表中"应付账款"项目年初余额为 6 000 元，年末余额为 4 000 元，"预付账款"项目年初余额为 0，年末余额为 1 000 元，"存货"项目年初余额为 140 000 元，年末余额为 180 000 元，当年接受投资人投入存货 16 000 元。

【要求】根据上述资料，计算"购买商品、接受劳务支付的现金"项目的金额。

（三）

【资料】某公司200×年有关资料如下：

1. 发放工资、奖金、津贴和补贴500万元，其中支付给在建工程人员的为20万元，支付给专设销售机构人员的为6万元；
2. 支付给离退休人员的费用为100万元；
3. 支付在职职工生活困难补助为1.6万元、住房困难补助为4万元；
4. 支付在职职工养老保险80万元、待业保险16万元；
5. 支付在职职工住房公积金12万元；
6. 购买准备用于部分职工的非货币性福利的住房（所有权）1 400万元；
7. 用出包方式建造老干部活动中心，支付工程款18万元，该中心于本年交付使用；
8. 为建造职工图书室备料开支2万元，工程尚未完工。

以上费用均用现金或银行存款支付。

【要求】根据以上资料，计算200×年现金流量表中的下列项目的金额，支付给职工及为职工支付的现金和支付的其他与经营活动有关的现金。

（四）

【资料】某公司为增值税一般纳税人，适用的增值税税率为17%。原材料和库存商品均按其实际成本核算，商品售价不含增值税，其销售成本随销售同时结转。200×年1月1日资产负债表资料如下表：

资产负债表（简表）

200×年1月1日

编制单位：某公司　　　　单位：万元

资产	年初余额	负债和所有者权益	年初余额
货币资金	320.4	短期借款	200
交易性金融资产	0	应付账款	84
应收票据	24	应付票据	40
应收账款	159.2	预收账款	60
预付账款	0.16	应付职工薪酬	4
存货	368	应交税费	9.6
长期股权投资	480	应付利息	40
固定资产	1 442	长期借款	1 008
在建工程	100	实收资本	1 600
无形资产	204	盈余公积	96
长期待摊费用	50	未分配利润	6.16
资产总计	3 147.76	负债和所有者权益总计	3 147.76

200×年某公司发生如下的交易事项：

1. 以商业承兑汇票支付方式购入材料一批，发票账单已经收到，增值税专用发票上注明的货款为30万元，增值税额为5.1万元，材料已经验收入库；
2. 委托证券公司购入公允价值为100万元的股票，作为交易性金融资产核算，期末交易性金融资产的公允价值仍为100万元；
3. 计算并确认短期借款利息为5万元；
4. 计算并确认坏账准备8万元；
5. 计提行政管理部门用的固定资产折旧20万元，摊销管理用无形资产成本10万元；
6. 销售库存商品一批，该批商品售价为100万元，增值税为17万元，实际成本为65万元，商品已经发出；该公司已于上年预收货款60万元，其余款项尚未结清；
7. 分配工资费用，其中企业行政管理人员工资15万元，在建工程人员工资5万元；
8. 计提应计入在建工程成本的长期借款利息20万元；
9. 确认对联营企业的长期股权投资收益为50万元；
10. 计算并确认应交城市维护建设税3万元（教育费附加略）；
11. 转销无法支付的应付账款30万元；
12. 本年度实现利润总额为54万元，所得税费用和应交所得税均为18万元（不考虑其他因素），提取盈余公积3.6万元。

【要求】1. 编制该公司200×年度上述交易事项的会计分录（不需要编制各损益类科目结转本年利润以及利润分配的有关会计分录）。

2. 填列该公司200×年12月31日的资产负债表（不需要列出计算过程）。

（五）

【资料】某企业为增值税一般纳税企业，适用的增值税率为17%。200×年有关资料如下：

1. 资产负债表有关项目年初、年末余额和部分账户发生额如下表所示：

单位：万元

账户名称	年初余额	本年增加额	本年减少	年末余额
应收账款	3 000			2 600
应收票据	600			750
交易性金融资产	200		100（出售）	260
存货	2 500			2 200
应付账款	900			800
应交税费				
应交增值税	100	510（销项税额）	190（已交） 300（进项税额）	120
应交所得税	30	100		40
短期借款	500	300		700

2. 利润表有关账户本年发生额如下表所示：

单位：万元

账户名称	借方发生额	贷方发生额
主营业务收入		3 000
主营业务成本	2 500	
投资收益		
出售交易性金融资产		10

3. 其他资料如下：

交易性金融资产均为非现金等价物，取得交易性金融资产已经支付现金，出售交易性金融资产已经收到现金。应收、应付款项均以现金结算，应收账款变动数中含有本期计提的坏账准备 10 万元，存货本期增加额中含有固定资产折旧 100 万元，生产工人工资 300 万元。不考虑该企业本年度发生的其他交易和事项。

【要求】计算以下现金流入和流出（要求列出计算过程）：

1. 销售商品、提供劳务收到的现金；
2. 购买商品、接受劳务支付的现金；
3. 支付的各项税费；
4. 收回投资所收到的现金；
5. 取得借款所收到的现金；
6. 偿还债务所支付的现金；
7. 投资所支付的现金。

（六）

【资料】兴华公司 200×年度资产负债表和利润表如下所示：

资产负债表（简表）

编制单位：兴华公司　　　200×年 12 月 31 日　　　单位：元

资产	年初数	期末数	负债和股东权益	年初数	期末数
流动资产：			流动负债：		
货币资金	80 500	89 500	应付票据	120 000	
交易性金融资产	20 000	28 000	应付账款	49 500	93 000
应收账款	54 000	39 000	短期借款		50 000
存货	80 000	165 000	流动负债合计	169 500	143 000
流动资产合计	234 500	321 500	长期负债：		
长期待摊费用	0	15 000	应付账款	80 000	225 000

续表

资产	年初数	期末数	负债和股东权益	年初数	期末数
			长期负债合计	80 000	225 000
固定资产：			负债合计	249 500	368 000
固定资产原价	250 000	507 000	股东权益：		
减：累计折旧	15 000	31 500	股本	190 000	240 000
固定资产净值	235 000	475 500	未分配利润	30 000	204 000
固定资产合计	235 000	475 500	股东权益合计	220 000	444 000
资产总计	469 500	812 000	负债和股东权益合计	469 500	812 000

利润表

编制单位：兴华公司　　200×年　　单位：元

项目	本年累计数
一、营业收入	738 000
减：营业成本	360 000
管理费用	61 000
财务费用	10 000
二、营业利润（亏损以“-”填列）	307 000
加：投资收益（损失以“-”填列）	3 000
营业外收入	3 000
减：营业外支出	10 000
三、利润总额（亏损以“-”号填列）	303 000
减：所得税	102 000
四、净利润（净亏损以“-”号填列）	201 000

其他有关资料如下：

1. 本年度支付了27 000元现金股利；
2. 主营业务成本360 000元中，包括工资费用165 000元；管理费用61 000元中，包括折旧费用21 500元，支付其他费用39 500元；
3. 本年度出售固定资产一台，原价60 000元，已提折旧5 000元，处置价格为58 000元，已经收到现金；
4. 本年度购入固定资产，价款为317 000元，以银行存款支付；
5. 本年度购入股票投资作为交易性金融资产，支付价款23 000元；
6. 本年度出售交易性金融资产收到现金18 000元，成本15 000元；

7. 本年度偿付应付公司债券 70 000 元，新发行债券 215 000 元，已收到现金；
8. 本年度发生火灾造成存货损失 10 000 元，已经计入营业外支出；
9. 本年度支付经营租赁方式租入的固定资产发生的改良支出 15 000 元；
10. 本年度发行新股 50 000 元，已经收到现金；
11. 财务费用 10 000 元系支付的债权利息；
12. 期末存货均为外购原材料；
13. 本年度从银行取得短期借款 50 000 元。

为简便起见，不考虑流转税，假定兴华公司没有现金等价物，应收账款全部为应收销货款，应付账款全部为应付购货款。

【要求】 根据以上资料编制兴华公司的现金流量表。

（七）

【资料】 甲企业为增值税一般纳税企业。200×年，该企业资产负债表年初数如下表所示：

资产负债表

200×年12月31日　　　　单位：万元

资产	金额	负债和所有者权益	金额
流动资产：		流动负债：	
货币资金	560	短期借款	400
交易性金融资产	920	应付账款	1 220
应收账款	1 140	预收账款	140
预付账款	80	应付职工薪酬	760
其他应收款	152	应交税费	76
存货	3 000	流动负债合计	2 596
流动资产合计	5 852	非流动负债：	
非流动资产：		长期借款	2 000
长期股权投资	1 720	应付债券	1 458
固定资产	11 950	递延所得税负债	142
在建工程	1 040	非流动负债合计	3 600
无形资产	460	负债合计	6 196
开发支出	78	所有者权益：	
递延所得税资产	172	实收资本（或股本）	10 000
非流动资产合计	15 420	资本公积	2 560
		盈余公积	1 720
		未分配利润	796
		所有者权益合计	15 036
资产总计	21 272	负债及所有者权益总计	21 272

注：1. 应收账款余额 1 200 万元，计提坏账准备 60 万元，其他应收款余额为 160 万元，计提坏账准备 8 万元；
2. 未计提存货跌价准备；
3. “固定资产”账户余额 15 836 万元，计提的累计折旧 3 350 万元，累计计提的固定资产减值准备 536 万元；
4. “无形资产”科目余额为 756 万元，无形资产的累计摊销为 164 万元，累计计提的无形资产减值准备为 52 万元；
5. 应付职工薪酬和应交税费的余额均与在建工程无关；
6. “应交税费——应交增值税”和“应交税费——未交增值税”明细账户均无期初余额；
7. 在建工程为一厂房工程，在 200×年继续建造，200×年没有新的在建工程；
8. 长期股权投资未计提减值准备。

该企业 200×年发生的经济业务如下：

1. 购入原材料若干批，价款 10 000 万元，增值税额 1 700 万元，已经通过银行支付 10 540 万元，其余款项暂时未付，材料均已经验收入库。上期应付账款 1 220万元已经于本期通过银行全部支付。
2. 采用预付账款方式购入材料一批，价款 2 000 万元，增值税额为 340 万元，该批材料已经于上 1 年预付了 80 万元，本期通过银行补付 2 260 万元，材料均已验收入库。本期又通过银行预付账款 250 万元。
3. 生产领用材料 12 400 万元，分配生产工人薪酬 4 560 万元，分配车间管理人员薪酬 114 万元，计提机器设备及厂房折旧费 900 万元，以银行存款支付其他制造费用 426 万元。
4. 产品全部完工并验收入库。
5. 销售产品若干批，价款 20 000 万元，增值税额 3 400 万元，已经通过银行收取 20 400 万元，其余款项暂欠，已销商品的实际成本为 13 600 万元。本期通过银行收取前期应收账款 1 200 万元。
6. 采取预收款方式销售商品 6 400 万元，增值税额 1 088 万元，本期通过银行收取购货方补付的货款 7 348 万元，该批已销商品的实际成本 4 800 万元，本期又通过银行预收货款 694 万元。
7. 分配行政管理人员薪酬 228 万元，计提管理用固定资产折旧费 120 万元，摊销无形资产 160 万元，以银行存款支付其他管理费用 1 600 万元。
8. 偿还短期借款 300 万元，借入短期借款 200 万元，借入长期借款 600 万元。
9. 从二级市场购入 A 公司的股票 200 万股作为长期股权投资，A 公司股票市价为 4 元/股，购买时含有 0. 2 元/股已经宣告发放但尚未支付的现金股利。另支付其他相关税费 20 万元。已经宣告但尚未支付的现金股利已经于当年存入银行。该项投资对被投资单位有重大影响。
10. 预提并支付短期借款利息 12 万元，按合同利率计提长期借款利息 120 万元，其中按规定应予以资本化（即计入相关资产的成本）的利息100万元。

11. 分配在建工程人员薪酬91.2万元，以银行存款支付其他工程支出468.8万元。
12. 出售交易性金融资产取得的收入净额为600万元，其成本540万元，款项已经收存入银行，此项交易性金融资产为公司债券投资。出售时未发生公允价值变动损益。
13. 在建的厂房工程达到预定可使用状态，计算在建工程的实际成本将其转入“固定资产”账户。
14. 甲企业拥有A公司有表决权资本的40%，A公司200×年度实现净利润1 600万元，A公司所得税税率为25%，A公司宣告发放800万元现金股利，已经宣告分配的现金股利当年尚未发放。
15. 以银行存款支付各项销售费用1 118万元。
16. 以银行存款支付结算手续费等应计入财务费用的各项手续费4万元。
17. 计算主营业务应交的城建税170万元，教育费附加72万元。
18. 以银行存款交纳增值税2 428万元，城市维护建设税160万元，教育费附加为64万元，并将应交未交增值税转入“应交税费——未交增值税”明细账户。
19. 以银行存款支付职工薪酬5 181.2万元。
20. 根据应收账款期末余额和规定的比例及坏账准备期初余额计算应补提坏账准备20万元。
21. 当期获得现金捐赠64万元，款项已经存入银行。当期发生罚款支出40万元，款项已经通过银行支付。
22. 假设本例中应交所得税1 702万元，递延所得税资产年末数64万元，递延所得税负债年末数218万元。
23. 除上述业务外，不存在其他纳税调整事项，计算应交所得税，以银行存款交纳所得税1 500万元。
24. 结转各损益类账户余额。
25. 结转本年利润账户余额。
26. 不分配利润，假定不存在其他经济业务事项，无1年内到期的长期借款和应付债券。

【要求】1. 编制上述经济业务的会计分录（单位：万元）。
2. 填制200×年资产负债表的年末余额。

（八）

【资料】某企业200×年除“所得税费用”账户外的其他损益类账户在结转至“本年利润”账户前的全年发生额如下表所示：

会计账户	借方发生额	贷方发生额	备注
主营业务收入	765	672	借方发生额中60万元为销售退回的数额，其余为销售折让的数额
主营业务成本	3 960	40	贷方发生额中的40万元为销售退回冲减的数额
营业税金及附加	366		
其他业务收入		152	
其他业务成本	102		
销售费用	304		
管理费用	338		
财务费用	32		
投资收益	124	436	贷方发生额中有240万元为长期股权投资，在权益法下期末对被投资单位当年实现的净利润按比例计提的应享有的数额，投资与被投资单位的税率为2%
资产减值损失	128	34	
公允价值变动损益	90	46	
营业外收入		100	
营业外支出	180		其中60万元为罚款支出，其余为非流动资产处置损失

注：假设本例中应交所得税240万元，递延所得税资产年初数为130万元，年末数为174万元，递延所得税负债年初数为48万元，年末数为146万元。

【要求】1. 计算营业收入、营业成本、投资净收益（或净损失）、公允价值变动净收益（或净损失）、营业利润、利润总额、递延所得税费用、递延所得税收益、所得税费用和净利润。

2. 编制将各损益类账户余额结转至“本年利润”账户的会计分录。

3. 编制将当期实现的净利润结转至“利润分配”账户的会计分录。

4. 编制200×年度利润表。

（九）

【资料】某商业企业为增值税一般纳税企业，200×年有关资料如下：

1. 资产负债表有关账户年初、年末余额和部分账户发生额如下表所示：

单位：万元

账户名称	年初余额	本年增加	本年减少	本年余额
应收账款	4 680			9 360
应收票据	1 170			702
交易性金融资产（假定200×年未发生公允价值波动）	600		100 （出售）	500
应收股利	40	20		10
存货	5 000			4 800
长期股权投资	1 000	200（以无形资产对外投资）		1 200
应付账款	3 510			4 680
应交增值税	500	1 020（销项税额）	616（已交） 544（进项税额）	360
应交所得税	60	200		80
短期借款	1 200	600		1 400

2. 利润表有关账户本年发生额如下表所示：

单位：万元

账户名称	借方发生额	贷方发生额
主营业务收入		6 000
主营业务成本	3 400	
投资收益：		
现金股利		20
出售交易性金融资产		40

3. 其他资料如下：交易性金融资产均为非现金等价物，出售交易性金融资产已经收到现金，应收、应付账款均以现金结算，应收账款变动数中含有本期计提的坏账准备200万元，不考虑该企业本年度发生的其他交易事项。

【要求】 计算以下现金流入和流出（要求列出计算过程）：

1. 销售商品、提供劳务收到的现金（含有收到的增值税销项税额）；
2. 购买商品、接受劳务支付的现金（含有支付的增值税进项税额）；
3. 支付的各项税费；
4. 收回投资收到的现金；
5. 分得股利或利润所收到的现金；

6. 借款所收到的现金；
7. 偿还债务所支付的现金。

（十）

【资料】新新公司200×年12月31日的资产负债表、200×年度的利润表以及其他相关资料如下：

资产负债表

编制单位：新新公司　　200×年12月31日　　单位：元

资产	年初余额	期末余额	负债及所有者权益	年初余额	期末余额
流动资产：			流动负债：		
货币资金	10 300	9 900	短期借款	5 000	8 000
交易性金融资产	5 400	3 000	应付账款	6 000	5 600
应收账款	2 860	7 620	应交税费	2 800	2 000
存货	9 800	8 500	应付职工薪酬	1 400	1 400
待摊费用	40	1 280	代销商品款（据行业特点设置）	10 000	5 000
流动资产合计	28 400	30 300	其他应付款	2 600	2 000
非流动资产：			流动负债合计	27 800	24 000
持有至到期投资	10 000	9 000	非流动负债：		
长期股权投资	40 000	26 000	应付债券	45 000	70 000
固定资产	108 000	136 000	非流动负债合计	45 000	70 000
无形资产	8 000	28 000	负债合计	72 800	94 000
其他非流动资产	20 400	20 400	所有者权益：		
非流动资产合计	186 400	229 400	股本	90 000	100 000
			资本公积	10 000	10 000
			盈余公积	20 000	20 000
			未分配利润	22 000	25 700
			所有者权益合计	142 000	165 700
资产总计	214 800	249 700	负债及所有者权益总计	214 800	249 700

利润表

编制公司：新新公司　　200×年度　　单位：元

项目	上年数（略）	本年累计数
一、营业收入（含代购代销收入500元、其他利润1 000元）		100 200
减：营业成本		49 400
营业税金及附加		9 300
销售费用		5 200
管理费用		6 600
财务费用		7 900
资产减值损失		
加：公允价值变动收益（损失以“－”号填列）		
投资收益（损失以“－”号填列）		3 500
其中：对联营企业和合营企业的投资收益		
二、营业利润（亏损以“－”号填列）		25 300
加：营业外收入		1 400
减：营业外支出		
其中：非流动资产处置损失		
三、利润总额（亏损总额以“－”号填列）		26 700
减：所得税费用		8 000
四、净利润（净亏损以“－”号填列）		18 700
五、每股收益		
（一）基本每股收益		
（二）稀释每股收益		

200×年度的其他资料如下：

1. 发放现金股利5 000元，发放股票股利10 000元；
2. 出售全新未用的固定资产一宗，入账时借记“固定资产”，原价10 000元，售价11 400元；
3. 收到持有至到期投资利息计1 800元，本期利息有溢价摊销1 000元；
4. 购置一项专利技术，价值20 000元；
5. 按面值发行公司债券25 000元；
6. 购置固定资产成本40 000元；
7. 投入未入账土地使用权，确认评估价值为10 000元作为长期投资；
8. 出售账面价值为2 400元的股票投资，售价2 900元；
9. 处置长期股权投资成本14 000元，获得投资收益2 200元；
10. 本期已经支付所得税共7 700元；
11. 本期增值税销项税额16 779元，进项税额9 850元，已经支付增值税8 029元。

【要求】1. 采用直接法调整计算经营活动的现金流量（将结果列入指定明细表中）。
2. 采用间接法调整计算经营活动的现金流量（将结果列入指定明细表中）。
3. 调整计算投资活动的现金流量（将结果列入指定明细表中）。
4. 调整计算筹资活动的现金流量（将结果列入指定明细表中）。
5. 编制完整的现金流量表。

答　案

一、单项选择题

1. A　2. B　3. A　4. C　5. C　6. B　7. B　8. A　9. B　10. B　11. A
12. D　13. C　14. D　15. B　16. C　17. A　18. C　19. B　20. A　21. A

二、多项选择题

1. ABC　2. ABC　3. ABE　4. ABE　5. ABC　6. BC　7. ABE　8. BCD
9. BCD　10. ABC　11. ABCD　12. ACD　13. ABCD　14. ABCD　15. ABCD　16. AD
17. ABCDE　18. ABC　19. AC　20. AC

三、判断题

1. √　2. √　3. ×　4. ×　5. √　6. √　7. ×　8. ×　9. ×　10. ×
11. ×　12. ×　13. ×　14. ×　15. ×　16. ×　17. √　18. √　19. √　20. ×

四、名词解释

1. 会计报表：总括地反映会计主体在一定时间（期）的财务状况、经营成果和现金流量的书面文件。
2. 资产负债表：反映企业在某一特定日期的财务状况的会计报表。它是了解企业偿债能力的主要报表。
3. 利润表：反映企业在一定会计期间的经营成果的会计报表。它是了解企业获利能力的主要报表。
4. 现金流量表：反映企业在一定会计期间的现金和现金等价物流入和流出的会计报表。
5. 所有者权益变动表：反映构成所有者权益的各个组成部分当期增减变动情况的会计报表。
6. 会计报表附注：对在会计报表中列示项目所作的进一步说明，以及对未能在这些报表中列示项目的说明等。
7. 会计报表附表：对会计报表内的某一或某些项目的内容作进一步详细说明的报表。
8. 直接法：通过现金收入和现金支出的主要类别反映企业来自经营活动的现金流量的方法。

9. 间接法：以本期净利润为起点，调整不涉及现金的收入、费用、营业外收支以及应收应付等项目的增减变动，据引计算并列式经营活动的现金流量。
10. 调整法：直接根据资产负债表、利润表等有关资料，通过调整确定企业经营活动、投资活动、筹资活动的现金流量。
11. 工作底稿法：以工作底稿为手段，以资产负债表和利润表数据为基础，对每一个项目进行分析调整，从而编制现金流量表的方法。
12. T 型账户法：以 T 形账户为载体，以资产负债表和利润表数据为基础，对每一项目进行分析调整，从而编制出现金流量表的方法。
13. 投资活动：企业长期资产的购建和不包括在现金等价物范围内的投资及其处置活动。
14. 筹资活动：导致企业所有者权益及借款规模和构成发生变化的活动。
15. 经营活动：企业投资活动和筹资活动以外的所有交易和事项。

五、思考题

答案略。

六、业务题

(一)

销售商品、提供劳务收到的现金 = 200 000 + （60 000 − 20 000） − 2 000 − 12 000 + 16 000 = 242 000（元）

(二)

购买商品、接受劳务支付的现金 = 120 000 + （6 000 − 4 000） + 1 000 + （180 000 − 140 000） − 16 000 = 147 000（元）

(三)

支付给职工以及为职工支付的现金 = 500 − 20 + 1.6 + 4 + 80 + 16 + 12 = 593.6（万元）

支付的其他与经营活动有关的现金 = 100（万元）

(四)

1. （1）借：原材料　　30
　　　　应交税费——应交增值税（进项税额）　　5.1
　　　　贷：应付票据　　35.1

　（2）借：交易性金融资产　　100
　　　　贷：其他货币资金　　100

　（3）借：财务费用　　5
　　　　贷：应付利息　　5

(4) 借：资产减值损失　　8
　　贷：坏账准备　　8

(5) 借：管理费用　　20
　　贷：累计折旧　　20
　借：管理费用　　10
　　贷：累计摊销　　10

(6) 借：预收账款　　60
　　应收账款　　57
　　贷：主营业务收入　　100
　　　　应交税费——应交增值税（销项税额）　　17
　借：主营业务成本　　65
　　贷：库存商品　　65

(7) 借：管理费用　　15
　　贷：应付职工薪酬　　15
　借：在建工程　　5
　　贷：应付职工薪酬　　5

(8) 借：在建工程　　20
　　贷：应付利息　　20

(9) 借：长期股权投资　　50
　　贷：投资收益　　50

(10) 借：营业税金及附加　　3
　　贷：应交税费——应交城建税　　3

(11) 借：应付账款　　30
　　贷：营业外收入　　30

(12) 借：所得税费用　　18
　　贷：应交税费——应交所得税　　18

2. 某公司200×年度资产负债表：

资产负债表（简表）

编制单位：某公司　　200×年12月31日　　单位：万元

资产	年末余额	年初余额	负债和所有者权益	年末余额	年初余额
货币资金	220.4	320.4	短期借款	200	200
交易性金融资产	100	0	应付账款	54	84
应收票据	24	24	应付票据	75.1	40
应收账款	208.2	159.2	预收账款	0	60
预付账款	0.16	0.16	应付职工薪酬	24	4
存货	333	368	应交税费	42.5	9.6

续表

资产	年末余额	年初余额	负债和所有者权益	年末余额	年初余额
长期股权投资	530	480	应付利息	65	40
固定资产	1422	1442	长期借款	1008	1008
在建工程	125	100	实收资本	1600	1600
无形资产	194	204	盈余公积	99.6	96
长期待摊费用	50	50	未分配利润	38.56	6.16
资产总计	3206.76	3147.76	负债和所有者权益总计	3206.76	3147.76

（五）

1. 销售商品、提供劳务收到的现金 = 销售商品产生的收入和增值税销项税额 3510 万元（3000 + 510） + 应收账款项目本期减少额 400 万元（3000 – 2600） – 应收票据本期增加额 150 万元（750 – 600） – 本期计提的坏账准备 10 万元 = 3750 万元
2. 购买商品、接受劳务支付的现金 = 购买商品产生的销售成本和增值税进项税额 2800（2500 + 300）万元—存货本期减少额 300 万元（2500 – 2200） + 应付账款本期减少额 100 万元（900 – 800） – 固定资产折旧 100 万元 – 生产工人工资 300 万元 = 2200 万元
3. 支付的各项税费 = 实际交纳的增值税款 190 万元 + 支付的所得税款 90 万元（30 + 100 – 40） = 280 万元
4. 收回投资所收到的现金 = 100 + 10 = 110 万元
5. 取得借款所收到的现金 = 300 万元（短期借款本年增加数）
6. 偿还债务所支付的现金 = 100 万元（短期借款本期减少数）（500 + 300 – 700）
7. 投资所支付的现金 = 160 万元（交易性金融资产本期增加数）（260 + 100 – 200）

（六）

现金流量表

编制单位：兴华公司　　200×年度　　单位：元

项目	金额	说明
一、经营活动产生的现金流量		
销售商品、提供劳务收到的现金	753 000	主营业务收入 738 000 元 + 应收账款本期减少额 15 000 元
收到的税费返还		
收到的其他与经营活动有关的现金		
现金流入小计	753 000	

续表

项目	金额	说明
购买商品、接受劳务支付的现金	366 500	主营业务成本 195 000 元（360 000 - 165 000）+存货本期增加额 85 000 元 + 应付票据本期减少额 120 000 元 - 应付账款本期增加额 43 500 元 + 本年度发生火灾造成存货损失 10 000 元
支付给职工以及为职工支付的现金	165 000	主营业务成本中包括的工资费用 165 000 元
支付的各项税费	102 000	支付的所得税 102 000 元
支付的其他的与经营活动有关的现金	39 500	支付的其他费用 39 500 元
现金流出小计	673 000	
经营活动产生的现金流量净额	80 000	
二、投资活动产生的现金流量		
收回投资收到的现金	18 000	本年度出售交易性金融资产收到现金 18 000 元
取得投资收益收到的现金		
处置固定资产、无形资产和其他长期投资而收回的现金净额	58 000	本年度出售固定资产收到的现金 58 000 元
收到的其他与投资活动有关的现金		
现金流入小计	76 000	
购置固定资产、无形资产和其他长期投资所支付的现金	317 000	本年度购入固定资产支付现金 317 000 元
投资所支付的现金	23 000	本年度购入交易性金融资产支付现金23 000 元
支付的其他与投资活动有关的现金	15 000	支付经营租赁方式租入的固定资产发生的改良支出 15 000 元
现金流出小计	355 000	
投资活动产生的现金流量净额	-279 000	
三、筹资活动产生的现金流量		
吸收投资所收到的现金	265 000	发行债券收到的现金 215 000 元 + 发行新股收到的现金 50 000 元
取得借款所收到的现金	50 000	本期从银行取得借款 50 000 元
收到的其他与筹资活动有关的现金		
现金流入小计	315 000	
偿还债务所支付的现金	70 000	偿还债务支付现金 70 000 元

续表

项目	金额	说明
分配股利、利润和偿付利息所支付的现金	37 000	支付现金股利 27 000 元 + 支付债券利息 10 000 元
支付的其他与筹资活动有关的现金		
现金流出小计	107 000	
筹资活动产生的现金流量净额	208 000	
四、汇率变动对现金的影响		
五、现金及现金等价物净增加额	9 000	
将净利润调节为经营活动现金流量		
净利润	201 000	
加：计提的资产损失准备		
固定资产折旧	21 500	
无形资产摊销	0	
长期待摊费用摊销	0	
处置固定资产、无形资产和其他长期资产的损失（减：收益）	-3 000	处置固定资产收益 3 000 元
固定资产报废损失		
财务费用	10 000	债权利息 10 000 元
投资损失（减：收益）	-3 000	出售交易性金融资产收益 3 000 元
存货减少（减：增加）	-85 000	存货增加 85 000 元
经营性应收项目的减少（减：增加）	15 000	应收账款减少 15 000 元
经营性应付项目的增加（减：减少）	-76 500	应付账款增加 43 500 元 - 应付票据减少 12 000元
经营活动产生的现金流量净额	80 000	

（七）

1.（1）①购买原材料、原材料验收入库同时支付部分货款：

借：原材料 10 000

　　应交税费——应交增值税（进项税额） 1 700

　　贷：银行存款 10 540

　　　　应付账款 1 160

②偿还前期应付账款：

借：应付账款 1 220

　　贷：银行存款 1 220

（2）①采用预付款方式购入原材料并验收入库：

借：原材料　　2 000

　　应交税费——应交增值税（进项税额）　　340

　　贷：预付账款　　2 340

②补付货款时：

借：预付账款　　2 260

　　贷：银行存款　　2 260

③预付货款：

借：预付账款　　250

　　贷：银行存款　　250

（3）发生各项生产耗费：

①分配职工薪酬和原材料耗费计入生产成本：

借：生产成本　　16 960

　　贷：原材料　　12 400

　　　　应付职工薪酬　　4 560

②分配职工薪酬、固定资产折旧及其他耗费计入制造费用：

借：制造费用　　1 440

　　贷：应付职工薪酬　　114

　　　　银行存款　　426

　　　　累计折旧　　900

③分配制造费用：

借：生产成本　　1 440

　　贷：制造费用　　1 440

（4）产成品入库：

借：库存商品　　18 400

　　贷：生产成本　　18 400

（5）采用一般销售方式销售商品：

①确认收入、收取货款：

借：银行存款　　20 040

　　应收账款　　3 360

　　贷：主营业务收入　　20 000

　　　　应交税费——应交增值税（销项税额）　　3 400

②结转已销售的商品成本：

借：主营业务成本　　13 600

　　贷：库存商品　　13 600

③收取前期应收货款：

借：银行存款　　1 200

　　贷：应收账款　　1 200

（6）采取预收款方式销售商品：

①发出商品时：

借：预收账款　　7 488

　　贷：主营业务收入　　6 400

　　　　应交税费——应交增值税（销项税额）　　1 088

②结转已销商品成本：

借：主营业务成本　　4 800

　　贷：库存商品　　4 800

③通过银行收取购货方补付的货款：

借：银行存款　　7 348

　　贷：预收账款　　7 348

④预收货款：

借：银行存款　　694

　　贷：预收账款　　694

（7）发生各项管理费用：

借：管理费用　　2 108

　　贷：应付职工薪酬　　228

　　　　累计折旧　　120

　　　　累计摊销　　160

　　　　银行存款　　1 600

（8）取得和偿还借款：

①偿还短期借款：

借：短期借款　　300

　　贷：银行存款　　300

②取得短期借款：

借：银行存款　　200

　　贷：短期借款　　200

③取得长期借款：

借：银行存款　　600

　　贷：长期借款　　600

（9）长期股权投资：

①取得时：

借：长期股权投资　　780

　　应收股利　　40

　　贷：银行存款　　820

②收到现金股利时：

借：银行存款　　40

　　贷：应收股利　　40

（10）计提利息：

①按合同利率计算短期借款利息：

借：财务费用　12

　　贷：应付利息　12

②支付短期借款利息：

借：应计利息　12

　　贷：银行存款　12

③按合同利率计算长期借款利息：

借：在建工程　100

　　财务费用　20

　　贷：应付利息　120

（11）在建工程发生各项耗费：

借：在建工程　560

　　贷：应付职工薪酬　91.2

　　　　银行存款　468.8

（12）出售交易性金融资产：

借：银行存款　600

　　贷：交易性金融资产　540

　　　　投资收益　60

（13）工程完工，已经达到预定可使用状态：

借：固定资产　1 700

　　贷：在建工程　1 700

（14）确认投资收益和应收股利：

①确认投资收益：

借：长期股权投资　640

　　贷：投资收益　640

②确认应收股利：

借：应收股利　320

　　贷：长期股权投资　320

（15）发生销售费用：

借：销售费用　1 118

　　贷：银行存款　1 118

（16）支付银行结算手续费：

借：财务费用　4

　　贷：银行存款　4

（17）营业税金及附加：

借：营业税金及附加　242

　　贷：应交税费——应交城市维护建设税　170

　　　　　　　　——应交教育费附加　72

（18）相关税费：

①交纳税费：

借：应交税费——应交增值税（已交税金） 2 428

——应交城市维护建设税 160

——应交教育费附加 64

贷：银行存款 2 652

②结转未交增值税：

借：应交税费——应交增值税（转出未交增值税）20

贷：应交税费——未交增值税 20

（19）支付职工薪酬：

借：应付职工薪酬 5 181.2

贷：银行存款 5 181.2

（20）计提坏账准备：

借：资产减值损失 20

贷：坏账准备 20

（21）确认捐赠利得和罚款损失：

①确认捐赠利得：

借：银行存款 64

贷：营业外收入 64

②确认罚款损失：

借：营业外支出 40

贷：银行存款 40

（22）计算利润和所得税费用等：

①营业利润＝营业收入－营业成本－营业税金及附加－管理费用－销售费用－财务费用－资产减值准备＋投资净收益＝26 400－18 400－242－2 108－1 118－（12＋20＋4）－20＋（640＋60）＝5 176（万元）

②利润总额＝营业利润＋营业外收入－营业外支出＝5 176＋64－40＝5 200（万元）

③应交所得税＝1 702（万元）

④递延所得税费用＝递延所得税负债增加额＋递延所得税资产减少额＝（218－142）＋（172－64）＝184（万元）

⑤所得税费用＝当期所得税＋递延所得税费用＝1 702＋184＝1 886（万元）

借：所得税费用 1 886

贷：应交税费——应交所得税 1 702

递延所得税负债 108

递延所得税资产 76

（23）交纳所得税：

借：应交税费——应交所得税 1 500

贷：银行存款 1 500

（24）①结转收益类账户：

借：主营业务收入　　26 400

　　投资收益　　700

　　营业外收入　　64

　　贷：本年利润　　27 164

②结转费用类账户：

借：本年利润　　23 850

　　贷：主营业务成本　　18 400

　　　　营业税金及附加　　242

　　　　销售费用　　1 118

　　　　管理费用　　2 108

　　　　财务费用　　36

　　　　资产减值损失　　20

　　　　营业外支出　　40

　　　　所得税费用　　1 886

（25）结转本年利润：

借：本年利润　　3 314

　　贷：利润分配——未分配利润　　3 314

2. 填列200×年资产负债表的年末余额：

资产负债表

200×年12月31日　　　　单位：万元

资产	年初余额	年末余额	负债和所有者权益	年初余额	年末余额
流动资产：			流动负债：		
货币资金	560	2 954	短期借款	400	300
交易性金融资产	920	380	应付账款	1 220	1 160
应收账款	1 140	3 280	预收账款	140	694
预付账款	80	250	应付职工薪酬	760	572
应收股利		320	应交税费	76	316
其他应收款	152	152	应付利息	0	120
存货	3 000	2 600	流动负债合计	2 596	3 162
流动资产合计	5 852	9 936	非流动负债：		
非流动资产：			长期借款	2 000	2 600
长期股权投资	1 720	2 820	应付债券	1 458	1 458
固定资产	11 950	12 630	递延所得税负债	142	218

续表

资产	年初余额	年末余额	负债和所有者权益	年初余额	年末余额
在建工程	1 040	0	非流动负债合计	3 600	4 276
无形资产	460	300	负债合计	6 196	7 438
开发支出	78	78	所有者权益：		
递延所得税资产	172	64	实收资本（或股本）	10 000	10 000
非流动资产合计	15 420	15 892	资本公积	2 560	2 560
			盈余公积	1 720	1 720
			未分配利润	796	4 110
			所有者权益合计	15 036	18 390
资产总计	21 272	25 828	负债及所有者权益总计	21 272	25 828

（八）

1.（1）营业收入＝主营业务收入＋其他业务收入＝（5 672－76）＋152＝5 748（万元）

（2）营业成本＝主营业务成本＋其他业务成本＝（3 960－40）＋102＝4 022（万元）

（3）投资收益＝436－124＝312（万元）

（4）公允价值变动净收益＝46－90＝－44（万元）

（5）营业利润＝营业收入－营业成本－营业税金及附加－销售费用－管理费用－财务费用－资产减值损失＋公允价值变动收益（－公允价值变动损失）＋投资收益（－投资损失）＝5 748－4 022－366－304－338－32－（128－34）－44＋312＝860（万元）

（6）利润总额＝营业利润＋营业外收入－营业外支出＝860＋100－180＝780（万元）

（7）应交所得税＝240（万元）

（8）递延所得税费用＝递延所得税负债增加额＋递延所得税资产减少额＝（146－48）＋0＝98（万元）

（9）递延所得税收益＝递延所得税负债减少额＋递延所得税资产增加额＝0＋（174－130）＝44（万元）

（10）所得税费用＝当期所得税＋递延所得税费用－递延所得税收益＝240＋98－44＝294（万元）

（11）净利润＝利润总额－所得税＝390－147＝243（万元）

2. 将各损益类账户余额结转至“本年利润”账户：

借：主营业务收入	5 596	
其他业务收入	152	
投资收益	312	
营业外收入	100	
贷：本年利润		6 160

借：本年利润　　　　　　　　5 674

　　贷：主营业务成本　　　　　　　3 920

　　　　营业税金及附加　　　　　　366

　　　　其他业务成本　　　　　　　102

　　　　销售费用　　　　　　　　　304

　　　　管理费用　　　　　　　　　338

　　　　财务费用　　　　　　　　　32

　　　　资产减值损失　　　　　　　94

　　　　公允价值变动损益　　　　　44

　　　　营业外支出　　　　　　　　180

　　　　所得税费用　　　　　　　　294

3. 将当期实现的净利润结转至“利润分配”账户：

借：本年利润　　　　　　　　486

　　贷：利润分配——未分配利润　　486

4. 编制200×年度利润表：

利润表

编制单位：某公司　　　　200×年12月　　　　单位：万元

项 目	本年金额	上期金额
一、营业收入	5 748	
减：营业成本	4 022	
营业税金及附加	366	
销售费用	304	
管理费用	338	
财务费用	32	
资产减值损失	94	
加：公允价值变动损益（损失以“－”号填列）	－44	
投资收益（损失以“－”号填列）	312	
其中：对联营企业和合营企业的投资收益		
二、营业利润（亏损以“－”号填列）	860	
加：营业外收入	100	
减：营业外支出	180	
其中：非流动资产处置损失		
三、利润总额（亏损以“－”号填列）	780	
减：所得税费用	294	

续表

项 目	本年金额	上期金额
四、净利润（净亏损以“-”号填列）	486	
五、每股收益		
（一）基本每股收益		
（二）稀释每股收益		

（九）

1. 销售商品、提供劳务收到的现金 =（6 000 +1 020）+（4 680 -9 360）+（1 170 -702）-200 =2 608（万元）
2. 购买商品、接受劳务支付的现金 =（3 400 +544）+（4 800 -5 000）+（3 510 -4 680）=2 574（万元）
3. 支付的各项税费 = 实际交纳的增值税款 + 支付的所得税款 =616 +（60 +200 -80）=796（万元）
4. 收回投资所收到的现金 =40 +100 =140（万元）
5. 分得股利或利润所收到的现金 =40 +20 -10 =50（万元）
6. 借款所收到的现金 =600（万元）
7. 偿还债务所支付的现金 =400（万元）

（十）

1. 从利润表的第一个项目开始，从权责发生制基础调整为首付实现制基础上的各项目数额，调整分录为：

（1）调整“经营收入”项目：

借：经营活动现金流量——销售商品收到的现金　110 679
　　应收账款　4 800
　　贷：营业收入　98 700
　　　　应交税费——应交增值税　16 779

（2）调整“营业成本”项目：

借：营业成本　49 400
　　应付账款　400
　　贷：经营活动现金流量——购买商品支付的现金　48 500
　　　　存货　1 300

（3）调整“营业税金及附加”项目：

借：营业税金及附加　9 300
　　贷：经营活动现金流量——支付的各项税费　9 300

（4）调整“营业收入”项目中的代购代销收入：

借：经营活动现金流量——销售商品收到的现金　500
　　贷：营业收入——代购代销收入　500

（5）调整“营业收入”项目中的其他业务利润部分：

借：经营活动现金流量——销售商品收到的现金 1 000

贷：营业收入——其他业务利润 1 000

（6）调整“销售费用”项目：

借：销售费用 5 200

贷：经营活动现金流量——支付的各项税费 5 200

（7）调整“管理费用”项目：

借：管理费用 6 600

贷：经营活动现金流量——支付的其他与经营活动有关的现金 6 600

（8）调整“财务费用”项目：

借：财务费用 7 900

贷：筹资活动现金流量——利息付现 7 900

（9）调整“坏账准备”项目：

该笔调整分录是第（7）笔调整分录的再调整。

借：经营活动现金流量——支付的其他与经营活动有关的现金 40

贷：坏账准备 40

（10）调整“待摊费用”项目：

借：待摊费用 1 240

贷：经营活动现金流量——支付的其他与经营活动有关的现金 1 240

（11）调整“应交税费——应交增值税”项目：

根据新新公司其他资料 11 得知，本期已经支付增值税 8 029 元，支付的进项税额为9 850元。

借：应交税金——应交增值税 17 879

贷：经营活动现金流量——购买商品付现 9 850

——支付的各项税费 8 029

（12）调整“应交税费——应交所得税”项目：

利润表上列示应交所得税 8 000 元，从其他资料 10 得知，本期已经支付了 7 700元，资产负债表上“应交税费——应交所得税”比期初增加了 300 元。

①借：所得税费用 8 000

贷：应交税费——应交所得税 8 000

②借：应交税费——应交所得税 7 700

贷：经营活动现金流量——支付的各项税费 7 700

（13）调整“应付职工薪酬”项目：

销售人员工资已经作为销售费用报告在利润表上。这笔调整分录是第（6）笔调整分录的再调整。

借：经营活动现金流量——支付的其他与经营活动有关的现金 200

贷：应付职工薪酬 200

（14）调整“应付职工薪酬”项目：

借：应付职工薪酬 200

贷：经营活动现金流量——支付给职工以及为职工支付的现金 200

这笔分录是第（6）、（7）笔调整分录的再调整。

（15）调整“代销商品款”项目：

借：代销商品款 5 000

贷：经营活动现金流量——支付的其他与经营活动有关的现金 5 000

（16）调整“其他流动负债”项目：

借：其他流动负债 600

贷：经营活动现金流量——支付的其他与经营活动有关的现金 600

（17）调整“累计折旧”项目：

折旧在计提时已经计入管理费用，但折旧并不发生现金流出，而利润表上已经包括了折旧费用，所以这笔调整分录是第（7）笔调整分录的再调整。

借：经营活动现金流量——支付的其他与经营活动有关的现金 2 000

贷：累计折旧 2 000

（18）借：净利润 18 700

贷：未分配利润 18 700

（19）借：未分配利润 10 000

贷：股本 10 000

上述已经将所有影响经营活动现金流量的分析项目均作了调整。调整结果见下表：

经营活动现金流量明细表（直接法）

单位：元

销售商品收到的现金	（1）	110 679	购买商品支付的现金	（2）	48 500
				（11）	9 850
代购代销收到现金	（4）	500	支付的各项税费	（6）	5 200
其他业务利润收到现金	（5）	1 000		（3）	9 300
调整坏账准备	（9）	40		（11）	8 029
应付职工薪酬	（13）	200		（12）	7 700
累计折旧	（17）	2 000	管理费用支出现金	（7）	6 600
			待摊费用增加	（10）	1 240
			应付职工薪酬	（14）	200
			其他流动负债减少	（16）	600
			代销商品款减少	（15）	5 000
经营活动现金流入合计		114 419	经济活动现金流出合计		102 219
经营活动现金净增加额		12 200			

2. 间接法在计算经营活动现金流量时是以利润表上本期净利润为起算点的，调整那些不动用现金的费用项目，以及那些不产生经营活动现金流量的收入项目。调整分录与前面相同，只需将调整结果列入明细表即可，见下表：

经营活动现金流量明细表（间接法）

单位：元

本年净利润	18 700	投资收益	（1）2 700
累计折旧	2 000	债券投资利息收入	（2）　800
坏账准备	40	应收账款增加	4 800
存货减少	1 300	待摊费用减少	1 240
应付职工薪酬	200	应付账款减少	400
财务费用	7 900	应交税费	800
		应付职工薪酬	200
		其他流动负债减少	600
		代销商品款减少	5 000
		处置固定资产净收益	（3）1 400
经营活动现金流入合计	30 140	经营活动现金流出合计	17 940
经营活动现金净增加额	12 200		

表中一些数字的来源说明如下：

（1）投资收益 2 700 元。从其他资料 9 得知，处置长期股权投资成本 14 000 元，获收益2 200元；又从其他资料 8 中得知交易目的投资获收益 500 元；2 200 元加上 500 元正好是 2 700 元；2 700 元已经包括在利润表中的净利润 18 700 元之中，但这是非经营活动的收益，所以，以净利润为起点计算经营活动现金流量时要减去。

（2）持有到期债券投资利息收入 800 元。从其他资料 3 得知，这笔列计的 800 元收入，不是经营活动现金流入，而是投资活动现金流入。

（3）处置固定资产净收益 1 400 元。从其他资料 2 得知，出售全新未用的固定资产，原价为 10 000 元，售价为 11 400 元，这反映在利润表上的 1 400 元营业收入，不是经营活动的收入，应减少以净利润为起算点的经营活动现金流量。

补充说明：由于直接法与间接法在计算经营活动现金流量时的方法不同，直接法中经营活动现金流入是 114 419 元，现金流出是 102 219 元，与间接法中的经营活动的现金流入 30 140 元和现金流出 17 940 元并不相等，但这两种方法计算下的经营活动现金净增加额 12 200 元是绝对相等。

3.（1）依据其他资料 2：

借：投资活动现金流量——处置固定资产收现金11 400

　　贷：固定资产　　　　10 000

　　　　营业外收入　　　　1 400

（2）依据其他资料 3：

借：投资活动现金流量——收到债券利息　　1 800

　　贷：持有至到期投资　　　　1 000

　　　　投资收益　　　　800

（3）依据其他资料 4：

借：无形资产　　　　20 000

　　贷：投资活动现金流量　　　　20 000

（4）依据其他资料6：

借：固定资产　　40 000

　　贷：投资活动现金流量　　40 000

（5）依据其他资料8：

借：投资活动现金流量　　2 900

　　贷：交易性金融资产　　2 400

　　　　投资收益　　500

（6）依据其他资料9：

借：投资活动现金流量——收回投资收现　　16 200

　　贷：长期股权投资　　14 000

　　　　投资收益　　2200

投资活动现金流量明细表

单位：元

（1）出售固定资产收现	11 400	（3）购专利权付现	20 000
（2）持有至到期投资收现	1 800	（4）购固定资产付现	40 000
（5）出售交易性金融资产收现	2 900		
（6）收回长期投资收现	16 200		
投资活动现金流入	32 300	投资活动现金流出	60 000
投资活动现金增加净额			（27 700）

4.（1）依据其他资料1发放现金股利：

借：未分配利润　　5 000

　　贷：筹资活动现金流量　　5 000

（2）依据其他资料5按面值发行债券：

借：筹资活动现金流量　　25 000

　　贷：应付债券　　25 000

（3）资产负债表显示“短期借款”项目，期末比期初增加了3 000元。

借：筹资活动现金流量　　3 000

　　贷：短期借款　　3 000

筹资活动现金流量明细表

单位：元

（2）发行债券收现	25 000	（1）发放现金股利	5 000
（3）借款收现	3 000	（8）利息付现	7 900
筹资活动现金流入	28 000	筹资活动现金流出	12 900
筹资活动现金流量净额	15 100		

5. 编制完整的现金流量表：

现金流量表

编制单位：新新公司　　200×年度　　单位：元

项　目	金　额
一、经营活动产生的现金流量：	
销售商品、提供劳务收到的现金	110 679
代购代销收到现金	500
收到的其他与经营活动有关的现金	1 000
经营活动现金流入小计	112 179
购买商品、接受劳务支付的现金	58 350
支付给职工以及为职工支付的现金	200
支付的各项税费	30 029
支付的其他与经营活动有关的现金	11 400
经营活动现金流出小计	99 979
经营活动产生的现金流量净额	12 200
二、投资活动产生的现金流量：	
处置长期股权投资收到的现金	16 200
出售交易性金融资产收到的现金	2 900
持有至到期投资收到现金	1 800
处置固定资产收到的现金	11 400
投资活动现金流入小计	32 300
购置固定资产支付的现金	40 000
购置专利支付的现金	20 000
投资活动现金流出小计	60 000
投资活动产生的现金流量净额	-27 700
三、筹资活动产生的现金流量：	
吸收投资所收到的现金	25 000
取得借款所收到的现金	3 000
筹资活动现金流入小计	28 000
分配股利支付的现金	5 000
支付利息付现	7 900

续表

项　　目	金　　额
筹资活动现金流出小计	12 900
筹资活动产生的现金流量净额	15 100
四、现金及现金等价物净增加额	-400
现金流量表附注金额	
1. 将净利润调节为经营活动现金流量	
净利润	18 700
加：资产减值准备（坏账准备）	40
固定资产折旧	2 000
待摊费用减少（减：增加）	-1 240
处置固定资产的损失（减：收益）	-1 400
财务费用	7 900
投资损失（减：收益）	-3 500
存货减少	1 300
经营性应收项目的减少（减：增加）	-4 800
经营性应付项目的增加（减：减少）	-6 800
经营活动产生的现金流量净额	12 200
2. 现金及现金等价物的净变动情况：	
现金的期末余额	9 900
减：现金的期初余额	10 300
加：现金等价物的期末余额	0
减：现金等价物的期末余额	0
现金及现金等价物的净增加额	-400

第十五章　会计报表分析

习　题

一、单项选择题

1. 下列选项中，（　　）是评价企业短期偿债能力强弱的最可信指标。
   A. 现金比率　B. 已获利息倍数　C. 流动比率　D. 存货周转率
2. 下列不属于偿债能力比率的是（　　）。
   A. 流动比率　B. 现金比率　C. 利息保障倍数　D. 市盈率
3. 杜邦分析法的核心是（　　）。
   A. 总资产报酬率　B. 股东权益报酬率　C. 权益乘数　D. 销售净利率
4. 偿还短期债务的能力主要取决于（　　）。
   A. 负债总额与资产总额的比率　B. 资产周转的速度
   C. 企业获利能力　D. 资产变现能力
5. 短期借款人在进行企业财务分析时，最为关心的是（　　）。
   A. 企业的获利能力　B. 企业的支付能力
   C. 企业对社会的贡献能力　D. 企业资产的运营能力
6. 如果企业速动比率很小，下列结论成立的是（　　）。
   A. 企业的短期偿债能力很强　B. 企业的短期偿债风险很大
   C. 企业的流动资产占用很多　D. 企业资产的流动性很强
7. 在公司流动比率小于 1 时，赊购商品一批，将会（　　）。
   A. 使流动比率下降　B. 使流动比率上升　C. 降低营运资金　D. 增大营运资金
8. 下列各项中，不会影响流动比率的业务是（　　）。
   A. 用现金购买短期债券　B. 用现金购买固定资产
   C. 从银行取得长期借款　D. 用存货进行对外长期投资
9. （　　）可以流动比率评估企业的安全边际，测定企业的营运资金是否充足。
   A. 短期债权人　B. 长期债权人　C. 股东　D. 出租人
10. 表明速动资产对流动负债比率关系的是（　　）。
    A. 流动比率　B. 速动比率　C. 速动资产　D. 流动资产
11. 反映企业长期偿债能力的比率是（　　）。
    A. 现金比率　B. 所有者权益比率　C. 流动比率　D. 速动比率
12. 计算速动比率时，要从流动资产中扣除存货，其原因是（　　）。
    A. 存货不能用来偿还债务　B. 存货的变现能力差
    C. 存货的种类太多　D. 存货的数额不稳定

13. 用来衡量企业运用投资者投入资本获得收益的能力的指标是（ ）。

A. 总资产收益率 B. 净资产收益率 C. 销售利润率 D. 成本费用利润率

14. 不影响应收账款周转率指标利用价值的因素是（ ）。

A. 销售折让与折扣的波动 B. 季节性经营引起的销售额波动

C. 大量使用分期付款结算方式 D. 大量使用现金结算的销售

15. 净资产收益率在杜邦分析体系中是个综合性最强、最具有代表性的指标。通过对系统的分析可知，提高净资产收益率的途径不包括（ ）。

A. 加强销售管理，提高销售净利率

B. 加强资产管理，提高其利用率和周转率

C. 加强负债管理，降低资产负债率

D. 加强负债管理，提高产权比率

16. 将企业的资产负债表和损益表相连接的财务比率是（ ）。

A. 总资产周转率 B. 资产负债率 C. 流动比率 D. 速动比率

17. 反映企业营运能力的比率是（ ）。

A. 资产负债率 B. 所有者权益比率 C. 资产周转率 D. 资本金利润率

18. 某企业原流动比率是2:1，速动比率是1:1，现以银行存款预付某公司的货款，则企业的（ ）。

A. 速动比率下降 B. 流动比率下降 C. 两种比率不变 D. 两种比率均提高

19. 流动比率为（ ）较为理想。

A. 2:1 B. 1:1

C. 大于20% D. 在75% ~100%之间

20. 在企业总资产周转率为1.8次时，会引起该指标下降的经济业务是（ ）。

A. 销售商品取得收入 B. 借入一笔生产资金借款

C. 用银行存款购入1台设备 D. 用银行存款支付1年的电话费

二、多项选择题

1. 影响速动比率的因素有（ ）。

A. 应收账款 B. 存货 C. 短期借款 D. 应收票据

2. 若流动比率大于1，则下列结论不一定成立的是（ ）。

A. 速动比率大于1 B. 营运资本大于0

C. 资产负债率大于1 D. 短期偿债能力绝对有保障

3. 下列几个比率关系中，比率越高表明企业获利能力越强的有（ ）。

A. 资产报酬率 B. 资产负债率 C. 成本费用净利率 D. 应收账款周转率

4. 反映企业短期偿债能力的指标主要有（ ）。

A. 负债比率 B. 流动比率 C. 速动比率 D. 现金比率

5. 流动比率指标（ ）。

A. 是评价企业用流动资产偿还流动负债的指标

B. 是衡量企业偿付短期债务的唯一标准

C. 为 2∶1 时被认为是理想标准

D. 过低，企业有可能有清偿到期债务的困难

E. 过高，说明企业有不能盈利的闲置的流动资产

6. 如果流动比率过高，意味着企业可能存在着（ ）。

A. 闲置现金　　B. 存货积压

C. 应收账款周转缓慢　　D. 偿债能力很差

7. 一般来说，提高存货周转率意味着（ ）。

A. 存货的变现速度慢　　B. 资金占用水平低

C. 存货变现的速度快　　D. 周转额大

8. 下列各项中，属于速动资产的有（ ）。

A. 库存现金　　B. 应收账款　　C. 其他应收款　　D. 固定资产

9. 由杜邦财务分析体系可知，提高净资产收益率的途径有（ ）。

A. 提高总资产周转率　　B. 提高销售利润率

C. 降低负债率　　D. 提高权益乘数

10. 提高应收账款周转率有助于（ ）。

A. 加快资金的周转　　B. 减少坏账损失

C. 增强短期偿债能力　　D. 缩短存货周转天数

11. 若企业的经营利润较多，而不能偿还到期的债务，则企业应对（ ）等财务比率进行检查。

A. 流动比率　　B. 存货周转率　　C. 应收账款周转率　　D. 资产负债率

12. 根据资产负债表上的数据，可以计算的指标有（ ）。

A. 资产负债率　　B. 权益乘数　　C. 流动比率　　D. 总资产周转率

13. 反映企业营运能力的指标主要是（ ）。

A. 存货周转率　　B. 应收账款周转率　　C. 资产周转率　　D. 营运资金周转率

14. 计算应收账款周转率指标的公式是（ ）。

A. 赊销收入净额／应收账款平均余额　　B. 销售收入总额／应收账款平均余额

C. 360／应收账款平均账龄　　D. 360／应收账款平均余额

15. 当流动资产大于流动负债时，下列表述正确的是（ ）。

A. 流动比率大于 1

B. 长期资本的数额大于长期资产

C. 速动比率大于 1

D. 当流动负债为 0 时，全部流动资产都由营运资本提供资金来源，则企业没有任何短期偿债压力

16. 存货周转率（ ）。

A. 是分析企业存货流动情况的一项指标

B. 存货周转次数多，说明存货周转快

C. 存货周转次数少，说明存货周转快

D. 存货周转天数多，说明存货周转快

E. 存货周转天数少，说明存货周转快

17. 影响速动比率的因素有（　　）。

A. 应收账款　　B. 短期借款　　C. 应收票据　　D. 预付账款

18. 利息保障倍数指标所反映的企业财务层面包括（　　）。

A. 获利能力　　B. 长期偿债能力　　C. 短期偿债能力　　D. 发展能力

19. 衡量偿债能力的方法主要有（　　）。

A. 比较债务与可供偿债资产的存量

B. 比较营业收入与所占用的资产

C. 比较偿债所需现金和经营活动产生的现金流量

D. 比较偿债所需现金和筹资活动产生的现金流量

20. 必须同时利用资产负债表和利润表才能计算的指标有（　　）。

A. 总资产报酬率　　B. 总资产周转率　　C. 利息保障倍数　D. 净资产收益率

三、判断题

1. 一般认为，企业的流动比率越大越好。（　　）

2. 从短期债权人的角度来讲，流动比率越高越好。（　　）

3. 尽管流动比率可以反映企业的短期偿债能力，但有的企业流动比率较高，但却没有能力支付到期的应付账款。（　　）

4. 资产营运能力的强弱主要取决于资产的周转速度。（　　）

5. 速动比率很低的企业，其流动负债到期绝对不能偿还。（　　）

6. 存货周转率指标既是反映企业流动资产流动性的一个指标，也是衡量企业生产经营活动各环节中存货营运效率的一个综合性的指标。（　　）

7. 市盈率指标主要是用来估计股票的投资价值。投资者为了选择投资价值更高的行业，可以根据不同的行业的市盈率选择投资对象。（　　）

8. 所有者权益比率和负债比率之和大于1。（　　）

9. 对债权人而言，企业的资产负债率越高越好。（　　）

10. 获利能力强的企业，其偿债能力也强。（　　）

11. 现销业务越多，应收账款周转率越高。（　　）

12. 存货周转次数越少，表明企业的经营状况越好。（　　）

13. 资产负债比率越高，说明企业的偿债能力越弱。（　　）

14. 存货周转率越高，对企业越有利。（　　）

15. 一般来说，企业的利息保障倍数至少应该大于或等于1。（　　）

16. 杜邦分析法的核心是总资产报酬率。（　　）

17. 每股收益越高，意味着股东可以从公司分得越高的股利。（　　）

18. 赊购材料因为无需立即付款，故而增加了企业的短期偿债能力，提高了流动比率。（　　）

19. 应收账款的周转次数多，周转天数少，说明应收账款的收现速度快，流动性强，在一定程度上可以弥补流动比率低的不利影响。（　　）

20. 正常的速动比率应该为 1 倍左右。 ( )

四、名词解释

1. 比率分析法
2. 比较分析法
3. 结构分析法
4. 因素分析法
5. 负债比率
6. 营运资金
7. 应收账款周转率
8. 权益净利率
9. 权益乘数
10. 资产净利率
11. 流动比率
12. 速动比率
13. 现金比率
14. 权益比率
15. 利息保障倍数
16. 资本收益率
17. 资产报酬率
18. 存货周转率
19. 销售利润率
20. 杜邦分析法
21. 沃尔评分法

五、思考题

1. 会计报表分析的目的是什么?
2. 常见的会计报表分析方法有哪些?
3. 短期偿债能力从哪几个方面进行分析?
4. 长期偿债能力从哪几个方面进行分析?
5. 什么是营运能力? 怎样进行营运能力分析? 资产周转率是否越高越好?
6. 从投资者的角度分析企业的获利能力主要计算哪些指标? 考虑哪些影响因素?
7. 为什么在计算速动比率时要从流动资产中剔除存货?
8. 沃尔评分法是从什么角度对企业的财务状况和经营成果进行综合评价的?
9. 杜邦分析法是从什么角度对企业的财务状况和经营成果进行综合评价的?
10. 简述杜邦财务分析的核心指标。

六、业务题

(一)

【资料】某公司200×年年初、年末应收账款分别为200万元和400万元，存货分别为200万元和600万元，年赊销收入为2 000万元，年销售成本为1 600万元，年末速动比率和现金比率分别为1.2和0.7，假设流动资产由速动资产和存货组成。

【要求】1. 计算应收账款周转率和存货周转率。

2. 计算年末流动负债和速动资产。

(二)

【资料】某企业200×年年初流动资产为120万元，存货为60万元，应收账款为38万元，年末流动负债为70万元，流动比率为2.2，速动比率为1.2，现金比率为0.6，应收账款周转率为5次，销售成本为156万元，赊销收入的比重为40%，假设流动资产由存货和速动资产组成。

【要求】1. 计算年末流动资产、存货和应收账款。

2. 计算存货周转率。

(三)

【资料】某公司200×年度的销售收入净额为240 000元，销售成本为销售收入的50%，赊销收入比例为70%，销售净利润15%，期初应收账款为18 000元，期末应收账款为15 600元，期初资产总额为370 000元，期初存货为20 000元，存货周转率为5次，期末资产总额中存货所占的比例为8%。

【要求】1. 计算年末的存货总额和资产总额。

2. 计算应收账款周转次数、总资产周转率。

(四)

【资料】长期负债/所有者权益=0.5/1，总资产周转率=2.8次，应收账款平均回收期=18天，存货周转率=9次，销售毛利率=10%，速动比率=1/1，1年按360天计算，所有销货均为赊销，期初期末无变化。

【要求】利用上述资料将下表编制为完整的资产负债表。

资产负债表

单位：元

库存现金		应收账款及应付票据	100 000
应收账款		长期负债	
存货		普通股	100 000
固定资产		保留盈余	100 000
资产合计		负债及所有者权益合计	

（五）

【资料】已知某企业本年度的销售收入为8 000万元，现销收入为1 000万元，销售退回为400万元，销售折让和折扣为200万元，本年初应收账款为500万元，本年末应收账款为700万元。

【要求】计算应收账款周转天数。

（六）

【资料】某公司年末会计报表上的部分数据为：流动负债60万元，流动比率为2，速动比率为1.2，销售成本为100万元，年初存货为52万元。

【要求】计算本年度存货周转次数。

（七）

【资料】某企业期末资产负债表简略形式如下表：

单位：元

资产	期末数	权益	期末数
货币资金	25 000	应付账款	
应收账款		应交税金	25 000
存　货		长期负债	
固定资产净值	294 000	实收资本	200 000
		未分配利润	
总　计	432 000	总　计	

其他资料如下：期末流动比率为1.5，本期存货周转次数为4.5次，本期销售成本为315 000元，期初存货等于期末存货，资产负债率为50%。

【要求】分别计算期初、期末存货数、应收账款净额、应付账款、长期负债和未分配利润。

（八）

【资料】某公司流动资产由速动资产和存货构成，年初存货为145万元，年初应收账款为125万元，年末流动比率为3，年末速动比率为1.5，存货周转率为4次，年末流动资产余额为270万元。1年按360天计算。

【要求】1. 计算该公司流动负债年末余额。

2. 计算该公司存货年末余额和年平均余额。

3. 计算该公司本年销货成本。

4. 假定本年赊销净额为960万元，应收账款以外的其他速动资产忽略不计，计算该公司应收账款周转期。

（九）

【资料】某公司有关资料如下表所示：

单位：万元

项　目	期初数	期末数	期末数或平均数
存货	200	250	
流动负债	250	320	
速动比率	0.6		
流动比率		1.6	
总资产周转次数			1.2
总资产			2 000

若该公司流动资产等于速动资产加存货。

【要求】1. 计算流动资产的期初数、期末数。

2. 计算期末速动比率。

3. 计算本期流动资产周转次数。

（十）

【资料】某公司200×年度赊销收入净额为2 000万元，销售成本为1 600万元，年初、年末应收账款余额分别为200万元和400万元，年初、年末存货余额分别为260万元和600万元，年末速动比率为1.2，年末现金比率为0.7。假定该企业流动资产由速动资产和存货组成，速动资产由应收账款和现金类资产组成，1年按360天计算。

【要求】1. 计算200×年应收账款周转天数。

2. 计算200×年存货周转天数。

3. 计算200×年年末流动负债余额和速动资产余额。

4. 计算200×年年末流动比率。

答　案

一、单项选择题

1. A　2. D　3. B　4. D　5. B　6. B　7. B　8. A　9. A　10. B

11. B　12. B　13. B　14. A　15. C　16. A　17. C　18. A　19. A　20. B

二、多项选择题

1. ACD　2. ACD　3. AD　4. BCD　5. ACDE　6. ABC　7. BCD　8. ABC

9. ABD　10. ABC　11. ABC　12. ABC　13. ABCD　14. AC　15. ABD　16. ABE

17. ABCD　18. AB　19. AC　20. ABD

三、判断题

1. × 2. √ 3. √ 4. √ 5. × 6. √ 7. × 8. × 9. × 10. ×
11. √ 12. × 13. √ 14. × 15. √ 16. × 17. √ 18. × 19. √ 20. √

四、名词解释

1. 比率分析法：指将同一时期内某些相互关联的经济指标进行对比，求出它们之间的比率，以揭示这些指标之间的相互关系，并由此判断企业财务状况和经营成果的一种分析方法。
2. 比较分析法：将会计报表中的某些项目或指标与选定的分析标准进行对比，确定其数量差异，以分析和评价企业财务状况和经营成果的一种方法。
3. 结构分析法：根据会计报表中各项目之间的依存关系，对各项目占总体的比重进行分析，以揭示会计报表结构是否合理以及结构的变动情况，了解企业当前的财务状况和经营成果，发现存在的问题，并预测未来的发展趋势。
4. 因素分析法：也称为因素替换法或连环替代法，用来测定几个相互联系的因素对某一综合经济指标或报表项目影响程度的方法。
5. 负债比率：又称资产负债率，用来说明债权人债权的保障程度，它是负债总额与资产总额的比值。
6. 营运资金：流动资产减去流动负债（短期负债等）后的余额。
7. 应收账款周转率：表明年度内应收账款转为现金的次数，它是赊销净额与应收账款平均余额的比值。
8. 权益净利率：权益净利率是杜邦分析体系的核心，也是一个综合性极强的指标，它代表投资者所投资金的获利能力，反映企业在资产配置、筹资、投资等多方面的工作效率。
9. 权益乘数：又称股本乘数，是指资产总额相当于股东权益的倍数。
10. 资产净利率：评价企业获利能力的一项综合性指标，它是净利润与总资产的比值。
11. 流动比率：衡量企业短期偿债能力最常用的比率，它是企业流动资产总额与流动负债总额的比值。
12. 速动比率：企业速动资产与流动负债的比值。
13. 现金比率：衡量企业在紧急情况下，对短期债务的支付能力，它是货币资金及短期证券总额和流动负债的比值。
14. 权益比率：将企业债权人权益和所有者权益结合起来，通过两者权益结构的比较，衡量企业的长期偿债能力，它是负债总额与所有者权益总额的比值。
15. 利息保障倍数：利润相当于利息的倍数，是用以作为判断债权安全程度的一个补充手段，它是净利润加上利息费用及所得税费用后的合计数与利息费用的比值。
16. 资本收益率：反映企业运用投资者投入资本获取收益的能力，它是企业净利润与实收资本（或股本）的比值。
17. 资产报酬率：用来衡量企业全部资产的获利能力，它是利润总额加上利息支出的合计数与平均资产总额的比值。

18. 存货周转率：反映一定时期存货资产的周转次数，用来衡量企业销货能力强弱及存货是否适量的指标。它是销货成本与平均存货的比值。
19. 销售利润率：反映企业销售收入的获利能力，即每元销售收入可以获得的利润，它是利润与销货净额的比值。
20. 杜邦分析法：利用财务比率指标间的内在联系，对企业综合效益进行分析评价的方法。
21. 沃尔评分法：将选定的财务比率用线性关系结合起来，并分别给定各自的分数比重，然后通过与标准比率进行比较，确定各项指标的得分及总体指标的累计分数，从而对企业的信用水平作出评价的方法。

五、思考题

答案略。

六、业务题

（一）

1. 计算应收账款周转率和存货周转率：

$$200\times 年度平均应收账款余额=\frac{200+400}{2}=300\ （万元）$$

$$200\times 年度应收账款周转率=\frac{2\ 000}{300}=6.7\ （次）$$

$$200\times 年度平均存货总额=\frac{200+600}{2}=400\ （万元）$$

$$200\times 年度存货周转率=\frac{1\ 600}{400}=4\ （次）$$

2. 计算年末流动负债和速动资产：

因为：$速动比率=\dfrac{速动资产}{流动负债}=1.2$

$现金比率=\dfrac{现金+现金等价物}{流动负债}=0.7$

所以：$\dfrac{现金+现金等价物+应收账款}{流动负债}=1.2$

$\dfrac{现金+现金等价物}{流动负债}=0.7$

即 $\dfrac{应收账款}{流动负债}+\dfrac{现金+现金等价物}{流动负债}=1.2$

$\dfrac{400}{流动负债}+0.7=1.2$

所以：流动负债 =800（万元）

流动资产 =960（万元）

（二）

1. 计算年末流动资产、存货和应收账款：

因为：$流动比率 = \frac{流动资产}{流动负债} = 2.2$

$速动比率 = \frac{速动资产}{流动负债} = 1.2$

$现金比率 = \frac{现金 + 现金等价物}{流动负债} = 0.6$

所以：$流动比率 = \frac{流动资产}{70} = 2.2$

$\frac{现金 + 现金等物价 + 应收账款}{流动负债} = 1.2$

$\frac{现金 + 现金等物价}{流动负债} = 0.6$

即 $\frac{应收账款}{流动负债} + \frac{现金 + 现金等物价}{流动负债} = 1.2$

$\frac{应收账款}{70} + 0.6 = 1.2$

所以：流动资产 = 154（万元）

应收账款 =42（万元）

又：$速动比率 = \frac{流动资产 - 存款}{流动负债} = 1.2$

即 $\frac{流动资产}{流动负债} - \frac{存货}{流动负债} = 1.2$

$2.2 - \frac{存货}{70} = 1.2$

存货 = 70（万元）

2. 计算存货周转率：

$存货周转率 = \frac{销售成本}{平均存货} = \frac{156}{(60 + 70)/2} = 2.4$

（三）

1. 计算年末的存货总额和资产总额：

由：（240 000 ×50%）/（20 000 + 年末存货）/2 = 5

得：年末存货 = 28 000（元）

由：资产总额 ×8% = 28 000（元）

得：年末资产总额 =350 000（元）

2. 应收账款周转次数 =（240 000 ×70%）/［（18 000 +15 600）/2］=10（次）

总资产周转率 =240 000/［（370 000 +350 000）/2］=0.666 7（次）

（四）

资产负债表

单位：元

库存现金	44 000	应收账款及应付票据	100 000
应收账款	56 000	长期负债	100 000
存货	112 000	普通股	100 000
固定资产	188 000	保留盈余	100 000
资产合计	400 000	负债及所有者权益合计	400 000

（五）

应收账款周转天数 = （8 000 − 1 000 − 400 − 200）/［（500 + 700）/2］ = 10（天）

（六）

$$流动比率 = \frac{流动资产}{流动负债} = \frac{流动资产}{60} = 2$$

期末流动资产 = 120（万元）

$$速动比率 = \frac{流动资产 - 存货}{流动负债} = \frac{120 - 存货}{60} = 1.2$$

期末存货 = 48（万元）

$$年末存货周转次数 = \frac{100}{(48 + 52)/2} = 2（次）$$

（七）

1. $存货周转次数 = \frac{315\ 000}{存货} = 4.5$（次）

   $期初存货 = 期末存货 = \frac{315\ 000}{4.5} = 70\ 000$（元）

2. 应收账款 = 432 000 − 294 000 − 70 000 − 25 000 = 43 000（元）

3. $流动比率 = \frac{流动资产}{流动负债} = \frac{432\ 000 - 294\ 000}{流动负债} = 1.5$

   流动负债 = 92 000（元）

   应付账款 = 92 000 − 25 000 = 67 000（元）

4. 资产负债率 = 50%，负债总额 = 432 000 × 50% = 216 000（元）

   长期负债 = 216 000 − 92 000 = 124 000（元）

5. 未分配利润 = 216 000 − 200 000 = 16 000（元）

（八）

1. 年末流动负债 = 270 ÷ 3 = 90（万元）
2. 年末存货余额 = （270 − 存货） ÷ 90 = 1.5
   年末存货 = 135（万元）
   年平均存货 = （145 + 135） ÷ 2 = 140（万元）
3. 销货成本 ÷ 平均存货 = 存货周转率
   销货成本 = 140 × 4 = 560（万元）
4. 年末应收账款 = 270 − 135 = 135（万元）
   应收账款平均余额 = （125 + 135） ÷ 2 = 130（万元）
   应收账款周转率 = 960 ÷ 130 = 7.385
   应收账款周转期 = 360 ÷ 7.385 = 48.75（天）

（九）

1. 流动资产期初数 = 250 × 0.6 + 200 = 350（万元）
   流动资产期末数 = 320 × 1.6 = 512（万元）
2. 期末速动比率 = （512 − 250） ÷ 320 = 0.82
3. 流动资产的平均余额 = （350 + 512） ÷ 2 = 431（万元）
   本期销售收入 = 2 000 × 1.2 = 2 400（万元）
   本期流动资产周转次数 = 2 400 ÷ 431 = 5.57（次）

（十）

1. 应收账款周转率 = 2 000 ÷ [（200 + 400） ÷ 2] = 6.67
   应收账款周转天数 = 360 ÷ 6.67 = 54（天）
2. 存货周转天数 = [360 × （260 + 600） ÷ 2] ÷ 1 600 = 96.75（天）
3. 速动资产 ÷ 流动负债 = 1.2
   （速动资产 − 400） ÷ 流动负债 = 0.7
   流动负债 = 800（万元）
   速动资产 = 960（万元）
4. 流动比率 = （960 + 600） ÷ 800 = 1.95

下篇

会计学案例及分析

KUAIJIXUE ANLI JI FENXI

案例一　小出纳　大问题

一、案例介绍

案例1：2000年7月，原北京某区教委出纳员周某三次挪用、贪污公款达211万元，被法院以挪用公款罪和贪污罪两罪并罚判处有期徒刑20年。1985年，周某到北京某区教育局财务科做出纳，15年的工作经历使周某对单位的财务状况了如指掌，其中的漏洞也心中有数。周某交代说："我可以决定提取现金的数量，支票也由我处理，可以随时加盖支票印鉴。在每月同会计对账时，也只是核对总额，而不进行明细账的核对。此外，我挪用公款，银行账上有反映，但我们的银行对账单由我保管，单位也不易察觉。"

案例2：2008年，宁夏某大药房（国有企业）出纳刘某利用职务便利，分246次从单位银行账户上提现共计239.9万元，据为己有，被检察机关以涉嫌贪污立案并逮捕。根据银川市检察院指控，2004年10月20日至2008年9月2日，刘某在担任宁夏某大药房出纳期间，利用管理单位现金支票的便利，将部分空白现金支票私自留存，并偷盖了单位财务专用章和法定代表人印章。随后，刘某分246次从药房银行账户上提取现金239.9万元据为己有。庭审中，据刘某向检察机关交代，这些款项中，150万元用于炒股，40多万元用于个人消费，其余用于吸食毒品等方面的挥霍。检察机关认为，应以贪污罪追究刘某的刑事责任。

资料来源：中国新闻网 http：//www. chinanews. com. cn/

二、相关知识点

1. 货币资金

货币资金是企业在生产经营过程中处于货币形态的那部分资金，它可立即作为支付手段并被普通接受，因而最具有流动性。货币资金一般包括企业的库存现金、银行结算户存款、外埠存款、银行汇票存款、银行本票存款、信用卡存款和信用证保证金存款等。货币资金是企业资产的重要组成部分，是企业资产中流动性较强的一种资产，也是唯一能够转换为其他任何类型资产的资产。任何企业要进行生产经营活动，都必须拥有货币资金，持有货币资金是进行生产经营活动的基本条件，对保证企事业单位的正常运转和经营效益意义重大。

2. 货币资金核算管理漏洞

货币资金核算管理漏洞的常见形式有：

（1）贪污现金 。其主要手法有：少列现金收入总额或多列现金支出总额；用假发票、假收据及假报销单据进行报销贪污；涂改发票进行报销贪污；利用外单位和本单位对发票管理上的漏洞，将旧收据、旧发票、发票副联重复报销或抵账进行贪污等；换用"现金"

和“银行存款”科目；头尾不一致；侵吞未入账借款；虚列凭证、虚构内容、贪污现金。

（2）挪用货币资金。这主要是指企事业单位相关人员上下勾结，不按照国家法律法规规定和企业制度约束，将有特定用途的资金挪作他用。其主要手法有：利用现金日记账挪用现金；以延迟入账挪用现金；以循环入账挪用现金等。

（3）截留货币资金收入。这主要表现为企事业相关人员利用工作便利，将各种货币资金收入据为己有或挪作他用。经常采用的方法有：涂改发票截留资金；收款不入账，进行贪污；采用编制虚假收款凭证，隐瞒截留收入；收、付银行存款时在账户上收付两方均不入账；上下勾结，截留不属于正常业务的收入，私设小金库等。

三、案例分析及启示

上述两个案例都是由于企业会计工作中不相容职务不分离导致的。分析上述案例，归纳其案发的原因，主要有以下几个方面：

1. 凭证、银行印鉴管理不严。根据会计法规的相关规定，企业的印鉴和结算单据应由专人负责保管，经过一定的程序和恰当授权，相关人员才能使用。然而在实际工作中，很多单位为贪图便利，片面追求效率，往往把不同印鉴交给一人保管。在上述两个案例中，企业银行支票的管理和支票印鉴管理未实行职务分离制度。根据企业会计内部控制制度的要求，保管企业支票的人员不能同时担任支票印鉴的管理工作，如果两种职务都由一人承担，就会给企业货币资金舞弊行为的发生留下隐患。

2. 疏于对支票领用备查簿的检查。按照《公司财务管理制度》等的相关规定，企业应当定期对支票领用备查簿进行检查，了解企业支票的使用状况。而在上述两个案例中，企业显然是疏于这方面的管理的，从而为出纳截留空白支票创造了条件。

3. 岗位轮换不勤。对涉及货币资金管理和控制的业务人员实行定期轮岗制度可以起到对企业资金管理工作进行监督和检查的作用，可以有效地防范贪污、挪用现金行为的发生。但是在上述案例中，企业的出纳职务长期由一人担任，这就给出纳人员的舞弊行为创造了条件。

4. 内控制度执行不力，财务检查不细致。在案例 1 中，该单位每月会计与出纳进行对账时，只是核对总账，而从来都不核对明细账目，也未按照规定将银行日记账和银行对账单进行核对。这些疏忽使得企业内部监督检查的职能未能有效实施，导致了出纳周某长期贪污而未被发现的后果。

从上述两个案例中不难看出，加强企业内部会计制度的建设，杜绝货币资金舞弊现象至关重要，具体说来，应该从以下几个方面着手：

1. 加强与货币资金有关的票据、印鉴的管理。企业的印鉴和结算单据应由专人负责保管，经过一定的程序和恰当授权，相关人员才能使用。

2. 建立不相容职务分离制度，并定期进行岗位轮换。单位内部涉及会计工作的岗位、职务，应坚持不相容原则，确保不同岗位、职务间权责分明、相互制约、相互监督。要特别强调的是，出纳员不得兼稽核、会计档案保管和收入、支出、费用、债权债务账目的登记工作；不得由一人办理货币资金业务的全过程。

3. 健全监督机制，加强内部监督。要确保内部会计制度的切实执行，就必须施以有效的监督。这就要求各单位通过建立完善的监督机制来加强内部监督，由内部审计部门会同财务管理部门具体执行内部检查工作。

4. 加强会计人员的业务素质和职业道德教育。要提高会计工作质量和会计队伍的整体素质，人的道德因素是至关重要的，会计人员除了要提高自己的业务技能和理论水平之外，还必须树立良好的职业道德风尚，做到爱岗敬业、忠于职守、依法办事、不谋私利，做一个德才兼备的理财者和管理者。

四、思考题

1. 在上述案例中，案犯主要是利用企业货币资金管理中的哪些漏洞实施犯罪行为的？
2. 结合上述案例讨论应该如何加强企业货币资金的管理。

案例二　“多管齐下”，私设“小金库”

一、案例介绍

1986 年 M 调任某局局长，1988 年起担任该局党委书记。同年 4 月，该局财务部开始私设“小金库”。最早的“小金库”历时 12 年之久，随后又陆续形成了 6 个“小金库”。该局“小金库”资金来源主要有以下几个方面：

1. 截留预算外收入 1 360 多万元。12 年来，经 M 局长批示，将报废车辆变价款、设备折旧款、旧办公用品等物资处理款和其他调拨款直接存入“小金库”；将消防、交通违章罚款，码头、房屋、车辆等的出租收入，三产企业上交承包金和利润，机动车辆、保险代理费等收入，以及“小金库”资金的利息，一并揽进“小金库”。

2. 虚设经费支出 690 万元。财务部门通过虚列工资、奖金、补贴的方式套取现金 100 多万元；以发放上下班交通补贴名义购入公交预售票，而后交该局下属企业出售，套现 49 万元。此外，财务部门还通过虚列通信费、材料费、修理费等项目套现现金，充实“小金库”。

3. 截留所谓的“补贴费”等收入 930 万元。前后八九年的时间里，该局收到案件主办单位拨付的“补贴费”800 万元，也全部装入“小金库”中，罚没款 130 万元也统统流入“小金库”。

资料来源：中国新闻网 http：// www. chinanews. com. cn/

二、相关知识点

1. 小金库

小金库指违反国家财经法规及其他有关规定，侵占、截留国家和单位的收入，化大公为小公、化小公为私有，未在本单位财务会计部门列收列支或未纳入预算管理、私存私放的各种资金。“小金库”资金的主要来源有：以各种名义挪用、转移国家预算内、预算外收入；截留销售收入、营业收入、营业外收入和其他收入；高价倒卖、非法牟取价差收入；一些经济主管部门和监督部门侵占、截留罚没收入。

2. 企业会计的内部控制

（1）内部会计控制是指单位为了提高会计信息质量，保护资产的安全、完整，确保有关法律法规和规章制度的贯彻执行而制定和实施的一系列控制方法、措施和程序。货币资金控制是企事业单位内部财务控制的重点。加强货币资金的内部控制，强化企事业单位的风险管理意识，提高其管理水平是有效防范货币资金舞弊的关键。企业会计内部控制面临的问题主要有：①企业内部控制的意识淡薄，内部控制制度形同虚设；②内部控制制度不健全，执行不得力，考核、奖惩力度不够；③企业内部审计不能发挥应有的作用。因此，加强企业会计内部控制主要应从以下几个方面着手：① 按照“职能分割，制约监督”的原则，建立职能分离控制，比如，建立不相容职务岗位分离制度，实行钱账分管；建立授权批准职务与执行业务职务相分离制度等，积极做好事前防范；② 加强流程建设，做好货币资金收入、支出业务流程的控制；③ 加强监督检查力度，明确检查人员的职责权限，定期和不定期地进行检查，抓好各项制度的落实工作。

（2）加强会计内部控制的意义：①是总结国内外会计管理经验教训的结果；②是加强会计核算，抑制会计造假行为，提高财务会计信息质量的必然要求；③是我国企业深化改革，建立现代企业制度，强化内部管理，提高经济效益和增强竞争力的客观要求。

三、案例分析及启示

此案例是关于私设“小金库”的问题。“小金库”、账外账的资金来源主要是违规收费收入、收入不入账和转移财政资金。设立“小金库”的目的就是把一些收入不归入国家统收统支管理范围，或将一些非法收入据为己有。在此案例中，该单位“小金库”资金的来源主要是截留预算外收入、虚设经费支出套现等。

通过分析此案例可知，内部控制制度的缺失是该单位“小金库”泛滥的主要原因。该单位几乎没有内部控制制度，账务处理工作完全按照领导的意愿进行。根据《内部会计控制规范——基本规范（试行）》的规定，各单位应当根据国家有关法律法规和此规范，结合部门或系统的内部会计控制规定，建立适合本单位业务特点和管理要求的内部会计控制制度，并组织实施，以达到提高会计信息质量，保护资产的安全、完整，确保有关法律法规和规章制度贯彻执行的目的。

企事业单位应该积极建立和完善货币资金的内部控制制度，坚决杜绝私设“小金库”现象的发生。就此案例而言，该单位应该加强以下几个方面的管理：①建立经济责任制。从单位主管领导到各级相关负责人，再到单位基层职工，都要明确并积极履行自己的职责，层层防范，严格落实。②加强对单位的财务管理，实行会计委派制。③规范现金的收入支出制度。做好资金的收支统筹安排，做到收缴分离、票款分离、收支分离。④建立内部审查约束机制。对单位的各项收入和支出进行不定期的检查，实施有效的监督，加强稽核，杜绝非法收入，防止资金的转移和流失。

私设“小金库”危害很大，主要表现在以下方面：第一，造成收入流失，财力分散；第二，不利于党风廉政建设；第三，可能造成个人经济犯罪。鉴于“小金库”的种种危害，中共中央办公厅、国务院办公厅印发了《关于深入开展“小金库”治理工作的意见》，中共中央纪委、监察部、财政部、审计署联合印发了《关于在党政机关和事业单位开展“小金库”专项治理工作的实施办法》，在全国范围内开展“小金库”专项治理工作。因此，加强企事业单位的货币资金控制，坚决杜绝私设“小金库”现象的发生迫在眉睫，具体来说，可以从以下几个方面采取措施：

1. 提高认识，优化控制环境。强化廉政教育，加强对机构运行的制约和监督。在案例中，该单位私设“小金库”，造成国家财产流失，这些现象的发生都与该单位相关法纪法规意识薄弱，管理人员失职渎职密切相关。

2. 加强银行账户的管理，严格按照规定开立账户，办理存款、取款和结算。单位应当定期检查、清理银行账户的开立及使用情况，发现问题，及时处理。单位取得的货币资金收入必须及时入账，不得账外设账，严禁收账不入账。

3. 上级单位应该委派会计主管常年驻扎下属单位，保证会计信息的真实性和公允性。

4. 建立健全监督举报制度，加大惩处力度，对私设“小金库”的单位和个人严惩不贷。

5. 加强业务素质和职业道德教育，培养高素质的会计和内部审计人才。

四、思考题

1. 加强企事业单位货币资金内部控制的意义有哪些?

2. 该单位应该如何改进货币资金的内部控制制度?

案例三　几条“棉虫”毁掉一个企业

一、案例介绍

被告席上站着响水县供销合作总社原党委书记、主任兼县棉麻公司总经理于某，供销合作总社原副主任罗某，县轧花厂（隶属县棉麻公司）原厂长兼党总支书记陈某等人。

响水县棉麻公司，1981 年 6 月组建。位于黄海之滨的江苏省响水县，是个产棉大县，作为产棉大县的棉麻公司，其经济效益一直很好，是县里的利税大户，在盐城市供销系统中独树一帜，多次被市政府、县政府评为星级企业。然而，自 1997 年初，于某担任公司总经理之后，企业经济效益却急转直下。于某任职 3 年，公司累计亏损 5 161 万元，剔除政策性亏损因素，亏损额高达 3 489 万元。截至 1999 年 12 月，公司资产总值 16 547 万元，负债总额 19 840 万元，已严重资不抵债。2005 年 2 月至 6 月，响水县纪检、检察、审计等部门开展了对县棉麻公司的联合审查，终于揭开了企业亏损的真正原因，查出了一起发生在县棉花供销系统的经济“窝案”。

资料来源：中国审计新闻网 http：//www. sjxww. com/

二、相关知识点

1. 私设“小金库”的手段

截留各种货币资金私设“小金库”的手段：收款不入账；涂改发票进行截留；采用编制虚假收款凭证小于原始单据、所列金额不一致的手段隐瞒截留收入；上下勾结截留不属于正常业务的收入；收、付银行存款时在账户上收付两方均不入账等。虚列费用挪作他用的手段：涂改发票进行报销贪污；用假发票、假收据及假报销单据进行报销贪污；利用外单位和本单位对发票管理上的漏洞，将旧收据、旧发票、发票副联重复报销或抵账进行贪污；通过编制付款凭证大于原始凭证单据所列金额的方法扩支进行贪污。

2. 货币资金内部控制制度

（1）建立岗位责任制，确保不相容岗位相互分离、相互制约和相互监督。货币资金业务内部控制的基本要求是实行钱账分管，即将经营货币资金业务的人与记录这些业务的人分离。

（2）对货币资金业务建立严格的授权审批制度。

（3）公司应加强与货币资金相关账户的管理，明确各种票据的购买、保管、领用、背书转让、注销等环节的职责权限和程序，并设立登记簿进行记录，防止空白票的遗失与被盗用。

（4）公司应加强银行预留印鉴的管理。财务专用章应由专人保管，个人名章必须由本人或由其授权的人员保管。严禁一人保管支付款项所需的全部印章。对每一次使用印章都做记录。印章必须与支票签发设备分开存放。

(5) 加强对货币资金业务的监督检查。对有关凭证的稽核和审查，要引起高度注意。

(6) 库存现金管理：库存现金必须在规定限额之内，收入的现金应及时送存银行，当天未及时送存的现金应集中存放在保险箱内。现金收入不得坐支。出纳员应做到库存现金“日清月结”，主管部门和负责人应对库存现金进行定期和不定期的检查。建立月末现金盘点制度，并与账上现金核对一致。

(7) 健全银行存款控制。

(8) 建立资金日报表制度。现金、银行存款每日变动情况应反映在日报里，并报送相关部门，时时监督资金状况。

(9) 建立资金预算控制。

(10) 控制点及其控制措施。主要应设置下列控制点及其控制措施：审批、审核、收付、复核、记账、核对、清点、清查。

三、案例分析及启示

该公司存在以下问题：

1. 一次性核减固定资产、核销呆坏账，造成资金大量流失；资金大量占用经营风险加大

1998 年末，该公司一次性核减固定资产损失 104 万元，其中包括公司给经理们购置的 6 部总价值近 10 万元的手机。至 1999 年末，该公司的银行贷款额高达 15 512 万元，而公司应收账款和其他应收款总额高达 17 658 万元。巨额的资金被占用，使公司不仅要支付高额的利息，还面临着重大的经营风险。于是，从 1998 年开始，公司开始核销账龄超过 3 年的坏账，当年年末一次性核销 7 个企业的坏账 294 万元，其中包括县轧花厂坏账 246 万元；1999 年末又一次性核销坏账 931 万元，其中包括某纺织有限公司 1998 年所欠的棉花销售款 114.15 万元。

2. 私设“股金”账户，造成 377 万元资金流失

由于国家对棉花资金的管理很严，要求封闭运行，为了逃避检查，方便用款，1998 年初，于某授意一名会计，在某银行开设了一个“股金”账户。该账户只有总经理和一名副总经理知道，资金由总经理控制使用。该公司先后 10 次将棉花销售款 200 多万元和虚支的棉花运杂费 80 多万元存到该账户，以及公司正常的往来款，下属单位上交的管理费、利润等存入该账户。至 1999 年 12 月底，该账户金额已高达 377 万元。

公司的“股金”账户资金主要用于发放股金红利和棉花销售奖。1998 年和 1999 年该公司连续两年发生亏损，但公司却从“股金”账户中拿出 37.17 万元用于分红，其中，1998 年向内部职工 84 人（次）发放股金红利 23.07 万元，1999 年向内部职工 69 人发放股金红利 14.09 万元，而这 30 多万元的职工股金红利中，几名经理就得了近 20 万元。1998 年 11 月至 2000 年 2 月，公司先后 4 次从“小金库”中拿出 16.62 万元，奖给 9 名中层以上干部。另外，公司还将不该列支的 170 多万元费用放在“股金”账户中列支，其中送礼、吃喝费用就达 63.34 万元。到审计时，“股金”账户资金已被用掉了 352 万元，造成资金的大量流失。

3. 集体贪污公款，造成大量资金被侵吞

响水县棉麻公司总经理于某，曾任县轧花厂党总支书记、厂长，县供销合作总社副主任、党委副书记。1998 年春节，于某指使公司会计以兑现棉花收购奖名义支出现金 1. 38 万元，除送给县供销总社主任 1 万元外，其余 0. 38 万元被其私吞。同年 3 月，于某和轧花厂厂长罗某去云南考察回来后，罗虚开一张 0. 5 万元的棉花考察收费收据给于某，于某自己批核后，拿到公司报销，并将报销款据为己有。1998 年 11 月，县供销总社为加快棉花销售进度，采取奖励措施促进棉花销售。于某从公司会计处领取现金 1 万元，作为销棉活动资金。1999 年 6 月，于某指使他人虚开“销售棉花手续费”单据，冲抵此款。于某还先后 30 多次收受他人“礼金”共 21. 65 万元。

1992 年 4 月，时任县轧花厂副厂长的罗某，伙同厂长于某，将一笔 7 万元的棉花销售款私分。1995 年 2 月，刚任县供销总社副主任兼轧花厂厂长的罗某，将挂在厂往来账上的一笔外单位货款 13. 39 万元提出，以私人名义存入某银行。从 1994 年初到 1998 年底，罗某共 9 次收受他人“礼金”18 万元，收受美金 0. 2 万元。

从案例中发现，公司利用违规开设的银行账户将公司正常的往来款、棉花销售款和虚支的棉花运杂费及下属单位上交的管理费、利润等存入该账户，形成“小金库”，这不仅导致了公司资金的流失，而且引发了贪污腐败的违法行为。如何进一步强化内部控制机制，加强国有资产管理，是每个国有企业亟待解决的问题。只有不断地完善企业内部控制，加强货币资金的管理，强化监督制约机制，国有企业才能有长期的、真正的发展。

四、思考题

1. 如何加强公司的内部控制制度以保护资产的安全和完整?
2. 从案例中，可以找出哪些侵吞企业资产的手段?

案例四　账外账揭开260多万元涉税大案

一、案例介绍

2004年11月初，南宁市国家税务局接到举报：广西某音像出版社有严重偷税行为，11月10日起，南宁国税局组成检查组到该社进行检查。该出版社多年来搞账外经营，偷漏税涉案金额达263万元。2006年3月27日，南宁市国税局依法追缴其增值税款105 273.72元，处以所偷漏税款1倍的罚款105 273.72元，并依法加收滞纳金。因其行为已涉嫌犯罪，2006年4月16日公安机关立案侦查。

广西某音像出版社成立于1993年5月，为国有企业，注册资本58万元人民币，主营出版音像制品，法人代表为蔡某（2005年变更为董某）。1994年1月，该社获批为一般纳税人，1998年8月转为小规模纳税人，适用税率为4%；1997年税负率为0。1998年年末，其固定资产原值89 836.95元，从业人员共12人。

2004年11月10日上午9时30分，检查人员到达该出版社时，其会计还未来上班，只有两三个员工在悠闲地玩着电脑。检查人员于是和员工聊天。闲聊中，某员工说："社里的法人代表正在办理退休手续，新领导还未上任，所以大家上班较随意，不是很准时。"检查人员眼前为之一亮：按有关规定，国有企、事业单位领导在离任时，都必须进行任内审计。半小时后，会计来了。检查组说明了来意，同时要求调取企业1998年以来的财务账册。会计立刻推辞说："资料都在前任领导手上，但他即将退休，平时很少来单位，我找不到他。"检查人员严肃地指出，根据《中华人民共和国税收征收管理法》第五十六条的规定，纳税人如不配合税务机关的依法检查，将承担法律后果。同时，很明确地向他提出，要看一看离任审计报告。会计承认："审计部门已调取全部财务资料进行离任审计。"于是，检查组及时复印了审计通知书及审计调账清单，及时与相关的审计人员联系。经核实，该社确有账外经营的情况。检查组于是向审计部门提出：审计部门检查完毕准备退账回企业时提前告知一声。

2004年12月16日，消息传来：审计部门将于17日退账。次日一大早，检查组立刻驱车前往该出版社调账。看到税务人员到来，会计拿出了1998年8月至2003年12月的财务账册。清点这些账册时，检查人员发现与送审计的数量相差了20多本凭证。面对追问，略显慌乱的会计一口咬定："就是那么多了！"检查人员明确地告诉会计："现在提供的财务账册与送审计的数量相差了20多本，你心里很清楚。故意隐匿、拒不提供财务账册是要负法律责任的，严重的还要追究刑事责任。"会计无言以对，沉默片刻后，他从隔壁的房间抬出一个小纸箱，里面放着一堆凭证，这正是检查人员辛苦找寻的账外账。

资料来源：法治快报 http：//www.fzkb.cn/

二、相关知识点

1. 账外账

虽然国家三令五申禁止账外设账，但有些企业置国家规定于不顾，采用虚列费用等多种形式，套取资金，另行设账，以记录不法经济活动。关于账外设账，主要有以下几种：

（1）账外现金账和银行存款账，即小金库账；

（2）账外资产账，即小仓库账；

（3）账外成本、权益、利润账等。

比如，有的企业设置两套财务账册，私设小金库，用于年末职工奖金和福利费支出；有的企业搞账外经营，最常见的就是以各种名目将资金套取出来，另行开设账户进行经营，整个经营活动另设账簿核算，而未反映在法定账册内；有的企业以私人名义开立多个储蓄存款账户和银行存款账户，将大量资金转至企业财务大账之外的私人账户，用来进行一些非法行为。

2. 账户设置原则

设置会计账户是会计核算的重要方法之一，是为信息需求者提供会计信息的重要手段，因此，在设计和选用会计账户应遵循以下原则：

（1）会计账户应根据会计科目设置；

（2）结合企业自身的生产经营特点，选用和设计企业所需会计账户；

（3）会计账户体系的设计，应有利于加强经济核算、加强生产经营管理和账目结算；

（4）会计账户的设置应为提供信息需求者所需要的会计信息服务，满足对外报告和对内管理的要求。

为满足生产经营管理的要求，会计账户不仅要能提供总括的信息，而且还要能反映具体的信息。为了满足各方面的要求，会计核算还需要提供一些详细的信息，这就要求在反应总括信息账户的基础上进一步分层细化，形成不同层次相对明细的账户，以便提供各类经济活动的详细资料。因此，为了加强内部管理，为了适应全面、多层次地反映经营活动，保证会计核算的准确，企业在会计核算中既要设置和登记总分类账户，进行总分类核算，又要设置和登记明细分类账户，进行明细分类核算。

总分类账户，是指对某一类会计对象进行总括核算的账户。为了保证会计核算资料的可比性，总分类账户的名称、核算内容和使用方法通常是由国家统一规定的；明细分类账户，是指对某一类会计对象进行局部或具体核算的账户。明细分类账户所提供的具体资料主要是满足企业内部经营管理的需要，因此，它是依据企业自身经济业务的具体内容设置，而各个企业的具体经济业务不同，经营管理的要求也不同，所以明细分类账户的名称、核算内容和使用方法不宜统一规定，只能由企业根据自身的经营管理的要求和经济业务的具体情况自行规定。

三、案例分析及启示

调取了广西某音像出版社的财务资料后，检查组先对正账进行详查，但很快发现，该社除了做账有些不规范外，并未显示有大的涉税违法行为。经仔细分析审计报告，对20多本账外账一页一页地翻阅和分析，检查组发现该社存在以下问题：

1. 该出版社资金管理使用失控，资金体外循环情况严重。其账外收入不但以个人名义存入银行，公款与个人存款还共用一个存折。

2. 该社以拍摄、发行某剧为名，要求一些关系较好、不要购货发票的个体发行商提前支付现金货款作为流动资金，待碟片制作完成之后，以优惠的价格再从外省直接调货给发行商，这样就避开了从该社设在南宁的仓库出货，因此，南宁的所有仓库均没有与之相关的记录。为了避人耳目，数百万元款项都是由会计（兼出纳）收取，存进其或法人代表专门开设的银行私人账户，再开具收款收据给对方。由于此事的进行极为机密，该社只有极少数人知情，所以从1998年到2003年12月一直未被发现。

经查，1998年9月至2003年12月，该社的账外经营共涉及54笔业务，涉案金额高达263万元。2005年11月16日，南宁国税局对其下达“税务行政处罚事项告知书”，该社在规定时间内提出听证要求，经批准于2005年12月5日举行听证。2006年3月27日，南宁国税局依法对该出版社下达“税务处理决定书”和“税务行政处罚决定书”，追缴增值税105 273.72元，处以所偷税款1倍的罚款105 273.72元，并依法加收滞纳金。

因其行为已涉嫌犯罪，2006年4月13日，南宁国税部门依法将该案移送公安机关。2006年4月16日，公安机关决定立案侦查。案件目前已移交检察机关，等待出版社的，将是法律公正的审判。

如今，企业偷税手段越来越多，如此案中的偷税手法具有较强的隐蔽性和欺骗性。被查单位作为一家音像出版、发行的国有企业，为了弥补经费的不足，通过账外经营的手法偷逃国家税款。该出版社内部审计机构和人员缺位及监督力度薄弱等暴露出国有企业内部控制方面的不足，因此，国有企业应设置科学合理且能有效运行的内部控制制度，以提高国有资本的运营效率，保证国有资本不被盗用；建立健全内部审计机构，充分发挥内审的职能，不仅仅作为一个摆设。对于国税检查人员来说，应善于从一些看似简单、琐屑的信息中发现有用的线索，进而找到突破点按原则办事，依法维护纳税人的合法权益。

四、思考题

1. 如何识别账外设账行为？

2. 企业如何加强内部控制以防范多本账对企业资金的损害？

案例五　四川长虹的应收账款危机

一、案例介绍

2005年4月16日，四川长虹公布2004年年度会计报告。年报显示，2004年四川长虹出现上市以来首次年度亏损，全年共亏损36.81亿元人民币。据四川长虹披露，报告期内大额计提应收账款坏账准备是四川长虹出现亏损的重要原因。

自1996年以来，四川长虹的应收账款迅速增加，从1995年的1 900万元增长到2003年的近50亿元，应收账款占资产总额的比例从1995年的0.3%上升到2003年的23.3%。2004年，长虹计提坏账准备3.1亿美元，截至2005年第一季度，四川长虹的应收账款为27.75亿元，占资产总额的18.6%。

四川长虹不仅应收账款大幅度增加，而且应收账款周转率逐年下降，从1999年的4.67下降到2005年一季度的1.09，明显低于其他3家彩电业上市公司的同期应收账款周转率。巨额应收账款大幅度地减少了经营活动产生的现金流量净额，从1999年的30亿元急剧下降到2002年的-30亿元。截至2004年年底，其经营活动产生的现金流量净额为7.6亿元。2004年12月底，长虹发布公告称，由于计提大额坏账准备，该公司今年将面临重大亏损，其原因是，由于受专利费、美国对中国彩电反倾销等因素影响，长虹的主要客户——美国进口商APEX公司出现了较大亏损，全额支付公司欠款存在较大的困难。APEX是四川长虹的最大债务人，应收账款欠款金额达到38.38亿元，占应收账款总额的96.4%。据此，公司决定对该项应收账款计提坏账准备，当时预计最大计提坏账准备金额为3.1亿美元左右。

根据长虹2003年年报、2004年半年报资料，APEX拖欠长虹应收账款近40亿元。2004年3月23日，长虹发表的2003年年度报告披露，截至2003年年末，公司应收账款49.85亿元人民币，其中APEX的应收账款为44.46亿元。2003年3月25日，长虹公布的2002年年报显示，长虹实现收入125.9亿元，实现净利1.76亿元，但经营性现金流为-29.7亿元，截至2002年底，长虹应收账款仍高达42.2亿元，其中未收回的APEX的应收账款数额为38.3亿元。两相比较，应收账款不降反升。

事实上，长虹已对APEX超过1年期的应收账款提取了9000多万元的坏账准备。2003年，长虹公司主营业务利润3.02亿元，9000万元的坏账准备计提无疑大大侵蚀了公司的盈利能力。应收账款和存货总额共计119.9亿元，占总资产的56%和净资产的91%，这将影响到公司的资产质量。2005年9月，长虹董事会公告显示，在对APEX4.675亿美元的欠款中，长虹可能从APEX收回的欠款只有1.5亿美元，这意味着还有3.175亿美元（近26亿元人民币）的欠款面临无法收回的境地。

资料来源：金融界 http://www.jrj.com.cn/

二、相关知识点

1. 企业应收账款居高不下的原因

企业应收账款居高不下的原因主要有:

(1) 企业赊销经营环境的影响;

(2) 信用销售前资信评估薄弱，缺乏规范程序;

(3) 商业竞争;

(4) 销售和收款的时间差。

2. 应收账款管理策略

应收账款是企业营运资金管理的重要环节，正确运用赊销，加强应收账款的管理显得非常重要。要加强应收账款的管理，主要应当做好以下几个方面的工作:

(1) 做好客户的资信调查，建立客户动态资源管理系统。客户既是企业的财富来源，也是企业的风险来源，要最大限度地防范风险，必须强化企业客户的信用管理，重视客户资信管理。企业应广泛收集有关客户信用状况的资料，并据此采用定性分析及定量分析的方法评估客户的信用品质，建立健全客户资信管理制度。

(2) 制订合理的赊销方针和结算方式。企业应当制订符合自身实际情况的赊销方针和结算方式，比如条件销售或者有担保赊销等，最大限度地降低企业坏账发生的可能性。同时，企业可以根据客户的信用状况、盈利能力和偿债能力等，选择适宜的结算方式。信用状况较好，盈利能力和偿债能力较强的客户，可以选择风险较大的结算方式，反之，则应当选择风险较小、约束能力比较强的结算方式。

(3) 建立赊销审批制度。企业可根据自身特点和管理方便，建立相应的赊销审批制度，规定在一定额度内的销售由特定权力的人员批准，各经办人员只能在各自的权限内办理审批，超过限额的，必须请示上一级领导同意后方可批准，金额特别巨大的，需报请企业最高领导批准。同时，应落实责任制，各经办人员经办的业务应自己负责，并与其经济利益挂钩，要求其对自己经办的每笔业务进行事后监督，直至收回资金为止。

(4) 建立应收账款的监控体系。应收账款的监控体系应包括赊销的发生、收账、逾期风险预警等各个环节。赊销监控主要发生在接受顾客订单、批准赊销信用、记录销售和收回资金流程中。企业的财务部门应定期对应收账款的回收情况、账龄等情况进行分析。信用部门和销售部门进行应收账款跟踪管理服务。从赊销过程一开始，到应收账款到期日前，对客户进行跟踪、监督，从而确保客户正常支付货款，最大限度地降低逾期账款的发生率。

三、案例分析及启示

2005 年 4 月 16 日，四川长虹公布了 2004 年度报告。年报显示，四川长虹 2004 年全年亏损高达 36.8 亿元，创下了当时中国股市亏损之最。作为中国民族工业的一面旗帜，四川长虹曾经是“中国的彩电大王”和“沪深股市老牌绩优股”，它有过年净利润 25.9 亿元的辉煌。而现今，36.8 亿元的巨额亏损，约占 10 年来总赢利的 40%，给四川长虹带来了致命的打击。

据相关资料显示，四川长虹2004年巨亏的直接原因是大额应收账款坏账准备的计提。可以说，是巨额的应收账款及其坏账准备将曾经辉煌的四川长虹推向了深渊。在当今的资本市场条件下，企业为了扩大销售额，占领市场或争夺客户资源，往往采用赊销的销售方式。尽管赊销在一定程度上能够带来毛利润的增长，但是由此导致的高额应收账款及潜在的财务危机却足以拖垮一个企业。四川长虹事件就充分说明了这一点。

美国APEX公司是四川长虹彩电海外出口的主要客户，而且中国彩电出口美国87%都是依靠APEX公司。从2001年7月开始，长虹将其彩电源源不断地发往美国APEX公司，然而产品出去了，货款却没收到。APEX公司总是以质量或货未收到为借口，拒付或拖欠长虹货款。四川长虹2003年年报、2004年半年报都显示，APEX拖欠长虹应收账款近40亿元。高额的应收账款表面上增加了销售额和毛利，实际上却使长虹陷入了危险的境地。随着美国APEX公司的亏损，四川长虹的应收账款发生大幅坏账。

四川长虹在此次巨额应收账款的"黑洞"中损失惨重，充分暴露了其应收账款管理上的缺陷。首先，四川长虹缺乏坏账风险意识。据相关资料显示，早在2003年，APEX拖欠货款的问题早已暴露出极大的风险，但四川长虹却从未公告面临的巨大风险，并坚持与APEX继续合作。其次，客户资信管理制度不健全。APEX公司1999年底在美国市场亮相，主要销售APEX品牌的DVD。从表面上看，APEX公司业绩辉煌，仅用1年时间就成为美国DVD市场的新霸主。但实际上其主要是通过小额交易建立信誉，然后用赊账的方式与供应商交易，拖欠了国内多家DVD制造商数千万美元的货款，其经营状况存在严重的问题。四川长虹将这样的一家公司作为出口的最大经销商，充分说明了其并没有做好客户的资信调查，客户资信管理制度不健全。最后，应收账款监控体系不完善。按照企业应收账款管理策略，企业从赊销过程一开始，到应收账款到期日前，都应该对客户进行跟踪、监督，从而确保客户正常支付货款，最大限度地降低逾期账款的发生率，提高应收账款回收率。很显然，四川长虹在这方面做得远远不够。

长虹事件为国内企业出口海外时应收账款面临的风险提供了一个极端的例子，我们不能仅仅将长虹事件看做是一个偶然，实际上，四川长虹并不是第一个深受海外应收账款之害的企业，也不会是最后一个。随着越来越多的中国企业走出国门，迈向世界，风险与机遇并存，中国企业将面临越来越多的海外应收账款的风险。因此，加强应收账款的管理，在国际贸易和经济合作快速增长的同时，提高自身的抗风险能力，降低国别信用风险已经迫在眉睫。

四、思考题

1. 根据案例资料，分析四川长虹的应收账款管理存在哪些问题？
2. 结合四川长虹的应收账款事件讨论应如何做好企业的应收账款管理。

案例六 “中华珠宝”的陨落

一、案例介绍

西安达尔曼是我国珠宝首饰业首家股份上市企业，曾被誉为“中华珠宝第一股”。公司于1993年以定向募集方式设立，主要从事珠宝、玉器的加工和销售。1996年12月，公司在上交所挂牌上市，并于1998年到2001年两次配股，在股市募集资金共7.17亿元，西安翠宝首饰集团公司一直是达尔曼的第一大股东，翠宝集团名为集体企业，实际上完全由许宗林一手控制。

从公司报表数据看，1997～2003年间，达尔曼销售收入合计18亿元，净利润合计4.12亿元，资产总额比上市时增长5倍，达到22亿元．净资产增长4倍，达到12亿元。在2003年之前，公司各项财务数据呈现均衡增长。然而，2003年公司首次出现净亏损，主营业务收入由2002年的3.16亿元下降到2.14亿元，亏损达1.4亿元，每股收益为－0.49元，同时，公司的重大违规担保事项浮出水面，涉及人民币3.45亿元、美元133.5万元；还有重大质押事项，涉及人民币5.18亿元。

2004年5月10日，达尔曼被上交所实行特别处理，变更为“ST达尔曼”，同时证监会对公司涉嫌虚假陈述行为立案调查。2004年8月，因众多法律诉讼公司资产已被法院查封，银行账户被冻结，生产经营已经停滞，不再具备持续经营能力，编制会计报表的持续经营假设不再合理。由于所掌握的财务资料有限，公司董事会、监事会及经营层不能保证半年度财务报表的公允性，公司2004年半年报无法在法定期限内披露。2004年9月，公司发布重大事项公告称有大额贷款担保和质押贷款，而后公布了公司主要财务指标：截至2004年6月30日，净利润由2003年12月31日的1 608万元减少到－144 443万元，每股收益由0.056元减少到－0.54元，经营活动产生的现金流量净额由14 494万元减少到－78 835万元。该公告显示，截至2004年6月30日，公司总资产锐减为13亿元，净资产－3.46亿元，仅半年时间亏损额高达14亿元，不仅抵消了上市以来大部分业绩，而且濒临破产退市。此后，达尔曼股价一路狂跌，2004年12月30日跌破一元面值。因未依法披露2004年半年年度报告，公司股票于2005年1月10日起被暂停上市，截至2005年3月9日，在暂停上市后两个月仍未披露2004年半年度报告被终止上市，成为中国第一个因无法披露定期报告而遭退市的上市公司。

2005年5月17日，证监会公布了对达尔曼及相关人员的行政处罚决定书（证监罚字〔2005〕10号），指控达尔曼虚构销售收入、虚增利润，通过虚签建设施工合同和设备采购合同、虚假付款、虚增工程设备价款等方式虚增在建工程，重大信息（主要涉及公司对外担保、重大资产的抵押和质押、重大事项）未披露或未及时披露。同时，证监会还处罚了担任达尔曼审计工作的3名注册会计师，理由是注册会计师在对货币资金、存货项目的审计过程中，未能充分勤勉尽责，未能揭示4.27亿元的大额定期存单质押情况和未能识别1.06亿元虚假钻石毛坯。

调查表明，达尔曼从上市到退市，在长达8年的时间里，极尽造假之能事，通过一系列精心策划的系统性舞弊手段，从股市和银行骗取资金高达30多亿元，给投资者和债权人造成严重的损失。

资料来源：三秦都市报2004－06－07。

二、相关知识点

1. 会计信息可靠性质量要求

会计信息可靠性要求企业应当以实际发生的交易或者事项为依据进行确认、计量和报告。如实地反映符合确认和计量要求的各项会计要素及其他相关信息，保证会计信息真实可靠、内容完整。会计信息要有用，必须以可靠为基础，如果财务报告所提供的会计信息是不可靠的，就会给投资者等使用者的决策产生误导甚至损失。为了贯彻可靠性要求，企业应当做到：

（1）以实际发生的交易或者事项为依据进行确认、计量，将符合会计要素定义及其确认条件的资产、负债、所有者权益、收入、费用和利润等如实反映在财务报表中，不得根据虚构的、没有发生的或者尚未发生的交易或者事项进行确认、计量和报告；

（2）在符合重要性和成本效益原则的前提下，保证会计信息的完整性，其中包括应当编报的报表及其附注内容等应当保持完整，不能随意遗漏或者减少应予披露的信息，与使用者决策相关的有用信息都应当充分披露。

2. 财务会计报告的主要目标

我国财务报告的主要目标是：

（1）向财务会计报告使用者提供决策有用的信息。企业编制财务报告的主要目的是为了满足财务报告使用者的信息需要，有助于财务报告使用者做出经济决策。因此，向财务报告使用者提供决策有用的信息是财务报告的基本目标。财务会计报告使用者包括投资者、债权人、政府及其有关部门和社会公众等。

（2）反映企业管理层受托责任的履行情况。在现代公司制下，企业所有权和经营权相分离。企业管理层是受委托经营管理企业及其各项资产，负有受托责任，即企业管理层所经营管理的各项资产基本上为投资者投入的资本和向债权人借入的资金所形成的，企业管理层有责任妥善保管并合理、有效地使用这些资产，因此，财务报告应当反映企业管理层受托责任的履行情况，以有助于评价企业的经营管理责任以及资源使用的有效性。

三、案例分析及启示

与造假高手银广夏相比，达尔曼的造假手法更隐蔽，目的明确、策划缜密、实施精确、不惜代价、后果致命。达尔曼虚假陈述，欺诈发行，银行骗贷，转移资金等行为是一系列有计划、有组织的系统性财务舞弊和证券违法行为。公开数据显示，达尔曼上市前收入和利润水平较低，从上市后收入猛增并相对稳定，资产规模也呈现类似态势，在2003年之前，公司各项财务数据均衡增长，有很强的迷惑性。1997～2003年间，达尔曼报表收入合计18亿元，报表利润合计4.12亿元，资产总额比上市时增长8倍，达到22亿元，净资产增长6倍，达到12亿元。上市的8年里，达尔曼不断变换造假手法，持续地编造公司经营业绩和生产记录，其主要的造假手法有：

1. 编造公司经营业绩、生产记录，虚构销售收入

公司针对各年度虚假业绩均编制了充分的原始资料，在收入确认上有合同、发票、纳税证明、实物进出库记录、银行对账单及购货单位提供的书面函证，公司收入依据相当完善。达尔曼所有的采购、生产、销售基本上都是在一种虚拟的状态下进行的，每年公司都会制订一些所谓的经营计划，然后组织有关部门和一些核心人员根据"指标"，按照生产、销售的各个环节，制作虚假的原料入库单、生产进度报表和销售合同等，为了做到天衣无缝，对相关销售发票、增值税发票的税款也照章纳税。

公司在不同年度虚构销售和业绩的具体手法也不断地变化：1997~2000年度主要通过与大股东翠宝集团及下属子公司之间的关联交易虚构业绩，2000年仅向翠宝集团的关联销售就占当年销售总额的42.4%；2001年，由于关联交易受阻，公司开始向其他公司借用账户，通过自有资金的转入转出，假作租金或其他收入及相关费用，虚构经营业绩；2002~2003年，公司利用自行设立的大批"壳公司"进行"自我交易"，达到虚增业绩的目的，通过这种手法共虚构销售收入4.06亿元，占两年全部收入的70%以上，虚增利润1.52亿元。

通过虚假采购配合公司虚构业绩需要，另一方面是为达到转移资金的目的。达尔曼虚假采购主要是通过关联公司和形式上无关联的壳公司来实现的，从年报可以看出，公司对大股东翠宝集团的原材料采购在1997~2001年呈现出递增趋势，至2001年占到了全年购货额的26%。2002年年报显示，公司当年期末存货增加了8 641万元，增幅达到86.15%。从2001年公司开始披露的应付账款前5名的供货商名单中可以看出，公司的采购过于集中，而且呈加剧状态，到2003年，前5位供货商的应付账款占到全部应付账款的91%。

2. 通过虚拟公司操作，将资金转出，利用虚假业绩继续融资

达尔曼主要借助项目通过"业绩造假—骗取上市融资—编造项目—骗取银行贷款—再以项目之名转移资金—业绩造假……"无限循环的方式不断从股市及银行抽取资金，通过不断地虚增资产消化虚增出来的账面资金。凭借着这些假业绩，先后圈了三次钱，其从股市套取的资金总数高达22亿元。新增资金延缓了公司造假危机的爆发，使得公司得以苟延残喘，也使上市公司有更多的钱可以被许宗林掏空。在大肆于股市圈钱的同时，达尔曼还利用上市公司信用，为壳公司贷款提供担保，从银行融入资金作为收入注入上市公司，再通过支出成本的方式将部分转出，伪造与业绩资金相关的收付款痕迹。

至2004年5月底，副董事长及多数董事、监事仍皆言不知情，股民们"高薪"供养的董事和监事，其实都已蜕化成许宗林身边无需设防的"摆设"；银行作为达尔曼最大的债主，本应定期或不定期地对其资产负债和经营情况进行深入的了解，以获取足够真实的企业信息，但达尔曼公司问题彻底暴露前的半年内，仍有7家金融机构对达尔曼担保、质押的贷款给予确认；负责对达尔曼资产负债的经营状况做会计报表的会计师们只顾赚钱而装了糊涂。达尔曼有多起在建工程被无法确认其真实性和完善性，经西安希格玛有限公司

的审计，最早的一项工程发生在 1998 年 12 月，然而在负责每年必须对达尔曼资产进行评估的会计报表里，却始终没有涉及其做假欺骗股民们的记录。

达尔曼退市了，如果证券市场没有完善的舞弊防范和处罚机制，下一个达尔曼骗局可能还会上演。达尔曼有目的的圈钱、洗钱和系统性财务舞弊给我们留下了许多启示：

要完善公司治理，充分发挥监事及独立董事的监督作用。公司治理结构是防范财务舞弊最基础的一道防线，尤其对一些民营背景的上市公司来说，如果没有适当的制约机制，很容易出现实际控制人在董事会“一言堂”现象，将上市公司作为谋取私利的工具。

要关注上市公司实质性风险。系统性财务舞弊往往采取在主体外造假的做法，如果仅仅局限于主体本身的财务报表，很难通过余额的实质性测试发现问题，因此，应警惕仅实施实质性程序无法提供充分、适当审计证据的风险。

要加强上市公司担保的监督。银行及监管部门应采取措施完善上市公司对外担保管理，加强对担保信息及时披露的监督，加强金融领域多部门间的监管合作，建立监管信息的沟通机制。

四、思考题

1. 达尔曼用了哪些造假手法进行系统性的财务舞弊？如何进行防范？
2. 达尔曼的退市，为我们提供了哪些警示？

案例七　宇航存货管理

一、案例介绍

昊华宇航公司的前身是焦作市化工二厂，始建于1966年，2004年6月改制为股份制企业，同年11月加入中国昊华化工（集团）总公司。公司现有资产总额32亿元，其中固定资产原值27.8亿元，职工3 513人。下设7个职能部室、3个全资分公司、4个控股子公司，托管2个公司，参股2个公司。2007年10月份，“双二十”项目建成投产，使主导产品烧碱和聚氯乙烯的年生产规模分别达到了40万吨。烧碱在全国同行业排名第8位，聚氯乙烯在全国同行业排名第4位。产品出口印尼、土耳其、印度等13个国家。

公司以存货管理为基础，以提高综合效益为目的，从企业的生死存亡和战略高度切实抓好存货管理，不断转变存货管理理念，实现了提高存货周转效率、资金利用率、降低企业运行成本的目标。截至2007年末，公司存货总额4 652万元，其中原材料4 631万元、其他存货21万元。与2006年末比，在公司主业规模扩大的情况下，实现了存货负增长，同比降低9.91%，存货周转率28.52次，应收账款周转率54次，存货周转天数仅为12天，应收账款周转天数仅为6.5天，存货周转速度快、产品变现能力强，存货管理水平明显提升，经济效益大幅度提高。2007年，实现销售收入36.06亿元，利税2.57亿元，利润1.36亿元，同比分别增长44%、27%和28%。2008年前4个月实现销售收入16.02亿元，利税1.95亿元，利润1.07亿元，同比分别增长42.5%、138%和143%；一季度，销售收入、利润在中国化工集团分别列居第12位和第5位。预计全年可实现销售收入55亿元，利税6.5亿元，利润3亿元。

资料来源：昊华公司网站 http：//www.chinahaohua.com.cn/

二、相关知识点

存货是指企业在正常生产经营过程中持有的、以备销售的产成品或商品，或为了出售仍然处于生产过程中的产品，或在生产过程、劳务过程中消耗的材料、物料等。它是反映企业流动资金运作情况的晴雨表，往往成为少数人用来调节利润、偷逃国家税费基金的调节器。因为它不仅在企业营运资本中占很大的比重，而且又是流动性较差的流动资产。存货管理就是对企业的存货进行管理，主要包括存货的信息管理和在此基础上的决策分析，最后进行有效的控制，达到存货管理的最终目的即提高经济效益。

企业置留存货的原因一方面是为了保证生产或销售的经营需要，另一方面是出自价格的考虑，零购物资的价格往往较高，而整批购买在价格上有优惠。但是，过多的存货要占用较多资金，并且会增加包括仓储费、保险费、维护费、管理人员工资在内的各项开支，因此，进行存货管理的目标就是尽力在各种成本与存货效益之间作出权衡，达到两者的最佳结合，这就是存货管理的目标。

存货作为一项重要的流动资产，它的存在势必占用大量的流动资金。一般情况下，存货占工业企业总资产的30%左右，商业流通企业的则更高，其管理利用情况如何，直接关系到企业的资金占用水平以及资产运作效率。因此，一个企业若要保持较高的盈利能力，应当十分重视存货的管理。在不同的存货管理水平下，企业的平均资金占用水平差别是很大的。通过实施正确的存货管理方法，来降低企业的平均资金占用水平，提高存货的流转速度和总资产周转率，才能最终提高企业的经济效益。

1. 当前企业存货管理存在的问题及原因

（1）存货的收入、发出、结存缺乏真实记录。材料领用记录、生产成本及费用的归集、结转的记录人为因素较多，尤其在工程项目核算上更显现其弊端。比如，甲、乙两个工号同时开工，月末核算记录显示的是乙工号的材料消耗极少甚至为零，而甲工号的材料消耗多出一大块；原辅材料已经领用消耗，而实际上并未相应结转成本；原辅材料并未领用消耗，而实际上已经结转了成本；购入的材料已经领用消耗，购货发票未到，期末又没有按规定暂估入库，造成资产负债表期末存货记录减少甚至出现红字余额。

（2）内部控制制度不健全。在材料采购、产品销售环节往往由同一个人完成采购销售、付款收款、入库出库等全过程，使采购销售工作无章可依，还会提供暗箱操作的温床，增加了营私舞弊的可能性。

（3）流动资金占用额高。因库存量大，导致流动资金占用额高，有的企业存货储备要占到流动资金总额的60%以上，给企业流动资金周转带来很大的困难。

（4）非正常存货储备量挤占了正常的存货储备量。为控制流动资金占用额，在日常存货管理中尽量降低库存占用量，减少进货量，从而影响了正常生产经营所需要的合理存货储备量。

（5）管理不到位。毁损待报废、超储积压存货储备在每年一次的清产核资中都要作为重点问题进行上报，但每年都是只上报，没有上级主管部门的批示，没有处理结果，致使毁损待报废、超储积压存货储备量像滚雪球一样越滚越大，没有从根本上解决问题。

2. 提高企业存货管理水平的途径分析

（1）严格执行财务制度规定，使账、物、卡三相符。存货管理要严格执行财务制度规定，对货到发票未到的存货，月末应及时办理暂估入库手续，使账、物、卡三相符。

（2）采用ABC控制法，降低存货库存量，加速资金周转。对存货的日常管理，根据存货的重要程度，将其分为A、B、C三种类型。A类存货品种占全部存货的10%～15%，资金占存货总额的80%左右，实行重点管理，如大型备品备件等。B类存货为一般存货，品种占全部存货的20%～30%，资金占全部存货总额的15%左右，适当控制，实行日常管理，如日常生产消耗用材料等。C类存货品种占全部存货的60%～65%，资金占存货总额的5%左右，进行一般管理，如办公用品、劳保用品等随时都可以采购。通过ABC分类后，抓住重点存货，控制一般存货，制订出较为合理的存货采购计划，从而有效地控制存货库存，减少储备资金占用，加速资金周转。

（3）加强存货采购管理，合理运作采购资金，控制采购成本。首先，计划员要有较高的业务素质，对生产工艺流程及设备运行情况要有充分的了解，掌握设备维修、备件消耗情况及生产耗用材料情况，进而作出科学合理的存货采购计划。其次，要规范采购行为，增加采购的透明度。本着节约的原则，采购员要对供货单位的品质、价格、财务信誉动态监控；收集各种信息，同类产品货比多家，以求价格最低、质量最优；同时对大宗原燃材料、大型备品备件实行招标采购，杜绝暗箱操作，杜绝采购黑洞。这样，既确保了生产的正常进行，又有效地控制了采购成本，加速了资金周转，提高了资金的使用效率。

(4) 充分利用ERP等先进的管理模式，实现存货资金信息化管理。要想使存货管理达到现代化企业管理的要求，就要使企业尽快采用先进的管理模式，如ERP系统。利用ERP使人、财、物、产、供、销全方位科学高效集中管理，最大限度地堵塞漏洞，降低库存，使存货管理更上一个新台阶。

三、案例分析及启示

昊华宇航公司的存货管理制度：

1. 高度重视，加强领导，把存货管理当做企业的生存大事来抓

存货是企业的一项重要的流动资产，占到企业流动资金的30%以上，其管理利用情况直接关系到企业的资金占用水平、资产运作效率，甚至危及公司的生存和发展。为此，把存货管理作为降低运行成本、提高经济效益的重要抓手，与生产经营、财务管理等工作有机地结合，同布置同落实同考核，保证了存货管理工作的有效开展。

在存货管理中，坚持“高效运转，保障有力”的存管原则，提出了“三零”管理目标，即原料零风险存货、成品零库存销售、货款零资金外欠。为了保证目标的实现，成立存货管理领导小组，建立存货管理控制网络，明确各类物品的存货管理标准。存货管理领导小组由分管经营工作的副总经理担任组长，各相关单位负责人为成员，并设专人负责存货管理工作，形成了上下沟通、齐抓共管的存货管理体系，为做好存货管理工作提供有力的组织保障。1999年公司聚氯乙烯、烧碱生产规模8万吨时，存货金额、应收账款就已分别达到4 169万元、9 754万元，而现在生产规模40万吨，存货金额仅比1999年提高了483万元，产销率、资金回收率则连续7年实现100%的目标。

2. 夯实基础，完善管理，初步形成了存货管理长效机制

搞好存货管理，必须有健全的管理体系和机制作保证。在日常工作中，建章立制，严格管理和考核，初步形成了存货管理的长效机制。

(1) 细分物品类别，建立存管体系。①细分原料种类和管理标准。按照物资属性、物化性质、运输方式、采购周期、存储条件等方面的差异，将各类物资分为可长期存放、不宜长期存放、不能长期存放三类。如：聚氯乙烯树脂、工业盐、燃煤等物资具有固态、不易变质等特点，能够长期存放；电石、烧碱、汞触媒、油品等物资由于易粉化、液态、剧毒、易燃等性质，不易长期存放；液氯等属危害性较大的物资，列入不能长期存放类。结合以上因素以及公司生产计划和市场变化情况，确定原辅材料最低库存和产成品最高库存临界点，使库存标准实现安全、稳定、经济，从而达到降低库存物资的综合成本的目的。②建立存货信息预警机制。成立信息中心，对国家宏观政策、市场发展趋势、交通运输、气候变化等信息进行收集、分析和研究，定期对原材料、产品市场发展趋势进行预测，并负责对存货管理工作实施预警，及时调整存货标准。③完善存货管理体系。从原料的购进和发出的时间、地点，进货的种类、数量、质量等管理环节入手，结合生产计划，制订科

学严谨的原料采购计划、物流计划、资金计划，控制并提高物资存货周转效率。④建立严格的奖惩机制。对存货控制不力，造成存货偏离库存标准的，严肃追究有关责任单位和责任人责任；对购进原材料长期不用的，按照公司责任处罚管理规定给予处罚。

（2）实施目录管理，力促科学存货。①建立各类物资采购、使用、存储目录，实时掌握各类物资采购、使用、存储的变化情况，建立了物资存储的控制能力，同时在成本控制方面也起到了指导作用。②建立严格的存货登记制度。结合原料（主要指电石）的采购时间、质量、包装物的不同，将各类物资进行分类登记，按照物资库存要求，安排生产单位更迭、使用，降低了库存消耗。③定期或不定期地进行实物盘点。坚持大宗原材料每季度盘点一次，辅料、备品备件半年盘点一次，产成品每月盘存的制度。定期或不定期地检查管理情况，摸清实物状况，杜绝白条抵库，对亏库物资查明原因，落实责任，确保账实相符、存货及时利用。④强化实物管理。每月考核产销平衡率指标，减少产品库存，杜绝产品积压，监督产品存量的变化，提高存货周转率。制定产品定额消耗指标，结合实物盘点，有效控制材料浪费，保证投入产出比例。⑤强化对仓库存储条件的审查。按照物资特点和存储要求，定时间、定责任人，对仓库的安全隐患、应急设施、存储方法进行严格的检查验收，发现问题，立即整改，保证库存物资的安全。⑥强化产品的变现能力。制定资金回收100%的指标，控制不良销售，杜绝赊销现象，保证存货的变现速度。制定应收账款周转率指标，每月盘点应收账款明细，定期进行账龄分析，实行动态指标管理。每月考核资金回收率，严格奖罚制度，提高资金回收和利用率，确保存货良性周转。

（3）坚持计划管理，从存货管理要效益。①在生产管理方面，根据市场需求，合理组织生产，市场需要什么就生产什么。对有市场、效益好的产品，做到稳产高产；对销售不畅、效益差的产品，实行限产；对亏损的产品坚决停产。建立了规范的计划管理体系，每月结合市场变化情况、装置运行状况制定生产、采购、销售计划和库存标准，为经营决策提供了精准的依据，经营部门可利用稳定的客户资源、运输资源控制产品销售、原料采购的周期，达到降低库存、提高物资周转率的目的。②在经营管理方面，建立了严谨的合同管理体系，与供户、用户、承运单位签订了长期合同及成交确认书，明确供货时间、地点、数量和质量条款的要求，由公司纪检监察部牵头定期进行合同履约率考核，监督合同执行情况。不能按要求进行履约的，严肃追究有关责任人责任，给经营计划的顺利执行提供了有力的保障。③在辅助原料、材料的供应方面，结合辅助原材料种类多、采购频率高、需求不均衡等特点，采取了集中采购的方式，与一些规模大、实力强、信誉好的供应商建立了稳定的合作关系；按照各供应商的优势，细分供应物资的种类，提高供应商供货的专业程度，不仅供货数量、质量及时间得到了保障，同时减少了采购环节，降低了采购成本；完善了存货信息的交流和共享机制；形成生产单位、采购部门、供应商定期和实时沟通的体系，供应商能够及时了解到公司的各种原辅材料库存情况和使用计划，并利用其资金优势和库存能力，主动储备相应的物资存量，能够按照公司月份采购计划或临时计划需求，随时送货上门，有效降低物资库存压力和资金占用比例。④在物流管理方面，建立了稳固的物流运行体系，和一些规模大、实力强的物流运输企业实施战略合作，物资流通及运输周期得到保障；加强对运输资源的控制，建立车辆运行动态登记台账，根据实际需求灵活调整运力，保证物流资源充分利用，降低物流成本；建立了物流信息交流的平台，随时掌握各种资源，由物流管理部门统一进行协调，物流配送的效率明显提升。

完善的计划管理和快速反应的预警机制让公司得到了实惠。2007 年，公司“双二十”项目开车前，正处于工业盐低价区（到厂价 195 元/吨），信息中心及时预警，从 5 月份起就开始加大采购和储存力度，共储存工业盐 5 万吨。开车后不到两个月，工业盐到厂价格就升高到 310 元/吨，仅此一项就可节约采购成本 570 余万元。2008 年 1 ~ 2 月份，由于全国范围内强降雪灾害天气的影响，电力紧张，电石供应困难，预计 PVC 将有较大幅度涨价，用两个月的时间将 PVC 库存提高了近 1 万吨。PVC 市场价格从春节前的 6 900 元/吨快速涨到 8 300 元/吨，增加利润 1 400 余万元。

3. 多措并举，搭建平台，为存货管理提供了强有力的支撑

（1）发挥市场优势，降低存货风险。多年来，公司始终坚持规范操作、诚信经营、合作共赢的经营管理理念，拥有成熟稳定的经营网络、采购（销售）渠道和稳定的客户群体，经营工作执行力、可操作较强，给存货管理提供了有力的支撑。一是在山西长治、内蒙古鄂尔多斯建立两个电石供应基地，在省内平顶山中盐皓龙参股建立了工业盐采购基地，原料供应均衡、稳定，库存风险较小。二是利用公司周边氧化铝、化纤、造纸等行业较为集中，对烧碱需求量较大的区位优势，与中国铝业、开曼铝业、新乡化纤等企业建立了战略合作关系，签订了长期供货合同，实现了烧碱“零库存”销售目标。三是针对液氯、盐酸产量不稳定、危害性大（液氯、盐酸属产能可调产品）的实际情况，积极调整销售结构，加大了市场开发力度，扩大产品销售范围和下游用户群体，规避了对省内单一用户（氯化石蜡）的依赖程度，同样实现了“零库存”销售目标。四是引入了差异化物流定价机制，形成了稳定的物流运输体系，给原料采购、产品销售提供了有力的保证。

（2）科学分析预测，降低存货成本。建立了科学、规范的运行分析体系，结合国家宏观政策调整、市场发展趋势、生产运行状况，每月由资产管理部、生产运行部、经营部分别负责编制经济运行分析、生产运行分析和经营运行分析报告。对公司当月运行情况进行系统分析，找出影响效益和有利于提高效益的主要因素，制定应对措施；对次月经济环境、市场走势进行预测，结合公司生产装置运行情况，制定公司月份综合计划（包括生产、经营、资金、项目计划等），确保公司正确决策；根据分析结果，结合气候变化、仓储条件影响，制订最佳存货计划，降低存货成本。

（3）实行消耗管理，提升成本优势。公司在成本管理上实行成本计划责任制，坚持成本分析例会，每 5 天一预测，10 天一分析，1 月一总结，使生产成本得到了有效控制，开展降低存货管理消耗活动，对各生产单位的实际消耗和成本情况进行考核，以指标完成情况核定效益工资，使成本消耗不断降低。

实践证明，存货管理工作是降低生产成本、提高经济运行质量的有效途径，是转变粗放型经济增长的重要手段，是增强企业核心竞争力的前提之一，是应对日趋激烈的国内国际市场竞争、实现企业可持续发展的保证。只有持之以恒，坚持不懈地抓好存货管理，才能不断地增加经济效益，促进企业又好又快地发展。

四、思考题

1. 加强存货管理对企业有什么意义？
2. 如何加强企业的存货管理？

案例八 宝钢存货减值吞噬七成利润

一、案例介绍

根据宝钢股份年报，2008 年宝钢股份实现净利润 64. 59 亿元，每股收益 0. 37 元，相比 2007 年大降 49. 2%。而由于铁矿石和钢铁价格暴跌，宝钢股份 2008 年累计计提资产减值损失达到了 58. 94 元，占其利润总额的 72. 28%。仅在 2008 年第四季度，计提存货减值高达 48 亿元。这也导致 2008 年前三季度还盈利 124. 9 亿元的宝钢股份，在第四季度巨亏 60. 3 亿元。

宝山钢铁股份有限公司是上海宝钢集团公司的控股子公司，创立于 2000 年 2 月 3 日，同年 12 月 12 日在上海证券交易所上市。宝钢股份是中国最大、现代化程度最高的钢铁联合企业，也是全球最具竞争力的钢铁企业之一。公司坐落于中国上海，一期工程始建于 1978 年 12 月 23 日，1985 年 9 月 15 日建成投产；二期工程 1991 年 6 月投入正式生产；三期工程 2000 年底全部建成。2000 年 2 月 3 日，公司创立成为股份公司，同年 12 月 12 日在中国成功上市。2003 年至 2007 年，宝钢连续 5 年进入世界 500 强。2007 年，宝钢第三次进入美国《财富》杂志评选的“全球最受尊敬的公司”榜单；2008 年，公司荣获《董事会》杂志社第四届（2007）中国上市公司董事会“金圆桌奖”董事会建设特别贡献奖、优秀董事会称号；中证报、天相投顾第十届（2007 年度）上市公司金牛奖百强、上市公司金牛奖营业收入百强、上市公司金牛奖市值百强；中国上市公司投资者关系管理研究中心 2007 年度中国最佳投资者关系管理百强、最佳 IR 主页奖；世界金融实验室、《世界企业家》、《世界经理人》周刊“中国 50 家最受尊敬上市公司”、“2008 年中国上市公司最佳董事会”等诸多奖项。

资料来源：21 世纪经济报道。

二、相关知识点

存货跌价准备是指在中期期末或年度终了，如由于存货遭受毁损、全部或部分陈旧过时或销售价格低于成本等原因，使存货成本不可以收回的部分，应按单个存货项目的成本高于其可变现净值的差额提取，并计入存货跌价损失。企业每期都应当重新确定存货的可变现净值，企业在定期检查时，如果有以下情形之一，应当考虑计提存货跌价准备：

1. 市价持续下跌，并且在可预见的未来无回收的希望；

2. 企业使用该原材料的新产品成本大于产品的销售价格；

3. 企业因新产品更新换代，原有库存原材料已不适应新产品的需要，而材料的市场价格又低于其账面成本；

4. 因所提供的商品或劳务过时或消费者偏好改变而使用的需求发生变化，导致市场价格逐渐下跌；

5. 其他足以证明该项存货实质上已发生减值的情形。

当以前减记存货价值的影响因素已经消失，减记的金额应当予以恢复，并在原已计提的存货跌价准备金额内转回，转回的金额计入当期损益（资产减值损失）。在核算存货跌价准备的转回时，转回的存货跌价准备与该准备的存货项目或类别应当存在直接对应关系。在原已计提的存货跌价准备金额内转回，意味着转回的金额以将存货跌价准备的余额冲减至零为限。

三、案例分析及启示

资产减值损失成为上市公司2008年度业绩“杀手”。截至2009年4月28日的统计数据显示，沪深上市公司在2008年年报中共确认资产减值损失3 676亿元，较上年激增2 210亿元，是导致整体业绩下滑的一大重要因素。资产减值损失金额与净利润之比高达47%，在净利润下滑幅度较大的上市公司身上，资产减值损失对业绩的影响更加明显。在已披露年报的公司中，有473家公司净利润同比下降幅度在50%以上，其中405家公司在2008年度计提了资产减值损失，占比高达86%；184家公司资产减值损失金额是上年数的2倍以上，占比39%；61家公司资产减值损失较上年增加过亿元，占比13%。

上市公司2008年度资产减值损失来势汹汹，存货跌价准备首当其冲。在全球经济放缓需求减少的大背景下，许多上市公司存货价值缩水，大量计提的存货跌价准备令业绩黯然失色。统计数据显示，在1 503家已披露年报的公司中，有726家公司2008年度资产减值损失同比增幅超过100%，资产减值损失金额翻一番以上的公司占到近半。而在资产减值损失同比增幅居前的10家公司中，均于2008年度计提了大额存货跌价准备。

处于产业链中上游的钢铁和有色企业普遍提取了较高的存货跌价准备，因而业绩受资产减值拖累更明显。2008年上半年，钢铁上市公司的业绩一度创下历史新高，下半年开始却普遍大幅下滑。这是因为2008年下半年以来钢铁产品和原材料价格大幅回落，造成钢企库存产品“贬值”，从而导致资产减值大幅增加。据统计，已披露年报的29家上市钢企2008年度共实现净利润204亿元，较上年下降60%；共确认资产减值损失185亿元，较上年增加1 043%。在钢铁上市公司业绩下滑的背后，几乎都有大额资产减值。

大量计提的存货减值准备，成为宝钢股份2008年的“业绩杀手”。在针对机构投资者的业绩说明会上，宝钢股份高层表示，第四季度计提的48亿减值准备中包含原材料25亿元，其中矿石16亿元，煤6亿元，其他原材料3亿元。此外还包括产成品14亿，半成品9亿。宝钢股份的铁矿石大多依靠长单锁定价格，而在铁矿石价格急转直下之际，宝钢股份却不得不承受高价铁矿石之苦。

宝钢股份2008年存货跌价准备变动如下：

单位：元

	原材料	半成品	库存商品	备品备件及其他	合 计
年初数	143 630 251.16	418 531 487.66	392 119 209.18	76 200 853.74	1 030 481 801.74
本年计提	2 918 998 353.66	1 470 158 094.82	1 755 827 095.73	27 054 093.02	6 172 037 637.23
本年转回		49 469 524.58	204 554 086.58	16 501 674.98	270 525 286.14
本年转销	472 805 813.22	539 443 798.10	7 203 789.91	4 580 508.71	1 024 033 909.94
出售子公司减少			2 470 967.76	846 280.89	3 317 248.65
外币报表折算差额			165 295.60		165 295.60
年末数	2 589 822 791.60	1 299 776 259.80	1 933 552 165.06	81 326 482.18	5 904 477 698.64

注：于资产负债表日，对于成本高于可变现净值的，计提存货跌价准备，计入当年损益。本年转回存货跌价准备是由于存货价值回升。

数据来源：宝钢股份 2008 年年报。

宝钢股份 2008 年上半年铁矿石的价格为 920 元/吨，而同期现货铁矿石价格为 1200 元/吨，宝钢这一优势尽显。在此背景下，宝钢 2008 年上半年屡次提价，其提价幅度远超铁矿石涨幅。下半年形势突变，铁矿石现货价格在 500～600 元/吨之间，而宝钢股份铁矿石价格仍锁定在 850～900 元/吨的高位。2008 年年报显示，宝钢股份的存货为 356.45 亿元，而三季报显示，宝钢股份 9 月底的存货为 521.4 亿元，第四季度库存环比第三季度大幅下降了 31.65%。宝钢于 2008 年 10 月，曾在上海市场以很低的价格抛售了部分钢材，这一果断斩仓的举动，也令宝钢在随后钢铁价格进一步下跌的过程中，损失略有减少。此举也将宝钢股份的库存浮亏转化成了实际亏损，从而令其 2008 年第四季度业绩大幅下降。2008 年年报显示，宝钢股份 2008 年实现营业收入 2 003.32 亿元，同比增长 25.40%；利润总额 81.54 亿元，同比下降 52.06%；归属于上市公司的净利润 64.59 亿元，同比下降 48.29%；每股收益 0.37 元。而在 2008 年第四季度，宝钢股份亏损就高达 63.61 亿元，即便扣除因存货跌价导致的资产减值损失，公司第四季度税前经营性亏损仍高达 42.18 亿元。

2007 年新会计准则生效后，人们满怀希望就此告别利润操纵和利润粉饰，而就在会计准则新旧交替的过渡时期，利润操纵和利润粉饰曾有过一番被称之为“赶集行动”的异常表演。有关统计分析显示，一些企业不仅在 2006 年年底前有将计提的资产减值准备集中转回的行为，而且在 2005 年底前就有资产减值计提的突击“赶集”行为，由此导致 2007 年计提的减值准备和转回似乎比上 1 年大幅减少的现象。财政部会计司在关于我国上市公司 2007 年执行新会计准则情况的分析报告中指出：极少公司依然存在利润操纵的迹象，会计处理结果没有反映交易或事项的经济实质。

新会计准则对已确认的减值准备不允许转回的规定，在一定程度上就是为了遏制利用减值准备调节利润的行为，这对上市公司经营业绩的纯洁化有着重大意义。过去，一些

ST公司就是采用“巨额计提，大额转回”的方法扭亏为盈，得以摘帽或恢复上市的，新准则加大了这样做的难度。在原来导致资产发生减值的因素在当期发生重大变化使得可回收金额超过账面价值时，不允许转回以前已确认的资产减值损失，实践中不免有不近情理之处。加之坏账准备、存货跌价准备等四项的计提转回，在新老准则中并无十分明显的不同。

在新会计准则全面平稳有效实施两年之后，又大量发生大额资产减值计提，是一个发人深省的问题。固然在相当大程度上是因为金融危机的冲击所致，本质上反映的还是上市公司经营和管理上的问题。在资产减值准则的实施不能完全改变上市公司利用减值准备调节企业利润的情况下，上市公司也不可能泯灭其盈余管理的冲动。

四、思考题

1. 如何发现上市公司利用大额资产减值调节利润?
2. 新旧准则下资产减值处理的区别有哪些?

案例九 大族激光研发费用资本化增厚业绩

一、案例介绍

大族激光2007年年报披露，公司实现营业收入148 555.54万元、净利润16 820.28万元，同比分别增长73.93%和85.57%，每股收益0.45元。公司拟每10股分配现金股利1元（含税），以资本公积金向全体股东每10股转增6股。年报显示，根据新会计准则，2007年公司技术开发费用得以资本化，相比原会计准则，此举增加公司利润1 785.75万元，占公司净利润总额的10%。

深圳市大族激光科技股份有限公司由成立于1996年的大族实业公司发展而来，主要从事激光加工设备的研发、生产和销售，是亚洲最大、世界知名的激光加工设备生产厂商，年均增长率达60%。同时也是深圳国家科技成果推广示范基地重点推广示范企业、国家规划布局内重点软件企业、深圳市光学光电子行业协会会长单位、深圳市软件行业协会会长单位，被国家发改委认定为国家高新技术产业化示范工程项目的实施单位。2002年公司一举成为国内乃至亚洲最大的激光设备制造商，激光信息标记设备国内市场占有率达到71.96%；2004年成为国内首家以激光为主业的上市公司，现已成为全球激光信息标记设备产销量最大的公司。公司2007年加大科技投入力度，加强产品创新。2007年公司科技研发开发投入8 125.55万元，约占公司销售收入的5.47%，同比增长126.31%。

激光行业空间巨大，增长迅速。全球10年的复合增长率为14%，中国为34%，全面覆盖工业制造、信息通讯和医疗行业等。目前国内制造业激光设备使用率仍旧较低，随着精细化制造业的推进，应用也将从打标、焊接等轻工领域，逐渐发展到大功率切割、热处理、PCB设备、印刷等。

大族激光市场拓展能力突出。公司从打标机出身，通过收购整合快速学习其他行业知识，依次做大了焊接、PCB、印刷等行业。公司以良好的激励制度和优秀的管理文化为基础，善于对下游客户的引导示范推广，结合客户需求开发激光配套设备。另外完善的售后服务、良好的性价比使公司极富竞争力。

资料来源：中国证券报2008-02-19。

二、相关知识点

企业研发费用（即原“技术开发费”），指企业在产品、技术、材料、工艺、标准的研究、开发过程中发生的各项费用。按照新无形资产准则，研究费用计入当期损益，开发费用在符合一定条件时予以资本化，计入无形资产。

1. 研究阶段的支出全部费用化，计入当期损益。研究阶段是一个技术可行性的探索阶段，一项研究项目可能与好几个开发项目有关，有的开发项目能够取得成功，有的开发项目却遭受失败，很难辨别哪些研究费用属于成功开发项目，哪些研究费用属于失败开发项目，所以能否给企业带来经济效益不具有确定性，风险大，相关成本难以计量，将其费用化是遵循了谨慎性原则。

2. 开发阶段的支出符合资本化条件的，才能确认为无形资产；不符合资本化条件的，计入当期损益。由此可见，开发阶段的支出，同时必须满足下列条件才能予以资本化：完成该无形资产以使其能够使用或出售在技术上具有可行性；具有完成该无形资产并使用或出售的意图；无形资产产生经济利益的方式；有足够的技术、财务资源和其他资源支持，以完成该无形资产的开发，并有能力使用或出售该无形资产；归属于该无形资产开发阶段的支出能够可靠地计量。开发活动是将研究成果应用于实践，将技术转化为产品的阶段，因而带来经济效益的确定性高，因此将技术上可行、项目成功可能性大、产生未来经济利益的可能性很高、相关成本能够计量的开发费用确认为资产也是合理的。这种处理符合费用与资产的确认条件，符合权责发生制原则。

3. 无法区分研究阶段支出和开发阶段支出，应当将其所发生的研发支出全部费用化，计入当期损益。研究、开发这两个阶段并不具有完全的可分性，往往是二者相互渗透，研究中有开发，开发时也还要进行研究。因此对无法区分研究阶段支出和开发阶段支出的，计入当期损益，而不需要人为地将研究、开发分开，给会计处理造成主观性和随意性，以此作为调节利润的手段。

三、案例分析及启示

新会计准则规定：企业内部研发项目的支出，应当区分研究阶段支出与开发阶段支出。研究费用依然是费用化处理；进入开发程序后，对开发过程中的费用如果符合相关条件，就可以资本化。企业研发费用还可按实际发生额的150%抵扣当年度的应纳税所得额，对于开发新技术新产品新工艺的研发费用，还允许加计扣除（在原有100%的基础上再加一个比例）。这些都成为鼓励企业研发投入同时保证利润水平的新做法。

研发支出费用化往往导致公司，尤其是研发密集型公司的价值被低估。现在，部分研发支出的资本化能增加企业的资产，企业财务状况也会有一定程度的好转，新会计准则对研发费用资本化和高比例税前扣除的规定将使众多高科技型中小板上市公司从中获益，大族激光仅仅是一个开始。

大族激光无形资产：

项目	2007. 12. 31	2006. 12. 31
项目开发支出	22 471 786. 89	—

无形资产期末数为公司执行新会计准则确认的内部研究开发项目开发阶段的资本化支出，截至2007年12月31日，相关开发项目尚未完成。上述余额中包括尚未消耗的材料683万元（按原会计制度，该部分未消耗掉的材料亦不计入损益），以及人工费等其他项目共计1 564万元。按《企业会计准则第38号——首次执行企业会计准则》规定，研究开发费的会计政策变更采用未来适用法，此项变更增加2007年度利润1 785. 75万元。

在实际情况中，开发和研究很难区别，不同的分类就有可能造成对利润表影响的时点变化不同，因此也给相关公司带来很大的利润调控余地。而新准则对企业加大研发投入的鼓励也颇有成效。大族激光在年报中称，2007 年公司科技研发开发投入 8 125.55 万元，约占公司销售收入的 5.47%，同比增长 126.31%。2007 年共申请各种专利 211 项，同比增长 145.35%，专利申请达历史最高水平。公司年报称，随着公司销售规模的扩大，产品领域的不断拓展，公司流动资金面临困难状况。截止到 2007 年 12 月 31 日，公司资产负债率已达 53%，由于公司固定资产较少，公司间接融资能力受到一定的限制。

对于资产负债率已“不堪重负”的高科技企业，新政策能降低资产负债比率，提高商业信用，帮助其扩大融资渠道。如果失去研发费用资本化的支持，再融资的难度无疑又加大了不少。

四、思考题

1. 如何划分研究阶段和开发阶段?

2. 新会计准则规定研发费用可以资本化，这是不是说企业可以利用这一政策来调节自身利润?

案例十　雅戈尔股权投资失败案例

一、案例介绍

雅戈尔集团创建于1979年。30年的时间里，雅戈尔从一个靠自带尺子、剪刀、小板凳拼凑起来的戏台地下室的原始手工作坊，发展成为亚洲最大、最先进的衬衫、西服生产基地和上市企业。但是比起雅戈尔的服装主业，更令业界推崇的是它的股权投资。在雅戈尔2007年半年报中有如下的数据显示：

代码	简称	持股数量（股）	持股比例（%）	初始投资成本（元）	会计核算科目
600030	中信证券	93 092 385	3. 12	159 699 931. 74	可供出售金融资产
600030	中信证券	59 590 627	2. 00	102 220 254. 19	长期股权投资
002142	宁波银行	179 000 000	8. 73	181 550 000	长期股权投资
002036	宜科科技	17 305 650	12. 84	18 901 304. 21	长期股权投资
601328	交通银行	705 387	0. 001	849 376. 60	长期股权投资

持有对象名称	持股数量（股）	持股比例（%）	初始投资成本（元）	期末账面价值（元）
中基宁波对外贸易股份公司	24 000 000	20	30 072 249. 74	51 356 467. 63
天一证券有限公司	150 000 000	14. 97	150 000 000	150 000 000

从上述资料中可以看出，2007上半年雅戈尔集团持有1. 5亿股中信证券股份、1. 79亿股宁波银行股份、0. 17亿股宜科科技股份、0. 007亿股交通银行股份、0. 24亿股中基宁波对外贸易股份以及1. 5亿股天一证券股份（其中中基宁波对外贸易股份有限公司和天一证券股份有限公司为尚未上市公司）。其中仅中信证券股份和宁波银行股份两项金融资产的市值就接近200亿元，较初始投资成本4. 4亿元增值45倍，约占当前雅戈尔总市值的1/3。与此同时，雅戈尔集团旗下还成立了创业投资和股权投资两家公司，分别从事拟上市公司和已上市公司的投资。

不可否认，股权投资曾是雅戈尔集团强劲的利润支撑。但是随着股市的一泻千里，曾经在股市上叱咤风云的雅戈尔也不可避免地面临着一场危险的资本游戏。

在雅戈尔2008年的中期财务报表中，其投资收益比例已经跌至其总利润的54%，远低于2007年的70%。而这54%的投资收益中大部分来源于雅戈尔对中信证券部分股权的出售。随着股市的持续下跌，雅戈尔的股权投资开始严重缩水。2009年2月13日，雅戈尔已经浮亏8亿元。但是据业内人士分析，与高峰期相比，雅戈尔股权投资市值已经跌去上百亿元。

面对股市的低迷和公司股权投资的巨额亏损，雅戈尔集团也开始计划未来逐步缩小股权投资规模。随着雅戈尔集团控股60%的上海凯石投资管理公司全面“接管”雅戈尔近百亿元的金融资产管理业务，逐渐减持部分股权投资将会成为该公司未来一段时期的主要任务之一。

资料来源：中证网 http://www.sc.com.cn/

二、相关知识点

1. 长期股权投资

长期股权投资是指通过取得被投资单位的股权，投资企业成为被投资企业的股东，按所持有股份比例享有权益并承担有限责任的投资。长期股权投资的内容包括两个方面：一是企业持有的对子公司、联营企业及合营企业的投资；二是对被投资单位不具有共同控制或重大影响、在活跃市场中没有报价、公允价值不能可靠计量的权益性投资。

长期股权投资具有以下的特点：①长期持有；②获取经济利益，并承担相应的风险；③除股票投资外，长期股权投资通常不能随时出售；④长期股权投资相对于长期债权投资而言，投资风险较大。

2. 投资收益

投资收益是指企业在一定的会计期间对外投资所取得的回报。投资收益包括对外投资所分得的股利和收到的债券利息，以及投资到期收回的或到期前转让债权的款项高于账面价值的差额等。投资活动也可能遭受损失，如投资到期收回的或到期前转让所得款低于账面价值的差额，即为投资损失。投资收益减去投资损失则为投资净收益。随着企业握有的管理和运用资金的权力日益增大，资本市场逐步完善，投资活动中获取收益或承担亏损，虽然不是企业通过自身的生产或劳务供应活动所得，但却是企业利润总额的重要组成部分，并且其比重发展呈越来越大的趋势。

一般而言，长期股权投资所取得的投资收益是企业在正常生产经营中所取得的可持续的投资收益。如果被投资公司是投资公司的子公司，或者投资单位持有被投资单位很少的股份而且没有影响，这些股权也没有市场价格，按照新会计准则的规定，投资企业对被投资单位的长期股权投资采用成本法核算。长期股权投资采用成本法核算时，被投资单位宣告分派的利润或股利，投资企业按应享有的部分，确认为投资收益。

投资企业对合营企业和联营企业的投资应当采用权益法核算。长期股权投资采用权益法核算时，属于被投资单位当年实现的净利润而影响的所有者权益的变动，投资企业应按股份比例确认为投资收益。

三、案例分析及启示

随着雅戈尔2008年中期财务报表的公布，其股权投资缩水近百亿的事实立即引起了一场轩然大波，这个曾经一手缔造了股权投资市场神话的资本巨人再一次站在了风口浪尖上。综合分析雅戈尔股权投资案例的始末，不难发现其投资的失败与以下两个方面的因素有着密切的联系：

1. 外部因素

一方面，我国股市的现状众所周知，经过多年的风风雨雨，已经逐步发展壮大，在经济建设和改革开放中发挥了重要作用。但是随着上市公司业绩的下滑以及股票扩容超过市场承受能力，大小非的问题得不到妥善解决等市场供求关系不平衡的影响，中国股市举步维艰。另一方面，在金融海啸的背景下，全球各大市场满目疮痍，中国经济和中国股市也未能幸免于难。中国股市萎靡不振。这是所有的股权投资者都面临的一个大环境，雅戈尔也不例外。

2. 内部原因

雅戈尔前期股权投资的成功有很大的偶然性。正如雅戈尔集团董事长李如成所说，“股权投资，雅戈尔是无心插柳柳成荫，很多投资项目初衷都不是想挣多少钱，是政府给我照顾”，从广博集团到宜科科技再到宁波商业银行，雅戈尔一开始对这些企业的持股并非心甘情愿。即使是让雅戈尔在投资市场上声名鹊起的中信证券一役也颇有偶然的意味。雅戈尔 1998 年上市之后，开始在新兴行业里寻找项目，仅仅凭借着对证券行业的兴趣和对中信证券是规范国企的定位，李如成就将赌注压在了中信证券的身上，至于中信证券之后的上市以及券商会成为牛市中攻势最强的板块，都是李如成未曾预料到的。尽管我们不能把雅戈尔曾经的辉煌业绩完全归于运气，但是这其中的偶然性还是不能被忽视的。当国企改造、商业银行注资等类似的低成本投资机会不再降临的时候，雅戈尔是否还能在股市中创出佳绩，我们拭目以待。

雅戈尔股权投资的失败深刻地告诉我们这样一个道理：股权投资是一把“双刃剑”，风险与收益并存，在获取巨额投资收益的同时，也必须要承担相应的投资风险。巨额的投资收益可以使股价飙升，公司业绩上升，但巨额的投资亏损一旦出现，也会使公司资产迅速缩水，业绩大幅下滑，甚至将一个企业拖垮。在资本市场上，这样的例子并不少见。目前，热衷于通过股权投资来获取巨额利润的上市公司越来越多。通过对上市公司 2006 年、2007 年半年报的统计分析，在上市公司的盈利增长因素中，来自投资收益的贡献率已占到了 34% 左右。而剔除统计等因素，上市公司的主营业务利润率不升反降。无论是从多元化经营、分散风险的角度考虑，还是从增加利润增长点、加快企业发展的立场出发，企业都没有理由忽视其主营业务的发展。从某种程度上讲，企业进行适当的股权投资应该以企业主营业务健康稳定发展为前提。置企业的主营业务于不顾，只能使企业未来的发展之路越走越窄。本案例中，在雅戈尔股权投资收益大幅增长的同时，其传统服装行业的增长几乎处于停滞状态，有数据显示，2001 年雅戈尔的服装销售额是 16.7 亿元，截至 2006 年却仅仅增长了 0.3 亿元，这对于一个以服装业起家发展起来的企业而言并不是个好兆头。从企业长远发展考虑，上市公司要在日益激烈的市场竞争中立于不败之地，就必须坚持主营业务的可持续增长。保证企业主营业务的稳定发展，才是上市公司的根本，才是企业迅速提高市场核心竞争力的关键。以牺牲企业主营业务的发展为代价而换取的巨额投资回报，不仅不能促进企业的发展，相反的，还可能将企业推向失败的深渊。

四、思考题

1. 长期股权投资的特点是什么？其主要的核算方法有哪些？
2. 从雅戈尔股权投资失败的案例中，我们可以得到什么样的启示？

案例十一　健康元投资失利，公允价值损失巨大

一、案例介绍

在网易财经“2007年最会炒股上市公司排行榜”上，健康元炒股盈利6.55亿，占当年净利润的63.84%，炒股为业绩添加不少亮色，当时一度被股民盛赞为“炒股高手”，不过也有市场人士指责其不务正业。2008年股市单边下跌，跌幅达到65%，两市总市值损失20万亿元。健康元终于尝到了恶果，年报显示，健康元2008年一共投资了10多只股票，共计投入5.19亿元，报告期末金融资产公允价值变动损失6.32亿，净利润亏损幅度达到94%。

健康元公司的前身为“深圳爱迷尔食品有限公司”，是经深圳市工商行政管理局核准，于1992年设立的中外合资经营企业，主要从事太太口服液的生产和销售。1994年1月，公司更名为“深圳太太保健食品有限公司”。1995年7月，又更名为“深圳太太药业有限公司”。1999年9月16日和11月10日，经公司股东会决议和深圳市人民政府深府（1999）197号文批准，公司整体改组为股份有限公司，并更名为“深圳太太药业股份有限公司”。2001年中国证券监督管理委员会同意公司向社会公众发行境内上市内资股（A股）股票。2001年6月，公司股票在上海证券交易所上市交易。

2005年12月，经商务部批准，变更为外商投资股份有限公司（外资比例低于25%），公司控股股东为深圳市百业源投资有限公司，最终实际控制人为朱保国。公司经营范围为：中药材（收购）、中成药、抗生素原料药及其制剂、化学药制剂、食品、保健食品、化妆品的研发、批发（不含国家保护资源的中药材、中成药秘方产品的研发），中药饮片的批发、进出口及相关配套服务。

由于2008年证券市场较2007年度相比大幅度下挫，公允价值变动损失令券商年报黯然失色。统计显示，80%的券商2008年公允价值变动收益为负值，合计亏损142亿元，同比骤降超过200%。

资料来源：网易财经 http：//money.163.com/

二、相关知识点

1. 公允价值

公允价值是熟悉情况的买卖双方在公平交易的条件下所确定的价格，或无关联的双方在公平交易的条件下一项资产可以被买卖的成交价格。在公允价值计量下，资产和负债按照在公平交易中，熟悉情况的交易双方自愿进行资产交换或者债务清偿的金额计量。购买企业对合并业务的记录需要运用公允价值的信息。在实务中，通常由资产评估机构对被兼并企业的净资产进行评估。

2. 公允价值变动损益

公允价值变动损益是指一项资产在取得之后的计量，即后续采用公允价值计量模式时，期末资产账面价值与其公允价值之间的差额，是新会计准则下一个全新项目，其对上市公司的净利润与应交所得税的影响需要根据持有期间与处置期间分别确定。

根据新会计准则的有关规定，交易性金融资产的期末账面价值便是其在该时点上的公允价值，与前次账面价值之间的差异，即公允价值变动金额需要计入当期损益。现在财政部、国家税务总局在通知中明确规定在计税时，持有期间的“公允价值变动损益”不予考虑，只有在实际处置时，所取得的价款在扣除其历史成本后的差额才计入处置期间的应纳税所得额，可见交易性金融资产的计税基础仍为其历史成本。

因此，在上市公司持有交易性金融资产期间，当公允价值发生变动时，账面价值与计税基础之间便存在一种“暂时性差异”，只有在实际处置后，该差异才会转回。通过列报公允价值变动损益，利润表全面反映了企业的收益情况，具体分为经营性收益和非经营性收益。投资者能了解企业因公允价值变动而产生的损益是多少及其占企业全部收益的比重，从而更好地进行分析和决策。另外，原制度下有些特殊业务产生的收益计入资产负债表的所有者权益中但未通过利润表反映，如资产评估增值和债务重组利得等，会出现一些绕过收益表而直接计入资产负债表方面的问题，使资产负债表和利润表失去内在的逻辑联系。通过列报公允价值变动损益项目，使利润表全面地反映这种收益，也提供了一种协调资产负债表和利润表内在关系的一种方法。

为了与国际会计准则接轨并提高会计信息的相关性，我国新发布的38项会计具体准则中有17项程度不同地运用了公允价值计量属性，涉及影响范围之大是显而易见的，因此有必要在利润表中单独予以列示公允价值变动损益。

三、案例分析及启示

公司管理层按照取得或承担金融资产和金融负债的目的、基于风险管理、战略投资需要等所作的指定以及金融资产、金融负债的特征，将金融资产和金融负债划分为以公允价值计量且其变动计入当期损益的金融资产或金融负债，包括交易性金融资产或金融负债和指定为以公允价值计量且其变动计入当期损益的金融资产或金融负债、持有至到期投资、应收款项、可供出售金融资产、其他金融负债等。

存在活跃市场的金融资产或金融负债，以活跃市场的报价确定其公允价值，活跃市场的报价包括易于定期从交易所、经纪商、行业协会、定价服务机构等获得的价格，且代表了在公平交易中实际发生的市场交易的价格；不存在活跃市场的金融资产或金融负债，采用估值技术确定其公允价值。估值技术包括参考熟悉情况并自愿交易的各方最近进行的市场交易中使用的价格、参照实质上相同的其他金融资产或金融负债的当前公允价值、现金流量折现法和期权定价模型等。

健康元2008年证券投资情况：

单位：元；币种：人民币

证券简称	初始投资金额	持有数量（股）	期末账面值	占期末证券投资比例（%）	报告期损益（元）
晨鸣纸业	402 516 441.86	35 728 000.00	183 641 920.00	80.41	-384 775 482.80
中国石油（香港）	16 536 826.61	3 500 000.00	7 518 198.38	3.29	-7 827 781.50
中国神华	4 529 945.05	418 000.00	6 045 600.88	2.65	-11 250 343.33
深圳国际	24 702 304.28	1 536 993.00	5 548 544.73	2.43	-17 988 931.51
太钢不锈	10 172 292.39	17 000 000.00	5 022 420.52	2.20	-10 277 940.75
碧桂园	21 025 238.76	2 450 000.00	4 105 244.50	1.80	-15 903 760.95
天地源	13 191 602.54	1 300 043.00	3 744 123.84	1.64	-9 381 431.10
中国海洋石油	2 889 770.23	560 000.00	3 496 204.36	1.53	-2 886 733.08
中国中铁	1 616 727.79	314 000.00	1 487 042.14	0.65	-1 532 990.55
百丽国际	2 363 822.55	428 000.00	1 283 340.88	0.56	-3 260 793.76
持有的其他证券	19 760 874.62		6 498 845.49	2.85	-12 268 735.86
报告期已出售损益					-8 865 536.72
合　计	519 305 846.68		228 391 485.72	100.00	-486 220 461.91

与公允价值计量相关的项目：

项目	2008年公允价值变动损益	计入权益的累计公允价值变动
金融资产		
1. 以公允价值计量且其变动计入当期损益的金融资产	-65 752 157.77	390 397.29
2. 可供出售金融资产		4 994 869.57
合　计	-632 945 779.80	5 385 266.86

项目	2008.12.31	2007.12.31	增减变化比率	变化原因
交易性金融资产	228 391 485.72	937 105 503.95	-75.63%	主要系交易性权益工具出售及其公允价值变动所致
公允价值变动收益	-632 945 524.41	326 223 871.20	-294.02%	主要系本期交易性金融资产的公允价值大幅下降所致

项目	2008 年度	2007 年度
交易性权益工具投资	-632 694 223.87	325 872 108.38
其他（基金投资）	-251 555.93	351 762.82
合　计	-632 945 779.80	326 223 871.20

数据来源：健康元公司 2008 年年报。

健康元公司证券投资及公允价值变动损益较 2007 年度相比大幅下降，减少 294.02%，主要系本期交易性金融资产的公允价值大幅下降所致。公司金融、证券资产投资损益及其公允价值变动损益扣除所得税及股东权益的影响后，对归属上市公司股东净利润影响为 -26 436.50 万元。健康元在年报中辩称，纵观 3 年的证券市场投资，依然是 2006 年及 2007 年的回报远远大于 2008 年的账面浮动损失，随着公司主营业务的稳步增长，如未来有需要时公司将会继续缩减证券投资。

交易性金融资产、投资性房地产和衍生工具及套期保值采取公允价值变动计价，这些项目可能对公司当期利润造成影响。而在上市公司的财务报告分析中，影响最大的主要集中在上市公司互相持股下的交易性与可供出售金融资产公允价值的变动。

2008 年，上证指数从 5 261 点一路下滑至 1 820 点，据中国证券报数据中心统计，在 307 家存在公允价值变动的公司中，只有 61 家公司获得收益，其余 246 家公司均出现损失。根据计算，2008 年末，这 307 家公司的公允价值变动损益对净利润的贡献为 -5.36%，而 2007 年的贡献为 0.47%。

自从新会计准则要求部分资产按照公允价值计价后，公允价值变动损益不断成为股市的放大器。在牛市中，交叉持股中的交易性金融资产通过公允价值计价形成循环放大的效应，股价上涨和业绩提高相互推动，在上市公司真正主营业绩没有任何变化的前提下，其股价可以大幅度地上涨；而一旦进入熊市，股价下跌带来的公允价值变动损失拖累业绩增长，令部分热衷于二级市场投资的公司“成也公允，败也公允”。公允价值变动损益并非只受到二级市场股价变动的影响；除了交叉持股股价变化外，投资性房地产、衍生工具及套期保值以公允价值计价的都会影响到公允价值变动损益，进而影响上市公司的业绩。

四、思考题

1. 如何确认金融资产的公允价值变动损益?
2. 公允价值变动损益是如何影响利润的?

案例十二　ST 科龙减值准备暗藏玄机

一、案例介绍

2006 年 8 月 14 日，ST 科龙公布了 2005 年年度报告。年报显示，公司的总资产和净资产分别缩水至 54. 12 亿元和 -10. 8 亿元，2005 年的亏损额高达 36. 93 亿元。

年报显示，公司巨额亏损的主要原因有两个。一是主营业务利润率大幅度下降。占公司销售额绝大多数的冰箱和空调，2005 年度的主营业务利润率分别为 -1. 11% 和 4. 09%，较 2004 年分别下降了 103% 和 77%。主营业务利润率大幅下降的主因，在年报中被解释为停产导致的新产品不能及时推出，以及原材料的价格上涨。但有专业人士认为，ST 科龙采用根据年末产成品盘点数量及加权采购单价计算年末库存，并据此倒推 2005 年度主营业务成本的方法也是毛利率下降的主要原因之一。该方法虽然可以保证年末存货的认定，但可能使本年度的主营业务成本包含以前年度应计成本。

除了上述原因外，引起 ST 科龙 2005 年度巨亏的第二个因素更加引人注目，那就是 ST 科龙将发生在以前经营管理期间的大量坏账、大量欠付费用、不良存货、过度无效投资等潜在亏损集中在 2005 年爆发，大幅度计提总额高达 14. 2 亿元的各类资产减值准备，包括坏账准备 5. 7 亿元、存货跌价准备 2. 7 亿元、固定资产减值准备 1. 76 亿元、无形资产减值准备 3. 04 亿元等。无形资产减值准备中对“容声”、“科龙”商标提取了高达 2. 86 亿元的减值准备，“容声”和“科龙”的最终评估价值分别仅为 7 990 万元、3 847 万元。

同时，公司还对 2004 年虚增的利润进行重大会计差错调整，调减年末净资产 2. 09 亿元，这样 ST 科龙净资产一举减少 38. 8 亿元，由此前的 28 亿元，变为 -10. 8 亿元；而总资产也由 2004 年末的 113. 6 亿元，缩水到 54. 12 亿元。

资料来源：中金在线 http：//www. cnfol. com/

二、相关知识点

资产是指企业过去的交易或者事项形成的、由企业拥有或者控制的、预期会给企业带来经济利益的资源。作为资产，其主要特征之一是它必须能够为企业带来经济利益的流入，如果资产不能够为企业带来经济利益或者带来的经济利益低于其账面价值，那么该资产就不能再予确认，或者不能再以原账面价值予以确认，否则将不符合资产的定义，也无法反映资产的实际价值，其结果会导致企业资产虚增和利润虚增。因此，当企业长期资产的可收回金额低于其账面价值时，即表明资产发生了减值，企业应当确认资产减值损失，并把资产的账面价值减记至可收回金额（可收回金额应当根据资产的公允价值减去处置费用后的净额与资产预计未来现金流量的现值两者之间较高者确定）。

存在下列迹象的，表明资产可能发生了减值：

（1）资产的市价当期大幅度下跌，其跌幅明显高于因时间的推移或者正常使用而预计的下跌；

（2）企业经营所处的经济、技术或者法律等环境以及资产所处的市场在当期或者将在近期发生重大的变化，从而对企业产生不利的影响；

（3）市场利率或者其他市场投资报酬率在当期已经提高，从而影响企业计算资产预计未来现金流量现值的折现率，导致资产可收回金额大幅度降低；

（4）有证据表明资产已经陈旧过时或者其实体已经损坏；

（5）资产已经或者将被闲置、终止使用或者计划提前处置；

（6）企业内部报告的证据表明资产的经济绩效已经低于或者将低于预期，如资产所创造的净现金流量或者实现的营业利润（或者亏损）远远低于（或者高于）预计金额等；

（7）其他表明资产可能已经发生减值的迹象。

企业在对长期资产进行减值测试并计算了资产可收回金额后，如果资产的可收回金额低于其账面价值的，应当将资产的账面价值减记至可收回金额，减记的金额确认为资产减值损失，计入当期损益，同时计提相应的资产减值准备。这样，企业当期确认的减值损失应当反映在其利润表中，而计提的资产减值准备应当作为相关资产的备抵项目，反映于资产负债表中，从而夯实企业资产价值，避免利润虚增，如实地反映企业的财务状况和经营成果。

考虑到固定资产、无形资产、商誉等资产发生减值后，一方面价值回升的可能性比较小，通常属于永久性减值；另一方面从会计信息谨慎性要求考虑，为了避免确认资产重估增值和操纵利润，资产减值准则规定，资产减值损失一经确认，在以后会计期间不得转回。以前期间计提的资产减值准备，在资产处置、出售、对外投资、以非货币性资产交换方式换出、在债务重组中抵偿债务等时，才可予以转出。

三、案例分析及启示

资产减值准备是根据相关会计准则计提的资产账面价值与可收回金额、公允价值之间的差额。长期以来，利用资产减值准备的计提来操纵会计账面利润的事件屡见不鲜。资产减值准备的计提和转回能够造成上市公司利润在年度之间转移，在企业经营状况较好时计提较多的减值准备，在经营状况差时少提或者转回减值损失，能够在一定程度上调节企业账面利润，使得公司业绩保持稳定的增长。主要的做法有盈利上升，多计提减值准备；盈利下滑，再将减值准备冲回。近年来，上市公司中连续亏损的企业为了避免被扣上 ST 的帽子或被退市，常常通过资产减值对企业的利润进行操纵。具体而言，有以下两种手段：一是在当年大额计提资产减值准备（使得当年巨额亏损），第二年转回，从而做出第二年扭亏为盈的财务报表，避免退市；二是选择某一年超大额计提，其后几年缓慢冲回，制造业绩小幅稳定攀升的财务报表，操纵利润。

根据《上海证券交易所股票上市规则》和《深圳股票交易所证券上市规则》的规定，上市公司如果有连续 2 年亏损、亏损 1 年且净资产跌破面值、公司经营过程中出现重大违法行为等情况之一，交易所对公司股票进行特别处理（Special Treatment），即 ST 制度。当上市公司最近 3 个会计年度连续亏损时，公司股票将被暂停交易或退市。于是一些经营业绩较差的公司为了避免被暂停交易或者退市，便在企业的资产减值准备方面大做文章，即在预计有较大亏损的年度超额提取资产减值准备，而在以后两三年内将提取的减值准备逐步转回，避免企业出现连续亏损的局面，从而逃过 ST 或退市。据相关资料显示，2002 年沪深两市中有 24 家上市公司计提了高达 1 亿元的资产减值准备，其中有 20 家为 ST 公司。各项减值准备超过公司净利润 50% 以上的上市公司有 27 家，其中 20 家为 ST 公司。此外，还有 10 家公司通过冲回前期减值准备实现“扭亏为盈”。在已公布的 2006 年半年报的上市公司资产减值准备表中，220 家公司共转回各项减值准备 8. 99 亿元，其中转回坏账准备 3. 94 亿元，转回存货跌价准备 2. 26 亿元。

对于 ST 科龙 2005 年计提的高额减值准备以及高达 36. 93 亿元的巨额亏损，一方面是海信为了夯实 ST 科龙企业资产价值，避免利润虚增，如实地反映企业的财务状况和经营成果，另一方面也不能不让人想到这是海信为保证 ST 科龙在 2006 年盈利从而避免被退市的手段。因为根据国内上市公司有关规定，如公司 2005 年度经审计的净利润为负值，且在 2006 年度公司不能实现盈利，公司股票可能会由于公司连续 3 年亏损而被终止上市。但是需要特别注意的是，2006 年 2 月 15 日，由财政部发布并于 2007 年 1 月 1 日起实施的《企业会计准则第 8 号——资产减值》规定：固定资产、无形资产等减值损失一经确认，在以后会计期间不得转回。因此科龙电器即使“易主”，也将难以再像 2001 年年报那样通过计提巨额资产减值准备然后再通过以后年度转回来实现扭亏为盈了。

因此，为了避免企业利用资产减值准备操纵利润，侵害投资者的利益，特别是针对某些上市公司利用减值准备计提、转回方式来达到管理盈余的现象，应该从以下几个方面采取措施：

（1）完善资产减值准备制度，规范资产减值准备的计提标准和方法；

（2）充分发挥注册会计师的独立审计作用，强化注册会计师的审计监督职能；

（3）不断提高会计人员的自身的职业道德修养和法制观念；

（4）建立健全相关法律法规，强化高层管理人员法律责任。

四、思考题

1. ST 科龙为什么要在 2005 年度计提巨额的资产减值准备？

2. 资产减值准备是如何影响企业会计利润的？

案例十三　非经常损益导致净利润暴增近百倍

一、案例介绍

岳阳兴长石化股份有限公司成立于1990年2月，并于1997年6月25日在深交所挂牌上市。现有员工800余人，设有生产、证券、财务、营销、发展、人力资源和综合办6部1室。2000年10月24日，岳阳兴长通过了IS09000质量管理体系认证，2003年12月又通过了质量管理体系9000版到2000版的换版认证，是湖南省高新技术企业。

经过16年的发展，起步资金只有850万元的岳阳兴长，2001年实现了生产经营总值6.97亿元，2002年跃升到8.14亿元，2005年猛增至16.5亿元，人均产值突破了300万元，2006年公司生产经营总值首次突破18亿元。从2003年至2006年的四年里，公司共为国家上缴利税近4亿元。如今的岳阳兴长已经拓展成为注册资金达到1.65亿元、总资产8.75亿元、净资产3.8亿元的综合型石化大型企业。经过不懈的努力，连续4年入围湖南省企业百强行列，在市场竞争的大潮中站稳了脚跟。公司稳步推进产业结构的调整，大力发展朝阳产业，加强与科研机构的密切合作。2000年12月公司与解放军第三军医大学合作，成立了控股公司——重庆康卫生物科技有限公司，瞄准生物制药业世界性尖端课题，对“胃病疫苗”项目进行了历时6年多的科研攻关，并成功进行了三期临床试验，取得了世界领先的、令人振奋的试验结果。2008年初，已经进入了申报国家新药证书的关键阶段，为企业实现由劳动密集型向知识密集型转变奠定了基础。

据统计，270家上市公司2008年非经常性损益金额合计74.43亿元，占净利润的比例达12.30%。岳阳兴长作为2008年度所有上市公司中净利润同比增幅最大的公司，扣除非经常损益的净利润增幅出现巨幅下降。

资料来源：网易财经 http：//money.163.com/

二、相关知识点

1. 非经常性损益的定义

非经常性损益是指与公司正常经营业务无直接关系，以及虽与正常经营业务相关，但由于其性质特殊和偶发性，影响报表使用人对公司经营业绩和盈利能力作出正常判断的各项交易和事项产生的损益。公司除应披露非经常性损益项目和金额外，还应当对重大非经常性损益项目的内容增加必要的附注说明。

2. 非经常性损益包括的项目

非经常性损益通常包括以下项目：

（1）非流动性资产处置损益，包括已计提资产减值准备的冲销部分；

（2）越权审批，或无正式批准文件，或偶发性的税收返还、减免；

（3）计入当期损益的政府补助，但与公司正常经营业务密切相关，符合国家政策规定按照一定标准定额或定量持续享受的政府补助除外；

（4）计入当期损益的对非金融企业收取的资金占用费；

（5）企业取得子公司、联营企业及合营企业的投资成本小于取得投资时应享有被投资单位可辨认净资产公允价值产生的收益；

（6）非货币性资产交换损益；

（7）委托他人投资或管理资产的损益；

（8）因不可抗力因素，如遭受自然灾害而计提的各项资产减值准备；

（9）债务重组损益；

（10）企业重组费用，如安置职工的支出、整合费用等；

（11）交易价格显失公允的交易产生的超过公允价值部分的损益；

（12）同一控制下企业合并产生的子公司期初至合并日的当期净损益；

（13）与公司正常经营业务无关的或有事项产生的损益；

（14）除同公司正常经营业务相关的有效套期保值业务外，持有交易性金融资产、交易性金融负债产生的公允价值变动损益，以及处置交易性金融资产、交易性金融负债和可供出售金融资产取得的投资收益；

（15）单独进行减值测试的应收款项减值准备转回；

（16）对外委托贷款取得的损益；

（17）采用公允价值模式进行后续计量的投资性房地产公允价值变动产生的损益；

（18）根据税收、会计等法律、法规的要求对当期损益进行的一次性调整对当期损益的影响；

（19）受托经营取得的托管费收入；

（20）除上述各项之外的其他营业外收入和支出；

（21）其他符合非经常性损益定义的损益项目。

3. 非经常性损益异常情况

非经常性损益出现异常主要有以下几种情况：

（1）投资收益比例过高；

（2）获得巨额补贴收入；

（3）对外投资出现失败。

三、案例分析及启示

岳阳兴长报告期主要财务数据：

项目	金额（元）
营业利润	121 905 572.59
利润总额	120 786 040.83
归属于上市公司股东的净利润	95 304 801.39
归属于上市公司股东的扣除非经营性损益后的净利润	70 047 903.76
经营活动产生的现金流量净额	80 607 676.87

数据来源：岳阳兴长 2008 年年报。

2008 年度公司“非经常性损益后的净利润”指标扣除项目：

项目	金额（元）
1. 非流动资产处置损益	5 719 523.09
2. 计入当期损益的对非金融企业收取的资金占用费	3 838 720.86
3. 单独进行减值测试的应收账款减值准备转回	15 584 800.01
4. 除上述各项之外的其他营业外收入和支出	-166 029.27
减：所得税影响金额	279 882.94
非经常性损益合计	25 256 897.63

项目	2008 年	2007 年		比上年增减（%）
		调整前	调整后	
营业收入	1 845 562 967.04	1 826 481 412.03	1 826 481 412.03	1.04
利润总额	120 786 040.83	43 377 773.62	43 377 773.62	178.45
归属于上市公司股东的利润	95 304 801.39	-2 153 013.59	1 021 341.99	9231.33
归属于上市公司股东的扣除非经常性损益的净利润	70 047 903.76	1 312 269.60	4 484 951.21	1461.84

数据来源：岳阳兴长 2008 年年报。

岳阳兴长是 2008 年度所有上市公司中净利润同比增幅最大的公司，其增幅高达 9231.33%。该公司 2008 年报显示，2008 年营业利润的增加和所得税税率由 33% 调降为 25%，使公司净利润大幅增长。公司扣除非经常损益的净利润增幅降至 1462%，可见非经常损益带来的增长，才是该公司净利暴增的主因。而且，岳阳兴长 2009 年的生产运营情况不容乐观。由于受经济危机的影响，公司一季度部分装置降量生产或临时停工，产品产量较上年同期均有所下降，且产品市场售价也有所下降。另外，4 月底公司将对主体装置进行三年一次的大检修，也将影响正常的生产运营。由此，公司预计上半年实现净利润 1 700万元，相比 2008 年同期的 4 828 万元减少了 2/3，减幅达 64.79%。

由于亏损或濒临亏损的上市公司大多主营业务收入下滑，通过操纵经常性收益在短期内避免亏损或扭亏非常困难。而非经常性损益通常数额巨大，足以在短期内报告巨额非经常性收益以冲销经常项目亏损使公司扭亏为盈，或在亏损年度报告巨额非经常性损失“透支亏损”，以减轻今后扭亏的压力。因此，虽然净利润大幅增长，真正影响的因素却是非经常性损益，不能支持公司长期的利润增长，需要关注扣除非经常性损益后的增长速度，从而看到公司真正的经营业绩。

四、思考题

1. 中国证监会 2008 年发布的《公开发行证券的公司信息披露解释性公告第 1 号——非经常性损益》对原来的准则有哪些方面的修改？

2. 非经常性损益是如何影响利润的？

案例十四 ＊ST[1] 花炮财务造假

一、案例介绍

2006 年 6 月 20 日至 9 月 11 日，财政部驻湖南省财政监察专员办事处对湖南浏阳花炮股份有限公司（＊ST 花炮）及其下属 8 家子公司 2005 年度会计信息质量进行了现场检查。2006 年 10 月 19 日，财政部对湖南浏阳花炮股份有限公司下发了《关于湖南浏阳花炮股份有限公司会计信息质量检查结论和处理决定的通知》，指出湖南浏阳花炮股份有限公司在会计核算、会计信息披露以及会计基础性工作等方面都存在严重的问题。2007 年 7 月 9 日，上证所发布了公开谴责＊ST 花炮的通知，指出，＊ST 花炮主要存在三项违规事实：信息披露不及时、披露虚假会计信息和业绩预告滞后。

2007 年 10 月 31 日财政部发布第十三号会计信息质量检查公告，对＊ST 花炮的会计违规行为予以披露。根据十三号公告，＊ST 花炮虚列、多列业务收入 29 609.50 万元，隐瞒、少计业务收入 13 187.39 万元，少计补贴收入 1 072.78 万元，账外账隐瞒收入 2 710.19万元，虚列、多列投资损失 482.38 万元，不列、少列投资损失 24.41 万元，虚列、多列期间费用5 894.02万元，不列、少列期间费用 3 028.63 万元，虚列、多列业务成本 28 300.95 万元，不列、少列业务成本 10 390.87 万元。＊ST 花炮通过这些手段虚增 2002 年至 2004 年的利润，避免 2003 年、2004 年连续亏损。通过将以前年度发生的费用 1 859万元及欠缴税款 786 万元推迟计入 2005 年度等方法增加 2005 年度亏损，人为调节各年度盈利数据，披露虚假财务信息。

鉴于＊ST 花炮的上述行为，财政部已对＊ST 花炮进行了罚款、补税、调账等处理处罚，对相关企业的法定代表人和财务负责人予以罚款、吊销会计从业资格证书等处罚，对应予追究刑事责任的责任人依法移送司法机关处理。

资料来源：第一财经日报 2007－11－09；中国财经信息网 http//www.cfi.net.cn/

二、相关知识点

1. 会计信息的可靠性

可靠性要求企业应当以实际发生的交易或事项为依据进行确认、计量和报告，如实反映符合确认和计量要求的各项会计要素及其他相关信息，保证会计信息的真实可靠、内容完整。为了贯彻可靠性要求，企业应当做到：

（1）以实际发生的交易或事项为依据进行确认和计量，将符合会计要素定义及其确认

---

① “＊ST”，指对存在股票终止上市风险的公司，对其股票交易实行“警示存在终止上市风险的特别处理”，简称“退市风险警示”。

条件的资产、负债、所有者权益、收入、费用和利润等如实地反映在财务报表中，不得根据虚构的、没有发生的或者尚未发生的交易或事项进行确认、计量和报告；

（2）在符合重要性和成本效益原则的前提下，保证会计信息的完整性，其中包括应当编报的报表及其附注内容等应该保持完整，不能随意遗漏或者减少应予披露的信息，与使用者决策相关的有用信息都应该充分披露。

2. 会计信息的及时性

及时性要求企业对于已经发生的交易或者事项，应当及时地进行会计确认、计量和报告，不得提前或者延后。会计信息的价值在于帮助使用者作出经济决策，因此具有时效性。即使是可靠、相关的会计信息，如果不及时提供，也就失去了时效性，对于使用者的效用就大大降低，甚至不再具有任何意义。企业会计准则更加不允许企业通过提前或延后确认、计量，以达到其特殊目的。

在会计确认、计量和报告过程中贯彻及时性，一是要求及时地收集会计信息，即在经济交易或者事项发生后，及时地收集整理各种原始单据或者凭证；二是要求及时处理会计信息，即按照企业会计准则的规定，及时地对经济交易或者事项进行确认或者计量，并编制财务报告；三是要求及时传递会计信息，即按照国家规定的有关时限，及时地将编制的财务报告传递给财务报告使用者，便于其及时使用和决策。

三、案例分析及启示

在我国资本市场中，上市公司利用各种手段操纵利润的事件时有发生。但是像湖南浏阳花炮股份有限公司这种 2001 年上市，2002 年就开始连续 5 年虚构利润的造假程度还是令人十分震惊。

＊ST 花炮的造假手段多种多样，主要有转移费用到账外，费用挂账、推迟确认或不确认，少结转业务成本，虚列、多列期间费用，虚增业务收入，隐瞒少计负债等。经过人为操纵之后，＊ST 花炮将 2002 年至 2005 年的实际利润 -110.9 万元、-579.04 万元、-1 282.42 万元、-1 705.1 万元调整为 1 330.5 万元、122.44 万元、164.63 万元、-8 550.21万元。从中我们不难发现，＊ST 花炮通过利润操纵避免了 2002～2004 年的 3 年连续亏损，而将以前年度发生的费用 1 859 万元及欠缴税款 786 万元推迟计入 2005 年度，增加 2005 年度亏损。而＊ST 花炮这样做的原因也很清楚，那就是避免被退市。因为根据《上海证券交易所股票上市规则》和《深圳股票交易所证券上市规则》的规定，上市公司如果有连续 2 年亏损、亏损 1 年且净资产跌破面值、公司经营过程中出现重大违法行为等情况之一，交易所对公司股票进行特别处理，即 ST 制度。当上市公司最近 3 个会计年度连续亏损时，公司股票将被暂停交易或退市。＊ST 花炮的这种做法严重违背了会计准则的相关规定。

除了披露虚假信息外，＊ST 花炮还在会计基础工作和会计报表附注披露方面存在严重的问题。比如，会计人员配备不合规、不依法设置会计账簿、伪造会计凭证及会计账簿、银行日记账与银行对账单不符、关联方交易未披露、收入确认所采用的会计政策未披露、确定发出存货的成本所采用的方法未披露，等等。除此之外，＊ST 花炮还存在违规使用募集资金和少缴税收的问题，从 2000 年至 2005 年累计使用 29 372.27 万元募集资金用于抵押、还贷、担保。少缴增值税 20.61 万元、营业税 1 932.19 万元，2001 年至 2005 年还少代扣代缴个人所得税 1 134.55 万元。通过虚增利润，该公司高管层和业务部门多计利润提成奖 1 014.33 万元。鉴于 * ST 花炮的上述违规行为，财政部已对其进行了罚款、补税、调账等处理处罚，对相关企业的法定代表人和财务负责人予以罚款、吊销会计从业资格证书等处罚，对应予追究刑事责任的责任人依法移送司法机关处理。* ST 花炮的种种做法虽然曾经暂时扭转了其被退市的命运，但却严重地扰乱了资本市场秩序，侵害了投资者的利益，* ST 花炮也必将为此付出沉重的代价。通过 * ST 花炮的案例，我们不难看出，完善资本市场、规范上市公司，依然任重而道远。

四、思考题

1. * ST 花炮的违规行为主要有哪些？
2. 怎样看待上市公司的利润操纵行为？应怎样避免利润操纵行为的发生？

案例十五　华源制药会计造假

一、案例介绍

华源制药（600656. SH）公开承认公司存在财务数据失真、会计处理不当、收入不实、虚增利润等问题，并称2005年年报披露后，公司将可能成为＊ST公司。这家上市公司2006年下半年被证监会立案调查，2007年初被财政部行政处罚。如今，华源制药因三连亏已暂停上市。

上海华源制药股份有限公司原名为“浙江省凤凰化工股份有限公司”，是1990年12月19日第一批在上海证券交易所挂牌上市的“老八股”之一。自1997年11月中国华源集团有限公司通过股权转让成为该公司第一大股东以来，公司完成了资产结构、产业结构及产品结构的调整，成功实现了由化工产业向制药产业转型的战略目标。公司于2001年3月14日将法定注册地由浙江迁至上海，同时将公司法定名称更改为上海华源制药股份有限公司。

华源制药历年年报显示，2001～2004年，该公司分别实现净利润1 747万元、2 026万元、4 725万元、1 013万元，照此计算，该公司四年间累计造假金额高达7 786万元，其造假手法之多、违规金额之大、持续时间之长、涉及面之广，令人触目惊心。根据财政部上海办的审计结果，2001～2004年华源制药虚增收入2. 57亿元（其中华源制药利用一宗土地交易就虚增了1. 9亿元收入），虚增净利润1. 57亿元，建议公司相应进行调减，调减的内容有：公司资产重组中置换出的不良资产冲回；资产和股权重组中交易对方差额返回公司做了其他业务利润。

对此，华源制药在上报的说明中分别就不良债权资产置换问题和股权交易中交易双方的差价返还做收入问题给出自己的理由。财政专项检查报告指出，华源制药的问题不良债权置换总额约9 000万元，这些不良资产在置换前均是3年甚至5年以上的应收账款，应全额计提坏账准备。华源制药认为公司已经按相关会计准则和会计政策计提了坏账准备，但置换回的资产是真实的，因此上述资产重组和改制中处置的不良资产不应退回冲减公司净利润。股权交易中交易对方的差价返还做收入问题，主要是2001年6月北京星昊现代医药开发有限公司30%股权受让差额400万元，2003年9月本溪三药40%股权受让差价款返回1 640万元。股权交易协议转让价和实际价差额返还给公司是受让方对本次交易的折让，公司做成了其他收益，并经中介审计机构确认。这是公司会计认定处理的水平问题，并非故意虚增收入。针对利用一宗土地交易就虚增了1. 9亿元收入的问题，华源制药称，这宗土地的取得是根据金寨华源与当地政府签订的协议和当地政府会议纪要有偿出让的，土地出让金缴付采取了变通处理方式，即华源制药借款2 500万元给金寨华源，金寨华源用该笔2 500万元资金经过多次转账将19 400万元土地出让金缴纳完毕，当地国土局再将19 200万元“财政补贴”逐步返回金寨公司。公司当时没有要求当地政府部门出具土地出让金收据和财政补贴收据或批文，这些手续方面的缺漏，公司会与当地政府沟通，尽快完善相关手续。

2007 年 1 月 31 日，华源制药公司公布《上海华源制药股份有限公司关于收到财政部行政处罚事项告知书的公告》。财政部的行政处罚决定书中表明，华源制药通过虚假交易、虚缴土地出让金与财政补贴返还、虚增公司无形资产与资本公积、建立虚假债权、建立账外账户等手段，在财务报告中分别存在虚增长期投资、虚增利润、虚增投资收益和应收账款、少计坏账准备、多计长期投资、虚增其他业务收入等行为，因此财政部给予华源制药公司通报及罚款 10 万元的行政处罚。故华源制药的虚假陈述行为成立。其后，2007 年 4 月 27 日，华源制药股票被暂停上市。

资料来源：搜狐财经 http：//business. sohu. com/s2006/cwgc/

二、相关知识点

1. 账外账户

虽然国家三令五申禁止账外设账，但有些企业置国家规定于不顾，采用虚列费用等多种形式，套取资金，另行设账，以记录不法经济活动。关于账外设账，主要有以下几种：

（1）账外现金账和银行存款账，即小金库账；

（2）账外资产账，即小仓库账；

（3）账外成本、权益、利润账等。

比如，有的企业设置两套财务账册，私设小金库，用于年末职工奖金和福利费支出；有的企业搞账外经营，最常见的就是以各种名目将资金套取出来，另行开设账户进行经营，整个经营活动另设账簿核算，而未反映在法定账册内；有的企业以私人名义开立多个储蓄存款账户和银行存款账户，将大量资金转至企业财务大账之外的私人账户，用来进行一些非法行为。

2. 关联企业之间资金占用

近年来，关联方占用上市公司资金的现象非常严重，不仅严重侵蚀了上市公司的股本，构成了实质上的抽资、撤资行为，而且高估了上市公司资产及其流动性，导致利润异常波动，影响了上市公司的偿债能力和盈利能力，也制约了上市公司的持续经营与发展。由于上市公司与控股股东以及非控股子公司之间存在大量的资金往来，一般而言，上市公司可通过资本市场筹集资金，资金较为充裕，因此控股股东占用上市公司资金的情况较为普遍。对于占用的资金，有的上市公司不收取资金占用费；对于收取资金占用费的上市公司，其收取的费用比率也有所区别。如果上市公司与其关联方之间资金占用数额巨大，则收取的利息费用对当期利润影响巨大。此外，利息费用的资本化也常被用来作为降低费用和提高利润的手段。

关联方占用上市公司的资金主要出现在以下几种情形中：大股东自身出现经营困难，急需资金渡过难关时；一些企业集团在股份公司上市时将其优质资产注入，当企业集团出现经营困难时，银行为保证资金安全，将企业集团到期贷款回收后转贷到上市公司，再由上市公司开具承兑汇票供企业集团使用，形成资金占用；大股东下属公司经营困难，在与上市公司的业务往来（关联交易）中占用上市公司资金；大股东的多元化投资需求或者投资冲动；一些公司上市以后，为配合产业结构调整，在金融、生物工程、房地产等领域先后进行配套投资，过多地占用资金；在大股东为帮助上市公司扭转亏损局面进行的收购过程中产生的占用等。

三、案例分析及启示

华源制药的造假手法如下：

1. 设立虚构空壳公司账外账户，虚增利润，报销费用

2001 年，该公司控制了一家空壳公司，财务主管、财务人员均由该公司财务人员兼任，通过该空壳公司的银行账户于2001 年至2004 年间，将上亿元资金转入该空壳公司银行账户，由该账外账户通过代收代付的形式，以外单位名义汇入该公司及其子公司，虚增利润。用账外账户中的对外股权收购差价返回款多次提现，用于账外费用报销，主要用于差旅费、餐费、礼品费等报销，3 000 余张账外原始凭证，累计报销费用 104. 70 万元。

2. 签订虚假股权收购协议，套取账外资金

2001 ~ 2004 年，在四次股权收购中，该公司通过签订“鸳鸯协议”，将协议价与实际价之间的差额 4 490 万元，转入账外账户，用于虚增利润。

3. 通过虚假债转股交易虚增长期投资，账外资金和债权换股权虚减成本费用

2001 ~ 2004 年，在三次股权收购中，该公司通过虚假债权转股权，将 1. 06 亿元的不良资产、不实资产转为股权，虚增长期投资，虚增利润。该公司将以前年度已转给某集团的利息1 150. 03万元，虚挂在某贸易有限公司的应收款账上，于 2002 年 12 月通过账外账户，用账外资金冲销650. 03 万元，又于2003 年 12 月将余额500 万元用于置换股权，将此款项予以核销，以少计费用。

4. 通过组建新公司获取财政补贴，虚增资本公积

2004 年 4 月 14 日，该公司出资 8 万元与 A 公司共同组建 B 公司，注册资本金 50 万元，该公司持股 16%，A 公司持股 84%。2004 年 4 月当地县政府与 B 公司签订关于 30 000亩林地出让两份协议，一份 B 公司实际只出资 200 万元，另一份名义上 B 公司应交纳土地出让金 1. 94 亿元（评估价），实际上，该公司以应收账款形式借给 B 公司 2 500 万元，B 公司经多次周转形成 1. 94 亿元土地出让金。县政府则以财政补贴形式返还 B 公司 1. 92 亿元（计入资本公积）和土地使用证。此举使 B 公司虚增无形资产和资本公积金 1. 92 亿元，而该公司换出不良、不实债权 4 388 万元，并虚增资本公积 3 064 万元。

5. 通过关联公司和虚拟销售客户虚构购销业务，虚增收入和利润

该公司通过与其他企业串通，和虚拟的销售客户虚构购销业务，对开增值税票，编制虚假记账凭证，虚增销售额和利润。该公司通过与关联企业 C 公司和 D 公司等企业串通，在没有实际业务的情况下，先由 D 公司开发票销售给 C 公司，C 公司再销售给该公司，该公司作“采购”处理，然后该公司再开发票给 D 公司，作“销售”处理，其中的贸易进销差价，由该公司的账外资金通过账外账户支付。2002 ~ 2003 年，该公司虚拟销售业务和销售对象，虚开增值税发票，虚增主营业务收入 1 836 万元。2001 ~ 2004 年，该公司采用上述手法，虚增主营业务收入 1. 94 亿元，虚构贸易差价获取利润 946. 66 万元。通过账外账户和虚挂往来账户假借客户名义，将资金划入该公司及其子公司，虚增租赁费、托管

费、技术转让等其他业务收入2 725万元。

华源制药财务造假涉及的问题相当严重，已经违反了《刑法》、《公司法》、《证券法》、《会计法》等法律，同时，还违反了与股票交易、信息披露等相关的法规。根据我国公司治理现状，结合证监会颁布的《上市公司治理准则》，应主要采取以下措施：强化公司治理结构的基础建设，改变公司治理结构，确保会计信息的真实；实现股权结构的合理化，形成“多股制衡”机制；抑制大股东侵占资产，建立中小股东权益保护机制；大力发展机构投资者；建立解决信息不对称问题的合同安排与政府规章等。

四、思考题

1. 上市公司虚增利润的手段有哪些？
2. 什么是账外设账？如何识别账外设账行为？

案例十六　中航油巨亏始末

一、案例介绍

2004年12月13日出版的《财经》杂志曾以《成败陈久霖》为题发表了一篇调查报道，刊登了中国航油（新加坡）期市翻船事件的始末。中国航油（新加坡）股份有限公司成立于1993年，由中央直属大型国有企业中国航油集团公司控股，总部和注册地均位于新加坡。1997年，陈久霖出任中航油总经理，公司开始参与集团对外的进口油投标，并逐渐获得越来越多的采购权，到2001年时，采购航油160万吨，市场占有率接近100%。2003年，经政府批准，中航油开始做油品套期保值业务，但是自2003年下半年开始，中航油擅自扩大业务范围，从事石油衍生品期权交易。那时油价上涨，中航油初战告捷，2003年盈利580万美元。2004年第1季度，中航油在油价涨到每桶30美元以上开始做空，以后越亏加仓越大，最后做空石油5 200万桶，在油价每桶50美元以上被迫强行平仓。2004年10月26日至11月29日，中航油已经平仓的石油期货合约累计亏损约3.9亿美元，而将要平仓的剩余石油期货合约亏损约1.6亿美元，累计亏损5.5亿美元。

据相关资料显示，2004年10月，中航油持有的期权总交易量已达到5 200万桶之巨，超过公司每年实际进口量3倍以上，公司账面亏损已达1.8亿美元，公司现金全部耗尽。10月10日以后，陈久霖向母公司中国航油集团写报告请求救助。中国航油集团本应立即对此违规操作进行制止，强令其择机斩仓。恰恰相反，集团领导竟不顾国内监管部门有关风险控制的规定，决定对此疯狂的赌徒行为施行救助。10月20日，中国航油集团以私募方式卖出手中所持15%的股份，获资1.08亿美元，立即交给中航油股份有限公司补仓。此举不但未能拯救中航油，反而使中航油的亏损被加倍放大，深陷泥潭。

资料来源：《财经》2004年第24期；新浪财经 http：//www. finance. sina. com. cn/

二、相关知识点

1. 风险管理及其基本步骤

风险管理又名危机管理，是一个管理过程，其中包括对风险的确定、量度、评估和发展应付风险的策略，目的是把可以避免的风险减至最小，将成本及损失极小化。理想的风险管理，是一连串排好优先次序的过程，使当中的可以引致最大损失及最可能发生的事情优先处理，而相对风险较低的事情则压后处理。

风险管理主要包括风险的识别、风险的预测和风险的处理三个主要步骤。风险的识别是风险管理的首要环节。只有在全面了解各种风险的基础上，才能够预测风险可能造成的危害，从而选择处理风险的有效手段。风险的预测是指在风险识别的基础上，通过对所收集的大量的详细损失资料加以分析，运用概率论和数理统计，估计和预测风险发生的概率和损失程度。风险的处理主要有回避风险、预防风险、自留风险和转移风险等四种方法。

对于现代企业来说，风险管理就是通过风险的识别、预测和衡量，选择有效的手段，尽可能降低成本，有计划地处理风险，以获得企业安全生产的经济保障。这就要求企业在生产经营过程中，对可能发生的风险进行识别，预测各种风险发生后对资源及生产经营造成的消极影响，使生产能够持续进行。

2. 对外投资的内部控制

对外投资内部控制制度包括投资决策控制、项目实施控制、对外投资处置控制及监督检查等内容。

投资决策控制包括对外投资预算、投资项目立项、投资项目评估和投资项目决策。企业应当建立对外投资决策环节的控制制度，对对外投资预算的编制和审批、投资建议的提出分析与论证、项目立项、可行性研究、评估、决策等作出明确的规定，确保对外投资决策科学、合理。项目实施控制包括资产投出控制和对外投资持有控制。企业应当加强对外投资资产投出业务的控制，对投资合同的签订、投资计划的编制和实施、资产投出等作出明确的规定，并根据不同的投资种类和投资方式采用相应的管理方法，加强对持有投资项目的安全完整、投资收益的收取、有关凭证的保管和记录、会计核算等方面的控制。加强对外投资处置的控制主要是指对投资收回、转让、核销等的授权批准程序应该作出明确的规定。对投资收回的资产，应及时足额收取，并按规定入账。提前或延期收回对外投资的，应经集体审议批准。转让对外投资应经集体审议决策，由相关机构或人员合理确定转让价格，并报授权批准机构或部门批准。核销对外投资，应取得因被投资单位破产等不能收回投资的法律文书和证明文件，并经集体审议批准。对外投资内部控制监督检查的内容主要包括 7 个方面：①对外投资业务相关岗位设置及人员配备情况；②对外投资业务授权审批制度的执行情况；③对外投资业务的决策情况；④对外投资资产的投出情况；⑤对外投资持有的管理情况；⑥对外投资的处置情况；⑦对外投资的会计处理情况。

三、案例分析及启示

随着中航油的巨亏，中国苦心打造的海外石油旗舰遭遇重创。中航油事件引起了我们深入的反思。纵观中航油事件的始末不难发现，风险管理不善和内部控制制度的缺失是导致中航油败局的关键原因。

中航油曾有一个由专职风险管理主任和风险控制专家组成的队伍，并聘请安永会计事务所为公司编制了《风险管理手册》，规定了严格的预警和止损制度。但实际上中航油并没有建立起健全的风险管理体系和制度，所有的风险管理制度全部流于形式，形同虚设。因此，当中航油在市场上不断亏损，面临巨大的经营风险时，公司内部的风险控制机制完全没有启动，更谈不上发挥作用了。而且，中航油的总经理陈久霖对于石油衍生品交易的风险管理缺乏最起码的常识，其风险意识几乎等于零。风险意识的淡薄以及内部控制的形同虚设使得中航油的风险管理状况不断恶化，最终导致中航油不可避免地遭遇承担大量不可控制风险的命运。

内部控制制度的缺失也是导致中航油事件的关键原因，具体来说有以下几个方面：

（1）在控制环境方面。内部控制环境是内部控制制度的基础，但中航油的内部控制环境却存在严重的问题。通过案例资料可知，中航油负责人陈久霖一直独立于中国航油集团公司领导班子之外，是中航油唯一的实际领导者和监管者。无论是在中航油的日常管理、决策，还是监管中，都未能对陈久霖形成有效的内部控制和权力制衡。而这些有效的内部控制和权力制衡恰恰是必不可少的。

(2) 在内部审计方面。中航油的内部审计制度形同虚设，财务经理只对总经理陈久霖负责。在中航油事件中，虽然早在2004 年 6 月份公司就已经面临 3 580 万美元的潜在亏损，可是在 8 月 12 日披露的第 2 季度财务报告中，公司的净利润仍有 1 020 万美元，该财务报告并没有揭示交易损失和负债情况，相反的，还在吹嘘公司紧抓风险管理的程序。可见中航油公司内部审计根本就没有发挥作用。

(3) 在监控方面。中国航油集团作为中航油的大股东，按照相关规定，应该严格规范中航油的经营决策行为，对其进行监控，以确保国有资产保值和增值。但是，由于其固有的效率问题与决策失误等原因，中国航油集团对中航油的监控实际上只是流于形式。

中航油事件再次为我们敲响了警钟。加强企业的风险管理，完善企业内部控制制度至关重要。具体而言，应从以下几个方面采取措施：

(1) 从制度上防范道德风险，使风险管理法规和措施能落到实处；强化企业经营者的风险意识；对内建立完善的风险控制机制，对外增加信息披露的透明度。

(2) 积极建立并不断完善对外投资内部控制制度。建立对外投资活动的授权批准、职务分离制度，维护对外投资资产的安全与完整；确保国家有关投资法规和企业内部规章制度的贯彻执行；规范企业会计行为，保证对外投资资产、收益在会计报表中得以合理的反映与揭示。

(3) 做好内部审计。加强内部审计人员的职业道德建设，提高审计队伍质量，对内部审计人员的工作进行监督、考核，建立内部激励约束制度，充分保证内部审计的独立性、权威性和有效性。

四、思考题

1. 企业对外投资内部控制主要包括哪些内容?
2. 结合中航油的案例，分析应如何加强企业的风险管理和内部控制。

案例十七　金荔科技虚增收入近两亿

一、案例介绍

2005 年 1 月 31 日，中国证监会公布了衡阳市金荔科技股份有限公司（金荔科技）连续两年做假账虚增利润 1.55 亿元的消息。

中国证监会的公告显示，中国证监会湖南监管局于 2004 年年底对金荔科技进行了专项核查，初步查明该公司 2003 年度虚增收入 13 207.61 万元，虚转成本 5 028.45 万元，虚增利润 8 179.16 万元；2004 年 1～10 月，虚增收入 11 009.5 万元，虚转成本 3 738.52 万元，虚增利润 7 270.98 万元。就在 1 年零 10 个月的时期内，虚增收入达 2.42 亿元，虚增利润 1.55 亿元。在对以前年度虚增收入、虚增利润的情况进行追溯调整后，金荔科技 2003 年度业绩出现亏损。还有资料充分显示，金荔科技 2004 年前 9 个月只实现利润 4 000 多万元，而 1～10 月虚增的利润就超过 7 000 万元，因此，公司 2004 年度业绩出现亏损基本也成定局。按照有关规定，在公司 2004 年年报披露后，公司的股票交易将实行退市风险警示处理。

根据湖南证监局的调查结果，从 2003 年开始金荔科技主业接近停顿，主营业务收入几乎为零。在金荔科技 2004 年 4 月公布的 2003 年年报中，金荔科技 2003 年主营业务收入 1.84 亿元，其中在广东省实现 1.32 亿元，在安徽省内实现主营收入 5 219.47 万元。

根据 2003 年年报资料，该笔主营业务收入是由于金荔科技并购安徽阜阳汇鑫发展有限公司 51% 股权而被计算在内的。可事实上该次并购是一次假并购，2004 年 8 月 31 日金荔科技公告宣布由于该笔投资款没有到位，并购失败。

同样，金荔科技 2004 年第 3 季度公开报表显示主营收入为 9 757.39 万元，而根据湖南证监局调查结果显示金荔科技 2004 年 1～10 月虚增收入约 1.10 亿元，也就是说该公司主营业务基本已经停顿，几乎所有的主营业务收入都是“数字游戏”。

此前，也有部分迹象表明该公司存有疑点。金荔科技有着上亿元银行贷款逾期。2003 年 12 月和 2004 年 3 月先后为武汉巨力等公司提供违规担保，合计为 1.08 亿元，占金荔科技 2003 年净资产的 39%，直到 2005 年 1 月 11 日才予以披露。2005 年 1 月 19 日，该公司董事长和部分董事被上交所公开谴责。

资料来源：新浪财经纵横 http：//www. finance. sina. com. cn/；北青网 http：//www. bjyouth. ynet. com/

二、相关知识点

1. 收入

收入是指企业在日常活动中形成的、会导致所有者权益增加的、与所有者投入资本无关的经济利益的总流入。收入有以下特点：

（1）收入是从企业的日常活动中产生，而不是从偶发的交易和事项中产生；

（2）收入可能表现为企业资产的增加，也可能表现为企业负债的减少，或者两者兼而有之；

（3）收入能导致企业所有者权益的增加；

（4）收入只包括本企业经济利益的流入，不包括为第三方或客户代收的款项，如代收息、增值税等。

企业在销售商品时，如同时满足以下5个条件，才能确认收入：

（1）企业已将商品所有权上的主要风险和报酬转移给购货方。这里的风险主要指由于商品贬值、损坏、报废等造成的损失，这里的报酬则指商品中包含的未来经济利益，包括因商品升值等给企业带来的经济利益。因此，如果当业务发生后，发生的经济损失不需企业承担，带来的经济利益也不归企业所有时，则意味着该商品所有权上的风险和报酬已转移出企业。在一般情况下，所有权上风险和报酬的转移，是伴随着所有权凭证的转移或实物的交付而转移的。

（2）企业既没有保留通常与所有权相联系的继续管理权，也没有对已售出的商品实施有效控制。如果企业将商品所有权上的主要风险和报酬转移给买方后，但仍然保留与所有权相联系的继续管理权，或仍然对售出的商品实施控制，这时此项销售不能成立，也不能确认相应的销售收入。

（3）收入的金额能够可靠地计量。收入金额能可靠计量，是确认收入的基本前提。企业在销售商品时，售价通常已经确定，但如果说出现售价变动的情况，在新的售价未确定前，则不应确认收入。

（4）相关的经济利益很可能流入企业。在销售商品的交易中，与交易相关的经济利益即为销售价款。一般情况下，企业售出的商品符合合同规定的要求，并且将发票账单交给买方，买方也承诺付款，即表明销售商品的价款能够收回，但如果估计价款收回的可能性不大，即使收入确认的其他条件均已满足，也不应当确认收入。

（5）相关的已发生或将发生的成本能够可靠地计量。根据收入和费用配比原则，如果成本不能可靠地计量，则相关的收入也就不能确认。

2. 利润

利润是指企业在一定会计期间的经营成果。利润包括收入减去费用后的净额、直接计入当期利润的利得和损失等。虚增利润的常见形式有：

（1）调整收入确认方式，使利润虚增或虚减；

（2）调整折旧计提方法，延长或缩短折旧年限，虚增、虚减成本费用，从而调整利润的高低；

（3）利用资产重组调节利润；

（4）利用关联交易调节利润；

（5）利用虚拟资产调节利润；

（6）利用利息资本化调节利润；

（7）利用股权投资调节利润。

三、案例分析及启示

近年来，我国资本市场的会计造假现象屡禁不止，一直以来，有不少上市公司通过虚增收入、利润操纵的方式来达到满足自己私利的目的。在这方面比较早的案例是深圳的原野股份，该公司在1989～1991年间虚增利润高达2.22亿元；其后在虚增收入利润方面比较“著名”的有琼民源、东方锅炉、郑百文、张家界、银广夏、达尔曼等，而本案例中的金荔科技与上述公司相比也毫不逊色。

2005年2月17日，湖南证监局接到内部举报后，对金荔科技公司进行立案调查，2月18日，金荔科技接到湖南证监局的“立案调查通知书”，经过核查，湖南证监局发现，金荔科技2003年及2004年1～10月共虚增收入24 217万元、虚增利润15 450万元。而实际上，该公司2003年度及2004年1～9月总收入只有28 197万元、利润也只有2 918万元，如此大胆的造假行为简直令人无法相信。此外还有资料表明，早在1999年底2000年初，金荔入主飞龙实业那一天起（金荔科技的前身是从事废旧物资回收的衡阳市飞龙实业股份有限公司，1999年底，广东金荔投资公司通过要约收购方式成为飞龙实业的控股股东），就开始了疯狂的造假行为。

金荔科技除了虚报收入、虚增利润之外，还涉嫌非法占用资金、虚增资产、提供虚假银行单证、拖欠员工工资及欠缴“三金”、违规担保等。金荔科技虽然是一家规模不大的上市公司，但却是中国证券市场上少数财务舞弊公司的典型缩影。

金荔科技的财务舞弊手段主要有以下几种：

（1）虚报销售收入，虚增利润。金荔科技2003年及2004年1～10月共虚增收入24 217万元、虚增利润15 450万元。

（2）虚增资产。有资料表明，金荔科技在无形资产、在建工程和递延资产等项目上存在虚构行为。根据金荔科技2004年年报的追溯调整结果显示，其2003年资产总计约8.9亿元，而实际上约6.5亿元；到2004年10月时季报显示资产尚有近9亿，年末年报则调整为约6.2亿元。由此可见，金荔科技存在通过虚构业务或会计操作大额虚增资产的行为。

（3）违规担保。经湖南证监局的专项调查发现，截至2005年中报，金荔科技对外违规担保金额已达25 792万元，其中包括对武汉巨力投资有限公司、广东劲业科技开发公司、广州博澳医疗电子发展有限公司等的违规担保。

通过财务舞弊，控股股东实现了上市圈钱、占用上市公司资金、关联交易掏空上市公司、违规担保压榨上市公司等目的，从而造成上市公司可持续经营能力的丧失，最终造成股价大跌，这不仅严重扰乱了资本市场的秩序，而且侵害了广大中小股东的利益。从本案例以及其他上市公司的财务舞弊案例中，我们可知，要维护资本市场秩序，保护中小股东的利益，避免财务舞弊事件的发生，应从以下几个方面加强管理：

（1）建立会计职业道德规范体系，不断加强会计职业道德教育，培养会计人员高尚的职业道德情操；

（2）完善会计信息披露制度以及相关的法规制度，提高会计信息的质量；

（3）加强内部控制制度，提高企业内部管理；

（4）加强独立审计作用，提高独立审计质量。

四、思考题

1. 金荔科技使用了哪些造假手段进行财务舞弊？
2. 结合金荔科技的案例讨论如何更好地杜绝上市公司的财务舞弊现象。

案例十八 万科公司基本财务比率分析

一、案例资料

万科股份有限公司成立于1984年5月，以房地产为核心业务，是中国内地首批公开上市的企业之一，也是目前中国最大的专业住宅开发企业。公司总部位于中国深圳市福田区。万科公司是在深圳现代企业有限公司基础上改组设立的股份有限公司。1991年1月29日，该公司发行的A股在深圳证券交易所上市。1993年5月28日，该公司发行的B股在深圳证券交易所上市。

万科股份有限公司的资产负债表、利润表和现金流量表如下所示：

资产负债表

编制单位：万科股份有限公司　　　　2008年12月31日　　　　单位：元

资产	期末余额	期初余额	负债和所有者权益	期末余额	期初余额
流动资产：			流动负债：		
货币资金	19 978 285 929.92	17 046 504 584.31	短期借款	4 601 968 333.32	1 104 850 000.00
应收账款	922 774 844.24	864 883 012.55	交易性金融负债	1 694 880.00	20 957 112.00
预付款项	3 160 518 998.56	8 284 197 850.73	应付账款	12 895 962 836.63	11 103 797 389.76
其他应收款	3 496 096 906.25	2 764 056 869.18	预收款项	23 945 755 139.85	21 622 747 400.80
存货	85 898 696 524.95	66 472 876 871.40	应付职工薪酬	517 762 853.19	729 790 790.42
流动资产合计	113 456 373 203.92	95 432 519 188.17	应交税费	(861 985 122.52)	795 716 626.98
			其他应付款	9 968 304 370.93	5 797 189 130.38
			应付利息	219 884 034.75	110 258 290.41
			1年内到期的非流动负债	13 264 374 576.45	7 488 676 903.65
			流动负债合计	64 553 721 902.60	48 773 983 644.40
非流动资产：			非流动负债：		
可供出售金融资产	167 417 894.55	488 844 114.16	长期借款	9 174 120 094.83	16 362 079 840.21
长期股权投资	2 485 725 268.99	2 438 609 165.05	应付债券	5 768 015 997.01	0.00
投资性房地产	198 394 767.05	277 090 574.96	其他非流动负债	12 644 849.82	9 913 830.68

续表

资产	期末余额	期初余额	负债和所有者权益	期末余额	期初余额
固定资产	1 265 332 766.18	575 205 554.97	预计负债	41 729 468.03	37 962 953.43
在建工程	188 587 022.90	271 270 240.23	递延所得税负债	867 797 927.60	991 004 610.53
长期待摊费用	25 268 164.97	6 871 651.49	非流动负债合计	15 864 308 337.29	17 400 961 234.85
递延所得税资产	1 449 480 632.53	604 057 419.26	负债合计	80 418 030 239.89	66 174 944 879.25
非流动资产合计	5 780 206 517.17	4 661 948 720.12	股东权益:		
			股本	10 995 210 218.00	6 872 006 387.00
			资本公积	7 853 144 319.55	12 830 465 899.13
			盈余公积	6 581 984 978.14	5 395 470 156.38
			未分配利润	6 184 277 986.66	4 032 906 217.68
			外币报表折算差额	277 307 760.05	147 798 941.01
			归属于母公司股东权益合计	31 891 925 262.40	29 278 647 601.20
			少数股东权益	6 926 624 218.80	4 640 875 427.84
			股东权益合计	38 818 549 481.20	33 919 523 029.04
资产总计	119 236 579 721.09	100 094 467 908.29	负债及股东权益总计	119 236 579 721.09	100 094 467 908.29

利润表

编制单位：万科股份有限公司　　2008 年　　单位：元

项　目	本年数	上年数
一、营业总收入	40 991 779 214.96	35 526 611 301.94
二、营业总成本	34 855 663 288.39	28 059 491 714.41
其中：营业成本	25 005 274 464.91	20 607 338 964.44
营业税金及附加	4 533 872 994.46	4 115 772 993.85
销售费用	1 860 350 084.01	1 194 543 702.00
管理费用	1 530 799 165.46	1 763 765 823.49
财务费用/（净收益）	657 253 346.42	359 500 074.40
资产减值损失	1 268 113 233.13	18 570 156.23

续表

项　目	本年数	上年数
加：公允价值变动收益/（损失）	19 262 232.00	22 252 783.90
投资收益	209 411 393.50	208 030 696.10
其中：对联营企业和合营企业的投资收益	209 735 864.65	128 643 366.50
三、营业利润	6 364 789 552.07	7 652 897 499.73
加：营业外收入	57 455 149.70	31 457 800.24
减：营业外支出	99 959 075.74	42 749 614.64
其中：非流动资产处置净损失	2 336 423.46	675 525.30
四、利润总额	6 322 285 626.03	7 641 605 685.33
减：所得税费用	1 682 416 473.30	2 324 104 867.51
五、净利润	4 639 869 152.73	5 317 500 817.82
归属于母公司所有者的净利润	4 033 170 027.89	4 844 235 494.21
少数股东损益	606 699 124.84	473 265 323.61
六、每股收益		
（一）基本每股收益	0.37	0.45
（二）稀释每股收益	0.37	0.45

现金流量表

编制单位：万科股份有限公司　　2008 年　　单位：元

项　目	金　额
一、经营活动产生的现金流量	
销售商品、提供劳务收到的现金	42 783 256 973.54
收到的其他与经营活动有关的现金	1 478 587 995.65
经营活动现金流入小计	44 261 844 969.19
购买商品、接受劳务支付的现金	30 218 067 735.42
支付给职工以及为职工支付的现金	2 319 451 074.60
支付的各项税费	7 863 126 723.18
支付的其他的与经营活动有关的现金	3 895 351 266.39
经营活动现金流出小计	44 295 996 799.59
经营活动产生的现金流量净额	（34 151 830.40）

续表

项　　目	金　　额
二、投资活动产生的现金流量	
收回投资收到的现金	1 040 323 958.60
取得投资收益收到的现金	76 414 614.40
处置固定资产、无形资产和其他长期资产而收回的现金净额	5 687 793.90
处置子公司或其他营业单位收到的现金净额	3 547 677.00
收到的其他与投资活动有关的现金	298 441 056.08
投资活动现金流入小计	1 424 415 099.98
购置固定资产、无形资产和其他长期资产所支付的现金	215 283 734.68
投资所支付的现金	1 366 213 599.63
取得子公司及其他营业单位支付的现金净额	2 687 055 197.58
投资活动现金流出小计	4 268 552 531.89
投资活动产生的现金流量净额	（2 844 137 431.91）
三、筹资活动产生的现金流量	
吸收投资所收到的现金	472 936 458.90
其中：子公司吸收少数股东投资收到的现金	472 936 458.90
取得借款所收到的现金	14 325 980 945.71
发行公司债券收到的现金	5 759 981 650.00
筹资活动现金流入小计	20 558 899 054.61
偿还债务所支付的现金	11 690 595 100.07
分配股利、利润和偿付利息所支付的现金	3 001 963 332.53
其中：子公司支付给少数股东的股利、利润	170 052 296.35
筹资活动现金流出小计	14 692 558 432.60
筹资活动产生的现金流量净额	5 866 340 622.01
四、汇率变动对现金及现金等价物的影响	（56 270 014.09）
五、现金及现金等价物净增加额	2 931 781 345.61
加：年初现金及现金等价物余额	17 046 504 584.31
六、年末现金及现金等价物余额	19 978 285 929.92

资料来源：深证证券交易所；中房联网 http：//www.fdc001.cn/

二、相关知识点

1. 会计报表分析

会计报表分析是会计工作的重要组成部分，它是将会计报表的各项数据资料有重点、有针对性地加以比较、分析和考察，借以对企业的财务状况和经营成果作出正确的评价，以求有助于报表使用者正确进行决策。会计报表分析的目的，主要有确定企业的财务状况、获利能力和偿债能力等。常用的会计报表分析方法有：比较分析法、比率分析法、结构分析法和因素分析法。

2. 主要财务比率

(1) 反映偿债能力的比率

①反映短期偿债能力的比率

短期偿债能力是指企业以流动资产偿还流动负债的能力，它反映企业偿付日常到期债务的能力。短期偿债能力不足，不仅会影响企业的资信，增加今后筹集资金的成本与难度，还可能使企业陷入财务危机，甚至破产。反映短期偿债能力的常用比率为：

流动比率 = 流动资产 / 流动负债

速动比率 =（流动资产 - 存货 - 待摊费用）/ 流动负债

现金比率 =（货币资金 + 短期证券）/ 流动负债

流动比率是衡量企业短期偿债能力最常用的比率，它是企业流动资产总额与流动负债总额的比值。流动比率表明了企业的短期债务可由企业流动资产偿还的能力。通常认为，流动比率在2:1左右即属适当。但实际上，应根据企业的营业周期而异。一般情况下，营业周期短，流动比率相应就低；营业周期长，流动比率相应就高。然而，流动比率高，虽然从债权人角度认为偿债有保障，但从企业角度来看未必是好现象。因为，过高的流动比率，可能意味着存货的滞销积压，也可能表示拥有过多货币资金没有充分利用。另外，在判断企业短期偿债能力时，还应将流动比率与其他指标结合考虑。速动比率是企业速动资产与流动负债的比值。速动比率比流动比率更能说明企业的短期偿债能力。一般认为，速动比率以不低于1:1为好，但在不同行业情况会有所不同。因此，应参照各行业一般历史水平，予以判断和评价。现金比率是衡量企业在紧急情况下，对短期债务的支付能力。现金比率在评价企业短期偿债能力方面的重要性不及流动比率和速动比率，它只能说明企业在特殊情况下的应急支付能力。因此，企业一般不需要备有过多的货币资金和短期证券，以免削弱资金的有效利用率。

②反映长期偿债能力的比率

长期偿债能力是指企业对债务的承担能力和对偿还债务的保障能力。通常用资产负债率、产权比率和已获利息倍数来衡量企业的长期偿债能力。

资产负债率 = 负债总额 / 资产总额

产权比率 = 负债总额 / 所有者权益总额

已获利息倍数 =（净利润 + 所得税 + 利息费用）/ 利息费用

资产负债率是衡量企业长期偿债能力的一个主要指标。对于债权人来说，一般希望资产负债率越低越好，以求债权的安全，但从投资者角度出发，资产负债率低，其承担的有限责任就大，但也说明企业在负债经营方面还不够大胆。产权比率是将企业债权人权益和所有者权益结合起来，通过两者权益结构的比较，衡量企业的长期偿债能力。产权比率与资产负债比率有着相同的作用，它表明债权人权益受到所有者权益的保障程度，同时也说明企业基本财务结构的强弱。从企业长期偿债能力角度出发，这个指标越低越好。已获利息倍数即利润相当于利息的倍数，是用以作为判断债权安全程度的一个补充手段。企业的利润越大，已获利息倍数就越大，债权人收回本金和按期取息也越有保障。

（2）反映营运能力的财务比率

营运能力是以企业各项资产的周转速度来衡量企业资产利用的效率。周转速度越快，表明企业的各项资产进入生产、销售等经营环节的速度越快，那么其形成收入和利润的周期就越短，经营效率自然就越高。一般来说，包括以下 4 个指标：

应收账款周转率 = 赊销收入净额 / 应收账款平均余额

存货周转率 = 销售成本 / 存货平均余额

流动资产周转率 = 销售收入净额 / 流动资产平均余额

总资产周转率 = 销售收入净额 / 总资产平均值

通常来讲，上述指标越高，说明企业的经营效率越高。但数量只是一个方面的问题，在进行分析时，还应注意各资产项目的组成结构，如各种类型存货的相互搭配、存货的质量、适用性等。

（3）反映盈利能力的财务比率

盈利能力，是指企业利用现有资产、资本，在一定的收入和耗费水平下赚取利润的能力。反映企业盈利能力的指标主要有销售净利率、销售毛利率、资产净利率、净资产收益率和每股收益。

销售净利率 = 净利润 / 销售收入

销售毛利率 = （销售收入 − 销售成本）/ 销售收入

资产净利率 = 净利润 /总资产平均值

净资产收益率 = 净利润 / 净资产平均值

每股收益 = 净利润 / 流通股股数

销售净利率是衡量企业在一定时期的销售收入获取净利润的能力。销售毛利率，表示每一元销售收入扣除销售成本后，有多少钱可以用于各项期间费用和形成盈利。销售毛利率是企业销售净利率的最初基础，没有足够大的毛利率便不能盈利。资产净利率主要用来衡量企业利用资产获取利润的能力，反映了企业总资产的利用效率，表示企业每单位资产获得净利润的数量，这一比率越高，说明企业全部资产的盈利能力越强。净资产收益率反映股东权益的收益水平，指标值越高，说明投资带来的收益越高。每股收益反映普通股每股的盈利能力，便于对每股价值的计算，因此被广泛使用。每股收益越多，说明每股盈利能力越强。影响该指标的因素有两个方面：一是企业的获利水平；二是企业的股利发放政策。

三、案例分析及启示

1. 财务比率指标的计算

万科股份有限公司2008年度财务比率指标汇总表

短期偿债能力比率指标	
流动比率	1.76
速动比率	0.43
现金比率	0.31
长期偿债能力比率指标	
资产负债率（%）	67.44
产权比率	2.07
已获利息倍数	10.62
营运能力比率指标	
应收账款周转率（次数）	45.86
存货周转率（次数）	0.33
流动资产周转率（次数）	0.39
总资产周转率（次数）	0.37
盈利能力比率指标	
销售净利率（%）	11.32
销售毛利率（%）	39
资产净利率（%）	4.23
净资产收益率（%）	12.76
每股收益（元/股）	0.37

2. 财务指标分析

（1）偿债能力分析

万科公司2008年年末的流动比率为1.76，低于企业合理流动比率的最低值2。速动比率为0.43，现金比率为0.31。万科公司的这三个指标均低于该行业2008年的平均值。通过这三个基本数值的分析，我们不难发现万科公司2008年的短期偿债能力欠佳。根据万科公司的年报资料显示，除去高达858.9亿元的存货，万科公司可用于偿还债务及企业正常经营的可变现流动资产不多。而且万科公司2009年年内到期的非流动负债为132亿，短期贷款为46亿，共计178亿，较2007年期末多出93亿。这对于万科公司的偿债能力而言将是一个严峻的挑战。

万科公司2008年年末的资产负债率为67.44%。2008年房地产公司的平均资产负债率为61.14%。这个较高的资产负债率与房地产行业的性质密切相关。万科股份有限公司2008年的产权比率较高，达到了2.07。较高的资产负债率和产权比率表明了万科公司高报酬、高风险的财务结构。但从2008年度来看，10.62的已获利息倍数也不乐观，同2006年、2007年相比有较大幅度的下降。2008年的利息保障倍数下降幅度较大，其原因在于2008年整个房地产行业的销售不畅，导致利润下降。总体而言，一方面，由于房地产行业的性质，决定了万科公司较高的资产负债比率和产权比率，但并不能因此否定企业的长期偿债能力，同时也不应忽略企业在销售规模扩大的同时财务风险也在加剧；另一方面，2008年整个金融环境的恶化，也对企业的偿债能力产生了重要的影响。

（2）营运能力分析

营运能力是盈利能力的重要保证，资金周转越快，获取收入和利润的周期就越短，经营效率就越高，营运能力就越强。万科公司2008年的应收账款周转率为45.86，这说明万科公司对应收账款的管理比较到位。流动资产周转率和总资产周转率分别为0.39和0.37，均高于同行业0.38和0.29的平均水平，这表明万科公司的流动资产和总资产的利用效率较高。但是万科公司2008年的存货营运能力较差，存货周转率仅为0.33，不仅低于2006年、2007年的水平，也低于0.36的行业平均值。

（3）盈利能力分析

销售净利率反映每一元销售收入所带来的净利润的多少，代表销售收入的收益水平。销售毛利率表示每一元销售收入扣除销售成本后，有多少钱可以用于各项期间费用和形成盈利。万科公司2008年的销售毛利率为39%，处于一个比较稳定的水平。销售净利率为11.32%，同2007年相比，有所下降，其原因主要在于存货跌价准备的上升，以及营业成本的增加，从而导致净利润的降低。资产净利率主要用来衡量企业利用资产获取利润的能力，这一比率越高，说明企业全部资产的盈利能力越强。万科公司2008年的资产净利率并不高，仅为4.23%，这与万科公司的销售净利率不高有关。根据杜邦分析法可知，净资产收益率＝销售利润率×总资产周转率×权益乘数，由于万科公司的总资产周转率和权益乘数在同行业中处于较高的水平，所以要提高净资产收益率主要依赖于提高销售利润率。此外，万科公司2008年的每股收益为0.37，高于行业0.33的平均水平，总体而言，尽管万科公司的盈利状况较前两年有所下降，但是与同行业的其他企业相比仍具有较强的盈利能力。

3. 综合分析

由于全球金融危机的影响，2008年房地产行业总体情况并不乐观，综合分析可知，万科公司2008年的资产负债比率上升，速动比率下降，偿债能力有所减弱。由于房地产行业的特性，万科公司的长期负债比率较高，这一方面可以为企业带来较高的收益，另一方面也暴露了企业的财务风险。此外，万科公司2008年存货的营运能力较差，进而影响到企业整体资产的营运水平。在盈利能力方面，尽管较前两年相比盈利能力有所下降，但是在同行业中仍处于优势水平。

四、思考题

1. 比率分析法有何特点？在运用比率分析法对财务报告进行分析时应注意什么问题？
2. 仿照本案例，任选一上市公司某年的财务报告，运用比率分析法进行评价分析。

案例十九　中国平安2008年度财务报表分析

一、案例介绍

中国平安保险（集团）股份有限公司是中国第一家以保险为核心，融证券、信托、银行、资产管理、企业年金等多元金融业务为一体的紧密、高效、多元的综合金融服务集团。公司成立于1988年，主要经营深圳市范围内的财产保险业务；1992年经营区域扩展至全国；1994年进入人身保险市场；1996年开始正式经营证券和信托业务，同年开始保险业务的海外经营。2002年，根据保险业分业经营的要求，公司作为主发起人设立平安寿险和平安产险，分别经营人身保险和财产保险业务。2003年，经国务院同意、中国保监会批准，变更为控股公司；同年，收购了福建亚洲银行（后更名为平安银行），正式进入银行业。2006年12月，收购了深圳商业银行，以进一步巩固和扩充公司的商业银行业务资源。2004年6月和2007年3月，公司先后在香港联合交易所主板及上海证券交易所上市，股份名称为“中国平安”，香港联合交易所股票代码为2318，上海证券交易所股票代码为601318。

2008年7月，《财富》“世界500强”排行榜公布，中国平安以2007年180亿美元的营业收入，首次进入全球500强，位列第462位，并成为入选该榜单的中国非国有企业第一名。2008年4月，《福布斯》全球上市公司2000强（Forbes Global 2000）排行榜公布，中国平安再次进入全球500强，较2007年前进147席名列第293位；在151家上榜的中国企业中，排名第九，蝉联非国有企业第一名。同时，在英国《金融时报》公布的2008年全球市值500强企业排行榜（FT Global 500）中，中国平安在全球企业排名中列第140位，在全球保险行业排名第四。

2008年初，公司对外宣布其再融资方案，宣称拟公开增发不超过12亿A股和412亿元分离交易可转债。如果以2008年1月18日每股98元的收盘价计算，此次再融资规模近1 600亿元，将超过中国石油668亿元和中国神华665. 8亿元的首次公开募股（IPO）总和。更加出人意料的是，3月5日，中国平安再融资方案在股东大会上以92%的高票通过。进入2008年，高市盈率下的泡沫、从紧的货币政策、大小非的解禁让市场忧心忡忡，但是中国平安此举无疑给了市场最沉重的一拳。

2007年11月，中国平安宣布，以18. 1亿欧元（约196亿元人民币）购入荷兰/比利时富通集团的9 501万股股份（占富通集团总股本的4. 18%），成为富通集团单一的第一大股东。继成为富通集团单一大股东之后，中国平安海外收购再出大手笔，以21. 5亿欧元投资富通集团旗下富通投资管理公司50%的股权。随着2008年全球金融危机，富通的股价已从当初中国平安投资时的均价19欧元下跌到不足1欧元，对于投资富通集团股票产生百亿浮亏。

以平安董事长马明哲为首的高管薪酬2007年出现“超乎业绩”的暴涨。有3名董事及高管2007年的税前薪酬超过了4 000万元，其中董事长马明哲税前报酬为6 616. 10万元，折合每天收入18.12万元，刷新A股上市公司高管的薪酬最高纪录，使得中国平安高管在2008年陷入“高薪门”的争议之中。

从1988年成立到2008年这20年的发展，中国平安已从经营单一业务的财产公司发展成为中国领先的提供多元化金融产品及服务的综合金融集团之一。平安目前的三大业务是：保险、银行、投资，主营业务仍是保险。

2008年，平安集团实现净利润8.73亿元，较上年下降94.4%；保险业务收入1 299.83亿元，较上年增长28.2%；基本每股收益为0.09元；总资产达7 076.40亿元，股东权益达814.69亿元。

平安集团2008年主要会计数据：

资产负债表

单位：百万元

资产	2007.12.30	2008.12.31	负债和所有者权益	2007.12.30	2008.12.31
货币资金	72 740	52 445	短期借款	3 719	3 071
结算备付金	2 027	1 117	同业及其他金融机构存放款项	7 532	17 204
拆出资金	1 192	304	存入保证金	5 398	7 413
交易性金融资产	84 938	65 486	拆入资金	175	33
衍生金融资产	177	17	衍生金融负债	189	265
买入返售金融资产	36 457	13 084	卖出回购金融资产款	13 980	41 334
应收利息	4 187	6 931	吸收存款	72 133	80 649
应收保费	4 568	4 554	代理买卖证券款	14 394	6 929
应收分保账款	2 452	2 733	预收保费	2 981	2 210
应收分保合同准备金	4 931	11 354	应付手续费及佣金	1 104	1 243
保户质押贷款	2 411	3 725	应付分保账款	2 656	3 571
发放贷款及垫款	63 125	74 160	应付职工薪酬	4 732	2 156
存出保证金	887	108	应交税费	1 907	3 073
定期存款	41 731	83 003	应付利息	574	975
可供出售金融资产	178 539	212 236	应付赔付款	5 161	6 222
持有至到期投资	127 736	126 502	应付保单红利	7 006	12 012
长期股权投资	2 207	6 025	保户储金及投资款	5 287	6 420
商誉	610	617	保险合同准备金	380 947	420 064
存出资本保证金	1 560	5 860	长期借款	3 218	3 884

续表

资产	2007.12.30	2008.12.31	负债和所有者权益	2007.12.30	2008.12.31
投资性房地产	4 051	6 551	递延所得税负债	4 822	472
固定资产	7 894	7 641	其他负债	4 211	6 971
无形资产	3 621	9 500	负债合计	542 126	626 171
递延所得税资产	87	7 767	股本	7 345	7 345
其他资产	3 216	5 860	资本公积	72 111	48 095
			盈余公积	5 655	6 125
			一般风险准备	395	395
			未分配利润	21 770	16 820
			外币报表折算差额	（42）	（23）
			少数股东权益	1 984	2 712
			股东权益合计	109 218	81 469
资产合计	651 344	707 640	负债和股东权益合计	651 344	707 640

利润表

单位：百万元

	2007 年度	2008 年度
一、营业收入		
保险业务收入	100 945	129 383
其中：分保费收入	85	119
减：分出保费	（4 298）	（5 813）
提取未到期责任准备金	（2 615）	（1 780）
已赚保费	94 032	121 790
银行业务利息收入	5 314	7 020
银行业务利息支出	（1 565）	（2 677）
银行业务利息净收入	3 749	4 343
非保险业务手续费及佣金收入	2 814	1 980
非保险业务手续费及佣金支出	（502）	（204）
非保险业务手续费及佣金净收入	2 312	1 776
投资收益	58 182	28 248
公允价值变动损益	6 885	17 668
汇兑损失	（501）	（465）
其他业务收入	604	1 779
营业收入合计	165 263	139 803

续表

	2007 年度	2008 年度
二、营业支出		
退保金	(13 333)	(13 362)
赔付支出	(26 998)	(34 592)
减：摊回赔付支出	2 443	2 960
提取保险责任准备金	(77 545)	(38 792)
减：摊回保险责任准备金	592	5 808
保单红利支出	(3 514)	(6 276)
分保费用	(16)	(23)
保险业务手续费及佣金支出	(10 838)	(14 637)
营业税及附加	(3 656)	(2 576)
业务及管理费	(15 524)	(14 025)
减：摊回分保费用	1 167	1 456
其他业务成本	(585)	(1 931)
资产减值损失	(289)	(26 120)
营业支出合计	(148 096)	(142 110)
三、营业利润	17 167	2 307
加：营业外收入	569	114
减：营业外支出	(253)	(260)
四、利润（亏损）总额	17 483	(2 453)
减：所得税费用	(1 902)	3 326
五、净利润	15 581	873

现金流量简表

单位：百万元

	2007 年度	2008 年度
经营活动产生的现金流	31 860	62 357
投资活动产生的现金流	(3 074)	(116 027)
筹资活动产生的现金流	24 066	22 021

资料来源：上海证券交易所。

二、相关知识点

1. 会计报表分析的目的

企业编制会计报表，主要是为了向报表使用者提供有关企业财务状况、经营成果及其变化情况的信息，为他们作出有关决策提供依据。然而，会计报表所提供的只是历史的或静态的数据，不能直接用于决策。报表使用者如要作出正确的经济决策，还需要对会计报表所提供的各项数据进行加工、比较、分析和解释，以便正确评价企业财务状况的好坏、经营管理的得失，进一步制定有关投资、信贷、财务、管理等方面的方针、政策。因此，会计报表分析是会计工作的重要组成部分，它是将会计报表的各项数据资料有重点、有针对性地加以比较、分析和考察，借以对企业的财务状况和经营成果作出正确的评价，以求有助于报表使用者正确进行决策。

会计报表分析的目的，主要是确定企业的财务状况、获利能力和偿债能力等情况。对于不同的报表使用者，其分析的角度、侧重点会有所不同。一般来说，债权人关心的是企业的偿债能力，以此作为是否向企业贷款的依据；投资者关心的主要是企业的获利能力，以便作出是否对企业进行投资的决策；而企业管理者关心的则是企业全面的财务状况和经营成果。如果企业财务状况不佳，往往导致不能按期偿还债务，势必信用受损，影响其获利能力；同样，如果企业经营成果不理想，或甚至连年亏损，必定会影响声誉，增加筹措资金的困难。

2. 会计报表分析的方法

进行会计报表分析，应根据不同的分析目标和分析范围，选择不同的分析方法。常用的分析方法有以下几种：

（1）比较分析法

比较分析法，是指将会计报表中的某些项目或指标与选定的分析标准进行对比，确定其数量差异，以分析和评价企业财务状况和经营成果的一种方法。采用比较分析法，通常需要编制比较会计报表，包括比较资产负债表、比较利润表和比较现金流量表。比较会计报表是将两年或连续几年的报表项目并排列示，以便直接观察每个项目的增减变动情况，了解会计报表各项的变动趋势。由于在比较报表中对各项目逐项进行水平方向的比较，因此比较分析法也称为水平分析法。

（2）比率分析法

比率分析法，是指将同一时期内某些相互关联的经济指标进行对比，求出它们之间的比率，以揭示这些指标之间的相互关系，并由此判断企业财务状况和经营成果的一种分析方法。

会计报表的比率分析，经常采用以下两种对比形式：

①相关指标比率。即根据经济活动中存在的相互依存关系，将报表项目中两个性质不同但又相关的项目进行对比，计算比率指标，以此评价企业的财务状况和经营成果。

②构成比率。即通过计算报表中某个项目的组成部分占总体的比率，来评价企业的经营活动。

（3）结构分析法

结构分析法，是指根据会计报表中各项目之间的依存关系，对各项目占总体的比重进行分析，以揭示会计报表结构是否合理以及结构的变动情况，了解企业当前的财务状况和经营成果，发现存在的问题，并预测未来的发展趋势。

（4）因素分析法

因素分析法，也称为因素替换法或连环替代法，是用来测定几个相互联系的因素对某一综合经济指标或报表项目影响程度的方法。

3. 杜邦分析法

杜邦分析法是利用财务比率指标间的内在联系，对企业综合效益进行分析评价的方法。这种方法由美国杜邦公司率先提出并应用，故此得名。杜邦分析法以权益净利率（净资产收益率）为核心，经过层层分解，将分析指标按其内在顺序排列，可以了解企业财务方面的业绩和存在的问题，用以揭示企业的获利能力及其前因后果。

三、案例分析及启示

1. 偿债能力分析

（1）短期偿债能力

	2008 年	2007 年	2006 年
流动比率	125.33%	167.80%	143%
速动比率	125.33%	167.80%	143%

可以发现中国平安的流动比率和速动比率基本呈逐年下降趋势。纵向比较来看，中国平安的短期偿债能力似乎较弱。但从横向比较来看，以中国人寿为例，中国人寿 2008 年的流动比率是 105.4%，横向比较之下，中国平安的短期偿债能力还是不错的。中国平安的速动比率纵向来看平均都大于 1，在横向的同行业来看也处于较高的水平，所以中国平安的短期偿债能力也是不错的。结合这两个指标可以看出中国平安的短期偿债能力是较强的。

（2）长期偿债能力

	2008 年	2007 年
负债比率	88.4%	83.2%
已获利息倍数	3.51	31.45
现金债务总额比	9.95%	5.87%

纵向来看，2008 年的负债比率比 2007 年上升明显，说明风险加大了。横向来看，金融企业由于行业特征决定了负债比例在 80% 左右，中国平安的负债比列略高于 80%，长期偿债能力还是可以的。

已获利息倍数反映的是企业获利能力对利息偿还的保障程度，是企业举债经营的前提，也是衡量企业长期偿债能力大小的重要标志。一般来说已获利息倍数应该大于 1，越大越好。已获利息倍数 2008 年较 2007 年大大下降，但仍旧是大于 1 的，纵向来看中国平安 2008 年偿债能力是有保障的。

现金债务总额比越高，偿债能力越强。中国平安的现金债务总额比高于市场平均利率，所以即使靠借新债还旧债，企业仍能维持原债务规模。

总的来说，中国平安的短期偿债能力和长期偿债能力纵向比较来看是下降了，但均能维持指标正常水平范围之内；横向比较来看偿债能力高于同行业水平。所以中国平安的偿债能力是好的。

2. 经营能力分析

	2008 年
总资产周转率	0.206
流动资产周转率	0.542
应收账款转率	6.704

由于投资富通造成227.89亿元的人民币亏损计提，中国平安2008年营业收入大幅下降（营业收入下降254.60亿元），从而各营运能力指标较2007年出现大幅下降。

	总资产周转率	流动资产周转率	应收账款周转率
中国平安	0.206	0.542	6.704
中国人寿	0.362	4.016	18.010
中国太平洋	0.311	2.238	5.438

从上表可以看出，中国平安的各项营运能力指标都低于其他两个保险公司。分析中国平安资产负债表可知，平安2008年营业收入下降254.60亿元，因“公允价值变动损益”亏损245.53亿元，其中，投资富通亏损227.89亿元。所以，投资富通亏损是造成平安2008年营业收入下降的主要原因。

3. 盈利能力分析

	2008年	2007年
毛利率	0.017	0.104
销售净利润率	0.006	0.094
每股经营现金流量净额	8.490	4.338
每股收益	0.09	2.11

从上述衡量盈利能力的主要指标来看，平安的盈利能力2008年较2007年有显著下滑。从利润表来看，平安的净利润由2007年的155.81亿元下降到2008年的8.73亿元。这些数据都显示2008年中国平安的盈利较2007年是大幅下滑的。从利润表中我们可以看出，较2007年平安的主营业务（保险）赚取的保费收入上升277.58亿元，银行利息净收入也上涨5.94亿元，而在投资业务上亏损532.76亿元，所以平安盈利下降的主要原因是由投资业务造成的。

4. 杜邦分析

2008年12月31日的杜邦分析图：

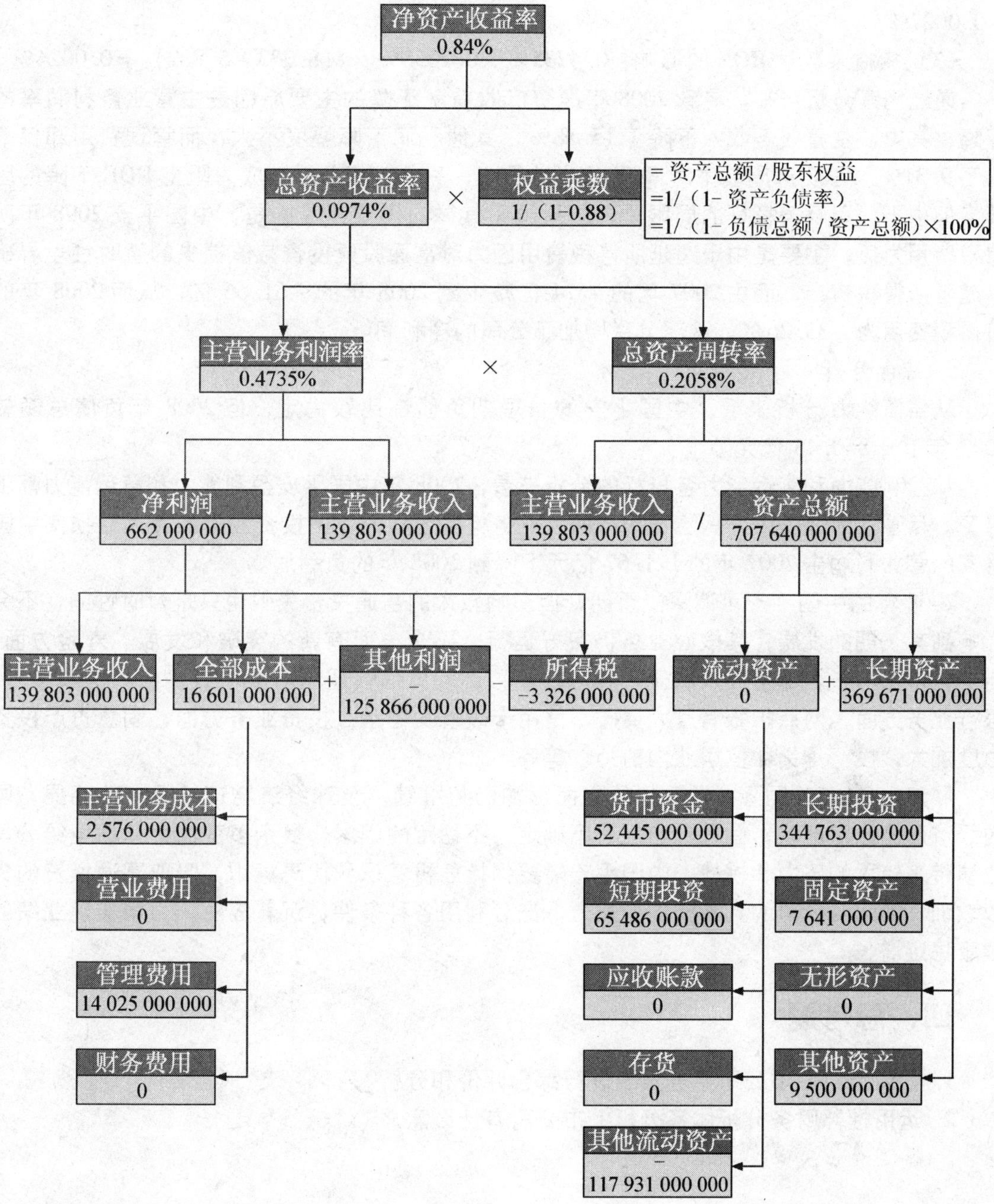

中国平安 2007 年 12 月 31 日的净资产收益率为：14.08%，主营业务利润率为 9.1317%，总资产周转率为 0.3023%，权益乘数为 5.8824。

对净资产收益率（ROE）进行因素分析：

（1）主营业务利润率对 ROE 的影响：（0.4735% -9.1317%）×0.3023% ×5.8824 = -0.1540%

（2）总资产周转率对 ROE 的影响：0.4735% ×（0.2058% －0.3023%）×5.882 = －0.0027%

（3）权益乘数对 ROE 的影响：0.4735% ×0.2058% ×（8.333 －5.882）=0.0024%

通过因素分析可知，导致 2008 年净资产收益率下降的主要原因是主营业务利润率的下降，其中，主营业务收入下降了 15.38%，其他利润下降幅度不大，而管理费用却仅下降了 9.31%。总资产周转率对 ROE 的影响很小，另外，权益乘数成为阻止 ROE 下降的因素，但由于公司财务杠杆的局限性，效果微乎其微。需要关注的是，中国平安 2008 年所得税费用为负，主要是由于递延所得税费用因为对富通股票投资减值损失的暂时性差异确认递延所得税资产，而由 2007 年的 4.14 亿减少到 2008 年的 －61.66 亿，从而 2008 年的所得税费用为 －33.26亿，这部分税增加了公司的净利润。

5. 综合分析

从偿债能力分析来看，中国平安的长短期负债都比较稳定，但 2008 年负债总额较 2007 年上升 840.45 亿元。

从盈利能力和营运能力各指标的分析来看，2008 年中国平安盈利能力和营运能力都下降了。尽管三大业务中，保险与银行两大业务均是盈利的，但投资业务的巨大亏损使中国平安的营业利润由 2007 年的 171.67 亿元下降到 2008 年的负利润。

2008 年的中国平安可谓深受重创，但影响较大的富通投资失败也只是暂时性的，不会影响到其长期的发展，其核心业务仍良好运行，不少方面有新的突破和发展。寿险方面，新业务价值增长，保费收入破千亿元人民币；产险方面，超越行业增长，市场份额攀升；银行业务方面，网点扩张有重大突破，信用卡破首发纪录；投资业务方面，固息资产投资力度加大，投行承销数位居业内前列，等等。

展望 2009 年，国际金融危机的负面影响仍将继续，全球经济增速放缓趋势明显，国内经济形势依然严峻，金融市场仍有不确定、不稳定的因素，复杂多变的经营环境给公司业绩带来较大的压力和挑战。中国平安需要保持危机意识和忧患意识，吸取富通投资的失败教训，加强对形势的判断和应变能力，充分利用各种条件，沉着应对，力争实现业绩的健康稳定增长。

四、思考题

1. 如何针对上市公司财务报表进行综合评价和分析?
2. 运用杜邦财务分析体系分析上市公司有什么意义?

案例二十　福田汽车现金流管理

一、案例介绍

汽车行业是一个资金密集型、人才密集性、技术密集型的产业。从自主开发制造，到引进外国汽车公司合资合作，时至今日又重提振兴中国民族汽车工业，中国汽车企业可谓尝尽了酸甜苦辣。而对于中国汽车企业而言，不论是国有及国有控股的大型汽车企业、股份制的上市公司，还是民有资本占主导地位的民营企业，面对市场需求的巨大潜力和如火如荼的市场竞争，都进行着调整、改革和发展，而资金则成为影响企业扩张和竞争的主要因素。截至目前作为中国 1 470 多家上市公司中为数不多的汽车企业之一，福田公司现金流的管理，为企业扩张和发展撑起了一片蓝天，发挥了重要作用。

北汽福田汽车股份有限公司（简称福田公司）成立于 1996 年 8 月，是一家跨地区并快速走向国际化的上市公司，是中国最大的商用车生产企业。福田公司自 1996 年成立以来，汽车产销量年均递增 40%，创造了中国汽车工业的“福田速度”，被汽车行业誉为“发展速度最快、成长性最好的企业”。2004 年，在《财富（中文版）》“2004 年中国企业 500 强排行榜”中福田公司排名第 131 位。

资料来源：http：//www. EasyFinance. com. cn/

二、相关知识点

1. 现金流的概念和重要性

首先，现金流不是一个可以简单化的概念。它主要记录的是企业在销售商品、提供劳务、购买商品、接受劳务、对外出资和支付税收等活动中的现金流动状况，反映了业务的现金收支状况。

其次，现金流对于企业，就像血脉对于人体，只有血液充足且流动顺畅，人体才会健康，良性现金流可以使企业健康成长。企业若没有充足的现金就无法运转，更无法实现企业价值最大化。作为资源转化增值链的企业，从产品的市场调研到售后服务的整个过程，任何环节都与企业的现金流交织在一起。现金流管理的好坏决定着企业的生存和未来的发展。如果只重视自然结果的利润，不关注现金流，就等于失去了发展经营之本，再精妙的管理方案也会付之东流。

同时，现代广义的现金流管理内容，包括现金预算管理、现金的流入与流出的管理、现金使用效率管理（如存货周转期、应收账款周转期、应付账款周转期等）和现金结算管理等部分。最主要的是做好预测和控制，如编制短期的现金预算和长期现金流转预算、加强现金流日常控制和管理、减少现金回收时间和延缓现金的支出等，这样才能管好现金。

2. 现金流比利润更重要的意义

现金流自始至终贯穿于企业的每个环节之中，是企业生命之流。现金流管理对现代企业来说，有着非常重要的意义：

（1）现金流是企业生产经营的动力源。在企业日常经营活动中，资金的运动从货币形态到实物形态，再到货币形态，周而复始，不断运转，以实现价值的增值。企业由于规模经济的渴望和对外扩张的需要，对现金有着巨大的需求。而且，为了在激烈的市场竞争中获得竞争优势，提高竞争能力，企业通常要进行新业务导入、企业并购等，也必须投入大量资金。

（2）现金流影响企业的生存质量。企业以充足的现金购买原材料、辅助材料、机器设备，支付劳动力工资及其他费用后，进入生产过程。但企业是需要持续不断地经营下去的，这就需要不断地有足够的现金参与运转。同时，生产的产品还得满足社会的需要，得到社会的承认，从而将产品销售出去，并收回现金。对于企业的生存，现金流量比利润更重要、更客观。根据权责发生制确定的利润指标，更易受人为操纵、控制，并不能代表企业的实力。而现金流却是企业生存的必要元素，不仅可以反映企业的支付能力，而且可以证明企业的信用和实力。在实践中，有的企业虽账面盈利颇丰，却因现金流量不充沛而倒闭；有的企业虽然年年亏损，却因有足够的现金流量而得以长期生存，最后抓住机遇发展壮大。应该说，现金流量是利润质量高低的“检测器”。企业要想持续经营，靠的不是高额利润，而是必须保持良好、充足的现金流量。

（3）现金流决定企业的市场价值。在企业利润包装、盈余操纵愈演愈烈的今天，现金流量信息能帮助投资者看清企业的真正面目，更真实地反映企业投资价值，从而减少投资风险。现金流充足说明企业的经营情况好，承受风险的能力强，投资者的信心就会增强。由于历史现金流量与未来现金流量是相关的，因此对于投资者关心的企业支付股利的能力，是可以通过历史现金流量作出预测的。国外研究表明，企业股票的市场价格与利润指标的相关性越来越小，与企业现金流的相关性却越来越大，从而可知证券市场也证明了企业价值与现金流息息相关。在分析企业偿债能力时，仅仅根据流动比率和负债比率等指标，很难准确判断企业真正的偿债能力。因为流动资产中既包括货币资金和短期投资等变现能力很强的资产，也包括应收账款、存货等变现能力不很确定的资产，还包括根本无法变现的待摊费用等。而现金流量中的现金，是企业实实在在的、可以立即用于偿还债务和其他支出的保证。因此，根据现金流量计算出的偿债能力指标，可以准确地反映企业的偿债能力。

三、案例分析及启示

福田公司在发展过程中形成了自己的资金管理理念，认为公司应树立“现金流比利润更重要”的观念，强调现金流在公司战略管理中的主要地位，把现金流作为企业运营成果的评价标准。公司决策的着眼点，定位于“尽量提前收回现金”，切忌以牺牲长期现金流量来改善短期利润状况，避免出现“良好的经营成果与堪忧的财务状况并存”的尴尬局面。

和讯网对福田汽车的财务评估结果如下：

	成长性	偿债能力	现金流量	经营能力	盈利能力
福田汽车	97.45	32.99	97.39	91.34	66.94
行业均值	38.75	33.75	35.00	41.25	38.75
市场均值	49.43	43.63	48.15	50.38	48.03

数据来源：http：//stockdata.stock.hexun.com/600166.shtml/

从上表可以看出，福田公司的现金流量接近行业均值的 3 倍，为市场均值的 2 倍，福田汽车的现金流管理能力远高于行业水平和市场水平。其现行资金管理模式如下：

（1）资金管理的发展阶段

福田公司非常注重现金流的管理，成立了专门的机构负责资金管理工作。随着公司的发展壮大，资金管理工作也经历了三个发展阶段：

第一阶段：筹资管理阶段。公司发展初期，需要大量的资金进行生产投入。因此，资金筹集成为公司生产经营活动的前提，也是公司再生产、持续发展的重要保证。在此阶段，公司资金管理工作的主要职能，就是预测公司的资金需求量，并筹集到公司所需要的资金。管理目标就是适时适量，以较低的融资成本筹集资金。

第二阶段：资产管理阶段。随着公司经营规模的扩大，企业知名度的提升，公司的融资环境得到极大的改善，资金管理工作的主要问题已不再是筹集资金，而是有效的内部控制，尤其是现金、应收账款、存货、固定资产等资产的管理。这一阶段的管理目标，就是通过各种计量模型、分析评价方法的广泛应用，确保各项资产的占用最合理、风险最低、使用效率最高。

第三阶段：资金资产运营管理阶段。在此阶段，公司不仅注重资产的管理，更注重现金流管理，将资金作为一项资源加以充分运用。通过加强现金流的运转控制，以产生更大的效益。同时，将理财的思想与业务管理相结合，来指导资金的管理和运营。这一阶段的管理目标，就是在资产占用较低的基础上保证现金流的良性运转。

（2）资金管理的业务结构

福田公司在资金管理中引入了 SBU（Strategy Business Unit）管理理念，按业务单元进行资金管理，经过一段时间的摸索，将现行的资金管理分为了五大业务模块：

①资金流入控制：主要是指对各种流入性资金，如经营性流入、融资性流入、投资性流入等进行管理和控制，主要管理要素为流入总量、时间、结构、成本等。

②资金流出控制：主要是指对各种流出性资金，如采购支出、税金支出、费用支出、投资支出等进行控制和管理，主要管理要素为流出总量、时间、结构、成本、审批权限等。

③存量资金控制：主要是指对各项流动资金占用，如存货、债权资产、货币资金等进行控制和管理，主要管理要素为占用总量、增减过程、风险控制等。

④营运资本管理：主要是指对各项长期资产，如固定资产、在建工程、长期投资等进行管理和控制，主要管理要素为占用总量、增减过程、使用效率、风险控制等。

⑤财务风险控制：主要是指对资产负债率、资产损失风险等的控制和管理，主要管理

要素为风险防范、风险处理等。

(3) 资金管理的业务模板

福田公司资金管理分为两大组成部分：一是按业务（产品）对资金进行运营管理；二是按责任单位（工厂、分公司）对资金进行分级管理。资金分级管理从形式上与其他企业是一致的。但内容上体现了创新，包括制定指标的创新、管理过程的创新和评价的创新。

福田公司在按业务进行资金管理时，一个业务往往跨几个事业部。因此，资金管理分析模板，要求先对整个业务的运行情况进行分析，再将某个事业部对其的影响进行分解，找出差异原因，提出改善建议。

(4) 资金管理目标及管理流程

资金管理的各项工作，都是为保证现金流的流畅运转服务的。为此，福田公司的资金管理目标分为两个层级，第一层级为年度管理目标，主要是资产负债率、资金周转率、融资成本率等指标，在公司年度资金预算中体现；第二层级为日常的月度管理目标，主要包括回款率、现金流量、资产负债占用等指标，在月度资金计划中体现。年度指标是指导制定月度指标的基础，月度各项指标的控制是年度目标完成的保证。

(5) 资金管理的过程实现

资金管理作为一种管理活动，也是通过计划、控制、分析、改善来实现的。

首先，要加强资金预算管理。现金预算和现金流转预算的编制，使企业对预算期的现金流转情况有一个全面、详细的了解，贯彻现金流管理的基本原则。在福田公司的资金管理业务中，非常注重资金预算的管理，公司的年度资金预算包括现金流预算、资金占用预算、资金需求和补充预算、融资和财务费用预算，并且通过公司和各事业部的上下反复评审，最终由公司决策层确定。资金预算一经确定下发，各单位必须确保执行，如遇特殊情况，原则上每半年调整一次。

年度资金预算确定后，由财务计划部根据每月的生产经营计划分解至各月，以此指导各单位的生产经营活动。月度资金预算分为两个方面。一个是月度资金收支计划，主要内容为现金流入、流出计划，资金缺口预测及融资计划，包括流入流出的结构、时间等要求，各单位须据此协调流入，控制支出，保证全公司现金流量正常且满足生产经营的需要。一个是月度资产占用及周转计划，主要内容为各项流动资产占用定额和周转次数要求，其中分解到了存货、应收账款、内部往来等具体占用定额，并且制定了周转率等评价指标。各单位据此控制各项资产占用，保证资产负债率指标满足公司的要求。福田公司将资金预算作为资金管理业务的最高文件，所有的资金事项均纳入资金预算管理，如大额投资支出、铺货资金占用等，否则不予进行。

同时，客观公正地进行资金评价，为公司业务管理提供决策支持。有了月度资金预算后，由各下级单位按计划控制执行，公司总部予以监督。待月度结束后，公司根据各单位实际的执行情况予以分析和评价，一是分析其计划完成情况，找出完成差异及原因；二是评价其资金运行效率，是否保证了公司目标的完成；三是对其月度资金整体运行情况进行评价，指出其资金运行过程中存在的问题并提出改善建议。通过对其资金运行过程各方面的评价，供公司领导判断业务改进方向并作出管理决策。

对于企业来说，增长和发展不是一回事。增长是数量上的变化，发展是质量上的变化，增长是“静态”的过程，发展是“动态”的过程，即要不断创新。熊彼特认为，没有利润就没有发展，没有发展就没有利润。但是，没有利润却可以增长。现代企业利润是很重要的，但市场经济条件下的企业最重要的不是利润，应该是现金流。现金流是公司收到并可用于再投资的现金。按照权责发生制核算的会计利润是公司赚得的收益而不是手头可用的现金，现金流反映了收支的真实发生时间，因而比会计利润更能衡量公司的价值。企业管理以财务管理为中心，财务管理以资金管理为中心，资金管理以现金流管理为中心。因此，企业要重视现金流管理，不应仅仅将眼光局限于利润的增长，应努力加快资本周转率。

四、思考题

1. 为什么说现金流比利润更重要?
2. 如何进行现金管理以提高公司现金流量?